Stefan Erdmann

GEHEIMAKTE BUNDESLADE

amadeus-verlag.com

Vom Autor ist außerdem erschienen:

„Den Göttern auf der Spur" – Gentechnik vor 400.000 Jahren,
2001, Ama Deus Verlag
„Banken, Brot und Bomben – 1" – Die historischen Hintergründe,
2003, Ama Deus Verlag
„Banken, Brot und Bomben – 2" – Das Geheimwissen in der Gegenwart,
2003, Ama Deus Verlag

www.erdmann-forschung.de

Copyright © 2005 by
AMA DEUS Verlag
Postfach 63
74576 Fichtenau
Tel: 07962-1300
Fax: 07962-710263
www.amadeus-verlag.com

Druck:
Ebner & Spiegel, Ulm
Satz und Layout:
Jan Udo Holey
Umschlaggestaltung:
Atelier Toepfer, 85560 Ebersberg
e-mail: info@ateliertoepfer.de

ISBN 3-9807106-2-9

INHALTSVERZEICHNIS

4 DAS A-OMEGA-PROJEKT

5 DER SCHATZ DES WISSENS

6 DIE VIELEN GEHEIMNISSE DER PYRAMIDEN

DANKSAGUNG

Zum Entstehen dieses Buches haben viele Menschen beigetragen. All ihnen gilt mein außerordentlicher Dank. Einige dieser Personen aus Wissenschaft, Logentum und Politik werden auf deren Wunsch hin nicht namentlich erwähnt, wofür ich besonders um Verständnis bitte.

Großer Dank gilt den Forschern und Wissenschaftlern, aus deren Werken ich mir erlaubt habe zu zitieren und deren Sachkenntnisse sehr hilfreich und lehrreich für mich waren.

Mein ganz besonderer Dank gilt meinem ägyptischen Freund Fergany Al Komaty, Dr. Tarek Amer, Carolin und Keanu, W., M., J., S. K., E. S., Barbara Dyrschka, Otto Sandkühler, Klaus Dona, Reinhard Habeck, Morpheus, Wolfgang Sipinski, Jan, Dr. H. J. Lamers, Helga Hoffmann-Schmidt und Anya (*Lulu*) Stössel.

In Liebe, Dankbarkeit
und Erinnerung...

Für Helga

Einleitung

Kennen Sie *Nostradamus*? Oder kennen Sie *Edgar Cayce, Helena Blavatzki, Bernhard von Clairvaux, Drunvalo Melchizedek* oder die große Dame der Einweihung *Elizabeth Haich*?

Vielleicht oder ganz bestimmt sogar haben Sie den einen oder anderen dieser bekannten Namen schon einmal gehört. Sie werden sich natürlich fragen, warum ich Ihnen diese Frage überhaupt stelle?

Alle diese Personen haben in gewisser Weise eines gemeinsam: Sie waren *Wissensträger*, und das Wissen, das sie den Menschen schließlich auch mitgeteilt haben, wurde ihnen auf eine, zumindest nach heutiger Meinung, ungewöhnliche Art und Weise zuteil – auf eine spirituelle, okkulte Art und Weise (okkult = verborgen, geheim, von unsichtbaren Dingen).

Die Grundlage des okkultistischen Zugangs besteht darin, daß es Informationsquellen gibt, die von Raum und Zeit – das heißt von unserer sehr begrenzten sichtbaren, materiellen Welt – *nicht* begrenzt sind. Es handelt sich um das sogenannte *Kosmische Geistfeld*, das physikalisch und für jeden verständlich im weiteren Verlauf noch erklärt werden wird. Seien Sie gespannt, denn dabei wird es sich nicht um bloße Thesen oder moderne *Glaubensakrobatik* handeln, sondern um wissenschaftlich nachprüfbare beziehungsweise errungene Erkenntnisse.

Schon bei ihren Zeitgenossen und Kritikern stieß das nicht meßbare oder logisch nachprüfbare Wissen auf heftige Kritik, was bisweilen zu respektloser Verlächerlichung führte. Heute ist es nun einmal so, daß – bedingt durch den geistigen Verfall – viele Menschen einerseits so beinahe *unglaubliche* Werke einer Helena Blavatzki gar nicht mehr verstehen, nicht einmal ansatzweise, andererseits aber ihre Thesen, die sie nur am Rande erfahren und kennen, grundsätzlich in Frage stellen und zumeist sogar ablehnen. Schließlich hat man ja in Schule und Kirche die ganze Wahrheit schon erfahren, was scheren einen da schon die Philosophen und Leute wie Haich, Blavatzki oder Nostradamus.

Bereits zu ihren Lebzeiten gab es wiederum viele Gelehrte, ja selbst Kritiker, die ihnen großen Respekt entgegenbrachten und ihre Thesen studierten, sie insgeheim sogar bewunderten und sich auf magische Art und Weise zu ihnen hingezogen fühlten. Da fällt mir noch ein anderer großer Mann der jüngeren Zeitgeschichte ein, über den viele Autoren in den vergangenen Jahrzehnten geschrieben haben. Es ist der geheimnisumwobene *Graf von Saint Germain*.

Alle genannten Personen haben ihre *Botschaft* zur Lebensaufgabe gemacht, und das mit unwiderruflicher Hingabe und Überzeugung. Das alleine verdient schon größte Anerkennung.

Viele ihrer Botschaften haben sie auf geistigem Wege erhalten. Bei dem ein oder anderen, zum Beispiel bei Edgar Cayce, führten ganz unfreiwillig ein Unfall und private Schicksalsschläge zur geistigen und spirituellen Öffnung. Andere wiederum, zum Beispiel Blavatzki oder auch Nostradamus, waren sicherlich zugleich auch besonders diszipliniert im Studium alter Schriften, zu denen sie Zugang hatten – Nostradamus schon aufgrund seiner Herkunft. Er studierte zudem Medizin.

Alle genannten Personen hatten aber noch etwas anderes gemeinsam: Sie befaßten sich mit dem Ursprung der Menschheitsgeschichte und kamen zu Ergebnissen und Erkenntnissen, die nicht in die heute anerkannten Denkmodelle passen.

So manch einer von Ihnen wird die Möglichkeit der Kommunikation mit Wesenheiten einer anderen Dimension nicht akzeptieren oder sogar als Hokuspokus ansehen. Der Hauptgrund beziehungsweise das Dilemma dafür liegt in unserer Erziehung und an den heute vorherrschenden wissenschaftlichen Denkmodellen. Vor einigen Jahrhunderten und gar vor Jahrtausenden war das noch ganz anders. Das lag daran, daß beispielsweise die Hohepriester oder die Medizinmänner der Naturvölker oder alten Kulturen wie den Mayas, Inkas oder den Ägyptern, in Wissen eingeweiht waren, das im Laufe der Jahrhunderte verlorenging. Dabei handelt es sich um das Wissen des alten *Sonnenkultes*, den Sinn und Zweck des *Pyramidenbaus*, den *Aufbau des Lebens* – des sichtbaren, materiellen Lebens aber auch des immateriellen Lebens, also der unsichtbaren Welten (über die uns bekannten drei Dimensionen hinaus). Wobei wir hier genau an *den* Punkt stoßen werden, dem die heutige orthodoxe Wissenschaft ablehnend gegenübersteht, weil ihr Wissen und der Zugang fehlt.

Heute werden es viele Menschen für unmöglich halten, an derartige Informationen zu gelangen, die in diesem Buch präsentiert werden. Die Suche nach der *Bundeslade* beispielsweise, ist ja schließlich ein Jahrhunderte altes Unterfangen vieler Menschen und Organisationen. Die Bundeslade, der Schrein selbst, wie wir ihn aus der Bibel kennen, ist die eine Seite. Die andere Seite ist der Inhalt, der mit der Wiederentdeckung der Lade nach Jahrhunderten wieder ans Tageslicht kam. Dieses Wissen wird heute von vielen Personen, die ich durch meine Recherchen traf, als der *Heilige Gral* bezeichnet, aber dazu später mehr.

Die Bundeslade, über die in diesem Buch berichtet wird, ist meines Erachtens auch nicht eine oder *die* hebräische Lade, sondern die ägyptische! Mit der Bundeslade ist nicht der Schrein als solches gemeint, sondern Jahrtausende alte Schriften und Modelle, die in Jerusalem gefunden wurden! Auch auf diesen Punkt werde ich im weiteren Verlauf noch näher eingehen.

Letztlich macht das aber kaum einen Unterschied, denn es geht primär um schriftliche Überlieferungen und Modelle, die zusammen mit der Lade im vergangenen Jahrhundert gefunden wurden und die – wie ich später noch belegen werde – rein wissenschaftlich betrachtet in einem direkten Zusammenhang mit dem alten Priesterzentrum Heliopolis gestanden haben müssen und letztlich auch mit dem weltweiten Pyramidenbau selbst!

Somit sind sie wesentlich älter als die hebräische Religion als solches. Damit soll hier auf keinen Fall eine Herabsetzung der mosaischen Kultur oder ihrer Religion erfolgen – ganz im Gegenteil!

Die Lade selbst ist einerseits natürlich einer der bedeutendsten Kultgegenstände der Menschheitsgeschichte, andererseits ist sie aber auch *nur* ein Gegenstand. Entscheidend ist der Inhalt! Phantasie und Realität gehen hier bekanntlich sehr weit auseinander!

Es gab einige hochgradige Gesprächspartner, mit denen ich in Kontakt treten konnte, die anfangs sogar gegen eine Veröffentlichung waren. Aus diesem Grund tauchen in diesem Werk keine Namen bestimmter Kontaktpersonen auf, da sie mich darum gebeten haben, anonym zu bleiben.

Bestimmte Inhalte in diesem Buch – die Geschichte über die Herkunft der Atlanter zum Beispiel – sind in der Tat reine *Bauchsache*, darüber bin ich mir vollends im klaren. Dennoch sollte dabei nicht vergessen werden, daß nahezu über den ganzen Planeten verteilt die Legenden verschiedenster Völker darüber berichten, daß in grauer Vorzeit die Götter (= Kulturbringer) vom Himmel zur Erde kamen und den Menschen einen entscheidenden Entwicklungsschub gaben, ja sogar lange mit ihnen gemeinsam auf Erden lebten.

Über die Herkunft gibt es viele Aussagen und Überlieferungen. Die Favoriten sind: Der Mars, Aldebaran, das Orionsystem, Alpha Zentauri, die Plejaden und nicht zuletzt das Siriussystem. Soviel als kleiner Vorgeschmack.

Mir selbst wurde auf meinen vielen Reisen und Expeditionen in Afrika und auf anderen Kontinenten die These von den *Kulturbringern*, die in grauer Vorzeit auf die Erde kamen und den auf der Erde lebenden Urmenschen den entscheidenden Entwicklungsschub gaben, immer wieder bestätigt.

Andererseits liefert die Entschlüsselung der Pyramide (Kapitel 6) und der in ihr ablaufenden gesetzmäßigen Bewegungsabläufe – geometrische Formation (Formation = In-Formation) – einen maßgeblichen Baustein, der seine Spuren hinterlassen wird, auch bei dem größten Kritiker, davon bin ich überzeugt.

Dieses Buch berichtet über das Wissen und die Erkenntnisse, die vor 12.600 Jahren von den Atlantern beziehungsweise den „Hegolitern" auf geistigem Wege übermittelt wurden.

Diese Gruppe von Menschen, die sich selbst „Hegoliter" („Gottes Kinder in der Dualität") nannten, gehörte dem Volk an, das von uns heute als „Atlanter" bezeichnet wird. Da sich der Name „Atlanter" über Jahrtausende eingebürgert hat, soll im weiteren Verlauf des Buches ebenfalls der Name *Atlanter* verwendet werden.

Die hier präsentierten Überlieferungen der Atlanter wurden niedergeschrieben und über Jahrtausende hinweg als eines der Geheimnisse oder *das größte Geheimnis der Menschheit* gehütet. So spricht man auch von dem *Inhalt* oder dem *Geheimnis* der „Bundeslade" – dem größten Wissensschatz der Menschheit!

Erst im Jahre 1114 nach Christus wurde die „Bundeslade", wie es im folgenden etwas ausführlicher geschildert wird, von den „Templern" in Besitz genommen und größtenteils entschlüsselt. Das war einerseits der Grund, warum die Templer innerhalb von so kurzer Zeit so mächtig und reich wurden, andererseits war es auch der Grund für die gewaltsame Niederwerfung im Jahre 1307 durch den französischen König Philipp und Papst Clemens V.!

Ein Teil des Templerordens hat sich damals der gewaltsamen Zerschlagung durch Papst und König entziehen und rechtzeitig ins Ausland absetzen können. So haben die Templer über viele Jahrhunderte im Untergrund weitergearbeitet.

Die Templer sind nie „untergegangen" oder komplett aufgelöst worden, wie heute vielfach vermutet wird. Auch war ihre Mission eine ganz andere, als das heute vielfach angenommen wird und zu lesen ist. Ihre eigentliche Mission war es nicht, Pilger zu schützen, sondern die Bundeslade in Jerusalem zu suchen.

Die Bundeslade – nebst Sarkophagen und vielen Truhen mit uralten Schriften und technischen Modellen – soll von den Templern tatsächlich gefunden und nach Frankreich gebracht worden sein. Erst Jahrhunderte später, bei einer Grabung im Jahre 1946, wurden die Artefakte wieder entdeckt.

Aufgrund der Brisanz der gefundenen Artefakte, die von der französischen Geheimpolizei beschlagnahmt wurden, kam es nach der Entdeckung vor fast sechzig Jahren immer wieder zu Diskussionen bezüglich der Funde, und in der Tat ist es sehr schwierig, hier alle Fragen zu beantworten. Die vielen Fragen um die Authentizität, Umfang der Artefakte und Alter der Schriften können nicht endgültig beantwortet werden. Das wäre sehr mühsam, denn es liegt auf der Hand, daß die Beschlagnahmung und spätere öffentliche Diskreditierung einen Grund hatte. Die Inhalte sprengen im wahrsten Sinne des Wortes den Rahmen der derzeitigen Weltanschauung von Naturwissenschaft und Religion.

Viel entscheidender und beachtenswerter sind meiner Meinung nach die Überlieferungen bezüglich der Pyramiden, die später noch behandelt werden, denn diese Ergebnisse als solches legen die Vermutung sehr nahe, daß die Templer wirklich eine bedeutende Entdeckung gemacht haben!

So schreibt auch *Lothar Göring* – er ist eine der Schlüsselpersonen, denen Teile der Unterlagen übergeben wurden –, daß erst in der Jetztzeit, in der wir heute leben, die Menschheit in ihrer geistigen Evolution so weit gereift ist, daß ihr das Wissen zur Verfügung gestellt werden kann beziehungsweise muß – nach den Weisungen und Vorkehrungen der Atlanter. So erklären es zumindest die Schriften.

Aus diesem Grund wurden die Überlieferungen der Atlanter – also der Inhalt der „Bundeslade" – in Form von Unterlagen vor ein paar Jahrzehnten fünf Menschen unserer Zeit zur Verfügung gestellt, damit sie sich das gesamte Wissen aneignen und zu einem bestimmten Zeitpunkt der Menschheit bekanntmachen. In den Unterlagen wird es das *A-Omega-Projekt* genannt, welches ein wesentlicher Schwerpunkt dieses Buches sein wird:

1. Es beschreibt die Geschichte und die Herkunft der atlantischen Hochkultur, die bis heute von vielen Fachgelehrten in der ganzen Welt wohl nicht ohne Grund als die Wiege aller Kulturen bezeichnet wird.

2. Es belegt gleichzeitig, daß der Ursprung der Menschheit in den Tiefen des Weltalls zu suchen beziehungsweise zu finden ist.

3. Es liefert auch erstmals einen sehr schlüssigen Beweis für das *Phänomen* oder sagen wir *den Grund* für den Pyramidenbau, der im unmittelbaren Zusammenhang mit der atlantischen Hochkultur stand, wie aus den alten Schriften unzweifelhaft hervorgeht. Es belegt außerdem das Wissen der ägyptischen Priesterschaft von Heliopolis, die lange Zeit Hüter des Wissens war und den Sonnenkult praktizierte.

4. Es behandelt den Stoff – nennen wir es hier den *göttlichen Urstoff* –, der hinter dem *Phänomen Leben* steckt und das Leben erst bewirkt beziehungsweise alle Materie *be-lebt*.

5. Und letztlich zeigt es auch schlüssig, auf welche Weise dieses alte Wissen in die Hände verschiedener Logengemeinschaften kam und warum es die wissenschaftliche Grundlage für nahezu alle wissenschaftlichen Entdeckungen der letzten Jahrzehnte war.

Kommen wir in diesem Zusammenhang noch einmal zurück auf Heliopolis, das alte Priesterzentrum der Ägypter.

Unweigerlich wird die Frage aufkommen, wie dieses alte und geheime Wissen, wenn es wirklich bereits vor Jahrtausenden vorhanden war, verlorengehen konnte.

Das Wissen, das in den *Unterlagen* aus Jerusalem niedergeschrieben wurde, ging *nie* verloren! Es ist im Laufe der Zeit und mit dem Wandel politischer und religiöser Ideologien der jeweiligen Epochen nicht mehr akzeptiert und immer stärker unterdrückt worden.

Warum die alte Priesterschaft in Heliopolis im Laufe der Jahrhunderte anscheinend immer mehr an Macht verlor und die weltlichen Herrscher – die Könige und Pharaonen – immer mehr Macht an sich zogen, ist heute nicht mehr genau nachvollziehbar. Aber genau an diesem Punkt, nämlich als Königshaus und Priesterschaft auseinandergingen und nicht mehr als Einheit fungierten, begann der kulturelle und politische Zerfall Ägyptens.

Nicht daß es unter jenen Wissenschaftlern und weltlichen Herrschern und Gelehrten keine Wissensträger gab, es war – und das ist es auch leider heute noch – nicht gewünscht, daß die Masse – das Volk – beispielsweise lesen und schreiben durfte, denn dann könnten die Menschen ja wissend werden – sie könnten *be-wußt* werden. Die logische Folge wäre, daß diese dogmatisierten politischen und religiösen Systeme komplett zusammenbrechen würden, weil die Menschen ihnen keinen *Glauben* mehr schenken würden und sie letztlich überflüssig würden. Es ist alles eine Frage von Wandel und Zeit.

Durch die kausalen Gesetzmäßigkeiten braucht man gar kein Prophet zu sein, um heute schon zu „prophezeien", was in einigen Jahrzehnten oder in nur wenigen Jahren aus unseren politischen Systemen und allen religiösen Gruppierungen werden wird. Ihre falschen und blasphemischen Wahrheiten werden alle mit dem Wandel der Zeit vergehen. Sie lösen sich bereits auf. Sie sterben bereits, nur fehlt Ihnen das Bewußtsein, das überhaupt wahrzunehmen.

Die Trennung von Priesterschaft und Königshaus in geistliche und politische Macht war die eigentliche Geburtsstunde verschiedener *geheimer Gesellschaften*. Diese geheimen Gesellschaften gab es zwar schon Jahrhunderte und Jahrtausende zuvor, allerdings sahen sie sich seitdem einem ganz anderen politischen Druck ausgesetzt. Auf diese Weise wurde altes und *geheimes* Wissen sicher durch die Jahrhunderte hinweg bis in unsere Gegenwart transportiert. Denken sie an die Gotik! In der Zeit zwischen 1130 und 1260 entstanden gleichzeitig rund achtzig Kirchen und Kathedralen von faszinierender und zugleich geheimnisvoller, mystischer Schönheit, zum Beispiel Notre Dame in Paris, Strasbourg, Amiens, Rouen, Reims und Chartres. Als die drei berühmtesten „Templerbauwerke" werden die Westminster Abbey in London (1245ff.), der Kölner Dom (1248ff.) und der Mailänder Dom (1387ff.)

gesehen. Diese Kathedralen sind einzigartige Meisterleistungen der Architektur, in denen die Gesetzmäßigkeiten der heiligen Geometrie in Perfektion zur Anwendung kamen. Heute stehen Millionen von Besuchern in diesen „Wunderwerken" und fragen sich, wie das aus des Menschen Hand entspringen konnte und woher die Baumeister all ihr Wissen bezogen.

Das wirklich Bedauerliche ist leider, daß eben auch mächtige und einflußreiche Gruppen und Organisationen im Besitz alten Wissens sind, welches ihnen großen Einfluß ermöglicht, um ihre politischen Ziele umzusetzen.

Damals wie auch in der Gegenwart gab und gibt es Intrigen und vielerlei Machenschaften, es gab Putsche, Revolutionen, und wie zu jeder Zeit in der Menschheitsgeschichte gab und gibt es Kriege, Kampf um Handelsgüter und nicht zuletzt Expansionsdrang!

Ein gutes Beispiel für diesen Machtmißbrauch bietet sicherlich Kaiser Konstantin. Über Konstantin und seinen klugen politischen Schachzug, das Christentum zu gründen, habe ich ausführlich in „Banken, Brot und Bomben" (Band 1), berichtet.

Ein anderes passendes Beispiel liefert die gezielte Vernichtung der Naturvölker auf dem gesamten Planeten. Kaum jemand kennt die Hintergründe und die eigentliche Wahrheit. Bei der Vernichtung, ja man kann beinahe schon sagen Ausrottung der Indianer in Amerika spielte sicherlich nicht nur der Wissensschatz eine Rolle, sondern vielmehr die Gier nach Geld, Rohstoffen und der Expansionsdrang der europäischen „Gründungsväter". Ein anderes gutes Beispiel ist Afrika – dieses wunderschöne Land ist heute einer der größten „Supermärkte" auf unserem Planeten.

Dabei hätte die Missionierung genau andersherum ablaufen müssen, die Kirche und die großen Weltreligionen hätten eine gewisse Missionierung durch die Naturvölker erfahren müssen, ja sogar dringend nötig gehabt, und das bis heute! Dem Ausbeutungs- und Machttrieb allein war es aber letztlich zu verdanken, daß auch dieses Wissen, das sich im wesentlichen nicht von dem der alten Hohepriester unterscheidet, in den Untergrund ging und somit „geheim" wurde.

Nun aber noch einmal kurz zu meiner ganz eigenen Geschichte in bezug auf die große Pyramide von Gizeh. Auch ich wurde Empfänger beziehungsweise Vermittler alter Überlieferungen. Bei meiner gesamten Forschungstätigkeit in Ägypten galt mein größtes Interesse seit jeher der großen Pyramide von Gizeh. In verschiedenen Publikationen habe ich bereits über die offenen Fragen rund um die große Pyramide und das Priesterzentrum Heliopolis geschrieben. Bis vor ungefähr einem Jahr noch hätte ich mir um nichts in der Welt vorstellen können, jemals über jene Dinge zu schreiben, die mir in den vergangenen Jahren zuteil wurden und die sich im Kern mit den Überlieferungen aus der Bundeslade decken.

Neben dem umfangreichen Wissensstudium der alten ägyptischen Kultur, des Pyramidenbaus und der so spekulativen vordynastischen Zeit habe ich mich auch immer intensiver mit den okkulten Zusammenhängen auseinandergesetzt. Seit dem Beginn meiner Arbeit hatte mich die Frage beschäftigt, ob und in welcher Form in der Pyramide geheimnisvolle Kräfte wirken und ob, wie vielfach in Publikationen zu lesen ist, außerkörperliche Erfahrungen möglich sind oder transzendentale Erfahrungen in anderer Form.

Ich habe im Verlauf der vielen Jahre viele Stunden und sogar ganze Nächte in der großen Pyramide verbracht, in denen ich unbeschreibliche, phantastische und transzendentale Erfahrungen machen konnte, die mir – hätte ich je darüber geschrieben – ganz bestimmt niemand geglaubt hätte. Das ist auch der Grund, warum ich mich bis heute sehr schwer tue, über viele Einzelheiten genauer zu berichten – sie sind eben schwer zu *be-greifen*...

Es überfällt mich stets ein wundervolles Gefühl, wenn ich mich gedanklich in die große Pyramide begebe – sie ist ein Teil meiner Seele und meines Bewußtseins geworden, und mittlerweile vergeht nicht ein Tag in meinem Leben, an dem das nicht ganz automatisch passiert.

Stellen Sie sich das Ganze nicht zu mysteriös oder geheimnisvoll vor, das ist es nämlich gar nicht! Das, worum es im Grunde geht, ist gar nicht so geheimnisvoll, wie vielfach behauptet oder auch vermutet wird.

Jeder Mensch auf diesem schönen Planeten kann genauso „übernatürliche" Phänomene erleben – es muß nur von Herzen gewollt sein. Und wie das Wort *übernatürlich* es schon ausdrückt, übersteigen diese Phänomene *nur* unseren natürlichen, begrenzten menschlichen Verstand und die sichtbare Welt der Materie, denn wir sind in unserer Wahrnehmung in erster Linie nicht nur durch unsere Sinnesorgane und unsere Erziehung konditioniert, sondern auch durch die dogmatisierten religiösen und naturwissenschaftlichen Weltanschauungen. Was der Mensch nicht sehen, riechen, hören oder berühren kann, das glaubt er auch nicht – so einfach ist das. Wenn wir das Ganze aber rein wissenschaftlich betrachten, so erscheint das naturwissenschaftliche Weltbild in vielen Punkten eher antiquiert, denn aus rein wissenschaftlicher Sicht ist die *Wirklichkeit*, die sichtbare Welt der Materie oder das, was wir als solche bezeichnen, nur etwa der einmilliardste Teil der Wirklichkeit, denn schließlich ist Materie nichts weiter als Schwingung in sehr verlangsamter Form. Aber dazu später noch mehr.

Wir alle – jeder Mensch auf diesem Planeten (!) – ist genetischer Träger des gesamten Wissens der Evolution, das ist wissenschaftlich wohl nicht zu widerlegen; und es liegt an jedem Menschen selbst, inwieweit er sich diesem kosmischen Geistfeld öffnet...

Stellen Sie sich einmal vor, was *das* wirklich bedeutet! Wir alle tragen genetisch den *Code der Schöpfung*, ein molekulares Schwingungsmuster in uns, so daß wir ständig mit der Taktfrequenz der Erde und des Universums verbunden sind. Er ist quasi in uns gespeichert wie auf der Festplatte eines Computers. Das *Geheimnis* ist lediglich zu wissen, in welchem „Ordner" man diese *Geheimnisse* oder besser gesagt diese Informationen abgelegt hat.

Ich werde später darauf zurückkommen.

Faszinierend ist in diesem Zusammenhang auch ein kleiner Blick in den Bereich der Ontogenese (Einzelentwicklung) des Menschen, die während des Heranwachsens des Embryos im Mutterleib gewissermaßen die ganze Stammesgeschichte der Wirbeltiere wiederholt. Und das ist in der Tat auch richtig, denn wir tragen alle eine 500 Millionen Jahre während Geschichte in uns. Der menschliche Embryo bildet in seinem frühen Stadium Kiemenspalten aus, wie wir sie von den Fischen her kennen. Auch das Herz ist anfänglich nur ein einfacher Schlauch und erreicht seine endgültige Gestalt über Zwischenstadien, die den Ausbildungsformen bei Amphibien und Reptilien entsprechen. Der Mensch wiederholt als Embryo also gewissermaßen im Zeitraffertempo die wichtigsten Phasen seiner „Urvergangenheit". Ist das nicht ein phantastisches *naturwissenschaftliches* Beispiel für die *unsichtbaren Welten*? Das *Phänomen Leben*, das ein Teil dieses Werkes ist, wird uns noch einige Beispiele bieten...

Heute denken viele leichtgläubige Besucher, die Ägypten oder die alten Tempelanlagen der Inkas oder Mayas besuchen, die Menschen haben damals die Sonne angebetet, ohne wirklich zu wissen beziehungsweise zu erfahren, was es mit diesem alten Kult – dem *Sonnenkult* –, wirklich auf sich hatte. Dazu kommt, daß viele Reiseführer, ja sogar die meisten Wissenschaftler, hierüber kaum Kenntnis haben. Die andere und weitaus größere Problematik bei der ganzen Sache ist die Religion.

Hierzu ein passendes Beispiel im Zusammenhang mit Ägypten: Heute steht leider immer noch in fast allen Schulbüchern dieser Welt, daß die Pyramiden Grabstätten der Pharaonen waren. Wußten Sie, daß das bis heute nicht mit wissenschaftlicher Beweiskraft belegt wurde?

Man hat es nur über die Jahrhunderte hinweg immer wieder propagiert und schließlich in alle Schulbücher der Erde drucken lassen. Bis heute hat man in keiner, wohlgemerkt in keiner der Pyramiden in Ägypten jemals die Mumie eines Pharaos gefunden! Wie wir heute wissen, wurden die Pharaonen in bestimmten Tempelanlagen (z.B. Tal der Könige) beigesetzt.

Glauben Sie mir, die Ägyptologen wissen das schon sehr lange, sie geben es nur nicht zu. Gut, ich will ein paar Abstriche machen, denn nicht alle sind so, aber die meisten. Viele der „großen" Ägyptologen im Land am Nil haben schließlich noch eine größere Verpflichtung, nämlich die gegenüber ihrem Glauben – es sind Muslime! Denken Sie, auch nur einer dieser Herren würde es wagen zu behaupten, geschweige denn publik zu machen, daß es vor 4.500 Jahren vor unserer Zeit eine Hochkultur gab; und vermutlich noch zuzugeben, die Baumeister einer alten Hochkultur hätten die Pyramiden gebaut – Atlanter, Lemurier, Gott bewahre...

Was macht man in so einer Notlage? Ganz einfach: Man geht Kompromisse ein und läßt Fakten in der berühmten *Schublade des Schweigens* verschwinden. Keiner dieser Herren würde für das *Abenteuer Wahrheit* seinen hochdotierten Job aufs Spiel setzen.

Lassen Sie uns kein Urteil darüber fällen, sondern lernen wir, es zu respektieren, denn alles im Leben benötigt bekanntlich die entsprechende Reife und den richtigen Zeitpunkt!

So ist es schließlich auch mit der Wahrheit, die nie verlorengehen kann und in den Tiefen der menschlichen Seele und des menschlichen Bewußtseins und letztlich im Kosmischen Geistfeld gespeichert ist. Mit der Wahrheit ist es wie mit einem natürlichen Wasserlauf, den man gewaltsam versucht aufzuhalten, indem man einen künstlichen Staudamm baut. Das Wasser wird immer mehr ansteigen und früher oder später alle Barrieren niederreißen, und die angestaute Energie wird dann einen gewaltigen Druck auslösen und schließlich dazu führen, daß der Wasserlauf wieder in das für ihn von Natur aus vorgesehene Gleichgewicht zurückkehren wird. Ähnlich verhält es sich auch mit dem *Strom der Wahrheit,* er wird früher oder später alle alten Dämme brechen! Es ist eben alles eine Frage der Zeit.

Es ist ein offenes Geheimnis in Ägypten, daß vor allem verschiedene Organisationen aus den USA bereits seit dem neunzehnten(!) Jahrhundert einen entscheidenden Einfluß auf das *Gizeh-Plateau* ausüben. Verständlicherweise besteht ein großes Interesse daran, daß nicht jedermann die Wahrheit über die wirklichen Erbauer der Pyramiden und deren wissenschaftliche Erkenntnisse erfährt. Auch diesen Gruppierungen liegen sehr alte, schriftliche(!) Informationen vor.

Schon vor einiger Zeit habe ich von einem sehr einflußreichen und bekannten Mann von verschiedenen Entdeckungen in und um die Pyramide gehört. Bei diesen Entdeckungen handelt es sich um verschiedene Räumlichkeiten, die man auf dem Gizeh-Plateau gefunden hat.

Von diesen Entdeckungen wissen nur sehr wenige Personen, und selbst auf dem *Plateau* ist diese Sache *Top Secret* – sie wurde gewissermaßen zum Staatsgeheimnis erklärt. Die weiteren Untersuchungen, die sich bis heute (2005) technisch als sehr schwierig erweisen, werden noch einige Zeit in Anspruch nehmen. Zwischenzeitlich konnte ich bei zwei Aufenthalten sehen, daß die Zugänge geschlossen und mit Sand aufgefüllt wurden.

Diese Entdeckungen stehen im Zusammenhang mit unterirdischen Räumlichkeiten oder, um es mit den Worten *Herodots* zu beschreiben: mit *unterirdischen Kammern*. Diese Entdeckung und besonders das, was man dahinter noch weiter vermutet, wird vielleicht einmal all das, was man in den vergangenen Jahrzehnten und Jahrhunderten rund um die große Pyramide entdeckt hat, in den Schatten stellen.

Im übrigen sind die nicht öffentlich bekannten Entdeckungen *ein* Grund für den Bau der Mauer um das Gizeh-Plateau, über die ja seit einiger Zeit immer mehr heftig diskutiert wird.

Viele Archäologen sind heute wenig einsichtig. Das betrifft insbesondere wissenschaftliche Erkenntnisse und Hilfsmittel, die für die weitere Erforschung verschiedener Bereiche unumgänglich sind. Das *Know How* verschiedener Wissenschaftler und Forscher (z.B. Rudolf Gantenbrink) ist heute in Ägypten unumgänglich, das wissen auch die Ägypter. Das Problem an der ganzen Sache ist nur, daß sich die Herren in Ägypten in eine gewisse Abhängigkeit begeben haben und daß man bei gewissen Entdeckungen nur noch beschränkten Einfluß hat, ob diese eben nicht oder zensiert veröffentlicht werden, und das schmeckt einigen Herren und Organisationen ganz und gar nicht. Damit will ich das Wissen und die Leistung vieler Archäologen und Ägyptologen in keinster Weise in Abrede stellen – im Gegenteil, denn es gibt außerordentlich große Kapazitäten unter ihnen. Vergessen Sie nicht, daß diese Entdeckungen dazu führen könnten, daß sich ein Jahrhunderte altes und doch höchst antiquiertes geschichtliches Weltbild plötzlich von heute auf morgen als ein großer Irrtum herausstellen würde. Aber das ist nun einmal der Lauf der Zeit und das Ergebnis von Forschung und Kenntnissuche. Wie heißt es so schön: *„Die Wahrheit von heute ist oftmals der Irrtum von morgen!"*

Das Jahrtausende alte Wissen über die Geheimnisse aus dem Templerschatz werden in diesem Buch aber noch in einem weiterführenden Zusammenhang beleuchtet. Dabei wird auch der Frage nachgegangen, ob und inwieweit diese *Unterlagen* und die dadurch erlangten Erkenntnisse Grundlage für die hohen technischen Entwicklungen im frühen zwanzigsten Jahrhundert waren. Zweifellos bestanden Verbindungen zu den alten, bis heute wirkenden Templerlinien. Stammt dieses Grundlagenwissen möglicherweise aus den Archiven der Templer beziehungsweise der Zisterzienser?

Unzweifelhaft wird in diesem Zusammenhang auch der Beweis dafür erbracht, daß die hohen technischen Errungenschaften deutscher Wissenschaftler in den dreißiger und vierziger Jahren Grundlage für das spätere Luft- und Raumfahrt-Programm der Vereinigten Staaten waren. Mehr noch waren diese wissenschaftlichen Errungenschaften auch Grundlage für das Philadelphia-Experiment oder die späteren Raum-Zeit-Versuche in Montauk auf Long Island. Auch hier spielt letztlich das geheime Wissen um die Pyramiden eine entscheidende Rolle.

Eines stand für mich von Beginn an außer Zweifel, daß nämlich die wissenschaftlichen Grundlagen für derart hoch entwickelte Technologien nicht einfach vom Himmel fallen konnten! Es mußten bereits Grundlagen vorhanden gewesen sein, die in geheimen Kreisen aufbewahrt wurden.

Abschließend möchte ich Ihnen auch nicht meine besonders tiefe Verbindung zu der Geschichte der Templer vorenthalten. Seit jeher hat mich ihr geheimnisvolles Wirken und ihre Mission in besonderer, man könnte schon sagen, in romantischer Art und Weise bewegt.

So war es denn auch kein *Zufall*, daß ich *Helga Hoffmann-Schmidt* begegnet bin. Unsere Begegnung war entscheidend dafür, daß dieses Buch überhaupt geschrieben wurde.

„Wir alle werden letztlich zu der Wahrheit geführt, für die wir bereit sind!"

Stefan Erdmann,
im August 2005

Kapitel 1
Der Traum von Atlantis

> *„Vielleicht kann die Aufhellung des Schicksals von Atlantis einen konstruktiven Beitrag zur Erhaltung der Welt von heute leisten: als ein letztes Vermächtnis des untergegangenen See-Imperiums an uns, seine Erben.“*
>
> (Charles Berlitz)

Atlantis hört nicht auf zu existieren...

Die vielen alten Berichte und Legenden über Atlantis gehören zu den ältesten und zugleich spektakulärsten Geschichten der Menschheit.

Geschichte, Mythos, Legende? Ist es wirklich nur eine Geschichte oder Legende? Na ja, Sie werden bestimmt schon wissen, daß die Gelehrten genau über diesen Punkt streiten, und das bereits seit Jahrtausenden.

Stellen Sie sich nur einmal vor, welch eine Lawine es auslösen würde, wenn morgen plötzlich jemand daher käme und den ultimativen Beweis für die Existenz der atlantischen Hochkultur präsentieren würde. Können Sie sich vorstellen, welche Konsequenzen das für die orthodoxe Wissenschaft oder auch für die Kirche und die anderen kleinen und großen Religionsgemeinschaften auf unserem Planeten hätte?

Was wäre mit Darwin? Was würden die Kirchenoberen des Christentums, der Papst oder die Oberen der jüdischen und der islamischen Religion plötzlich ihren Milliarden Gläubigen erzählen? *„Tut uns leid?“* Oder: *„Unsere Propheten waren gerade nicht online, als der liebe Gott ihnen diese Informationen mitteilen wollte?“*

Wahrscheinlich wird man letzten Endes noch Gott höchstpersönlich dafür verantwortlich machen... natürlich den jeweils anderen Gott, denn im Alten Testament gibt es ja bekanntlich nicht nur einen Gott, wie viele Gläubige denken, sondern eine ganze Vielzahl verschiedener Götter... Man hat praktisch die freie Auswahl...

Und welche Lawine würde das letztlich auf die Weltpolitik ausüben, die ja schließlich so funktioniert wie sie funktioniert, weil Milliarden von Menschen durch religiöse Inhalte in Angst, Schuld, Armut, tägliche Existenzkämpfe und Kriege verwickelt sind, die sie letztlich daran hindern, ERKENNTNIS zu erlangen? Und wie es das Wort selbst schon erklärt, würden die Menschen plötzlich lernen zu ER-KENNEN, sie würden BE-WUßT werden. Und wenn sie erst einmal *be-wußter* werden würden, würden sie aus diesem globalen Schachspiel und den unzulänglichen, armseligen religiösen Denkmustern ganz von alleine aussteigen, allein schon vom Bewußtsein her.

Das würde über kurz oder lang dazu führen, daß alte dogmatisierte Machtorganisationen wie beispielsweise die großen Religionsgemeinschaften aufhören würden zu existieren, weil sie letztlich nur existieren, weil es genug „Bauern" in dem globalen Schachspiel gibt, die sich für übergeordnete Ziele opfern lassen.

Stellen Sie sich vor, morgen würde ein Ägyptologe plötzlich behaupten, daß es bereits seit langer Zeit unwiderlegbare Beweise dafür gibt, daß die große Pyramide durch die Atlanter erbaut worden ist? Das würde zur Folge haben, daß sich das Jahrtausende alte Weltbild von Milliarden von Menschen von heute auf morgen massiv verändern würde – ein menschheitsgeschichtliches Erdbeben würde es auslösen...

In jedem Fall wäre es bewußtseinserweiternd für all jene, die an alten orthodoxen und sterbenden Lehren hingen.

Die Pyramiden wurden nun einmal nicht als Gräber für die Pharaonen errichtet, sondern ursprünglich zu einem ganz anderen Zweck. Mehr noch: Gerade die Pyramiden und die weltweite Pyramidenkultur stehen für das Sinnbild der atlantischen Zivilisation. Aber dazu später mehr!

Bevor wir uns etwas genauer mit den *Atlantern* und der *Bundeslade* befassen und auch die alten Quellen näher unter die Lupe nehmen werden, möchte ich einmal kurz auf das eingehen, was die orthodoxe Wissenschaft uns heute in bezug auf die Entwicklung der Menschheit glauben machen will, denn es geht schließlich heute immer noch um die Beantwortung der zentralen Frage, ob sich das Leben nach und nach auf der Erde entwickelte oder ob es auf irgendeine Weise aus dem Universum auf die Erde kam. Gestatten Sie mir deshalb einen kleinen Ausflug in die Welt der Darwinisten, die Vertreter der Evolutionstheorie. Ich möchte hier auch nicht zu tief einsteigen, da den meisten Lesern die Grundthesen bekannt sein werden. Doch ein paar Sätze zur kurzen Auffrischung.

Die orthodoxe Lehrmeinung:

Nach der orthodoxen Lehrmeinung soll die Erde etwa 4,6 Milliarden Jahre alt sein. In diesem Zusammenhang gehen Wissenschaftler davon aus, daß sich in den Urmeeren spontan vor etwa drei Milliarden Jahren die ersten Lebensformen gebildet haben, die sich durch zufällige Mutation und natürliche Selektion im Laufe von Jahrmillionen weiterentwickelten. Daß sich heutzutage in den Weltmeeren kein neues Leben mehr spontan entwickelt, liegt den Evolutionisten zufolge daran, daß sich die Umweltbedingungen geändert haben, seitdem sich in der „Ursuppe" spontan die ersten Aminosäuren bildeten. Diese haben wiederum mittels eines unbekannten Prozesses das erste Eiweißmolekül gebildet. Der günstigste Zeitpunkt hierfür war, so die Evolutionisten, bei der Geburt der Ozeane gegeben. Das war demzufolge vor etwa 3,8 Milliarden Jahren.

Die Obergrenze für diese spontanen Neubildungen ist offenbar gekennzeichnet durch den frühesten Fossilienfund. Vor relativ kurzer Zeit war dieser Zeitpunkt wissenschaftlich nicht genau zu bestimmen, bis Hans Dieter Pflug und H. Jaeschke-Boye 1979 den ältesten Mikroorganismus der Welt – einen versteinerten Hefepilz – fanden, den sie *Isosphaera* nannten. Das Gestein, in dem *Isosphaera* gefunden wurde, wurde überraschend auf 3,8 Milliarden Jahre datiert; es war also etwa genauso alt wie die Ozeane. Demnach müßten die ersten lebenden Organismen explosionsartig entstanden sein und nicht im Laufe eines zufälligen Prozesses im Laufe von Millionen oder Milliarden von Jahren. Das widerspricht der Theorie der darwinistischen Geologen, die für die Evolution extrem lange Zeitspannen zugrunde legen.

Die zentrale Frage in diesem Zusammenhang, mit der sich auch der Wissenschaftler *Richard Milton* bei seinen Untersuchungen auseinandersetzte, ist die, wie die darwinistischen Geologen auf die großen Zeitspannen von 3,8 Milliarden und 4,6 Milliarden Jahren kamen. Milton fand heraus, daß die Daten nicht durch eine Vielzahl ausgeklügelter, äußerst zuverlässiger technischer Datierungsmethoden gewonnen wurden, wie weitläufig – auch in wissenschaftlichen Kreisen – stets vermutet wurde. In Wirklichkeit, so Richard Milton, basieren sie auf einer äußerst fehleranfälligen Methode, die nur bei einem kleinen Teil des Gesteins angewendet werden kann: dem Zerfall von radioaktiven Mineralien wie Kalium zu Argon, Uran zu Blei und Rubidium zu Strontium. Und diese verschiedenen Minerale liefern weit auseinanderliegende Daten. Alles in allem ist der radioaktive Zersetzungsprozeß unter Laborbedingungen beispielsweise sehr gut zur Altersbestimmung geeignet. Als Meßinstrument zur Bestimmung von historischen Zeiträumen ist er aber völlig ungeeignet, und das wird von verschiedensten Experten schon seit Jahrzehnten immer wieder bestätigt. Auch andere Datierungsmethoden, wie beispielsweise die *Uran-Blei-Methode*, liefern abweichende Daten für dieselben Gesteinsproben.

Interessant sind in diesem Zusammenhang Ergebnisse der nicht radioaktiven Methoden der Altersbestimmung unseres Planeten. Hans Petterson vom Ozeanographischen Institut in Göteborg machte hierzu eine interessante Entdeckung. Er fand heraus, daß Jahr für Jahr etwa 14 Millionen Tonnen Meteoritenstaub in die Erdatmosphäre eindringen. Henry Morris wies in diesem Zusammenhang nach, daß, wenn die Erde tatsächlich 4,6 Milliarden Jahre alt wäre, sich ungefähr 65 Milliarden Tonnen von Staub auf ihrer Oberfläche abgelagert haben und so eine Schicht von etwa 500 Meter Höhe überall auf der Erde gebildet haben müßten.

Es ist doch sehr überraschend, so Richard Milton, daß sich die Darwinisten die radioaktiven Datierungsmethoden so enthusiastisch zu eigen gemacht haben. Es trifft zwar zu, daß diese Methoden die erforderlichen Daten von etlichen Jahrmillionen für die Vorgeschichte erbringen konnten, die von der Theorie verlangt wurden, aber – so unglaublich das auch klingt –, die Datierung bleibt für Evolutionisten nutzlos, da deren Methode nicht unmittelbar zur Altersbestimmung von Sedimentgestein verwendet werden kann – jenen Schichten also, in denen Fossilien vorkommen. Daß dem so ist, wird viele Geographielehrer und Geologen erstaunen, die man glauben läßt, daß die radioaktive Datierung die Ultima Ratio für die Altersbestimmung von Gesteinsschichten und der darin enthaltenen Fossilien darstellt.

Das sogenannte *missing link*, das fehlende Bindeglied in der Evolutionsleiter wurde zumindest offiziell noch nicht gefunden: Für die Anhänger der *„Prä-Astronautic-Forschung"* oder der sogenannten *„Paläo-SETI-Forschung"* (NASA-Projekt „SETI": Search for Extraterrestrial Intelligence) liefern eben die weltweiten Überlieferungen und Schriftzeugnisse eine plausible Erklärung für dieses fehlende Puzzleteil in der Evolutionsleiter.

Doch wie sieht es auf der anderen Seite mit der Beweisführung aus? Nichts außer Ignoranz und Schulterzucken bei vielen Evolutionsanhängern und Schulwissenschaftlern; sie befinden sich anscheinend in einer Sackgasse. Dank der Molekularforschung und der unaufhaltsamen Technik ist es wohl nur noch eine Frage der Zeit, bis diese Frage endgültig beantwortet und das *missing link* gefunden wird.[1]

Nun soll an dieser Stelle in keinster Weise die großartige Pionierarbeit eines Charles Darwin, seiner Weggefährten und Nachfolger in Frage gestellt werden, zumindest nicht was die Evolutionstheorie als solches betrifft. Es geht vielmehr um das berühmte „missing link", um den fehlenden Baustein in der Evolutionsleiter, um das plötzliche Auftauchen des Homo sapiens, das eben nicht in das dafür heute angesetzte Zeitraster paßt. Und da hilft es auch nicht, wenn man heute, wie das mit Vorliebe getan wird, fossile Funde in der Schublade verschwinden läßt oder ihr hohes Alter – auch wenn wissenschaftlich nachgewiesen –

nicht anerkennt, nur weil es nicht in das gegenwärtige Evolutionsbild paßt. In meinem ersten Buch, „*Den Göttern auf der Spur – Gentechnik vor 400.000 Jahren*" wurde das Thema Darwin, *missing link* und so weiter etwas ausführlicher behandelt. Hier wurde auch über die Zufallstheorie der Darwinschen Lehre berichtet, die hier noch einmal kurz erwähnt werden soll.

Die Evolution – ein Zufallsprodukt?

Charles Darwin hat selbst niemals behauptet, daß durch seine Theorie die Entstehung des Lebens endgültig erklärt sei. Der Neodarwinismus vertritt die These eines zufälligen Beginns des Lebens aus anorganischer (unbelebter) Materie.

Halten wir uns hierzu nochmals vor Augen, daß heute allgemein angenommen wird, daß unser Sonnensystem vor zirka 4,5 Milliarden Jahren durch das Kollabieren einer interstellaren Gas- und Staubwolke seinen Anfang nahm. Es ist nicht endgültig geklärt, woraus die Atmosphäre der Urerde bestand. Sauerstoff war in jedem Fall keines der Urelemente, denn dieser kann nur aus der Verbindung von Photosynthese und Organismen entstehen, und diese haben in diesem Frühstadium nicht existiert.

Selbst heute im einundzwanzigsten Jahrhundert – im „Genzeitalter" – ist die Theorie vom „Zufallsprodukt Evolution" unter Schulwissenschaftlern und Evolutionisten noch weit verbreitet. Atome haben sich zu Molekülen und diese zu Makromolekülen verbunden, die DNS (Desoxyribonukleinsäure) sei aus einer endlosen Aneinanderreihung von Zufällen entstanden und aus ihr schließlich und endlich die Zelle, die wiederum die Basis für die biologische Evolution darstellt, und die Weiterentwicklung (Evolution) habe sich dann durch Auswahl und Anpassung (Selektion) vollzogen. Alles also reiner Zufall?

Das wäre in diesem Falle gelinde ausgedrückt. Nachdem „zufällig" ein *Einzeller* entstand, entwickelte sich nach der Evolutionstheorie danach gleich eine komplexe Lebensform und nicht zuerst ein *Zweizeller*. Woher kam die zweite Zelle? Woher und wie kam der genetische Code in die Zelle?

Genauer betrachtet, müßte es noch mehr unglaubliche Zufälle am „Anfang" gegeben haben.

Bruno Vollmert, Professor für chemische Technik an der Universität Karlsruhe, forschte jahrzehntelang mit seinem Team nach der Entstehung der DNS. Das Ergebnis war eindeutig und niederschmetternd für alle Evolutionisten: Die DNS kann nicht von selbst entstanden sein. Nach Professor Vollmert können in Ursuppen nicht zufällig Makromolekülketten von der Art der DNS entstanden sein, und das gilt auch für das Kettenwachstum der DNS im Verlauf der Erdgeschichte von einer Tierklasse zur nächsthöheren.

Bruno Vollmert erklärt: „*Darwinismus ist daher eine Weltanschauung, eine Ideologie, und nicht eine wissenschaftlich bewiesene Theorie... Ich halte daher den Darwinismus für einen verhängnisvollen Irrtum, der seinen beispiellosen Erfolg letztlich wieder einem anthropozentrischen* (den Menschen in den Mittelpunkt stellend; A.d.V.) *Wunschdenken verdankt.*"[1b]

Selbstverständlich wurde versucht, Vollmerts Thesen aus seinem Buch „*Das Molekül des Lebens*" zu entkräften. Ein wichtiger naturwissenschaftlicher Aspekt wurde dabei wohl vergessen: Die millionenfachen Zufälle, die bei der Zellbildung mitgewirkt haben müssen. Zur Zellbildung sind beispielsweise viele Proteine erforderlich. Das kleinste Protein besteht immerhin noch aus 239 Molekülen, bestehend aus verschiedenen Aminosäuren und Enzymen, die sich alle in einer feststehenden Reihenfolge zusammenfinden müssen. Die Wahrscheinlichkeit, daß dieser Ordnungsvorgang zufällig entsteht, hat Professor James F. Coppedge, ehemaliger Direktor des Zentrums für biologische Wahrscheinlichkeit in Northbridge, Kalifornien, mit einer Chance von 1:100.000.000.000.000.000.000.000.000) errechnet.[2]

Natürlich gab es eine Reihe von Forschern, die sich die Mühe machten, Erklärungsansätze zu finden und neue Thesen aufzustellen. Schon Ende des vergangenen Jahrhunderts strebten zwei Wissenschaftler unabhängig voneinander die Beweisführung dafür an, daß organisches Leben aus anorganischem entstanden sein könnte. Die beiden Wissenschaftler – der Russe Alexander Oparin und der Engländer J. B.

S. Haldane – spekulierten, daß die Atmosphäre der Urerde aus Wasserstoff, Wasser, Ammoniak und Methan bestanden haben könnte, und die Atmosphäre sei der Energie von Sonnenstrahlen und Blitzen ausgesetzt gewesen, was wiederum zur Verbindung von organischen Stoffen führte, die in den Meeren die sogenannte Ursuppe bildeten. Nach einer entsprechenden Entwicklungszeit entstand aus diesen organischen Verbindungen primitives Leben. So nahm die Evolution schließlich ihren Lauf.

Bereits im Jahre 1953 unternahmen die Biochemiker Stanley Miller und Harold Urey ein interessantes Experiment diesbezüglich. Ziel der Wissenschaftler war es, die Bedingungen auf der Erde zur Zeit der Entstehung des Lebens zu simulieren. So vermengten sie Methan, Ammoniak und Wasserstoff miteinander. Diese künstlich erzeugte Uratmosphäre setzten sie künstlich erzeugten Blitzen aus – sie fügten also Energie in Form elektrischer Entladungen hinzu. Dabei entstanden einige Aminosäuren, wobei nur zwei davon zu den zwanzig Aminosäuren zählen, die Organismen zur Synthese der eigenen, lebenswichtigen Proteine benötigen. Das Experiment der beiden Biochemiker produzierte nichts, was so komplex wie ein lebender Organismus gewesen wäre und nur zwei der zwanzig Aminosäuren, die zur Konstruktion eines lebenden Organismus benutzt werden. Im Laufe der darauffolgenden Jahre sind hunderte ähnlicher Experimente wie das von Miller und Urey durchgeführt worden. Nicht aus einem einzigen ergaben sich daraus so erhofften organischen Verbindungen.

Kam das Leben mit dem Wasser aus dem Weltall?

Dies ist eine nicht weniger interessante Frage. Betrachten wir dazu noch einmal die gängige These, die letztlich besagt, daß eben vor zirka 4,6 Milliarden Jahren Wasserdampf bei der Entstehung der Erde herausgeschleudert wurde, er verwandelte sich in Regen, fiel auf die Erde hinab und füllte die Meere. Auf mehr chemische Einzelheiten soll hier nicht mehr eingegangen werden.

Bei den verschiedenen Thesen bezüglich der Entstehung unserer Erde und vor allem *des Lebens* auf unserer Erde geht es bis heute um die alles entscheidende Frage. Wie oder woher kam der „genetische Code" des Lebens? Hat er sich so mir nichts dir nichts „zufällig" gebildet, wie auch heute noch vielfach angenommen wird? Interessant ist in diesem Zusammenhang, daß selbst die so streng „gläubigen" Naturwissenschaftler gerade in diesem Punkt ihren *Ehrencodex* (Wissen ersetzt Glauben!) brechen und zu „Gläubigen" werden.

Es gibt da aber noch eine nicht weniger interessante Theorie, die ich Ihnen zu guter Letzt nicht vorenthalten will. Im Grunde handelt es sich hier um eine, man kann schon sagen, mutige Gegentheorie. Aufgestellt wurde sie von Professor Dr. Louis Frank von der Iowa Universität.

Professor Frank hat die Theorie aufgestellt, daß das Wasser ursprünglich nicht von dieser Erde ist, sondern in Form eines Eisklumpens aus dem Weltall kam. Das bedeutet, und das möchte ich an dieser Stelle, aufgrund der Bedeutung noch einmal wiederholen: Das Wasser der Erde stammt demnach aus dem Weltall!

Wie kam Professor Frank zu dieser Theorie? Bei der Untersuchung von schwarzen Punkten auf Satellitenaufnahmen, die er für seltsam befunden hatte, kam er zu der Erkenntnis, daß diese schwarzen Punkte Kometen sind, die auf die Erde herabfallen. Bei diesen Kometen handelt es sich um gefrorenes Wasser mit einem Gewicht von etwa einhundert Tonnen. In einer Minute kommen etwa zwanzig Kometen zur Erde, also landen in einem Jahr zehn Millionen dieser kleinen Kometen auf unserem Planeten. Schon seit 4,6 Milliarden Jahren kommen auf diese Weise Eisbälle auf die Erde geflogen, und laut Professor Frank kommen sie immer noch.

Die kleinen Kometen werden durch die Erdanziehungskraft angezogen, sie verdampfen innerhalb der Erdatmosphäre durch die Sonnenwärme und werden zu gasförmigen Konglomeraten (Zusammenballung, Gemisch). In fünfundfünfzig Kilometern Höhe, von der Erde aus gesehen, vermischen sie sich mit der Luft der Atmosphäre. Sie werden vom Wind verteilt und fallen, wiederum als Eiskristalle, zur Erde, die sie dann als Regen oder Schnee erreichen.[3]

Bereits vor vielen Jahren haben sogar die NASA und die Universität von Hawaii eine Erklärung veröffentlicht, die aussagt, daß die These von Professor Frank glaubhaft ist. In vielen anerkannten Fachzeitschriften wurde ebenfalls darüber berichtet. Dennoch – wie sollte es anders sein – weigern sich viele Wissenschaftler bis heute, diese Theorie anzuerkennen. Das hätte nämlich zur Folge, daß man viele Bücher auf der ganzen Welt umschreiben müßte! Nicht nur das – auch alle wissenschaftlichen Theorien über die Entstehung der Menschheit, die Evolutionstheorie Darwins und andere Theorien bezüglich der Geschichte der Erde und des Lebens auf ihr müßten neu formuliert werden. Im Klartext: Das gesamte Leben, einschließlich dem von uns Menschen, ist nicht von dieser Erde, es stammt aus dem Weltall!

Nun kann man sich leicht vorstellen, was für eine Lawine es auslösen würde, wenn es auf einmal hieße, daß das Wasser – die Quelle allen Lebens auf der Erde – ursprünglich aus dem Weltall stammt. Es gibt verschiedene Charakteristika des Wassers, die das zusätzlich unterstreichen. Auch weist Wasser als Materie eine spezifische geometrische Form auf. Das kleinste Wasserstoffmolekül beispielsweise bildet einen Tetraeder, einen der fünf platonischen Körper.

Das soll an dieser Stelle als Informationshintergrund für den weiteren Verlauf genügen.

Im Zusammenhang mit dem biophysikalischen Nachweis und der Wirkung des *Lebens* in der Materie, vor allem aber der Quelle allen Lebens – dem Wasser –, haben sich viele Forscher in den vergangenen Jahrzehnten insbesondere mit den biophysikalischen Eigenschaften des Wassers beschäftigt. Die rasante Entwicklung der Wissenschaft in den vergangenen Jahrzehnten hat viele neue interessante Fachrichtungen hervorgebracht. Einer der interessantesten Bereiche ist die Biophysik.

Im Gegensatz zur Biochemie befassen sich die Biophysiker mit den lebenden Aspekten – mit der *Lebendigkeit* – in der Natur, im Mineralreich, bei Pflanzen, Tieren und Menschen und deren wechselseitigen Abhängigkeiten. Neben dem Wasser spielen die Sonnenenergie und das Salz dabei eine zentrale Rolle.

Zwei Wissenschaftler, die in diesem Zusammenhang genannt werden sollten, sind *Dr. Barbara Hendel* und *Peter Ferreira*. Beide haben gemeinsam durch ihre Forschung und therapeutische Anwendung von Wasser und Salz einen neuen Meilenstein in der Wissenschaft gesetzt. Neben vielen Vortragsreisen rund um die Welt haben Sie zu dieser Thematik ein sehr interessantes Buch verfaßt: „*Wasser und Salz – Urquell des Lebens*".

Atlantis – eine unendliche Geschichte...

Allein das Wort *Atlantis* löst bei vielen Menschen bis heute eine gerade magische Faszination, ja sogar eine gewisse Romantik aus. Ähnlich verhält es sich wohl auch mit dem Wort *Ägypten*. Zufall?

Ganz bestimmt nicht, denn die ältesten Zivilisationen, ganz gleich, ob wir Atlantis, Ägypten, die Maya-Kultur, die Inkas, die Griechen oder die römische Kultur nehmen, lösen bei uns Faszination aus, weil sie allesamt die Wurzeln unserer *eigenen* Zivilisation darstellen. Welcher Mensch träumt denn nicht davon, einmal in seinem Leben nach Ägypten, nach Griechenland oder nach Rom zu reisen – oder gar nach Atlantis...?

Ich selbst gelte wohl als ein gutes Beispiel dafür, welch eine ungeheure Faszination das alte Ägypten ausüben und wie sehr es das Leben eines Menschen verändern kann.

Ob Ägypten, Südamerika, Rom oder Athen – all diese Orte hängen auf die ein oder andere Weise mit dem Mythos Atlantis zusammen. An Atlantis kommt niemand vorbei! Am offensichtlichsten ist das in Ägypten, denn bis heute befaßten sich viele Ägyptologen bei ihrer Forschung sehr intensiv mit diesem Thema, zumindest inoffiziell.

Bedauerlicherweise steht das Thema *Atlantis* bis heute nicht auf dem Lehrplan des Geschichtsunterichtes der Schulen und das ist unglaublich genug. Das ist so, als würde man im Religionsunterricht nicht über Gott oder Jesus sprechen. Aber was nicht ist, kann ja noch werden – man sollte selbst im Bereich der Bildung die Hoffnung nicht aufgeben. Und ein Funken Hoffnung bleibt, denn schließlich sind die alten Wurzeln ja durch die antiken Kulturen gegeben, und somit ist bei vielen jungen Menschen bereits ein kleiner Same gesät – ein Same, der bereits vor etwa 2.500 Jahren durch den griechischen Staatsmann *Solon von Athen* (640-599 v.Chr.) aus Ägypten nach Griechenland getragen wurde. Dieser Same ist im Laufe der Jahrhunderte über den ganzen Planeten getragen worden und hat Gelehrte, Wissenschaftler, Forscher und Abenteurer bis heute motiviert, das sagenumwobene Atlantis – die Wiege aller Kulturen – zu suchen.

Über keine andere Überlieferung aus dem Altertum wurde im Laufe der Jahrhunderte so heftig und häufig gestritten wie über den Mythos Atlantis. Viele tausend Werke sind bis heute über den Mythos Atlantis verfaßt worden. Nach Ceram waren es etwa 20.000 Bände, nach Braghine sogar über 25.000 Werke. Allerdings ist der endgültige Beweis für die Existenz des einstmaligen Inselreiches Atlantis nicht gefunden beziehungsweise von der orthodoxen Lehrmeinung nicht anerkannt worden, und das *obwohl* in den vergangenen Jahrzehnten viele Fakten und Indizien gefunden wurden, die den Schluß sehr nahe legen, daß Atlantis wirklich existiert hat.

Es ist sehr gut möglich, daß es sich tatsächlich so verhält, daß die Atlanter nach dem endgültigen Untergang des Inselreiches einen entscheidenden Kulturschub auslösten, der sich mit den Jahrhunderten über die ganze Erde ausbreitete und das Zweistromland, Ägypten oder die südamerikanischen Reiche befruchtete. Was würde das für uns *heute* bedeuten? Das würde bedeuten, daß wir täglich mit den *kulturellen Ausläufern* der atlantischen Zivilisation konfrontiert werden, ja sogar selbst ein Teil davon sind.

Natürlich gibt es noch einen ganz anderen Punkt, der ausschlaggebend dafür ist, daß man die einstmalige Existenz des Inselreiches immer noch mit dem Schleier eines Mythos und der Legende umhüllt, denn dadurch können die derzeit gültigen und antiquierten Weltbilder weiterhin aufrechterhalten werden. Schließlich würde ein *reales* Atlantis dazu führen, daß man über die gesamte Geschichtsschreibung gründlich nachdenken müßte – mehr noch: Sie müßte umgeschrieben werden!

Aber das soll an dieser Stelle nicht unsere Sorge sein! Ich möchte im folgenden eine kurze Zusammenfassung des Mythos Atlantis und der bekanntesten Thesen aufzeigen, die aber so kurz als möglich gehalten sein wird, da das Thema sonst den Rahmen des Buches sprengen würde.

Die letzten erhaltenen Quellen...
...und die vernichteten Quellen...

Ich müßte hier eigentlich schreiben, *die letzten offiziell erhaltenen Quellen...* Es ist nämlich sehr fragwürdig und letztlich nicht geklärt, ob alle schriftlichen Hinweise auf die atlantische Zivilisation wirklich offiziell bekannt sind oder ob sie sich nur auf den Bericht Solons beziehen. Ich möchte Ihnen auch erklären, warum.

Da wäre zum einen die Vernichtung der Häuser des Wissens – der alten Bibliotheken. Viele „große" Eroberer der Geschichte hinterließen Schrecken, Opfer und Feuer. Alte Bibliotheken wurden im Zuge der Eroberungen gezielt vernichtet.

Andere Entdeckungen haben andererseits die dunkle Vergangenheit der Geschichte erhellt So hat zum Beispiel die von Austen Henry Layard, Mitte des neunzehnten Jahrhunderts entdeckte Bibliothek des Assurbanipal besonders viel Licht in unsere verschleierte Vergangenheit gebracht. In der alten Bibliothek in Ninive wurden zirka fünfundzwanzigtausend Tontafeln gefunden. Nun spricht die Zahl Fünfundzwanzigtausend zunächst für einen großen Fund – das ist es sicherlich auch. Auf der anderen Seite ist es nur ein kleiner Rest der Bibliothek von Ninive.

Viele andere Bibliotheken sind im Laufe der Jahrhunderte zerstört worden. Hier eine kleine Auflistung, die den großen Wissensverlust für die Menschheit deutlich macht:
- Persepolis wurde in Brand gesteckt, als Alexander der Große die Stadt eroberte.
- 83 vor Christus verbrannten viele Schriftschätze beim Brand von Rom. So sollen die Sibyllinischen Bücher verlorengegangen sein.
- Im Jahre 146 vor Christus zerstörten die Römer eine Bibliothek in Karthago mit über fünfzigtausend Schriften.

- Die Schriften der Minoer auf der Insel Kreta wurden größtenteils zerstört.
- Das älteste Schriftgut der Ägypter aus den Priesterzentren in Memphis und Heliopolis ging verloren, und
- der wohl größte Verlust entstand durch den Brand der Bibliothek von Alexandria, in dem nach Überlieferungen etwa 700.000 Schriftrollen verlorengingen. Dazu sind noch die etwa 40.000 Papyrusrollen aus dem Serapeion zu Alexandria zu zählen. Auch die später nach Alexandria transportierte Bibliothek von Pergamon in Mysien ging in Flammen auf. Kaiser Theodosius I. (379-395 n.Chr.) und später die Sarazenen vernichteten noch vorhandene Schriften endgültig. 391 n.Chr. versuchte der gerade erwähnte Theodosis I. alle Spuren heidnischer Kultur in Ägypten endgültig auszulöschen. Im siebten Jahrhundert wurde in Alexandria eine weitere Bibliothek von den Arabern zerstört. Im Jahre 636 n.Chr. ließ Omar, der dritte Kalif des Islam, nach der Eroberung Alexandrias Millionen von Bücherrollen zur Heizung der städtischen Bäder verbrennen. Der Vorrat soll für sechs Monate gereicht haben. Der Kalif soll gesagt haben: *„Entweder stimmen diese Bücher mit dem Koran überein oder nicht. Stimmen sie mit ihm überein, dann ist der Koran allein genug; ist dies nicht der Fall, dann sind die Bücher verderblich.“*

- Nicht vergessen werden sollten die schriftlichen Aufzeichnungen des größten Priesterzentrums der antiken Welt – Heliopolis. So standen auch die Bibliotheken und die Archive sowie das *Haus des Lebens* unter dem Schutz Thoths, dem

Abb.1:
Assurbanipal (883-859 v.Chr.)

44

Hüter der Aufzeichnungen! Die Bibliothek seines Tempels in Heliopolis war berühmt; man sprach von geheimnisvollen und verborgenen Gängen, in denen die von dem Gott eigenhändig geschriebenen Papyrusrollen aufbewahrt lagen.

- Die Bibliotheken Syriens wurden durch den oströmischen Kaiser Pokas (602-610 n.Chr.) vernichtet.
- Die *Stadt der Bücher* des Königs Sargon von Uruk mit akkadischen und sumerischen Schriften wurde komplett zerstört,
- ebenso wie die Bibliothek von Nippur. Wenige aber bedeutende Reste, die Assurbanipal archivierte, fanden die Archäologen in Lagasch und wie bereits erwähnt in Ninive.
- Li Ssi, ein Minister des Kaisers Shih Huang-ti veranlaßte im Jahre 213 vor Christus die Vernichtung fast aller Aufzeichnungen aus Chinas Vorgeschichte.
- Itzcoatl, der vierte König der Azteken, der von 1428-1440 regierte, ordnete an, alle Bilderhandschriften der unterworfenen Stämme und Städte zu vernichten.
- Die als heilig geltenden Schriften der Azteken von Texcuco (Mexiko) wurden durch Mexikos Erzbischof Don Juan de Zumárraga verbrannt. „*Alle Schriften, die sich in Texcuco befanden*", schreibt ein spanischer Chronist, „*stapelten sie* (die Missionare) *auf dem Marktplatz auf, daß der Haufen aussah wie ein kleiner Berg. Den zündeten sie an und verbrannten die Erinnerung an viele recht seltsame und merkwürdige Ereignisse zu Asche.*"
- Ein ähnliches Schicksal erfuhren die Aufzeichnungen der Mayas durch Diego da Landa, den Erzbischof von Mérida (Mexiko). Dieser ordnete 1562 die Verbrennung einer großen Zahl von Maya-Schriften an. Nur drei Maya-Codices blieben verschont.[4]

Die Auflistung könnte noch beliebig fortgesetzt werden. Die zumeist bewußte Vernichtung ging oftmals mit Machtwechseln, Unruhen und Kriegen einher. Die *Häuser des Wissens und der Zeit* stellten eine zu große Gefahr für die neuen Herrscher dar.

Kommen wir noch einmal zurück auf die Funde von Austen Henry Layard, der Bibliothek aus Ninive, denn hier finden wir einen interessanten Hinweis auf eine alte Zivilisation. Aus den heutigen Übersetzungen geht hervor, daß viele dieser alten Schriften aus einer älteren Sprache übersetzt wurden: *„übersetzt"* oder *„aus der Sprache von Schumer"*, heißt es dort.

Aus einer der persönlichen Inschriften Assurbanipals geht folgendes hervor: *„Der Gott der Schriftgelehrten hat mir die Gabe verliehen, mich auf meine Kunst zu verstehen. Ich bin in die Geheimnisse des Schreibens eingeweiht worden. Ich kann auch die schwierigen Tafeln auf sumerisch lesen. Ich verstehe auch die rätselhaften in Stein gemeißelten Wörter aus den Tagen vor der Flut."*[5]

„Aus den Tagen vor der Flut", heißt es hier... Sicherlich und ohne Zweifel ist dies ein zu beachtender Hinweis auf Atlantis!

Die systematischen Zerstörungen alter Schriften und Überlieferungen, die Jahrhunderte und Jahrtausende alt waren, hatten zur Folge, daß das Vermächtnis der ältesten Zivilisationen unserer Erde verlorenging, um neuen, leeren, gottlosen und blasphemischen Ideologien auf den Thron zu verhalfen – mit Erfolg, wie man bis heute feststellen kann.

Vergleichen wir dieses Vorgehen mit gegenwärtigen „Königen", stellen wir fest, daß sich nichts geändert hat. Nehmen wir zum Beispiel die Irak-Kriege der Amerikaner und ihrer Verbündeten und denken daran, was mit den vielen Kulturgütern und Schriften in den Museen passiert. Die werden genauso gestohlen und verkauft oder – im Falle der Schriften – vernichtet beziehungsweise unter Verschluß gehalten.

Bereits in den ersten Jahrhunderten konnte man nicht einmal mehr die ägyptischen Hieroglyphen lesen, und bis ins Mittelalter setzte sich der dramatische Wissensverlust unaufhaltsam fort. Der Höhepunkt war das geozentrische Weltbild der Kirche und die Pest, die wohl irgendwie ein Synonym der gottlosen Weltanschauung der Kirche zu sein schien, die bedauerlicherweise über Jahrhunderte hinweg, bis heute, an ihrem falschen und geistig armseligen Weltbild festhält. Auch wenn seit dieser Zeit einige Jahrhunderte vergangen sind, so gehen aber leider Gottes die

Uhren hinter den Mauern des Vatikans bis heute verkehrt, zum Leidwesen von Milliarden Gläubigen.

Diese kurze Auflistung über die gezielte Zerstörung der alten *Häuser des Wissens* ist im Gesamtkontext des Buches von Bedeutung, da im weiteren Verlauf Überlieferungen und Schriften in den Mittelpunkt gerückt werden, die im zwölften Jahrhundert von den Templern in Jerusalem geborgen und nach Frankreich gebracht wurden, wo sie erst Jahrhunderte später – im Jahre 1946 – wieder entdeckt wurden. Bei diesen Schriften soll es sich um das bisher älteste Vermächtnis der Atlanter handeln, das Jahrtausende alt ist und über die Tage beziehungsweise *„die Zeit vor der großen Flut"* berichtet.

In diesem Zusammenhang möchte ich an dieser Stelle erwähnen, daß die Templer nicht die einzige Gruppe sind, die gegenwärtig noch Schriften und sogar alte Artefakte und Modelle besitzt. Auch der mit den Templern von alters her verbundene Orden der Zisterzienser und selbst der Vatikan ist im Besitz uralter Schriften, welche die Informationen über das sagenumwobene Inselreich Atlantis bestätigen. Fortsetzung folgt!

Die Quellen von Solon und Platon...

So, nach diesem kleinen, aber feinen Abstecher in die historische Vergangenheit widmen wir uns nun den Quellen aus Ägypten beziehungsweise Griechenland. Diese sollen nur kurz und zusammenfassend wiedergegeben werden, denn hierüber könnte man ein eigenes Werk verfassen. Werfen wir nun also einen Blick auf die historischen Quellen und auf verschiedene Werke bekannter Atlantis-Autoren.

Platons Version:

Auch wenn die griechischen Chronisten, angefangen mit Herodot (etwa 448 v.Chr.), neben den Überlieferungen aus Ägypten selbst noch über Heliopolis zu berichten wußten, so geriet das große und umfangreiche Wissen des einstigen Priesterzentrums in den Jahrhunderten danach doch fast vollständig in Vergessenheit – zumindest nach außen hin. Tatsache ist, daß die Griechen und auch die Römer von der besonderen Stellung von Heliopolis, dem größten Wissenszentrum der antiken Welt, wußten und so bekannte Größen wie Herodot, Solon oder auch Pythagoras das Priesterzentrum noch besuchen konnten. Treffend hat *Platon* über das hohe und sehr alte Wissen der Ägypter einmal berichtet: *„Wir Griechen sind in Wirklichkeit Kinder im Vergleich zu diesem Volk, dessen Überlieferungen um das Zehnfache älter sind (als die Unsrigen). Und während nichts an kostbarer Erinnerung an die Vergangenheit in unserem Land länger aufbewahrt wird, hat Ägypten die Weisheit alter Zeiten auf ewig aufgezeichnet und aufbewahrt. Die Wände seiner Tempel sind bedeckt mit Inschriften, und die Priester haben dieses göttliche Erbe ständig vor Augen. (...) Jede Generation übergibt der nächsten unverändert die heiligen Dinge, als da sind Lieder, Tänze, Rhythmen, Rituale, Musik, Malerei, die aus unvordenklichen Zeiten stammen, als die Götter zu Beginn aller staatlichen Ordnung noch auf Erden herrschten.“*[6]

An zwei verschiedenen Stellen seiner Werke hat *Platon* (429-349 v.Chr.) den Atlantisbericht überliefert. Es handelt sich um die Dialoge Timaios und Kritias. In diesen Dialogen berichtet er über die Herkunft und den Inhalt des Atlantisberichtes.

Solon (640-559 v.Chr.), einer der sieben Weisen Athens und Verfasser der ersten demokratischen Gesetze seiner Vaterstadt, reiste einst nach Ägypten, um dort *„Erkundungen der Vorzeit einzuholen“*. Die ägyptischen Priester aus Heliopolis, Theben und Sebennytos standen in dem Ruf, besonders alte Überlieferungen und Schriften über die vergangenen Zeiten zu haben, weil sie die alten Inschriften und Papyri ihres Landes gesammelt und studiert hatten. Aus diesem Grund war Ägypten über Jahrhunderte hinweg das Ziel vieler Gelehrter und eben auch des griechischen Weisen Solon.

Abb.2:
Ihm haben wir den Atlantis-Streit zu verdanken: der Philosoph Platon

Abb.3:
Solon

„Solon wurde in Ägypten ehrenvoll aufgenommen, und als er die der alten Geschichte kundigen Priester über die alten Zeiten befragte, erkannte er, daß weder er noch sonst einer der Griechen von diesen Dingen das Geringste wußte." (Tim. 22 a)

Die ägyptischen Priester, vor allem Sonchies von Theben, Psenophis von Heliopolis und Ethemon von Sebennytos gaben Solon einen umfangreichen Bericht über die vergangene Zeit. Das taten sie aufgrund der von ihnen gesammelten und studierten Inschriften und Papyri. Solon wurde vor allem durch einen Bericht gefesselt, in dessen Mittelpunkt seine Vaterstadt Athen und der heldenhafte Kampf der Athener gegen die in Griechenland eingedrungenen Kriegsheere der Atlanter stand. (Tim. 21 d) Ausführlich berichteten die ägyptischen Priester, indem sie *„die Schriften selber zur Hand nahmen"* (Tim. 24 a), *„von Athen Glaubwürdiges und der Wahrheit Entsprechendes"*. (Krit. 110 d)

Neben vielen Einzelheiten des Stadtstaates Athen wurde auch ausführlich die einstige Stadt Athen beschrieben. Auf einer Anhöhe, die erst durch ein Erdbeben und gewaltige Überschwemmungen von der Erde entblößt wurde, stand vor jenen Katastrophen eine Burg, die damals mit einer Ringmauer umgeben war. Wo die heutige Burg steht, befand sich eine Quelle, von der, als sie durch Erdbeben versiegte, nur noch kleine Rinnsale geblieben sind. Für die gesamten damaligen Bewohner aber strömte die Quelle in reichem Maße. (Krit. 111 e - 112 d) Die Athener jener Zeit hatten eine vortreffliche Verfassung und ein starkes Heer. Dann aber kam eine Zeit mit gewaltigen Erdbeben und Überschwemmungen. Und es kamen ein Tag und eine Nacht voll entsetzlicher Schrecken, und die ganze Masse der Griechen wurde von der Erde verschlungen. (Tim. 25 e)

Auch das Königreich der Atlanter wurde von jenen Katastrophen auf das schwerste heimgesucht. Ihre Königsinsel (Basileia) Atlantis versank bei jenen Katastrophen im Meer. Aber schon vorher hatten sich die Heere der Atlanter zu einem gewaltigen Kriegszug zusammengeschlossen. Mit einer zur Einheit zusammengeballten Kriegsmacht zogen sie durch Europa und drangen schließlich in Griechenland ein, wo sie alle griechischen Staaten mit Ausnahme Athens unterwarfen. Die Atlanter hatten den Plan, alles den Griechen und den Ägyptern gehörende Land sowie alles Land innerhalb der Meeresenge (bei den Säulen des Herakles [Gibraltar]) in ihre Gewalt zu bringen. (Tim. 25 b)

„Das war denn, mein Solon, die Zeit, in der eure Staatsmacht der ganzen Welt die glänzendste Probe ihrer Tüchtigkeit und Kraft gab; denn allen überlegen an Beherztheit und Kriegskunst, stand sie zuerst an der Spitze der Hellenen. Dann aber sah sie sich durch die Unterwerfung der anderen auf sich allein gestellt. So geriet sie in äußerste Bedrängnis. Gleichwohl widerstand sie den Andringenden und errichtete ihre Siegeszeichen." (Tim. 25 c)

Die Atlanter zogen weiter durch Asien, worunter die Alten immer Kleinasien verstanden. Sie hatten den Plan, auch Ägypten als ihr Land einzunehmen. Von hier aus und zusammen mit Libyern und Tyrrhenern von Libyen aus und mit ihrer starken Flotte von See her drangen sie gegen Ägypten vor. Aber der erfolgreiche Freiheitskampf Athens half auch den Ägyptern, die durch die zur Einheit zusammengeballte Kriegsmacht der Atlanter, Libyer und Tyrrhener in äußerste Bedrängnis gekommen waren, sich des gewaltigen Angriffs zu erwehren. (Tim. 25)

Die Ursache all dieser Verwirrungen und Nöte jener Zeit seien furchtbare Naturkatastrophen gewesen, die damals über die ganze Erde gingen. Die ägyptischen Priester erinnerten Solon an die alte griechische Sage von Phaeton, der einst den Sonnenwagen seines Vaters bestiegen haben soll und weil er es nicht verstand, auf dem Wege des Vaters zu fahren, von der Richtung abwich und der Erde zu nahe kam. Daraufhin verbrannten viele Länder der Erde oder trockneten aufgrund der großen Hitze und Dürre aus. Diese alte Sage habe einen wahren Kern, denn damals sei durch Abweichung der am Himmel kreisenden Sterne von ihrer Bahn ähnliches wirklich geschehen. Vieles sei durch Feuer verbrannt, Ägypten sei aber durch Überschwemmungen des Nils aus dieser Not errettet worden. Später habe dann Zeus den Phaeton durch einen Blitz vom Himmel geschleudert und die riesigen Brände und Austrocknungen durch gewaltige Regenfluten und Überschwemmungen gelöscht.

In den weiteren Kapiteln des Atlantisberichtes werden eingehende Angaben über das Königreich der Atlanter, seine Größe, seine Verfassung und Organisation, die Aufstellung und Bewaffnung seines Heeres, die Lage der Königsinsel und über vieles andere mehr gemacht. Es wird berichtet, daß die Atlanter Waffen aus Kupfer und Zinn und sogar schon aus Eisen gehabt hätten, ebenso starke Streitwagenverbände, eine Reiterei und auch eine mächtige Flotte. (Krit. 116, 117, 119) Der Großteil des zweiten Dialogs beschreibt äußerst genau die natürlichen Gegebenheiten, die Architektur, die Sitten und Gebräuche, die Regierungsform, die Religion, ja sogar die Flora und Fauna von Atlantis.

Abb.4:
Die Atlantis-Karte von Athanasius Kircher aus dem 17. Jahrhundert.

Solon lauschte mit großem Staunen diesen Berichten der ägyptischen Priester, die ihm unter Berücksichtigung alter ägyptischer Tempelinschriften und Papyri in griechischer Sprache vorgetragen wurden. Er schrieb diese Nacherzählungen altägyptischer Schriften eifrig in griechischer Sprache auf, denn er wollte über dieses Thema, vor allem über den heldenhaften Widerstand Athens gegen die Atlanter ein Epos verfassen. Solon kam nach seiner Rückkehr aus Ägypten jedoch nicht mehr dazu, dieses Vorhaben auszuführen.

Die Niederschrift, die Solon aus Ägypten mitbrachte, ist nicht verlorengegangen. Sie gelangte nach dem Tode Solons in die Hände seines Freundes Dropides. Dieser vererbte sie an seinen Sohn Kritias den Älteren, der sie wiederum seinem Enkel Kritias dem Jüngeren weitergab. *„Diese Aufzeichnungen aber befanden sich noch in den meinigen und wurden schon in meinem Knabenalter von mir durchforscht"*, so erklärte Kritias der Jüngere, ein Zeitgenosse des Sokrates (471-400 v.Chr.), bei einem der berühmten Lehrgespräche, die Sokrates veranstaltete. (Krit. 113 b)

Bei einem dieser Lehrgespräche war nun von der alten Geschichte Athens die Rede. Ausführlich wurde von den Bauten in weit zurückliegender Zeit, von der Heeresmacht und der Verfassung der damaligen Athener berichtet. (Tim. 19 b - 21 a; Krit. 109-113 b)

Besonders hervorzuheben ist an dieser Stelle, daß die Berichte über das alte Athen ausdrücklich als *„nicht Erdichtetes, sondern wirklich Geschehenes"* (Tim. 26 d) und als *„nicht erdichtete Sage, sondern als eine wahrhafte Erzählung"* (Tim. 26 e) sowie als *„eine zwar seltsame, aber in allen Dingen durchaus wahre Geschichte"* bezeichnet (Tim. 26 d) wurden.

Soviel im Moment zu Platon, Solon und den alten ägyptischen Priestern über Atlantis. Ich denke, daß diese kleine Zusammenfassung und Auffrischung genügt, um deutlich zu machen, daß sowohl die ägyptischen Priester als auch Solon und Platon von der Echtheit der Überlieferungen absolut überzeugt waren. Für diejenigen Leser, die Appetit auf mehr Atlantis bekommen haben oder gleich noch bekommen werden, sei an dieser Stelle der Hinweis auf das Literaturverzeichnis gegeben, in dem verschiedene gute Werke rund um das Thema Atlantis aufgeführt sind.

Gibt es noch frühere Hinweise auf Atlantis?

Da wäre zum Beispiel *Hesiod,* ein griechischer Dichter, der im achten Jahrhundert vor Christus lebte und über die *„Insel der Seeligen"* oder die *„Glückseeligen Inseln"* berichtete. Sie sind zu einem Teil der griechischen Mythologie geworden und wurden im westlichen Ozean lokalisiert.

Ein anderer Chronist wäre *Homer* (ca. 850-1200 v.Chr.), der vielleicht einen noch älteren Hinweis auf Atlantis lieferte. In seiner *Odyssee* spricht er von dem Land der Phäaken. Leider hat Homer den genauen Ort des Phäakenlandes nicht angegeben.

Wenden wir uns nun zeitnahen Autoren zu. Dabei werden wir feststellen, daß es viele, zum Teil unterschiedliche Versionen über das sagenumwobene Inselreich gibt.

Ignatius Donnellys Version:

Zu einem der bekanntesten Bücher über Atlantis zählt man heute Ignatius Donnellys (1831-1901) *„Atlantis, die vorsintflutliche Welt".* Es erschien zum erstenmal im Jahre 1882, im Jahre 1949 dann von Egerton Sykes überarbeitet und wird noch immer gedruckt. Während seiner Amtszeit in Minnesota durchforschte Donnelly gründlich die Sammlung der Kongreßbibliothek. Er stellte eine große Menge von geologischem, archäologischem und mythologischem Material zusammen, um seine Ideen zu unterstützen, und seine Argumente zugunsten der Geschichte Platons klingen sehr überzeugend.

Donnelly wollte beweisen, daß Atlantis eine Insel von der Größe eines Kontinentes war, der einstmals im Atlantischen Ozean lag. Er war davon überzeugt, daß Platons Geschichte keine Sage oder Legende war, sondern auf Tatsachen beruhte. Für Donnelly war Atlantis die Wiege der Zivilisation, wo menschliche Wesen der Barbarei entwuchsen. Nach seiner Vorstellung waren die Könige, Königinnen und Heroen von Atlantis die Götter und Göttinnen der griechischen, phönizischen, indischen und skandinavischen Mythen. Die Handlungen, die ihnen in der Mythologie zugeschrieben worden waren, waren in Wirklichkeit eine entfernte und umschriebene Erinnerung an reale Ereignisse.[7]

Für Donnelly stellte Atlantis die universelle Erinnerung an ein Land dar und war die Grundlage für die späteren Geschichten vom Garten Eden, dem Garten der Hesperiden, dem Olymp und anderen traditionellen Orten, wo die Menschen einstmals in Glück und Frieden lebten. Die Einwohner von Atlantis trieben einst Handel mit Ägypten, Afrika, Nord- und Südamerika, Skandinavien und Ländern, die an das Mittelmeer grenzten. Sie waren Sonnenanbeter und breiteten ihre Religion bis nach Ägypten im Osten und bis nach Peru im Westen aus. Da Ägypten die älteste Kolonie von Atlantis war, ähnelte ihre Zivilisation der von Atlantis.[8]

Donnelly argumentierte, daß Platons Bericht auf Tatsachen beruht, weil seine atlantische Geschichte nicht mit Göttern oder Dämonen beginnt, sondern mit Menschen, die Tempel, Schiffe und Kanäle bauten, und mit den umliegenden Ländern Handel trieben und Krieg führten.

Er weist darauf hin, daß in der Schweiz Fossilien von mehr als 800 Tierarten aus dem Miozän gefunden worden sind, von denen der größte Teil auch in Amerika vorkommt. Wenn es keine Landbrücke zwischen Europa und Amerika gegeben hat, oder wenn keine Menschen da waren, um sie zu transportieren, wie konnten sie dann den Weg zwischen den beiden Kontinenten überwinden?

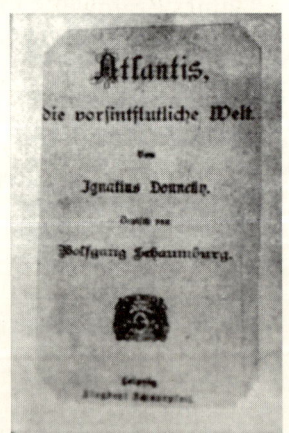

Donnelly geht in seinem umfangreichen Werk natürlich auch auf geologische Untersuchungen ein und vergleicht Sitten und Gebräuche auf beiden Seiten des Ozeans. Er schreibt über die Kultivierung von Pflanzen, Obst und Getreidesorten, die aus ihrem Ursprungsland Atlantis sowohl nach Osten als auch nach Westen gebracht wurden. Gleiches gilt auch für verschiedene Pflanzenarten.

Abb.5:
Buchumschlag von Ignatius Donnellys Atlantis-Band aus dem Jahre 1882.

Weitere Gemeinsamkeiten finden sich ebenso im Pyramidenbau, dem Totenkult der Einbalsamierung oder bei archäologischen Fundsachen wieder. Nach Donnelly sind die vielen kulturellen Ähnlichkeiten auf beiden Seiten des Atlantiks ein klarer Beweis für einen gemeinsamen Ursprungsort: *Atlantis*.

Lewis Spences Version:

Viele Autoren begannen zu Beginn des zwanzigsten Jahrhunderts soviel Beweismaterial wie möglich für die einstmalige Existenz des Inselreiches zusammenzutragen. Lewis Spences publizierte zwischen 1924 und 1928 drei Bücher über Atlantis: *„Das Problem von Atlantis"*, *„Die Geschichte von Atlantis"* und *„Atlantis in Amerika"*.

Spences argumentierte, daß es genügend Beweise aus der Geologie, der Biologie und den prähistorischen europäischen und südamerikanischen Kulturen gibt, um daraus zu schließen, daß Atlantis zumindest wahrscheinlich ist. Er schlußfolgert daraus, daß Platon in seinem Timaios und Kritias wirkliche Fakten beschreibt und keine Geschichte erzählt. Er spekuliert, daß der Cro-Magnon-Mensch möglicherweise auf diesem Weg von Atlantis nach Europa kam.

James Bramwells Version:

James Bramwell schrieb sein Buch im Jahre 1935. Er glaubte, daß Platons Bericht nur die halbe Wahrheit ist, ein Kern von Fakten, der von imaginärem und unwichtigem Material umgeben ist. Er war einer der ersten Autoren, die auch unmißverständlich einige Irrtümer anderer Autoren über Atlantis beweiskräftig offenlegten. Er faßte aber auch einige plausible Argumente für die Existenz des verlorenen Kontinents zusammen, so zum Beispiel die Invasion der Cro-Magnon-Menschen in Europa vor 25.000 Jahren. Dieser Menschentypus war nahezu zwei Meter groß, hatte eine hohe Stirn, vorstehende Backenknochen und ein festes Kinn, und der Schädelumfang war größer als der von modernen menschlichen Wesen. Es gab eine andere Invasion durch eine ähnliche Rasse vor etwa 16.000 Jahren und eine dritte Invasion durch eine Rasse der sogenannten Azilier vor 10.000 Jahren, also ganz in der Nähe des Datums, das Platon für den Untergang von Atlantis angegeben hat.

Bramwell kann man heute mit Recht zu den ersten Kritikern der Atlantis-Theorie zählen. Obwohl er durchaus Beweismaterial zusammengetragen hat, das für die wirkliche Existenz von Atlantis spricht, beendet er sein Werk mit der Bemerkung, daß Atlantis wahrscheinlich ein Mythos ist.

Otto Mucks Version:

Zu einem der besten Atlantis-Werke zählt jenes von Otto Muck.

Mucks Buch *„Alles über Atlantis"* gilt bis heute zu Recht als ein Standardwerk über Atlantis. Otto Muck, ein angesehener Wissenschaftler und Techniker, bietet mit seinem Buch eine der wohl umfassendsten Informationen über den versunkenen Erdteil. Er befaßt sich unter anderem mit den aufsehenerregenden Luftaufnahmen aus dem Bimini-Gebiet, mit den sensationellen Ergebnissen der Taucherunternehmungen im Azoren-Gebiet, mit den erstaunlichen Feststellungen der Ozeanographen der Universität von Miami und verschiedensten anderen Forschungsarbeiten.

Jürgen Spanuths Version:

Jürgen Spanuth war zweifelsohne ein großer und eifriger Atlantis-Forscher – einer, der stets und unbeirrt weiterforschte, auch wenn der Gegenstrom der Kritiker noch so groß wurde. Er war zweifellos ein Pionier in der Atlantis-Forschung, von echtem Forscherdrang erfüllt.

Spanuth war Theologe, Vorgeschichtler und Altphilologe. Er entwickelte über Jahre hinweg die Theorie, daß das in den platonischen Dialogen *Timaios* und *Kritias* erwähnte Inselreich Atlantis einstmals in der Nordsee, in der Nähe der heutigen Insel Helgoland gelegen habe.

Der Untergang dieser alten Hochkultur ist nach Spanuth durch den Einschlag eines Kometen zustande gekommen, wie es in bildhafter Weise in dem griechischen Phaeton-Mythos ebenso zum Ausdruck kommt wie bei den Ägyptern als *Sekhmet*, in Syrien als *Anat*, in der Awesta als *Tistrya* und bei den Germanen als *Ragnarök*. Aufgrund dieser Katastrophe seien die überlebenden Atlanter nach Süden gezogen und hätten unter anderem den Sturm der Seevölker auf Ägypten ausgelöst. Die bronzezeitliche Hochkultur der Atlanter ist nach Spanuths Theorie identisch mit der protogermanischen Kultur, welche Stonehenge und die Himmelsscheibe von Nebra hervorbrachte.

Spanuth erging es wie vielen anderen akademischen und nichtakademischen Außenseitern: Er wurde heftig angegriffen und sogar mit Rechtsradikalismus in Verbindung gebracht.

Charles Berlitz' Version:

Auch der Name *Charles Berlitz* gehört zu den großen in der Atlantisforschung.

Charles Berlitz wurde 1913 in New York geboren und war ein Urenkel des Begründers der *Berlitz School of Languages*. Er sprach mehr als 25 Sprachen, studierte Geschichte und Naturwissenschaften an der Yale Universität und promovierte dort 1936.

Berlitz befaßte sich jahrzehntelang mit dem Atlantis-Rätsel, Unterwasser-Archäologie, Weltraumforschung und dem Phänomen unbekannter Flugobjekte. Als passionierter Taucher hat er verschiedene Expeditionen in das Gebiet des Bermuda-Dreiecks unternommen, wo er die Landmassen des versunkenen Atlantis vermutete und bei seinen Untersuchungen mit faszinierenden Phänomenen konfrontiert wurde. Für seine Arbeit erhielt er 1976 den *Prix International Dag Hammarskjoeld*.

Seinem ersten Atlantis-Werk, „*Das Geheimnis von Atlantis*" aus dem Jahre 1969, fügte er einige seiner eigenen Entdeckungen hinzu. Eine seiner verblüffendsten Illustrationen in diesem Buch ist ein Vergleich zwischen einer Art von Hieroglyphen von den Osterinseln im Pazifik und einer Probe aus dem Industal in Pakistan. Keine von beiden wurde zunächst nachgeprüft, aber die Ähnlichkeiten zwischen diesen war so groß, daß man nur schwer davon ausgehen kann, daß sie keinen gemeinsamen Ursprung haben. Im Jahre 1984 brachte Berlitz sein gesamtes Atlantismaterial mit dem Buch „*Der achte Kontinent*" auf den Stand der Zeit.

Er berichtet unter anderem davon, daß Ozeanographen auf dem Meeresgrund die monumentalen, etwa 60.000 Jahre alten Überreste einer Hochkultur fanden. Charles Berlitz hat persönlich viele unterseeischen Fundorte besucht und das umfangreiche Studienmaterial sorgfältig ausgewertet, das ihm von Meereskundlern, Erdölgesellschaften und Raumfahrtbehörden zur Verfügung gestellt wurde.

„*Vielleicht*", schreibt Berlitz, „*kann die Aufhellung des Schicksals von Atlantis einen konstruktiven Beitrag zur Erhaltung der Welt von heute leisten: als ein letztes Vermächtnis des untergegangenen See-Imperiums an uns, seine Erben.*"

Edgar Cayces Version:

Das weltberühmte US-amerikanische Medium *Edgar Cayce* (1877-1945) hat in vielen seiner Trancesitzungen über die Epoche von Atlantis und der damit verbundenen Ankunft der Menschheit auf der Erde berichtet. Er hat zweifellos einen neuen wissenschaftlichen Maßstab gesetzt. Cayce hat das geltende System des Denkens vollkommen auf den Kopf gestellt. Er hat im wortwörtlichen Sinne zwar nichts entdeckt, aber seine Beiträge, seine Analysen und Prophezeiungen haben deutlich dazu beigetragen, einer neuen Auffassung von der Kraft des menschlichen Geistes den Weg zu ebnen. Nicht ohne Grund wurde er „*Der schlafende Prophet*" genannt, „*Amerikas größtes Medium*", „*Der geheimnisvolle Mann von Virginia Beach*" oder auch „*Der Mann, der das Heute, das Morgen und das Gestern sah*".

Bis heute sind die 14.246 *Readings* (Lesung; je nach Zusammenhang kann es Prophezeiung, Weissagung, Deutung, Prognose oder Diagnose bedeuten), die er im Zustand des Tiefschlafs oder im Zustand der Selbsthypnose mitgeteilt hat, lebendig geblieben. Von diesen über vierzehntausend *Readings* handeln etwa siebenhundert von Atlantis. Diese wiederum wurden in einem Zeitraum von etwa zweiundzwanzig Jahren erteilt.

Cayces Bericht beginnt mit der Ankunft der Menschheit auf der Erde vor ungefähr 10 Millionen Jahren und endet mit dem Versinken von **Atlantis** um etwa 10.000 vor Christus.

Als die Readings erteilt wurden, war das Thema Atlantis eher im Bereich des Okkulten angesiedelt, und die Wissenschaft hielt diese Art von Informationen für wenig glaubwürdig. Das hat sich bis heute zumindest ein wenig geändert. Verschiedene Forschungsmethoden, die zur Zeit der *Readings* noch nicht zur Verfügung standen, machen es heute möglich, viele der erteilten *Readings* mit objektiveren Augen zu sehen. Viele der von Cayce vor mehreren Jahrzehnten gegebenen Informationen klangen damals sehr unrealistisch, inzwischen sind sie aber Teil eines wissenschaftlichen Mainstream-Denkens geworden. Andere sind noch immer strittig, werden aber von verschiedenen Forschern ernstgenommen und sorgfältig untersucht. Einige seiner Vorhersagen über zukünftige geologische Katastrophen werden von heutigen Geologen durchaus ernstgenommen.[9]

Zudem haben die Readings keinen blinden Glauben gefordert, sondern vielmehr betont, daß alle Aussagen durch Beweise und Datenmaterial geprüft werden müssen.

Laut Cayces Version endete die Zeit der Atlanter mit der Sintflut etwa 10.000 vor Christus. Er berichtete von großen Katastrophen in dieser Zeit, bei denen Inseln und selbst ein ganzer Kontinent im Meer versanken. Cayce folgte nicht einfach Platons Version oder jener der Okkultisten, sondern er berichtete von mehreren Katastrophen, die in einer Zeitspanne von mehr als 40.000 Jahren auftraten.

Viele seiner Aussagen bezogen sich auch auf die ägyptische Kultur. Einige der Atlanter konnten der Katastrophe entgehen, gelangten in das Niltal und wurden somit die Begründer der ägyptischen Zivilisation. Eine besonders häufig wiederkehrende Schilderung Cayces in seinen Trancezuständen betraf „Hinweise" auf Ägypten als Aufbewahrungsort geheimer alter Schriften. Nach seinen Angaben soll etwa um 10.500 vor Christus ein großer unterirdischer Raum angelegt worden sein, der eine Bibliothek des Wissens der untergegangenen Zivilisation von Atlantis enthielt:

„Diese befindet sich in einer Position, daß, während die Sonne über dem Wasser aufgeht, die Linie des Schattens (oder des Lichts) zwischen die Vorderpranken der Sphinx fällt. (...) Zwischen Sphinx und Fluß..."[10]

Als ein Vermächtnis seiner ungewöhnlichen Begabung kann man die nach seinem Namen benannte *Edgar Cayce Foundation* (ECF) betrachten, die seit vielen Jahrzehnten auf der ganzen Welt nach Beweisen für das ehemalige Inselreich sucht. Bereits seit den frühen siebziger Jahren hat die ECF auch viele Untersuchungen rund um die Sphinx und die große Pyramide in Kairo durchgeführt.

Der Einfluß, den die Cayce-Readings und auch die Arbeit der ECF bis heute auf die Ägyptologie oder vielmehr auf einige namhafte Ägyptologen ausüben, ist von großer Tragweite. Offiziell wird das natürlich nicht zugegeben – doch in Kairo es ist ein offenes Geheimnis! Im weiteren Verlauf werde ich auf diesen Punkt, genauer gesagt auf die Suche nach der *Halle der Aufzeichnungen*, die in Ägypten bis heute anhält, näher eingehen. Also, Fortsetzung folgt!

Die Okkultisten und Theosophen:

Die Berichte von Solon, Platon und so weiter basierten auf akademischem Wissen, und selbst das wurde von dem Establishment angegriffen und buchstäblich zerrissen. Die okkulte Tradition hingegen weicht von diesem akademischen Wissen sehr weit ab. Sie verläßt sich auf geheime Lehren, die nur für Eingeweihte zugänglich waren.

Cayces Methode beispielsweise war die unmittelbare hellseherische Wahrnehmung von metaphysischen Berichten. Aber obwohl einige der Bezeichnungen, die von Cayce verwendet wurden, unter den Okkultisten seiner Zeit gang und gäbe waren, widersprechen die Cayce-Readings oftmals vielen Einzelheiten der okkulten Tradition.

Das wohl heute noch populärste okkulte System ist die Theosophie, die in den späten Jahren des neunzehnten Jahrhunderts von Helena P. Blavatzki gegründet wurde. Die okkulten Lehren sind teilweise von östlichen Religionen (Buddhismus, Hinduismus und so weiter) abgeleitet worden. Sie enthalten einen detaillierten Weltplan von verschiedenen Ebenen der Existenz und von der Entwicklung von Wurzelrassen der Menschheit. In der okkulten Tradition spielt die mystische Erfahrung eine Schlüsselrolle. Dabei erweitern und intensivieren hellseherische Offenbarungen fortwährend das Material.

Die Okkultisten haben die akademischen Werke in keinster Weise zurückgewiesen – im Gegenteil! Sie haben sie quasi in ihre Arbeit mit einfließen lassen. Ihr Ziel ist viel weiter gesteckt, als einfach nur zu erklären, warum beispielsweise Sprachen und Gebräuche auf beiden Seiten des Atlantiks ähnlich sind. Sie versuchen, den Abstieg der Menschheit von ihren spirituellen Ursprüngen in die physische Welt zu verstehen.

Die Grundlage des okkultistischen Zugangs besteht darin, daß es Informationsquellen gibt, die von Raum und Zeit nicht begrenzt sind. Der bekannte Okkultist und Theosoph Rudolf Steiner bemerkte, daß die Geschichte uns in bezug auf die prähistorische Zeit der Menschheit sehr wenig erzählen kann. Selbst Geologie und Archäologie sind durch die physischen Daten, die erhalten blieben, sehr begrenzt. Menschen aber, welche die Fähigkeit besitzen, die spirituelle Welt hellseherisch wahrzunehmen, können über Ereignisse berichten, zu denen Historiker keinen Zugang haben.

Die Skeptiker haben natürlich immer argumentiert, daß dieses ganze Material einer überaktiven Vorstellungskraft entstammt, dennoch haben diese Ideen das Interesse vieler Gelehrter auf sich gezogen. Steiner selbst hat nie behauptet, daß spirituelles Wissen unfehlbar ist. Er bemerkte dazu, daß die Vision ungenau, verzerrt oder dem wirklichen Zustand genau entgegengesetzt sein kann. Steiner war aber der Meinung, daß Menschen, die eine gewisse Ebene der Spiritualität erreicht haben, logischkonsistente Informationen erhalten können.[11]

Helena P. Blavatzki gilt offiziell als Begründerin der Theosophie. Sie schrieb in ihrem Hauptwerk „Die Geheimlehre" über Atlantis. Sie behauptete, diese Lehre während ihrer ausgedehnten Reisen aus einer vergleichenden Studie der okkulten Welt bezogen zu haben. „Die Geheimlehre" besteht aus Auszügen aus dem „Buch von Dzyan" (Dzyan = Weisheit, göttliches Wissen; im tibetischen wird Lernen Dzin genannt), das ihrer Aussage nach ein altes Weisheitsbuch war. Natürlich sollte an dieser Stelle bemerkt werden, daß es auch viele kritische Stimmen bezüglich der Herkunft dieses geheimen Buches gibt. Entweder, so wird angenommen, habe Helena Blavatzki den Inhalt aufgrund eines telepathischen Diktats durch indisch-tibetische Meister erhalten oder nach eigener Einsichtnahme in einen Palmenblattcodex, der in einer tibetischen Felsengrotte aufbewahrt gewesen sei. Einzelne Passagen entsprechen dem indischen *Rigveda*, andere wieder chinesischen Philosophie-Lehren. Dennoch zählt „*Die Geheimlehre*" als Gesamtwerk zweifellos zu den beeindruckendsten Werken, die in den vergangenen Jahrhunderten verfaßt wurden.

„*Die Geheimlehre*" hatte einen großen Einfluß auf das allgemeine Denken über die spirituelle Entwicklung der Menschheit. Das Ziel der theosophischen Sichtweise besteht darin, den Ursprung und die Evolution des Universums wie auch den Ursprung und die Evolution der Menschheit zu erklären. Atlantis spielt dabei eine wichtige Rolle! Nach der theosophischen Lehre ist die Zahl 7 eine mystische Zahl: Es gibt 7 Existenzebenen; 7fache Zyklen, in denen sich alles entwickelt, und 7 Wurzelrassen der Menschheit. Die vierte Wurzelrasse war nach theosophischer Lehre die der Atlanter.

So beschreibt die theosophische Saga den Abstieg des menschlichen Geistes in die Materie, dem dann eine aufwärts gerichtete Evolution folgte. Bevor hier falsche Schlüsse gezogen werden, sollte betont werden, daß die Wurzelrassen hier nicht unserer üblichen Vorstellung von Menschenrassen entsprechen.

- Die **erste Wurzelrasse** wird die *Polarrasse* genannt. Die polarische Wurzelrasse existierte nur in Form von Astralkörpern, nicht also in der physischen Materie.
- Die **zweite Wurzelrasse** war die *hyperboräische* und befand sich in dem arktischen Hyperboräa, einem hypothetischen Kontinent, den die griechische Mythologie im fernen Norden lokalisierte. Die Hyperboräer hatten physische Körper, aber sie hatten noch eine starke Bindung an den ätherischen Körper. Sie sahen nicht so aus, wie wir uns heute normalerweise Menschen vorstellen. Man konnte sie mit dem bloßen Auge auch nicht sehen.
- Die **dritte Wurzelrasse** war die der *Lemurier*, die gemäß der theosophischen Geheimlehre Atlantis vorausging.

Das theosophische Lemuria war ein südlicher Kontinent, der große Teile von Afrika, Asien, dem Indischen Ozean und Teile des Pazifischen Ozeans einnahm. Die Geschichte der Lemurier beschreibt den Abstieg der Menschheit in die physische Materie. Der lemurische *Mensch* wurde nicht so sehr als menschliches Wesen, sondern vielmehr als Tier betrachtet, das die Menschlichkeit erst noch erreichen sollte. Symbolisch stehen für die Lemurier auch Mischwesen.

Glauben wir dem Theosophen *W. Scott-Elliott*, so hatten die früheren Lemurier riesige, gelatineartige Körper, die sich erst in der Mitte der lemurischen Periode zu verfestigen begannen. Diese späten Lemurier waren vier bis fünf Meter groß, sie hatten keine Stirn, und ihre Augen waren so weit voneinander entfernt, daß sie genauso gut zur Seite wie auch nach vorne sehen konnten. Sie hatten ein Auge an der Hinterseite

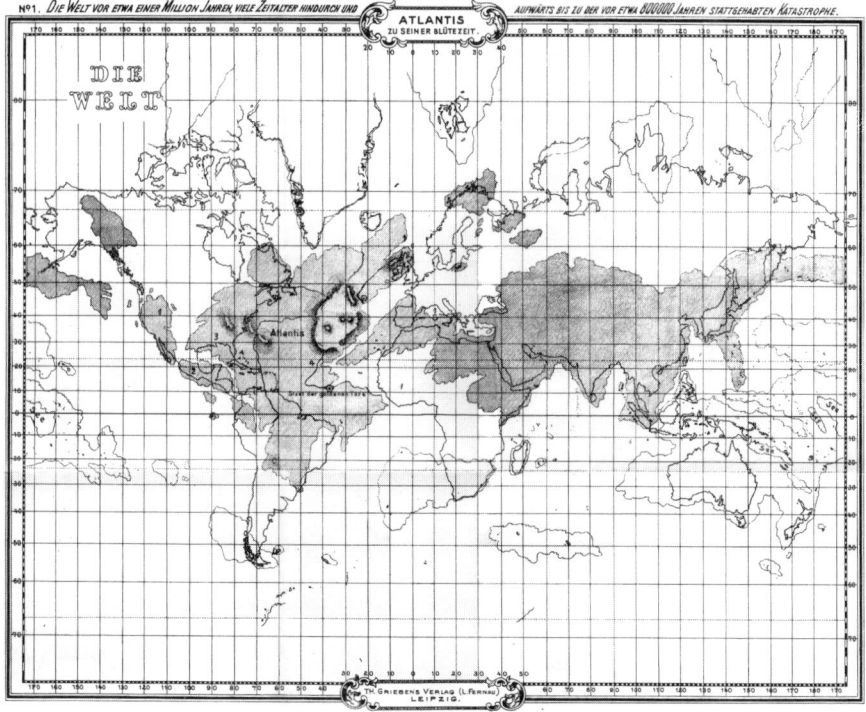

Abb.6:
Die Welt vor etwa einer Million Jahre – Atlantis zu seiner Blütezeit.

des Kopfes. Interessant ist in diesem Zusammenhang auch, daß es weltweit, auf allen Kontinenten, bei den verschiedensten Völkern Berichte und Überlieferungen über Mischwesen gibt, die man noch bis heute als göttliche Kulturbringer verehrt.

Scott-Elliotts Atlantisgeschichte umfaßt einen Zeitraum von etwa fünf Millionen Jahren, in denen vier große Zerstörungen stattfanden. Vor etwa 200.000 Jahren verschwand Atlantis weitgehend, und es blieben nur zwei große Inseln zurück, die er *Ruta* und *Daitya* nannte. Im Gegensatz zu Cayces Berichten waren die Bahamas kein Teil des theosophischen Atlantis. Die letzte Zerstörung soll etwa 9.500 Jahre vor unserer Zeit stattgefunden haben. Scott-Elliott sagt, daß die erste Wanderung nach Ägypten vor 400.000 Jahren stattfand und daß es bereits vor 14.000 Jahren in Peru die Inkas gab.

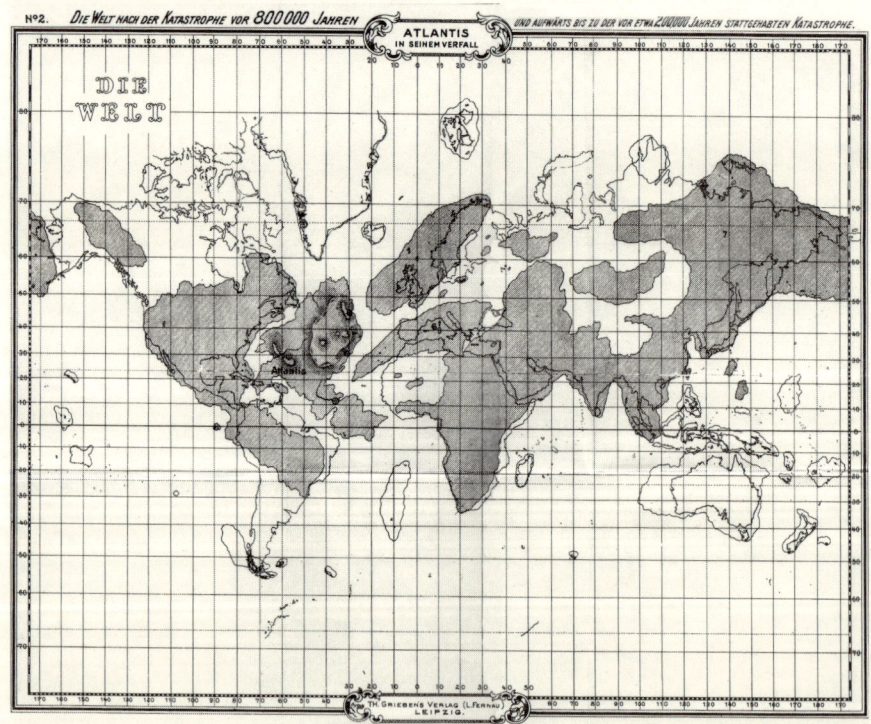

Abb.7:
Die Welt nach der Katastrophe vor 800.000 Jahren – Atlantis in seinem Verfall.

Hat es Atlantis wirklich gegeben?

Nach den heute gültigen Denkmodellen ist diese Frage natürlich nicht so leicht zu beantworten. Dennoch wollen wir versuchen, hier einige wichtige Fakten zu betrachten, wonach sich jeder selbst ein Urteil bilden kann.

Zunächst sollte nicht vergessen werden, daß – trotz der großen Gegenströmung des heutigen Establishments – das Wissen über Atlantis auf nachweisbaren, geschriebenen Berichten basiert! Vergessen wir nicht, daß Solon ausdrücklich beteuert hat, daß es sich bei den alten Berichten um *„nicht Erdichtetes, sondern wirklich Geschehenes"* (Tim. 26 d) handelte, und an anderer Stelle bezeichnete er sie als *„nicht erdichtete Sage, sondern als eine wahrhafte Erzählung".* (Tim. 26 e)

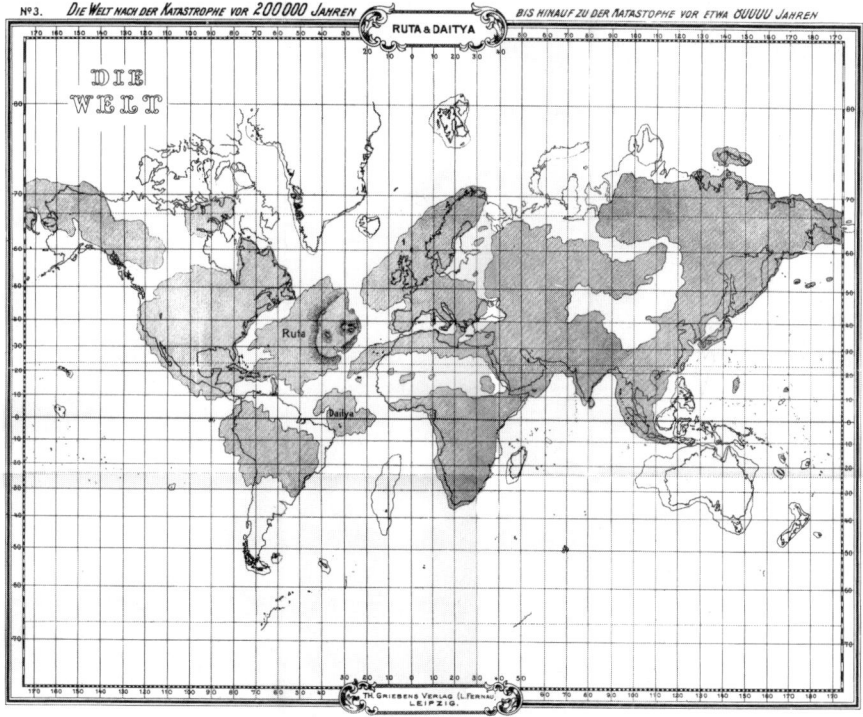

Abb.8:
Die Welt nach der Katastrophe vor 200.000 Jahren – Ruta und Daitya.

Es gibt keinen anderen Bericht aus dem Altertum, in dem so oft und so nachdrücklich der Wahrheitscharakter seiner Aussagen betont wird, wie in dem von Ur-Athen und Atlantis!

Auch gibt es in der Weltliteratur kaum ein zweites nichtreligiöses Thema, das über lange Zeiten hinweg so starkes Interesse auf sich gezogen und derart nachhaltige literarische Niederschläge hinterlassen hat.

Otto Muck bemerkte einmal dazu, daß man oft, ohne wesentlich über den Wortursprung nachzudenken, vom Atlantik spricht. Woher hat er seinen Namen? An anderen Stellen der Erdkugel fällt der Blick beispielsweise auf Indien und südlich davon auf den Indischen Ozean; man sucht und findet den Persischen Golf bei Persien, das Polarmeer unweit des Pols, die Ostsee im Osten und die Nordsee im Norden Eu-

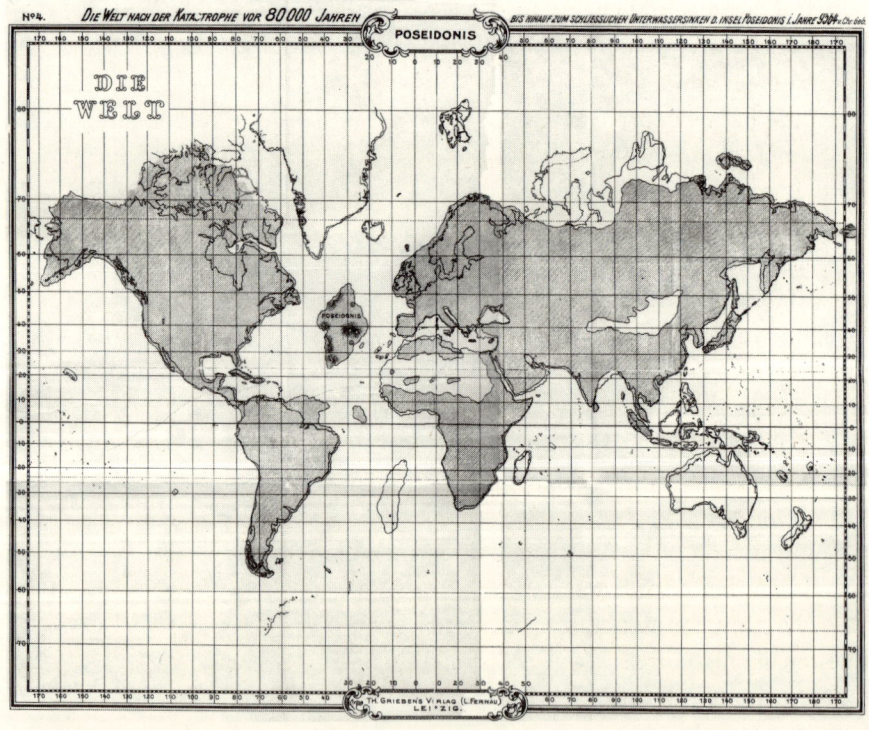

Abb.9:
Die Welt nach der Katastrophe vor 80.000 Jahren – Poseidonis.

ropas. Überall, wo ein Meer nach einem Lande benannt wurde, findet man beide nah beieinander. Nur der Atlantik macht eine Ausnahme! Er ist zwar vorhanden, aber das Land, das ihm seinen Namen gegeben haben müßte, fehlt. Platons Gewährsmann sagte dazu präzise und knapp: *„...Später jedoch, als ungeheure Erdbeben und Überschwemmungen eintraten, versank während eines einzigen schlimmen Tages und einer einzigen schlimmen Nacht ebenso wohl das ganze zahlreiche streitbare Geschlecht bei euch unter der Erde, und ebenso verschwand die Insel Atlantis, indem sie im Meer versank...“*[12]

Es steht außer Frage, daß die nachprüfbare und beweisbare Chronologie über Atlantis mindestens so glaubwürdig ist, wie die meisten anderen historischen oder prähistorischen Zeitangaben.

Seit Jahrtausenden werden die beiden Themen – **Atlantis** und die **Sintflut** – miteinander in Verbindung gebracht und oft im gleichen Atemzug genannt.

Heute hat es den Anschein, als seien die ältesten Hochkulturen – die der Sumerer und Ägypter beispielsweise – plötzlich auf der Weltbühne erschienen, ohne sichtbare und wissenschaftlich belegbare, vorangegangene Entwicklungsstadien. Die einzige Erklärung, die heute wissenschaftlich standhält, ist die Mutmaßung, daß es durch große globale Umwälzungen, wie beispielsweise die Sintflut, zu radikalen Einschnitten kam, so daß Wissen in großem Maße verlorenging. Die weltweiten Überlieferungen erbringen hier Beweise genug! Über den ganzen Erdball verteilt finden wir in den verschiedensten Kulturen und Berichten alter Völker die „Legende" von einer großen Flut. Es gibt wohl keinen Zweifel, daß die große Flut wirklich stattgefunden hat.

Wie im Falle von Atlantis, sollte auch hier deutlich gesagt werden, daß es sich bei dem Thema Sintflut ebenfalls um beweisbare, geschriebene Berichte handelt! Die unbeirrbare Ahnung, daß all das wirklich geschehen ist, lebt irgendwie seit Jahrtausenden in den Menschen fort, und das nicht nur in den Menschen der von der Sintflut betroffenen Gebiete.

Neben den Überlieferungen aus dem Zweistromland (**Gilgamesch**) und den Überlieferungen der Bibel (**Noah**), finden wir auch bei den **Azteken,** bei den **Mayas,** im **Hinduismus,** bei den **Hopi-Indianern** und bei vielen anderen Naturvölkern die Bestätigung für eine große Flut. Die Überlieferungen über kosmische Katastrophen und die große Flut können ganze Bibliotheken füllen. Um so interessanter und verblüffender ist die Ähnlichkeit der verschiedenen Überlieferungen. Szenerie und Inhalt sind immer die gleichen. In der einen Überlieferung heißt der Hauptdarsteller Noah (so wie in der Bibel) und in der anderen **Utnapischtim** (im Gilgamesch-Epos), in einer weiteren **Ziusudra** (bei den Sumerern) und in wieder einer anderen **Atrahasis** (bei den Akkadern).

Auch die **Irokesen,** die **Chibcha-Indianer,** die **Guaraní-Indianer** und die **Inka** berichten über eine große Flut. Es ist ein roter Faden, dem man unweigerlich folgt.

Neben den weltweiten mündlichen und schriftlichen Zeugnissen, die über die Sintflut berichten, wurden auch archäologische Beweise für eine große Überschwemmung vor über 6.000 Jahren in Ur gefunden. Wissenschaftler entdeckten eine zweieinhalb Meter dicke Schicht wassergetränkten Tons, die ein Gebiet von über 100.000 Quadratmetern bedeckt. Das umfaßt ein Gebiet vom Zweistromland, von nördlich von Bagdad bis zur Küste des Persischen Golfes, also ein Gebiet, zu dem Teile des Iran, Irak und Kuwait heute gehören. Durch das Ausmaß der Erdschicht kamen Wissenschaftler zu dem Ergebnis, daß die Flutwelle gigantische Ausmaße gehabt hat und vermutlich alle Menschen der sumerischen Kultur, die sich nicht rechtzeitig in Sicherheit gebracht haben, in den Tod gerissen hat.

Alexander und Edith Tollmann schreiben in ihrem Buch „*Und die Sintflut gab es doch*": „*Es hat sich gelohnt, die großen Traditionen der Völker nicht als Sagen und Mysterien abzutun, sondern auf den prinzipiellen Wahrheitsgehalt des Kernes eines solch beharrlich tradierten Grunderlebnisses zu Vertrauen...*"

Atlantis blieb immer in Erinnerung

Wir verdanken die Überlieferung des Namens *Atlantis* dem grie-chisch-römischen Altertum, dessen Autoren mit dem Begriff eines ver-sunkenen Kontinents sowie dessen einstiger geographischer Lage ver-traut waren. In alten Schriften wurden die nordwestafrikanischen Völ-ker sogar als *Atalantes* oder *Atarantes* bezeichnet und von den Autoren der klassischen Antike, die sie als Reste der atlantischen Kolonialbevöl-kerung betrachteten, *Atlantioi* genannt. Die Berberstämme Nordafrikas besitzen ihre eigenen Legenden über *Attala*, ein kriegerisches König-reich vor der afrikanischen Küste, das nicht nur die Reichtümer aus sei-nen Gold-, Silber- und Zinnminen nach Afrika schickte, sondern auch sein Heer auf Eroberungszügen dorthin sandte.[13]

Die **Gallier**, die **Iren**, die **Waliser** und die **britischen Kelten** glaub-ten, daß ihre Vorfahren von einem im westlichen Meer versunkenen Kontinent gekommen seien. Die beiden letzten nannten dieses verlore-ne Paradies **Avalon**.[14]

Die **Basken Nordspaniens** und **Südwestfrankreichs** glauben eben-falls an eine Verbindung zu Atlantis, weil deren Sprache keinerlei Ver-bindung zu den anderen europäischen Sprachen aufweist. Gleiches trifft auch auf die **Berber** zu, deren Sprache gewisse Ähnlichkeiten mit dem Baskischen hat. Die Berber bewahren in ihren Überlieferungen eben-falls gewisse Erinnerungen an einen westlichen Kontinent.

Auch in **Portugal**, **Brasilien** und Gebieten von **Spanien** ist der Glaube an die Existenz von Atlantis noch lebendig, was völlig logisch erscheint, wenn man bedenkt, daß der westliche Teil der Iberischen Halbinsel der Zipfel Europas war, der Atlantis am nächsten lag.

Es gibt auch auf den **Azoren** Legenden über Atlantis, doch wurden sie von den Portugiesen auf die bis dahin unbewohnten Inseln mitge-bracht.

Die Ureinwohner der **Kanarischen Inseln** waren eine „primitive" weiße Rasse, so berichteten es zumindest später die spanischen Ein-dringlinge. Sie sollen eine Schriftsprache und genaue Überlieferungen besessen haben, die auf ihren atlantischen Ursprung hinwiesen. Nach dem gewaltsamen Eindringen der Spanier folgten viele Kriege, und die

Überlieferungen gingen verloren. Erhalten geblieben ist aber der Name *Atalaya*, er ist als Ortsname immer noch geläufig.

Vergessen dürfen wir auch nicht die **Wikinger**. Für sie war *Atli* ein märchenhaftes Land im Westen, und auch das *Walhalla* der teutonischen Völkerstämme, ein geheimnisvolles Land, in dem Kämpfe, Feste und Trinkgelage ewig währen, soll sich dort befunden haben.

Die **phönizischen** und **kartharischen Seefahrer** kannten angeblich eine blühende Insel im Westen, die sie *Antilla* nannten.

Die **Babylonier** berichten über ein Paradies im Westen, daß sie *Arallu* nannten.

Für die **Araber** der Antike war die älteste Kultur das Land *Ad*, das einst im westlichen Ozean lag.

In den alten Schriften Indiens, den **Puranas** in dem **Mahabharata**, finden sich Hinweise auf *Attala – die Weiße Insel –*, einen Kontinent im westlichen Ozean, *eine halbe Welt* von Indien entfernt.

Auch in **Mexiko** und im nördlichen Teil Südamerikas stößt man immer wieder auf den mythischen Namen Atlantis. In Mexiko beispielsweise *Tlapallan, Tollan* und *Aztlán*. In **Venezuela** entdeckten die Conquistadores eine Siedlung namens *Atlan*, deren Einwohner von ihnen *als weiße Indianer* bezeichnet wurden.

In **Nordamerika** gab es bei mehreren Indianerstämmen alte Überlieferungen von einer Insel im Atlantik, von der ihre Ahnen gekommen seien. In Wisconsin fanden Forscher ein befestigtes Dorf, das von seinen Einwohnern *Azatlán* genannt wurde.

Der Kontinent der Seligen...

Neben den mündlichen Überlieferungen, die Solon von ägyptischen Priestern aus Sais und Heliopolis erfuhr, gibt es noch andere bedeutende Quellen aus Ägypten. In alten Hieroglyphentexten berichten **die alten Ägypter** von *Amenti*, dem Paradies im Westen. Noch heute existiert in St. Petersburg der ägyptische Papyrus 1115, der vor etwa 4.000 Jahren abgefaßt wurde und von der Atlantis-Legende berichtet. Die Geschichte beginnt mit einer Expedition ins *Land der Westlichen*, die vom Pharao ausgesandt wurde. Das Schiff gerät auf hoher See in ein

Unwetter. Der Kapitän berichtet, wie sie dabei zufällig den *Kontinent der Seligen – Amenti –* entdeckten: *„Ich war zu den Minen des Königs ausgezogen und war in See gestochen in einem Schiff. Es hatte 120 Ellen Länge und 40 Ellen Breite* (zirka 63 mal 21 Meter; A.d.V.), *120 der weisesten Matrosen waren an Bord von der oberen Elite Ägyptens. Sie beobachteten den Himmel, sie beobachteten das Land, und ihr Herz war unerschrockener als das von Löwen. Da kündigten sie einen Sturm an, noch ehe er aufgekommen war, und ein Unwetter, ehe es losgebrochen war."*

Das Unglück nahm seinen Lauf, das Schiff zerbrach in mehrere Einzelteile, und die gesamte Besatzung kämpfte ums Überleben. Der Kapitän berichtet weiter, daß das Unwetter die gesamte Besatzung in den Tod riß. Nur er selbst konnte sich durch ein angespültes Stück Holz retten und wurde auf eine Insel getrieben: *„Keiner der Besatzung blieb übrig, einzig ich ward von einer Meereswelle auf eine Insel geworfen."*

Nach ein paar Tagen der Erholung erkundete der Kapitän die Insel. Er berichtet, daß auf der Insel paradiesische Zustände herrschten und alles im Überfluß vorhanden sei: *„Ich aß mich satt und warf noch weg, weil ich zuviel in meinen Armen hatte."*

Der Kapitän berichtet weiter, wie er plötzlich erschrak. Die paradiesische Idylle wurde durch ein großes Fahrzeug gestört, das er auf sich zukommen sah: *„Da hörte ich ein Donnergeräusch und dachte: Es ist eine Woge des Meeres."*

Nun erkannte der Kapitän, daß es sich nicht um die Wogen des Meeres handelte, sondern um ein ihm unbekanntes Objekt, das alles, was sich ihm in den Weg stellte, niederwalzte: *„Bäume krachten, der Erdboden bebte. Ich enthüllte mein Gesicht und erkannte es: Es war ein Träger der Lebenszeit, eine schlangenförmige Gottheit, die heran kam. Er maß 30 Ellen, sein Bart, er war mehr als zwei Ellen lang. Sein Leib war mit Gold überzogen, seine Augenbrauen aus echtem Lapislazuli..."*

Der Bericht des Kapitäns läßt keine Zweifel aufkommen. Es handelte sich hier sehr wahrscheinlich um ein für ihn völlig neuartiges und unbekanntes Fahrzeug, dessen Fahrer – der anscheinend amphibienähnlich aussah – er als eine *Gottheit* identifizierte. Hier finden wir einen Hinweis auf die Mischwesen, wie wir sie beispielsweise aus babylonischen und südamerikanischen Quellen kennen: *Oanes*, *Viracocha*, *Nommo* und so weiter.

Ein paar Jahrhunderte nach Solons Tod schrieb der Philosoph **Proklos** einen ausführlichen Kommentar zum Timaios-Dialog Platons. Darin berichtet er, daß etwa dreihundert Jahre nach Solons Ägyptenreise, also um etwa 260 vor Christus, ein Hellene namens Krantor nach Sais gekommen wäre und dort im Neith-Tempel jene mit Hieroglyphen bedeckte Säule gesehen hätte, auf der die Geschichte von Atlantis festgehalten worden wäre.

Kásskara und Atlantis

Die **Hopi-Indianer** berichten in ihren Überlieferungen von mehreren Welten oder Rassen. Die erste Welt wurde durch Feuer zerstört und die zweite durch Eis. Immer überlebten Menschen, und so kamen die Menschen von der ersten Welt in die zweite und von der zweiten Welt in die dritte Welt. Diese hieß *Kásskara*, was soviel wie *Mutterland* bedeutet. Der größte Teil dieses Erdteiles lag südlich des Äquators. In der Überlieferung durch den „Weißen Bär" ist interessanterweise auch von Atlantis die Rede. In dieser dritten Welt – Kásskara – gab es nämlich einen Kontinent, der östlich lag und deshalb „Land im Osten" genannt wurde – *Talàwaitichqua*.

Die Hopis berichten über eine hohe Technologie der Atlanter, die wir bis heute nicht wieder erreicht haben. Es gab einen langen, grausamen Luftkrieg zwischen Kásskara und Atlantis – die dritte Welt ging unter und versank im Ozean! Ebenso interessant ist die Überlieferung der Hopis über die *Kachinas* (*hohe Wissende*). Diese hohen Wissenden waren schon seit Menschengedenken da; schon seit der ersten Welt. Dort hatten sie *Kyàpchina* geheißen. Sie waren die Götterwesen, die

Kulturbringer, die aus dem Weltraum kamen. Sie kamen aber nicht aus unserem Planetensystem. Der Hopi-Name für diesen Planeten ist *Tòonàotanna*, das heißt soviel wie *Bund der Planeten* oder *Band der zwölf Planeten*.

Die kollektive Erinnerung an die Sintflut und Atlantis...

Diese kurze Auflistung über die kollektive Erinnerung verschiedener Völker an eine große Flut und an den sagenumwobenen Kontinent Atlantis ist natürlich kein endgültiger Beweis für die Sintflut oder die wahre Existenz von Atlantis, doch legt es den Schluß sehr nahe, daß es sowohl das eine als auch das andere wirklich gegeben hat.

Vergessen wir dabei auch nicht, daß die überwiegend sehr alten Legenden aus weit voneinander entfernt gelegenen Teilen der Welt stammen, die zu der damaligen Zeit keinerlei Beziehungen zueinander unterhielten.

Der britische Historiker H. G. Wells bemerkte zu der Frage, ob es Atlantis einmal gegeben hat oder nicht: *„Namen besitzen eine magische Kraft, und das mächtigste dieser magischen Wörter ist Atlantis... es ist, als rühret diese Vision einer verlorenen Kultur an die verborgenen Seiten unserer Seele.“*

73

Atlantis in Amerika...

Neben den vielen Orten auf der Erde, an denen man Atlantis vermutete, kam für manche Schriftsteller auch Amerika in Frage. Einer der ersten war der englische Schriftsteller **Francis Bacon**. Er vermutete, es könne sich bei dem untergegangenen Kontinent um Nord- oder Südamerika beziehungsweise beide zusammen handeln und die Indianer könnten Atlantiden sein.[15]

Auf der einen Seite wird Bacons Annahme zwar durch Platons Bericht unterstützt, in dem ja vom *„gegenüberliegenden Kontinent"* auf der anderen Seite des *„wirklichen Meeres"* die Rede ist. Er läßt aber auf der anderen Seite außer Acht, daß Atlantis eine Insel sein soll und daß die amerikanischen Indianer sich ihrerseits als Flüchtlinge von einer versunkenen Insel betrachteten, wie viele ihrer Volksmythen berichten und auch die Lautverwandtschaft überlieferter Wortverwandtschaft bestätigt.[16]

Charles Berlitz schreibt dazu: *„In den östlichen Teilen beider Amerika, vor allem in den Küstengebieten, fallen einem ungewöhnliche Ähnlichkeiten der indianischen Wörter mit Wörtern aus der alten europäischen, asiatischen und afrikanischen Sprache auf. Die spanischen Kolonisatoren, die diese Ähnlichkeiten bemerkten, waren überrascht, daß die Indianer offensichtlich Ausdrücke aus den alten Sprachen der Alten Welt gebrauchten. Einige erstaunliche Beispiele hierfür sind das aztekische (Nahuatl) Wort teocalli („Haus der Götter"), daß dem griechischen Wort theou kalia (Haus Gottes) nahe kommt, die Ähnlichkeit zwischen dem griechischen Wort „Fluß" (potemos) und dem südamerikanischen Flußnamen Potomac sowie den Bezeichnungen für einige weitere Flüsse im Osten Südamerikas, die mit „poti" beginnen. Dem Wort tepec, das im Nahuatl „Berg" oder „Hügel" bedeutet, entspricht in den Turksprachen Zentralasiens das Wort tepe, das dieselbe Bedeutung hat. Und das sind noch nicht alle Beispiele für linguistische Ähnlichkeiten dies- und jenseits des Atlantiks, deren es zu viele gibt, als daß sie auf reinem Zufall beruhen könnten."*[17]

Charles Berlitz untermauert seine These in seinem Buch *„Der achte Kontinent"* nachhaltig und beweiskräftig:

Indianische und polynesische Dialekte:	Europäische, asiatische und afrikanische Sprachen:
Aymará: *malku* – „König"	Arabisch: *melek* – „König"
	Hebräisch: *melekh* – „König"
Maya: *balaam* – „Priester"	Hebräisch: *bileam* – „Magier"
Guarani: *oko* – „Heim"	Griechisch: oikos – „Heim"
Nahuatl (Aztekisch): *papalotl* – „Schmetterling"	Lateinisch: *papilio* – „Schmetterling"
Nahuatl: *mixtli* – „Wolke"	Griechisch: *omichle* – „Wolke"
Klamath: *pniw* – „blasen"	Griechisch: *pneu* – „blasen"
Ketschua: *andi* – „hoher Berg"	Altägypt.: *andi* – „Hochebene"
Ketschua: *llake-llake* – „Reiher"	Sumerisch: *lak-lak* – „Reiher"
Ketschua: *llu-llu* – „Lüge"	Sumerisch: *lul* – „Lüge"
Araukanisch: *anta* – „Sonne"	Altägypt.: *anta* – „Sonne"
Araukanisch: *bal* – „Beil"	Sumerisch: *bal* – „Beil"[18]

Berlitz legt in seinem Werk noch einen weiteren Beweis vor, der hier erwähnt werden soll:

„Als ein außergewöhnliches Beispiel für ein Wort, das mit nur geringfügigen klanglichen Unterschieden in vielen Sprachen der alten und der neuen Welt vorkommt, ist das Wort für „Vater" – aht, tata, ata – zu nennen. Es ist deshalb besonders interessant, weil es im Gegensatz zu den verschiedenen Varianten des Wortes „Mutter" – ma, mama, mu, um und so weiter – nicht auf einen natürlichen Urlaut zurückführbar ist. Man könnte daraus die Hypothese ableiten, daß die unverkennbare Lautverwandtschaft der verschiedenen Varianten des Wortes für „Vater" möglicherweise auf eine gemeinsame Sprachwurzel zurückgehen und somit den Nachhall einer der ältesten Sprachen der Welt darstellen könnten.[19]

Indianische und polynesische Dialekte:	Europäische, asiatische und afrikanische Sprachen:
Ketschua: *taita*	Baskisch: *aita*
Dakota: *atey*	Ungarisch: *atya*
Zuni: *tatchu*	Tagala: *tatay*

Seminole: *tatí*
Eskimo: *tatak*
Nahuatl (aztekisch): *tatli*
Zentralamerikanische
Dialekte: *tata*
Fidschi: *tata*
Samoanisch: *tata*

Russisch: *atjetz*
Altägypt.: *aht*
Türkisch und Turksprachen: *ata*
Altgotisch: *atta* (Variante)
Latein: *tata* (umgangssprachlich)
Rumänisch: *tata*
Slowakisch: *tata*
Maltesisch: *tata*
Singalesisch: *tata*
Jiddisch: *tatale*
Kymeisch (Walisisch): *tad*[20]

Einer anderen sehr bemerkenswerten Wortähnlichkeit begegnet man bei dem Wort *atl*, welches im Nahuatl, der Sprache des alten Mexiko, und der Berbersprache Nordafrikas dieselbe Bedeutung hat, nämlich „Wasser".

Bei diesen vielen Gemeinsamkeiten gerät man schon ins Staunen, bedenkt man, daß es Jahrtausende vor der Wiederentdeckung Amerikas in den Sprachen, die auf beiden Kontinenten gesprochen wurden, Wörter gab, die mit den Wörtern aus der Alten Welt verwandt sind. Dazu sollten noch zwei andere Zusammenhänge genannt werden. Im „*Popul Vuh*", dem alten Buch der Mayas, heißt es: „*Die gegen Sonnenaufgang blickten... hatten nur eine Sprache, ehe sie nach Westen zogen. Hier aber veränderte sich die Sprache der Stämme. Sie begannen, in verschiedenen Zungen zu reden. Alles, was sie gehört und verstanden hatten, als sie aus Tulan wegzogen, wurde ihnen fremd... Ach, wir haben unsere Sprache verloren. Eine einzige Sprache besaßen wir, als wir Tulan verließen, eine gemeinsame Sprache in dem Land, wo wir geboren wurden.*"[21]

Einen anderen Hinweis finden wir in diesem Zusammenhang in der Bibel. Im Alten Testament wird von der Zeit vor Babylon berichtet, als es nur *eine* Sprache gab, die alle Völker verstanden!

Spuren auf dem Grund der Weltmeere...

In bezug auf die Beweisführung der Atlantisthese könnte man sich die Haare raufen, wenn man bedenkt, mit welcher Macht Indizien und Hinweise seit Jahrzehnten durch die orthodoxe Lehrmeinung einfach ignoriert werden.

In den östlichen Teilen beider amerikanischen Kontinente, vor allem in den Küstengebieten, stößt man auf ungewöhnliche Ähnlichkeiten der indianischen Wörter mit Wörtern aus der alten europäischen, asiatischen und afrikanischen Sprache, wie unter anderem Charles Berlitz klar belegt hat! Vergessen dürfen wir dabei auch nicht die verschiedenen Gemeinsamkeiten der europäischen, afrikanischen und amerikanischen Flora und Fauna!

Diese vielen unwiderlegbaren Hinweise, die wir im Zusammenhang mit den Überlieferungen alter Kulturen und Völker erfahren und gerade beleuchtet haben, sind nur *ein* Beleg für die wahre Existenz des alten Inselreiches.

Damit aber nicht genug! Ich möchte Ihnen noch ein paar weitere höchst brisante Fakten nennen – Forschungsergebnisse –, die ebenso zwingend den Schluß nahelegen, daß Atlantis wirklich existierte! Auch hier kann nur eine kleine Auswahl erfolgen, da es ansonsten, bei der Vielzahl der Untersuchungen und der daraus resultierenden Ergebnisse, den Rahmen des Buches sprengen würde.

Es gibt kaum einen Ort auf unserem Planeten, wo Atlantis noch nicht vermutet wurde, ob auf dem Grund des Mittelmeeres, des Atlantiks oder auch auf dem Grund anderer Weltmeere.

Tauchen wir zunächst auf den Grund des **Atlantiks:**

Die vielen Hinweise auf einen atlantischen Kontinent auf dem Grund des Atlantiks sind natürlich sehr naheliegend. In Frage kommen dabei sicherlich die Meeresgebiete zwischen dem 50. Grad nördlicher Breite sowie dem 20. und 50. Grad westlicher Länge.

Hier liegen heute noch die *Azoreninseln*. Sie stellen die höchsten – den Meeresspiegel überragenden – Erhebungen des Azorenplateaus dar. Würde man den Meeresspiegel des Atlantiks um etwa 3.000 Meter absenken, würde man sehen, daß das Azorenplateau eine Fläche von ca. 7.000 Kilometer in nordsüdlicher Richtung und etwa 1.000 Kilometer in westöstlicher Richtung bedeckt – ein Gebiet also, das mit seiner Fläche durchaus einem kleinen Kontinent entspricht.

Vergessen wir dabei auch nicht, daß Platon ausdrücklich betonte, daß auf Atlantis *„auch das Geschlecht der Elefanten sehr zahlreich vertreten war"*. Folglich muß sich der atlantische Kontinent bis in tropische oder zumindest subtropische Bereiche erstreckt haben. Das **Azorenplateau** wäre somit ein Favorit, zudem gibt es gerade hier handfeste Beweise.

1. Bereits im Jahre 1898 barg der Tiefseegreifer eines französischen Kabeldampfers nördlich der Azoreninsel Fayal, aus 3.000 Meter Tiefe, ein geheimnisvolles Felsstück. Dies geschah unbeabsichtigt, da der Dampfer infolge eines Kabelrisses seine Fahrt unterbrechen mußte. Bei der Bergungsaktion für das gerissene Kabelende wurde der Felsbrocken mit zutage gefördert. Nach Beendigung der Fahrt wurde der Fund dem Pariser Museum übergeben und geriet zunächst in Vergessenheit. Erst viele Jahre später untersuchte Paul Termier, Direktor des Ozeanographischen Institutes Frankreichs, den Felsbrocken. In einem Vortrag des Ozeanographischen Institutes unterbreitete Termier der Fachwelt dann die sensationellen Ergebnisse seiner Untersuchung. Demnach war das Felsstück vulkanischen Ursprungs und von glasartiger Beschaffenheit. Termier belegte, daß der Felsbrocken von einem überseeischen Vulkanausbruch stammen mußte und an der Luft erstarrt war, denn Lava aus unterseeischen Vulkanen kann keine glasartige Oberflächenbeschaffenheit aufweisen. Termier fand aber noch mehr heraus. Die Oberfläche des Lavastückes wies eine scharfkantige Struktur auf. Das Meereswasser hatte die ursprünglichen Formen noch nicht angegriffen. Nach Termiers Schätzung beträgt die Zeit, in der glasartige Lava in größeren Meerestiefen Formveränderungen unterliegt, in etwa 15.000 Jahre.[22]

2. Kommen wir kurz zu einer Forschungsreise, die der amerikanische Geophysiker Piggot von New York nach Irland unternahm. Er ließ während seiner Expedition Sedimentproben aus Tiefen bis zu 5.000 Meter aus dem Meeresboden herausschießen. In den Ablagerungen fand man die Bestätigung dafür, daß in den letzten 700.000 Jahren tatsächlich vier Eiszeiten stattgefunden haben. Außerdem zeigten sich auch zwei Schichten vulkanischer Asche, die von mächtigen Eruptionen stammen mußten. Die letzte dieser beiden Schichten liegt über der letzten Eiszeitablagerung.[23]

Im nordamerikanischen Becken des Atlantiks betrug die Länge der Sedimentproben bis zu drei Metern. Die Probe, die Piggot direkt aus dem Azorenplateau herausschießen ließ, war nur etwa acht Zentimeter lang. Nach den Erfahrungswerten für die Absetzgeschwindigkeit von Sedimenten rechnet man für den der Meeresströmung stärker ausgesetzten Atlantikrücken, zu dem auch das Azorenplateau gehört, mit einer Ablagerung von einem Zentimeter pro Jahrtausend. Daraus ergibt sich rein rechnerisch, daß jener Teil des Azorenplateaus, aus dem die Probe stammt, erst seit etwa 8.000 Jahren von Sediment bedeckt wird und vorher über dem Meeresspiegel lag. Untersuchungen atlantischer Küstengebiete, sowohl auf amerikanischer als auch auf afrikanischer Seite, wiesen auf ein Phänomen hin, das sich Wissenschaftler nicht erklären konnten. Im Meeresboden gibt es tief eingeschnittene Spalten, die sich außerhalb der verschlammten Küstenzone bis zu 50 Kilometer meerwärts und bis in eine Tiefe von 3 Kilometer erstrecken. Die Wissenschaftler stellten fest, daß es sich bei den tiefen Spalten im Meeresboden um Flußtäler handelte. Der Hudson River und der Kongo besitzen beispielsweise solche unterseeischen Fortsetzungen. Es ist aber unmöglich, daß die Flußströmung außerhalb der Küstengebiete noch derartige Auswaschungen hervorrufen kann, da sie vom Meerwasser gebremst wird. Das Rätsel läßt sich nur lösen, wenn man davon ausgeht, daß die Flüsse früher viel länger waren und die Flußmündungen dort lagen, wo sich heute die unterseeischen Rinnen im Meeresgrund verlieren. Daraus kann man wiederum schlußfolgern, daß die Kontinentränder vor Jahrtausenden in den Atlantik abgesunken sind. Da in den unterseeischen Küstengebieten keine weiteren Uferzonen gefunden worden sind, ist es sehr wahrscheinlich, daß die Veränderungen schlagartig eingetreten sind.[24]

3. Bleiben wir noch für einen Moment in den Tiefen des Atlantiks und widmen uns dem *Rätsel der Aale*. Hier begegnen wir einer äußerst interessanten These, die besonders durch Otto Muck bekannt wurde. Muck wollte damit den Beweis führen, daß die Azoren tatsächlich die Reste einer ehemaligen Großinsel sein könnten. Bereits bei Donnelly findet man die Vorstellung von einem inzwischen abgesunkenen „Verbindungsplateau" zwischen Europa, Afrika und Amerika. Durch diese Landbrücke soll es Tier- und Pflanzenarten möglich gewesen sein, hin und her zu wandern. Gleichzeitig wurde durch sie der Zufluß tropischer Meeresströmungen zum Nordatlantik verhindert. Das bedeutet, daß es, solange Atlantis existierte, keinen Golfstrom gab!

Diese Idee griff Otto Muck auf und verknüpfte sie mit dem Geheimnis der Aale. Das Aalleben beginnt in den Tangwäldern des Sargassomeers, eines Warmmeergebietes in der Größe von Mittelamerika, westlich und südwestlich des Azorenraumes. Das Kuriose ist, daß die amerikanischen Aale im Westteil und die europäischen Aale im Ostteil des Sargassomeers laichen. Schon die Jungfische folgen instinktiv einem uralten Wandertrieb. Obwohl das westliche Landgebiet viel näher liegt, schwimmen die jungen Glasaale der europäischen Herkunft nicht nach Westen, was viel näher läge, sondern nach Osten, zu dem weiter entfernten Europa. Sie benötigen für diese unnötig längere Wanderung etwa drei Jahre und setzen sich vermehrten Gefahren aus. Allmählich werden aus den Glasaalen, soweit sie nicht den zahllosen Raubfischen zum Opfer gefallen sind, grünbraune, schlangenhaft bewegliche Fische. Nach etwa zehn bis fünfzehn Jahren kehren sie ins Sargassomeer zurück und pflanzen sich dort fort.

Die Frage, die sich hier stellt und mit der sich bereits Aristoteles befaßt hat, ist die, warum die Aale an einem so gefährlichen Verhaltensmuster festhalten. Hängt dies womöglich mit ihrer *Erinnerung* an Atlantis zusammen, das einstmals über dem Meeresspiegel lag?

Auch für Otto Muck gab es nur diese logische Erklärung. Vor dem Untergang des Inselreiches bildete Atlantis für den Golfstrom eine natürliche, unüberwindbare Sperre; gegen sie brandete er an, hier wurde er umgelenkt und zu einem Wirbelweg gezwungen, der das Sargassomeer umströmte und im Osten das flüssereiche Atlantis sowie im Westen das nicht minder gesegnete Mittelmeer und Nordamerika berührte. Dieser Stromwirbel war vor dem Untergang der Lebensraum der Aale. An ihn hatten sie ihre Lebensweise angepaßt. Sie brauchten sich nur vom Golfstrom treiben zu lassen, er trug sie aus dem Salz- ins Süßwasser und umgekehrt von den Flußmündungen wieder zurück ins offene Meer. Mit dem Ende des *Transportmittels* ist der Kreislauf des Aallebens zerschnitten worden, aber die Aale folgen noch heute ihrem angeborenen Instinkt. Sie verhalten sich bis heute so, als wäre Atlantis nie untergegangen.[25]

So schreibt diesbezüglich Otto Muck: „*Instinkte sind unbelehrbar. Instinktwesen können nicht umlernen. Auch die Aale unterliegen weiter ihren Instinkten seit der Kreidezeit. Sie ahnen nichts davon, daß es kein Atlantis mehr gibt, daß der Wasserring um das Sargassomeer zerrissen ist; sie könnten, auch wenn sie dies wüßten, den ihnen eingeborenen Kreislauf ihres Lebens nicht mehr ändern.*"[26]

4. Die Unterwasserforschung hat in den letzten Jahrzehnten unzählige, zum Teil hochinteressante Entdeckungen machen können, die hier nicht alle aufgezählt werden können. Ein Mann,

der sich besonders der Forschung unter Wasser widmete, um Beweise für Atlantis zu finden, war kein Geringerer als eben Charles Berlitz. Er nannte als schlüssigen Beleg das Auffinden der geheimnisvollen **„Straße von Bimini"**, die man 1968 nahe der Inseln Andros und Bimini, im Bereich der Bahamas fand. Viele Forscher sahen in diesem Zusammenhang auch eine Verbindung zu den Readings von Edgar Cayce, der bereits 1940 erklärte: *„Poseidia wird das erste Gebiet von Atlantis sein, das wieder geboren wird. Das wird im Jahre 1968 oder 1969 stattfinden…"*

Dennoch muß hier gesagt werden, daß bis heute nicht endgültig geklärt ist, ob es sich bei den steinernen Unterwasser-Strukturen um natürliche oder künstlich – durch Menschenhand – geschaffene Formationen handelt.

Bis heute wird die Unterwassersuche nach Atlantis mit großem Eifer fortgesetzt. Ob im Mittelmeer oder in anderen Weltmeeren, überall finden wir Spuren alter versunkener Artefakte, die belegen, daß Atlantis und andere alte Hochkulturen wirklich existierten. So wurde beispielsweise im Mittelmeer vor Ägypten das *Heraklion* entdeckt. Die Stadt aus dem sechsten Jahrhundert nach Christus war eines der religiösen Zentren des alten Ägypten, die letzte Hochburg in einer schon damals christlich gewordenen Welt.

Der französische Hobbyarchäologe und Antikentaucher *Franck Goddio* machte mit seinem Team im Mittelmeer vor Ägypten im Jahre 2000 einen sensationellen Fund. Bereits 1999 stieß er auf Napoleons Flotte, nun aber stellte seine Entdeckung alles Bisherige in den Schatten, denn er entdeckte eine Stadt unter Wasser: *„Wir haben eine intakte Stadt gefunden, eingefroren über die Jahrtausende."*

Goddio und sein Team trauten ihren Augen nicht. Sie stießen bei ihren Tauchgängen auf Jahrtausende alte Tempel, Häuser, gepflasterte Straßen und Sarkophage – alles mit Schlamm bedeckt, aber gut erhalten.

Ägypten selbst scheint ein magnetischer Anziehungspunkt für die Suche nach Beweisen für das sagenumwobene Atlantis zu sein – nicht nur auf dem Festland, sondern auch unter Wasser. Schon die Entdeckung des Leuchtturms von *Pharos* im Hafen von Alexandria – eines der sieben Weltwunder der Alten Welt – löste bei den Forschern eine ungeheure Motivation aus. Bis heute sucht man außerhalb des Hafens nach weiteren Artefakten. Innerhalb des Hafens entdeckte *Franck Goddio* vor wenigen Jahren Kleopatras Tempel.

Spurensuche auf dem Grund des Mittelmeeres...

Die Geologen und Geophysiker, die sich in den vergangenen Jahrzehnten mit der Atlantisfrage befaßt haben, sind bis heute überwiegend der Ansicht, daß der Atlantische Ozean für das sagenumwobene Atlantis nicht in Frage kommt. Sie sind der Meinung, daß Inseln wie die Azoren oder die Kanaren nicht die Reste eines Urkontinents sein können, sondern durch unterseeische Vulkane vom Meeresboden hochgedrückt wurden.

Hat sich Platon demnach geirrt, oder hat er möglicherweise falsche Schlußfolgerungen in bezug auf die wirkliche Lage des Insel-Kontinents gezogen? Kann es sein, daß nicht der Atlantik, sondern vielmehr das Mittelmeer gemeint war?

Vergessen wir nicht, daß die ägyptischen Priester ihm erzählten, daß Atlantis *„vor der Mündung"* lag, die zwei große Meere verbindet. Das Meer, das Atlantis umschließt, wird als Binnenozean beschrieben, *„der rings mit Festland umgrenzt"* ist. Solon identifizierte die angesprochene Meeresenge mit Gibraltar und verlegte das Geschehen damit in den fernen Westen – den Atlantik!

So nahmen Forscher an, daß Platon sich geirrt habe oder er einfach einem Hör- oder Schreibfehler zum Opfer gefallen sei. Trotzdem glaubte man, daß der Atlantisbericht nicht völlig aus der Luft gegriffen war, doch man vermutete, die Lösung nicht im Atlantik, sondern im Mittelmeerraum zu finden. Entdeckungen, die zum Beispiel im Jahr 1900 durch den Archäologen *Sir Arthur Evans* auf Kreta gemacht wurden, führten zu der These, daß Evans die Überreste von Atlantis gefunden hat. Die Rede ist von dem Palast von Knossos, den er einer Kultur zuordnete, die er als „minoisch" bezeichnete. Das wiederum bedeutete eine zeitliche Diskrepanz in bezug auf die Thesen Platons. So gab es in den folgenden Jahrzehnten immer wieder neue Theorien und Orte auf der Welt, wo man das einstige Atlantis vermutete oder daß es längst gefunden sei, wie beispielsweise im Falle von Troja.

Atlantis und Troja...

Die These, daß es sich bei Troja um die Überreste des einstigen Atlantis handelt, stammt aus der jüngeren Vergangenheit. Im Jahre 1992 erschien das Buch „Atlantis – Eine Legende wird entziffert". Darin vertritt der deutsche Geoarchäologe Dr. Eberhard Zangger die These, die Atlantis-Saga sei eine ägyptische Version des Trojanischen Krieges gewesen. Damit löste er nicht nur viel Wirbel aus, sondern mußte auch viel Häme und Spott einstecken. Dennoch – neueste Forschungsergebnisse geben ihm doch in einigen Punkten seiner aufgestellten These Recht. So schreibt Dr. Zangger: „Alle typischen Eigenschaften von Atlantis sind für Troja belegt... Ich bin fest davon überzeugt, daß es sich bei Atlantis um eine bronzezeitähnliche Architektur handelt."

Seiner Beweisführung dienlich war ein spezielles Computerprogramm, welches auch vom amerikanischen Militär benutzt wird, um Standorte feindlicher Raketen aufzuspüren. Dieses Programm wurde von Evans mit sämtlichen zur Verfügung stehenden Atlantis-Daten „gefüttert", darunter alle Informationen über kulturelle Errungenschaften, Geographie, Naturkatastrophen und andere besondere Merkmale. Der Computer errechnete dann eine sogenannte Hitliste der wahrscheinlichsten Atlantis-Standorte. Das Ergebnis war überraschend: An erster Stelle lag Troja, mit 91 von 100 möglichen Punkten. An zweiter Stelle lag Kreta, mit 52 Punkten, gefolgt von Santorin mit 29 Punkten. Auch die Vermutung, daß Atlantis eine Erfindung von Platon gewesen sei, hielt das Programm für sehr wahrscheinlich (42 Punkte).

Troja also?

Wie dem auch sei, eines wird insbesondere im Zusammenhang mit Troja deutlich, nämlich daß man Berichte und Überlieferungen nicht einfach in das Reich der Mythen und Legenden verlegen sollte, wie das heutige Forscher gerne tun, nur weil ihrer Meinung nach schlüssige Beweise fehlen. Heinrich Schliemann war es bekanntlich, der den Mut und auch die Phantasie hatte, Homers *Ilias* und *Odyssee* als *geschichtliche* Quelle zu betrachten. So trat er Ende des neunzehnten Jahrhunderts den Beweis an, Troja auch zu finden, was ihm bekanntlich auch gelang. Er entdeckte darüber hinaus *Mykene* (80 km südwestlich von Athen) und fand in den dortigen Königsgräbern reichen Goldschmuck.

Das sagenumwobene MU:

Im Jahr 1926 veröffentlichte der Brite Oberst *James Churchward* die Ergebnisse seiner langjährigen Forschungsarbeit in seinem Buch „*The lost Continent Mu*". Trotz großer öffentlicher Gegenströmung, versicherte Churchward, belegen zu können, daß *Mu* einst im Bereich des Pazifiks existiert haben muß.

Churchward war nicht der erste, der mit dieser These für Wirbel sorgte. Bereits viele Jahre zuvor trat der französische *Abbé Charles Etienne Brasseur de Bourbourg* mit der Legende um *Mu* an die Öffentlichkeit. 1864 stieß dieser auf einen Bericht über die Maya-Kultur und ihre drei erhaltenen Codex-Bücher, die heute in Madrid, Paris und Dresden aufbewahrt werden.

Auch Ende des neunzehnten Jahrhunderts wurde seine These noch von namhaften Forschern unterstützt, so zum Beispiel von seinem Landsmann, dem Arzt und Archäologen *Augustus Le Plongeon*. Er war der erste, der die Maya-Ruinen in Yucatan ausgrub. Die Artefakte, auf die er stieß, bestätigten schließlich seine Vermutung, daß die *Kulturbringer* der Maya-Kultur Überlebende des sagenumwobenen *Mu* waren. Die entscheidenden Hinweise für seine These will er vor allem im Codex „Troano" gefunden haben. In seinem Übersetzungsbuch heißt es, daß die Insel „*zweimal emporgehoben wurde... dann verschwand sie plötzlich in der Nacht, wo sie bei Talbecken ununterbrochen von vulkanischen Kräften erschüttert wurde. Da der Kontinent* (vom Meer; A.d.V.)

eingeschlossen war, ging er aufgrund dieser Erschütterungen unter und tauchte einige Male an verschiedenen Stellen wieder auf. Aber schließlich gab die Oberfläche nach, und zehn Länder wurden auseinander gerissen und versprengt. Sie konnten der Macht der Erschütterungen nicht standhalten und versanken mit allen 64 Millionen Einwohnern...«[27]

Handelt es sich bei *Mu* und *Atlantis* um ein und denselben Kontinent? Zumindest hat die Ähnlichkeit mit der Schilderung von Platon Forscher wie Plongeon und Churchward davon überzeugt, daß tatsächlich mit Mu und Atlantis derselbe Kontinent gemeint war. Der einzige Unterschied lag darin, daß die versunkene Insel nicht im Atlantischen Ozean, sondern im Pazifik lag.

Bis heute lehnt die orthodoxe Wissenschaft die wirkliche Existenz von Atlantis und Mu kategorisch ab, obwohl die lange Erdgeschichte genug Zeugnis dafür ablegt, daß es im Laufe von Jahrtausenden und Jahrhunderttausenden immer wieder zu umwälzenden Klimaveränderungen kam. Ganze Erdteile sind plötzlich verschwunden, und es kam zu Polsprüngen und dergleichen.

Tatort Pazifik: Bereits Mitte der neunziger Jahre machten Sporttaucher in der Umgebung der Inseln *Yonakuni*, *Kerama* und *Aguni* in einer Tiefe zwischen zehn und fünfundzwanzig Metern sensationelle Entdeckungen. Sie stießen auf gewaltige Bauwerke, Steinkreise, Treppen und Plateaus, die nur von Menschenhand geschaffen worden sein konnten.

Im Jahre 1998 ging dann eine sensationelle Meldung rund um die Welt: *„Geheimnisvolle Pyramide unter Wasser entdeckt!"*

Die Forscher entdeckten ein felsiges Gebilde von 150 Metern Breite, 200 Metern Länge und 90 Metern Höhe, das einer Stufenpyramide ähnelt. Der bekannte Professor Masaaki Kimura, Geologe an der Ryukyu Universität in Okinawa, kam nach seinen Untersuchungen zu dem Schluß, daß die Anlage nur durch Menschenhand errichtet sein könne:

„Ein Beweis dafür ist, daß es am Fuß des Felsens keine Erosions-Spuren gibt, wie abgebröckelte und verwitterte Steine."

Abb.12, 13 und **14**:
Im Jahre 1995 von Sporttauchern entdeckt: gewaltige Relikte aus Stein vor der japanischen Küste Okinawa.

Um die mutmaßliche Pyramide herum führt eine flache Bahn, bei der es sich um eine Straße handeln könnte. Besonders auffallend sind meterhohe Stufen, die zum Gipfel führen. Die Stufen sind so perfekt geformt, daß sie nach Ansicht von Prof. Robert Schoch, einem Geologen der Universität Boston, nicht von der Erosion des Wassers hätten geformt werden können. Robert Schoch: *„Zumindest ist mir keine Felsformation mit so klaren Linien bekannt."*

Einen weiteren Hinweis dafür, daß es sich um eine künstlich geschaffene Formation handelt, bieten mehrere kleine stufenförmige Pyramiden. Forscher sehen in ihnen Mini-Zikkuarte ähnlich der Stufenpyramiden, wie man sie aus Mesopotamien kennt.

Das Alter der monumentalen Anlage schätzen Wissenschaftler auf mindestens 10.000 Jahre.

Natürlich standen die Kritiker schnell auf dem Plan, mit allerlei klugen Gegenthesen. Dennoch – die versunkenen Strukturen von Okinawa sind und bleiben Realität, das weiß auch Professor Kimura: *„Es gibt bislang keinen einzigen Hinweis, daß schon vor so langer Zeit Menschen in der Lage waren, eine solche vermutlich kultische Stätte zu errichten. Das kann nur durch Leute geschehen sein, die technisch anderen Völkern weit voraus waren. Wir haben noch keine Antwort, wir müssen die Anlage systematisch erforschen."*

Zusammenfassung und Ausblick

Die Suche nach Atlantis ist eine unendliche Geschichte. Es ist unglaublich, daß Atlantis, trotz so umfassender und nachvollziehbarer Rückschlüsse, immer noch in das Reich der Mythen und Legenden verlegt wird.

Allein die Tatsache, daß man Solons Berichte als Erdachtes oder Erdichtetes bewertet, belegt schon, wie groß die Unwissenheit und Arroganz bei vielen Vertretern der orthodoxen Lager zu sein scheint.

Vergessen wir nicht, daß Solon ausdrücklich beteuert hat, daß es sich bei den alten Berichten um *„nicht Erdichtetes, sondern wirklich Geschehenes"* (Tim. 26 d) handelt.

Es gibt keinen anderen Bericht aus dem Altertum, in dem so oft und so nachdrücklich der Wahrheitscharakter seiner Aussagen betont wird, wie in dem von Ur-Athen und Atlantis!

Auch gibt es in der Weltliteratur kaum ein zweites nichtreligiöses Thema, daß über lange Zeiten hinweg so ein starkes Interesse auf sich gezogen und derart nachhaltige literarische Niederschläge hinterlassen hat. Atlantis ist wie eine geheimnisvolle Magie, welche die Menschheit unsichtbar umgibt.

Die kollektive Erinnerung verschiedener Völker an einen sagenumwobenen Kontinent Atlantis ist für die orthodoxe Wissenschaft natürlich kein endgültiger Beweis, doch legt es den Schluß sehr nahe, daß es Atlantis wirklich gegeben hat.

Vergessen wir dabei insbesondere auch nicht die Wortverwandt-schaften bei Sprachen aus weit voneinander entfernt gelegenen Teilen der Welt, die zu der Zeit, die wir heute als geschichtliche Zeit betrach-ten, keinerlei Beziehungen zueinander unterhielten.

Dann wären da auch noch die verschiedenen Schriftzeugnisse, die nicht nur Jahrtausende, sondern nach neuesten Erkenntnissen mehrere zigtausend Jahre zurückreichen. Auf nahezu allen Kontinenten finden sich uralte Schriftzeugnisse: in Nordamerika, in Südamerika bei den In-kas und Mayas, in Afrika, Asien, Spanien, Italien, Frankreich, Grie-chenland, Portugal, Harappa (Pakistan), Sutatausa (Bogota), in Ecuador oder im US-Bundesstaat Illinois. Die Kette ist fast endlos.

„Interessant ist dabei die Tatsache, daß bei vielen aufgefundenen Re-likten aus aller Welt, die Charakteristik sehr ähnlich ist, so als wären sie einst einer gemeinsamen Urquelle entsprungen", schreibt der Wiener Autor und Forscher Reinhard Habeck.

Abb.15: Was beinhalten die Schriftzeichen aus Sutatausa in Kolumbien?
Abb.16: Der Schatz von Burrows' Cave zeigt viele Exponate mit ungewöhnlichen Schriftsymbolen.

Bei den vielen gravierten Steinen aus Burrows' Cave zeigen zahlreiche Exponate ungewöhnliche Schriftsymbole auf. Der Amerikaner Russel Burrows aus Illinois will 1982 auf ein unterirdisches Tunnelsystem gestoßen sein. Bis zum heutigen Tage weigert sich der Amerikaner, den genauen Standort bekanntzugeben – aus Angst vor Schatzsuchern. Außerdem würde nach der Bekanntmachung der Schatz automatisch dem amerikanischen Staat zufallen. Neben den vielen gravierten Steinen und einigen goldenen Artefakten aus dem unterirdischen System, die Burrows als Beweis für seine Behauptung der Weltöffentlichkeit präsentierte, sollen noch viele weitere sagenhafte Artefakte in den unterirdischen Höhlen vorhanden sein: Sarkophage mit mumifizierten Leichen, Skulpturen und rätselhafte Metallgegenstände – so behauptet es zumindest Russel Burrows.

Interessant sind in diesem Zusammenhang auch die Kunstschätze des verstorbenen *Pater Crespi* aus Quenca, Ecuador, die bis heute zu den bedeutendsten Sammlungen nicht klassifizierter Steinobjekte und Metalltafeln gehören: Platten aus Goldblech, Silber und anderen Legierungen mit unbekannten Schriften, rätselhaften Symbolen, Pyramiden-Motiven, Götterfiguren und vielem mehr. Bereits 1972 hat Erich von Däniken in seinem Buch *„Aussaat und Kosmos"* über diese „Metallbibliothek" berichtet und für viel Aufsehen gesorgt.

Pater Carlo Crespi hatte die Gegenstände von Indios erhalten, die ihrerseits behaupteten, daß sie die alten Relikte aus bisher kaum erforschten Höhlensystemen ihrer Vorfahren entnahmen.[28]

Eines bleibt im Hinblick auf das Zweistromland (Mesopotamien) noch zu sagen: War man bisher der Meinung, daß Mesopotamien die Wiege aller Kulturen ist, welche die traditionelle Wissenschaft auf 3.500 vor Christus datiert, so sollte man dahinter ein großes Fragezeichen setzen. Viele der weltweit gefundenen Artefakte legen den Schluß sehr nahe, daß die Wiege aller Kulturen – wo auch immer sie gewesen sein mag – um viele Jahrtausende, wenn nicht sogar hunderttausende von Jahren zurückdatiert werden muß – früher oder später.

Im nächsten Kapitel wenden wir uns auch weiterhin unerklärlichen Rätseln der Menschheit zu und treffen Klaus Dona, Forscher, Autor und Initiator einer bisher einzigartigen Ausstellung: *Unsolved Mysteries*.

Kapitel 2
Unsolved Mysteries

*„Die Wissenschaft fängt eigentlich erst da an,
interessant zu werden, wo sie aufhört!"*

(Justus von Liebig)

Ungelöste Rätsel der Menschheit

Im Zusammenhang mit der Atlantisfrage gäbe es noch viel zu berichten, was aber den Rahmen des Buches sprengen würde. Eines möchte ich Ihnen jedoch nicht vorenthalten: die Ausstellung *Unsolved Mysteries – Die Welt des Unerklärlichen*, die erstmals 2001 in Wien Weltpremiere feierte und auch in diesem Jahr wieder ihre Türen geöffnet hatte.

Diese Ausstellung führt wohl die erstaunlichste Beweisführung der Gegenwart und untermauert, wie groß die Anzahl der ungeklärten Fragen in bezug auf die Evolutionstheorie und eben auch die Atlantisfrage in Wirklichkeit ist.

Die Realisierung dieser Ausstellung ist mit vielen bekannten Namen verbunden, besonders jedoch mit dem Namen *Klaus Dona*.

Abb.17:
Klaus Dona im Dschungel von La Mana mit neu entdeckten Artefakten.

Abb.18:
Reinhard Habeck in Ecuador mit dem mysteriösen „Weltkartenstein von Tumbaco".

Die Verwirklichung dieser einzigartigen Ausstellung führte den Wiener Forscher um die halbe Welt. Vor allem in Asien und in Nord- und Südamerika hat er einen Großteil der Exponate für die Ausstellung zusammengetragen. Was vor ihm aber bisher niemandem gelang, ist der Umstand, daß es sich bei über neunzig Prozent aller Ausstellungstücke um Originale handelt. Der Grund dafür ist sicherlich, daß Klaus Dona in der Fachwelt und bei vielen Eigentümern dieser einzigartigen Exponate einen ausgezeichneten und seriösen Ruf genießt.

Einen anderen Experten, der ebenfalls einen maßgeblichen Anteil an der Realisierung der Ausstellung hat, möchte ich ebenfalls nicht unerwähnt lassen. Dabei handelt es sich um den bekannten Wiener Autoren *Reinhard Habeck*. Rechtzeitig zu der Ausstellungseröffnung in Interlaken, Schweiz, im November 2004, veröffentlichten Klaus Dona und Reinhard Habeck das Buch *„Im Labyrinth des Unerklärlichen – Rätselhafte Funde der Menschheitsgeschichte"*.

Das Buch bietet neben vielen Farbphotos einen sehr detaillierten Überblick über die Exponate und ist im Zusammenhang mit der Gesamtthematik Evolution, Menschheitsgeschichte und frühere Hochkulturen sehr zu empfehlen (www.unsolved-mysteries.net).

Älteste fossile Funde...

„Die archäologischen Anomalien, von denen hier die Rede ist, sind dazu angetan, unser bisheriges Geschichtsbild über den Werdegang des Lebens und die Entstehung der Zivilisationen ernsthaft anzuzweifeln. Wenn die mysteriösen Artefakte einer weiteren Untersuchung, ihrer Echtheit und Authentizität betreffend, standhalten – und die bisherigen Analysen haben nichts Gegenteiliges herausgefunden –, müßte wohl die Geschichte der Menschheit neu geschrieben, zumindest aber umgeschrieben werden", schreibt Klaus Dona in *„Im Labyrinth des Unerklärlichen"*.

Die Liste der in der Ausstellung zu besichtigenden Exponate ist sehr lang. Dem Besucher eröffnen sich zum Beispiel Relikte aus der Dinosaurierepoche, der berühmte *Hammer von Texas*, Jahrhunderte alte *Kristallköpfe* (mehr dazu im 5. Kapitel) aus Mittel- und Südamerika, bisher nicht identifizierte *Schriftzeugnisse* aus prähistorischer Zeit, *Knochenfragmente von Riesen*, prähistorische *High-Tech-Werkzeuge*, das berühmte *Goldflugzeug* aus Kolumbien, *moderne Technologie* am Beispiel der Ägypter und Chinesen, die *genetische Scheibe* („Diskus") und vieles mehr. Es ist schwer, hier einige wenige der außergewöhnlichen Artefakte hervorzuheben.

Abb.19: Die sogenannten Goldflieger aus Kolumbien faszinieren seit vielen Jahren die Fachwelt. Sie unterstreichen die These, daß schon vor Jahrtausenden Flugzeug-Modellbauer am Werk waren. Vor einigen Jahren wurden im New Yorker Luft- und Raumfahrtinstitut Untersuchungen (Test im Windkanal) an einem dieser Modelle durchgeführt, um deren Flugtauglichkeit zu überprüfen. Das Ergebnis war eindeutig. Das kolumbianische Modell zeigt alle Merkmale eines modernen Flugzeuges.

Abb.20: Der Pyramidenstein aus dem Dschungel von Ecuador zeigt im oberen Dreieck das allsehende Auge. Unter ultraviolettem Licht strahlt das Auge wie ein echtes Auge, es weist also genau jene Symbolik auf, wie jene auf der Ein-Dollar-Note der Vereinigten Staaten. Was aber Wissenschaftler noch mehr verblüfft, ist die Tatsache, daß wie auf dem Geldschein auch der Stein aus Ecuador nicht eine viereckige Bodenstruktur aufweist, sondern stattdessen flach, mit einer kleinen Seite hervorsteht! Fragen über Fragen, die im Zusammenhang mit dem Pyramidenstein bis heute nicht beantwortet werden konnten. Wie, wann und durch wen konnte er nach Kolumbien gelangen?
Auf der Unterseite des Steines steht ein kryptischer Text, den Professor Kurt Schildmann von der deutschen Linguistikgesellschaft übersetzt hat und der folgendermaßen lautet: „*Der Sohn des Schöpfers (Creator) ist unterwegs.*"

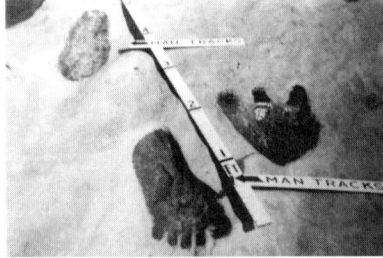

Abb.21 oben:
Die berühmten Dinosaurier-Spuren aus Glen Rose, Texas.
Auf dem Bild befinden sich neben den Saurier-Spuren menschliche Riesenfußspuren in der gleichen geologischen Schicht. Wie kann das möglich sein?

Abb.22 rechts:
Professor Hurtak neben einem Fußabdruck in Stein, der eine Länge von 130(!) Zentimetern aufweist. Was würde Darwin sagen?

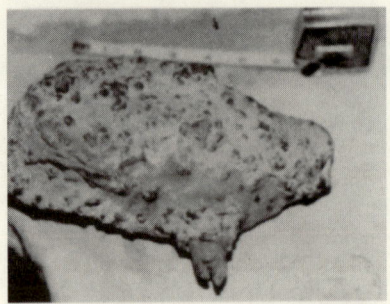

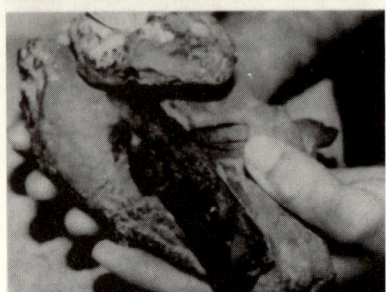

Abb.23 und **24**:
Ein anderes, mittlerweile sehr bekanntes und viel diskutiertes Artefakt ist der „Hammer von Glen Rose". Der verwitterte Hammer mit einem Holzstiel wurde 1934 von der Familie Hahn in der Nähe der Kleinstadt London, Texas, gefunden. Der Fundort gehört zum gleichen Teil des Gebirgsrückens Llano Uplift wie derjenige am Paluxy River in der Nähe von Glen Rose. Von dem Hammer ragte nur das abgebrochene Ende des Hammerstiels aus dem Felsgestein heraus. Der Rest des fossilen Hammers war noch komplett vom festen Sandstein umschlossen. Röntgenaufnahmen belegen eine homogene Struktur des Stahls, ohne Verunreinigungen. Er besteht aus reinem Eisen. Um das Artefakt genau untersuchen zu können, mußte das massive Steinstück erst aufgebrochen werden. Auch der Hammer befand sich in Gesteinsformen der Kreidezeit, was einem Alter von 65 bis 140 Millionen Jahren entspricht.

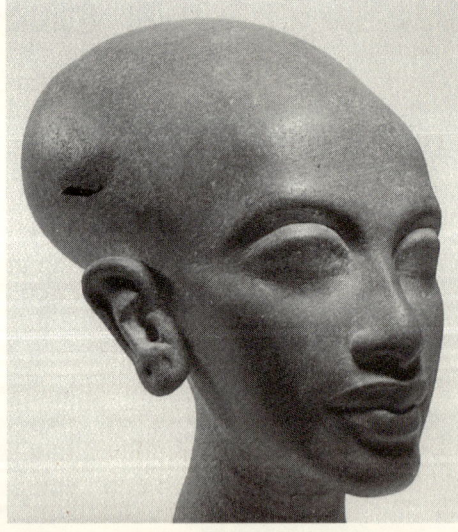

Abb.25 und **26**: Die beiden Bilder zeigen Nofretete mit und ohne Kopfbedeckung.
Besonders in der sogenannten *Amarna-Epoche* der 18. Dynastie fand dieser Kult einen Höhepunkt. Es war die Zeit des wohl nebulösesten Pharaos der ägyptischen Geschichte, Amenophis IV. (1372-1354 v.Chr.), der später als der Ketzerkönig *Echnaton* in die Geschichtsbücher einging. Bis heute lassen viele Forscher kein gutes Haar an ihm, wobei viele Theorien eben bis heute nicht belegt sind.

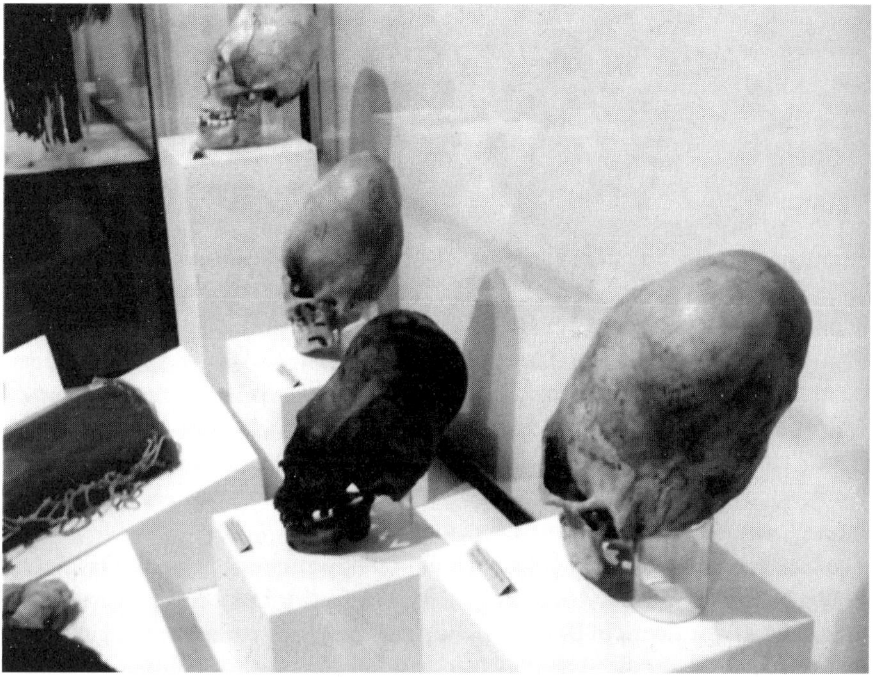

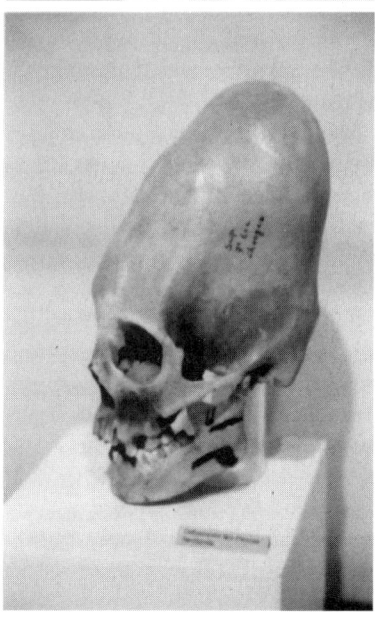

Abb.27 und **28**: Auf der ganzen Welt finden sich Artefakte von sogenannten *Langschädeln*. Warum haben die Menschen vergangener Völker plötzlich begonnen, Schädel zu deformieren? Sicherlich lassen sich dafür logische Erklärungen finden! Aber, warum findet sich dieser Kult weltweit, und wie konnte ein kultureller Austausch zwischen den Kontinenten stattfinden, der ja laut traditioneller Theorie bestritten wird?

97

URALTES BIOLOGISCHES WISSEN
Embryologie in der Vorzeit

Vorderseite: 1-, 2- und 3-Uhr-Position: Neutrales embryonales Stadium vor der geschlechtsspezifischen Weiterentwicklung.

Das embryonale Stadium mit Dottersack, dargestellt auf der Vorderseite in der 8-Uhr-Position.

Der Embryo mit der geschlechtsspezifischen Körperhaltung findet sich auf der Vorderseite in 7-Uhr-Position.

Die beiden folgenden Bilder (in 2- und 3-Uhr-Position) stellen die jeweils geschlechtliche Spezifizierung in weiblich bzw. männlich dar.

Ein Blick auf die Position von 5 bzw. 7 Uhr zeigt je einen hockenden Embryo, der männlich bzw. weiblich dargestellt ist.

Auf der Rückseite der Scheibe läßt sich in dem Segment der 8-Uhr-Position rechts eine Eizelle vor der Befruchtung (mit strukturlosem Inneren) ausmachen, rechts daneben die Eizelle nach der Befruchtung mit deutlich verdickter Zellmembram sowie einem nun klar strukturierten Zellkern.

Auf der Rückseite (in 3-Uhr-Position) hat der frühgeschichtliche Bildhauer ein Spermium in Dreiteilung abgebildet: Kopf- und Schaltstück sowie Geißel sind zu sehen. Wie konnten Mediziner der Vorzeit zu diesem Wissen gelangen? Mikroskope, um die Vorgänge der Befruchtung detailliert sehen zu können, gab es vor vielen Jahrhunderten selbst in eurasischen Hochkulturen (angeblich) nicht ...

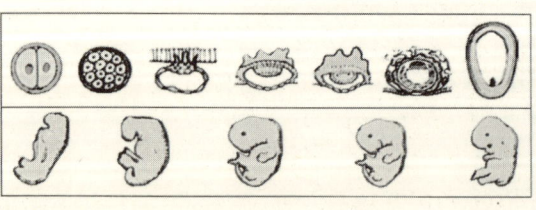

Stadien der menschlichen Zellteilung

Embryonale Wachstumsphasen

Abb.29: Ein Artefakt aus Kolumbien – die genetische Schreibe: auf ihr ist die Entwicklung von den Amphibien zum Menschen dargestellt. In der Scheibe aus Kieselschiefer finden sich außerdem die verschiedenen Stadien biologischen Wachstums eingraviert. In einem Segment ist eine Eizelle *vor* der Befruchtung auszumachen, rechts daneben die Eizelle *nach* der Befruchtung. Welche Kultur verfügte über Zellwissen vor tausenden von Jahren, das nur unter dem Elektronenmikroskop erkennbar ist?

Fragen, nichts als Fragen bleiben zurück, wenn man diese Ausstellung besucht. Denken Sie nur einmal an die Dino-Spuren, neben den menschlichen Fußspuren. Menschen in der Dinosaurier-Zeit, vor über 50 Millionen Jahren? Nach Darwin völlig ausgeschlossen! Aber sie sind nun einmal da!

Letztlich wird man bei diesen vielen Artefakten aus uralten Menschheitsepochen Antworten finden *müssen*, früher oder später. Allerdings wird das wohl eine grundlegende Revision oder Umschreibung der Menschheitsgeschichte nach sich ziehen.

Allein die vielen Beweise für einen kulturellen Austausch zwischen den Kontinenten in Epochen, wo die Menschen angeblich die großen Weltmeere noch nicht überqueren konnten, bringen das offizielle Geschichtsbild ins Wanken.

Denken Sie nur einmal an den großen Thor Heyerdahl, der schon vor vielen Jahrzehnten mit seinen mutigen und abenteuerlichen Expeditionen den Nachweis erbrachte, daß Völker bereits vor Jahrhunderten Möglichkeiten hatten, die Weltmeere zu überqueren. Wie anders hätte auch sonst ein kultureller Austausch zwischen dem amerikanischen und dem europäischen oder dem afrikanischen Kontinent stattfinden können? Gut, da wäre natürlich noch Atlantis, aber mal ganz abgesehen von Atlantis, der kulturelle Austausch fand nun einmal statt, und das ist nicht zu widerlegen, da können sich die Gegner und braven Schulbuch-Gläubigen auf den Kopf stellen...

Interview mit Klaus Dona

Im April 2005 traf ich *Klaus Dona* in Wien, um mit ihm über die Ausstellung und neueste Forschungsprojekte in Südamerika zu sprechen.

Herr Dona, nach der Weltpremiere von Unsolved Mysteries im Jahre 2001 in Wien, fand die Ausstellung von November 2004 bis März 2005 in der Schweiz, im Mystery Park, statt – derzeit ist sie in Berlin. Wie ist die Resonanz auf die vielen bislang unerklärlichen Ausstellungsstücke?

K. Dona: *Die Besucher waren und sind begeistert von der Möglichkeit, Artefakte, über die schon sehr viel geschrieben und berichtet wurde, im Original zu sehen. Die Wissenschaft steht den Objekten skeptisch gegenüber, mehrere wissenschaftliche Untersuchungen konnten aber niemals den Beweis erbringen, daß es sich um neuzeitliche Fälschungen handelt.*

Sie legen bei Ihrer Arbeit besonders großen Wert auf wissenschaftliche Beweisführung und haben stets mit anerkannten und renommierten wissenschaftlichen Forschungsinstituten zusammengearbeitet, und viele der Artefakte untersuchen lassen. Wie fielen die Ergebnisse aus?

K. Dona: *Die Wissenschaft steht den Objekten sehr skeptisch gegenüber, mehrere wissenschaftliche Untersuchungen konnten aber niemals den Beweis erbringen, daß es sich um neuzeitliche Fälschungen handelt. Im Gegenteil, nach den Untersuchungen stehen meist mehr Fragen im Raum als davor.*

Wie war die Reaktion der Wissenschaftler, besonders die der Anhänger der traditionellen Theorie der Menschheitsentwicklung?

K. Dona: *Leider gibt es nur sehr wenige renommierte Wissenschaftler, die bereit sind, die von uns ausgestellten Objekte zu untersuchen.*

Wovor haben die Wissenschaftler der traditionellen Theorie Ihrer Meinung nach Angst?

K. Dona: *Wenn nur einige Objekte, wie zum Beispiel „der Hammer aus Texas", die fossilisierten Knochen aus Kolumbien (ca. 140 Millionen Jahre alt) oder der fossilisierte Finger, von der Wissenschaft als echt anerkannt würden, dann müßte man wohl die Geschichte der Menschheit neu schreiben, und man hätte vom „Millenium Mann" aus Kenia bis zu den angeführten Artefakten ein „missing link" von zirka 130 Millionen Jahren – und was gab es dazwischen? Außerdem*

*wäre der Ruf des Wissenschaftlers nach Bekanntgabe eines solchen
Berichtes wahrscheinlich für immer ruiniert.*

*Sie haben in den letzten Jahren sehr viel in Südamerika recherchiert
und vor allem auch archäologische Beweise für die Theorie gesucht, daß
es in früheren Epochen Riesen gab, humanoide Lebewesen, die fünf
Meter und größer waren. Wurden Sie fündig?*

K. Dona: *Wir konnten in Ecuador Knochenteile eines 7,60 Meter
großen Humanoiden bekommen. In den nächsten Monaten werden
wir Grabungen in der Umgebung der Fundstelle machen, und es besteht die Möglichkeit, daß wir drei weitere Skelette ausgraben können.
Aus Bolivien haben wir von einem bekannten Archäologen die
Nachricht erhalten, daß in 4.000 Metern Höhe im Altiplano von Bolivien zwei menschliche Skelette gefunden wurden, die eine Größe
von fünf Metern haben, und Textilreste vorhanden sind. Wir werden
dieser Meldung bei unserer nächsten Südamerikareise auf den Grund
gehen. Aus Archiven haben wir Berichte über Riesen aus der Zeit
zwischen 1887 und 1945 gesammelt, und wir werden sehen, ob es
möglich ist, diese Spuren zu verfolgen.*

*Vor einigen Monaten gab es in Chile einen sensationellen Fund. For-
scher entdeckten ein vierzehn Zentimeter kleines Skelett von möglicherweise humanoider Kategorie! Was können Sie uns dazu sagen?*

K. Dona: *Wir haben dieses kleine Wesen am 5. Mai in Berlin von einem Professor der Anatomie und Pathologie untersuchen lassen, und
das Ergebnis war: Es handelt sich dabei auf keinen Fall um einen
menschlichen Fötus. Es sieht humanoid aus, was es aber wirklich ist,
können wir vielleicht erst nach einer erfolgreichen DNS-Analyse feststellen* (betrachten Sie hierzu bitte die sensationellen Fotos in Anhang 2 auf Seite 395; A.d.V.).

Wie sehen Sie die Atlantisthese im Zusammenhang mit diesen vielen Belegen, die letztlich den Schluß sehr nahe legen, daß einerseits die Menschheitsentwicklung, so wie sie heute traditionell erklärt wird, nicht ganz stimmig ist, und andererseits auch frühere Hochkulturen, wie beispielsweise Atlantis, wirklich existiert haben müssen?

K. Dona: *In unserer Ausstellung zeigen wir viele Funde, die auf Hochkulturen schließen lassen, aber man weiß darüber noch nichts. Meiner Meinung nach hat es immer wieder globale Katastrophen gegeben, die einen Teil der Menschheit vernichtet haben. Des weiteren haben wir Beweise, die belegen, daß es globale Kulturen und globale Kontakte gegeben haben muß. Ein Beispiel dafür: 2001 wurden in der Atacama-Wüste in Chile 76 gut erhaltene Mumien gefunden, deren DNS dieselbe ist wie die DNS der heute im Norden lebenden Ureinwohner – die Ainu. Zwischen Japan und Chile liegt aber der Pazifische Ozean.*

Denken Sie, daß es in den nächsten Jahren bezüglich dieser offenen Fragen einschneidende Veränderungen im Lager der traditionellen Wissenschaftler geben wird?

K. Dona: *Ich glaube nicht, daß sich diesbezüglich in den nächsten Jahren etwas ändern wird, obwohl wir, wie schon gesagt, immer wieder Ausnahmen finden, nämlich Wissenschaftler, die bereit sind, einige unserer Objekte zu untersuchen.*

Wie geht es mit Unsolved Mysteries weiter? Können Sie uns auch schon etwas über Ihre nächsten Forschungsziele verraten?

K. Dona: *Wir sind zur Zeit mit Rom und Japan in Verhandlungen.*

Vielen Dank für das Interview und alles Gute sowie weiterhin viel Erfolg für Ihre Arbeit.

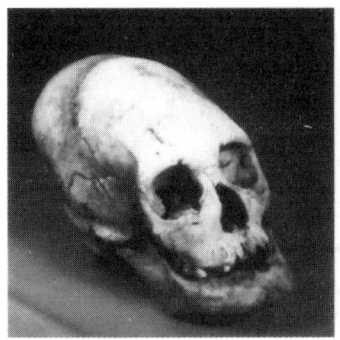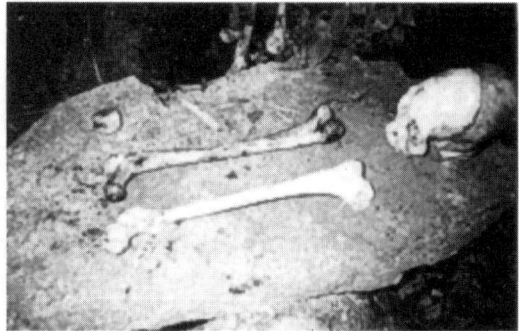

Abb.30 und **31**:
Jüngste Entdeckungen in unterirdischen Labyrinthen in Bolivien: Gräber mit deformierten Schädel-
knochen und menschlichen Skeletten, die von Riesen stammen.

Zusammenfassung und Ausblick

Die vielen Artefakte von *Unsolved Mysteries* sind wohl gegenwärtig die größte Sammlung an prähistorischen Beweisen, welche die Menschheitsgeschichte und eben auch die Frage bezüglich früherer Hochkulturen, wie beispielsweise Atlantis, Lemuria oder Mu in einem ganz neuen Licht erscheinen lassen.

Beweise scheint es genug zu geben, nur ist die lobbyistisch geprägte traditionelle Wissenschaft an derartigen Beweise nicht sonderlich interessiert, weil es zwangsläufig dazu führen wird, daß zumindest Großteile der Geschichte neu geschrieben werden müßten. Welchen bahnbrechenden Einfluß das wiederum auf die gegenwärtigen politischen und religiösen Machtstrukturen auf unserem Planeten hätte, kann sich wohl jeder denken.

Im nächsten Kapitel werden wir den Mythos der geheimnisvollen Bundeslade einmal näher betrachten.

Kapitel 3
Mythos Bundeslade

> *„Ein Sekretär von Thoth zu werden und zu öffnen,*
> *was in seinem Behälter ist.*
> *...ich bin gekommen, um die Zeichen zu berechnen...*
> *...Das Siegel ist gebrochen...*
> *Ich öffne die Truhe des Großen Einen, ich breche*
> *das Siegel...*
> *Ich öffne, was der Behälter des Gottes enthält.*
> *Ich hebe heraus die Dokumente..."*
>
> (Spruch 992 VII, 204 der Sargtexte)

Es gab viele Laden...

Heute sind viele Menschen gar nicht darüber informiert, daß es nicht nur *eine* Bundeslade gab – es gab sehr viele Laden in der antiken Welt. Die Geschichte der Bundeslade, wie sie erst Jahrtausende später im Alten Testament auftauchte, ist im Grunde eine Abkupferung viel älterer Überlieferungen über die *heiligen Steine* oder die *Steine des Schicksals*, wie sie vielfach genannt werden. Doch die Frage, die uns beschäftigen sollte, ist die nach Sinn, Zweck und Ursprung der sprechenden Steine und natürlich auch der Laden, in denen sie aufbewahrt und transportiert wurden.

Gewöhnlich wird immer nur – zumindest im christlichen Abendland – von der hebräischen Lade gesprochen, jenem Schrein, in dem, laut Altem Testament, Moses die von Gott entgegengenommenen Gesetzestafeln aufhob.

Bevor wir dieser Frage nachgehen, wollen wir uns die biblische Geschichte einmal zurück ins Gedächtnis rufen. Warum spricht man immer nur von *einer* Lade, nämlich der hebräischen Bundeslade?

Denken Sie einmal an Ihre Schulzeit oder Ihren Konfirmantenzeit zurück? Haben Sie damals davon gehört, daß es auch noch andere Laden gab und daß es vor allem viel ältere Laden gibt, die bis zum heutigen Tag geschützt werden? Oder was haben Sie dann später bei Gottesdienstbesuchen darüber gehört?

Doch bestimmt immer nur ein und dieselbe Geschichte über Moses und „seine" Bundeslade *und das auserwählte* Volk. Haben Sie jemals irgendwo darüber gelesen, wo sich die Lade heute befindet, das angeblich heiligste Relikt der Juden und Christen?

Heute spricht man nicht darüber! Man hat auch in den letzten Jahrhunderten nicht darüber gesprochen, zumindest nicht öffentlich! Nicht einmal Bischöfe, Päpste und Priester hört man sich darüber äußern! Warum nicht?

Die Sache muß doch einen Haken haben, denn es ist in jedem Fall davon auszugehen, daß die Lade, oder was immer man auch darunter versteht, was immer auch ihr Inhalt war, heute noch existiert! Aber wo ist sie, und was war wirklich Inhalt der Bundeslade?

Wie sieht es also mit dem Wahrheitsgehalt der „einzigen" Bundeslade aus?

Die Kurzform der biblischen Geschichte:

Der alte israelische Kultgegenstand wird auch *Lade Gottes* oder *Lade Jahwes* genannt (Hebräisch: *Aron ha-Berit*).

Sie ist ein hölzerner Schrein, innen und außen vergoldet, mit massiv goldener Deckplatte, auf der zwei goldene Cherubim stehen. Der Überlieferung nach waren in der Bundeslade die Gesetzestafeln aufbewahrt, die Moses von Gott höchstpersönlich erhalten hatte. Die Israeliten trugen die Lade während ihrer Wüstenwanderung mit sich, um die Tafeln des Bundes zu beherbergen. Sie wurde von den Philistern erbeutet, aber wieder gerettet und nach Jerusalem gebracht, wo sie im Allerheiligsten eines Tempels aufbewahrt wurde (1 Könige 8, 1-11).

Im Alten Testament (Exodus 25ff) befiehlt der biblische Gott (einer der vielen Götter des Alten Testaments) seinem Vertrauten Moses, die Bundeslade zu bauen. Gott selbst gibt hierzu die genauen Bauanleitungen. Sie sollte aus Akazienholz gefertigt und innen und außen mit Gold überzogen werden. Auf ihrer Deckplatte mußte eine Kranzleiste ringsherum laufen. Die Deckplatte selbst sollte aus reinem Gold bestehen. Es wurden nach genauer Bauanleitung Stangen angefertigt, um die Lade herumzutragen. An den beiden seitlichen Enden der Deckplatte wurden zwei geflügelte Cherubimfiguren aus getriebenem Gold angebracht. Sie stehen einander zugewandt, den Blick auf die Deckplatte gerichtet, ihre Flügel schirmend über die Deckplatte ausgebreitet.

Die genaue Bauanleitung soll hier nicht mehr in aller Ausführlichkeit beschrieben werden und kann im Exodus (25ff) nachgelesen werden. Anzumerken sei hier noch, daß die Bibelexegeten in den unterschiedlichen Bibelfassungen teilweise auch deutlich voneinander abweichende Ellenmaße wiedergeben.

Die Lade war nach den Angaben der Bibel 2,5 Ellen lang und 1,5 Ellen breit und hoch. Dabei muß die Elle im alten Maß zu verstehen sein. Demnach muß der Schrein in unseren Maßen zirka 1,31 Meter lang sowie 0,78 Meter hoch und breit gewesen sein. Natürlich gibt es auch verschiedene andere Berechnungen, so zum Beispiel die von Joachim Pahls, der die Länge mit 1,73 Meter und für Höhe und Breite 0,78 Meter angibt. Die verschiedenen Berechnungen sollen uns an dieser Stelle aber nicht weiter interessieren.

Auftrag erteilt, Auftrag ausgeführt!

Kommen wir zum geschichtlichen Wahrheitsgehalt und damit zur Schlüsselperson: Moses! Wer war Moses, der laut biblischer Überlieferung einen direkten Draht zu Gott hatte?

Genau an diesem Punkt streiten sich nämlich die Gelehrten und meiner Ansicht nach völlig zu Recht. Denn heute vertreten viele Fachleute die Ansicht, daß es sich bei dem biblischen Moses in Wirklichkeit um den historischen Echnaton (Amenophis IV, 18. Dyn., 1372-1354 v.Chr.) handelt, was wiederum die ganze Geschichte um und über die „hebräische" Lade in ein ganz anderes Licht rücken würde. War die „hebräische" Lade in Wirklichkeit ein rein ägyptischer Kultgegenstand?

Zurück zu Moses.

Biblische Stammväter im alten Ägypten...

In *„Banken, Brot und Bomben"* (Band 1) wurde diese Thematik unter Berücksichtigung neuester wissenschaftlicher Erkenntnisse bereits sehr ausführlich von mir behandelt. An dieser Stelle sollen nur die wesentlichen Aspekte im Zusammenhang mit der Bundeslade noch einmal erörtert werden.

Viele der bis heute immer noch dogmatisierten religiösen Weltbilder sind in zahlreichen Bereichen widerlegt – wissenschaftlich widerlegt!

So wissen wir heute beispielsweise, daß der Ursprung der Abrahamreligionen (Judentum, Christentum, Islam) in den Tiefen der sumerischen und ägyptischen Kultur wurzelt beziehungsweise aus ihnen entstanden und größtenteils sogar entlehnt wurde. Die biblische Schöpfungsgeschichte und die Erzählung über die Sintflut wurden aus viel älteren Quellen übernommen. Es ist beispielsweise auch eindeutig eine Entwicklung des Christentums aus der älteren hebräischen Religion zu bestätigen. Der Islam stellt die jüngste der drei Abrahamreligionen dar.

Die Spur der biblischen Stammväter wie zum Beispiel Abraham, Joseph, David, Salomon, Moses und so weiter führte stets nach Ägypten. Ihr Leben und Wirken war mehr mit der ägyptischen Kultur und den Pharaonen verbunden, als das vielen Historikern heute überhaupt bekannt ist. Folgen wir der Spur der biblischen Hauptdarsteller in das alte Ägypten, ergeben viele historische Aussagen der Bibel erst einen realen Hintergrund.

Eines sollte der besonderen Wichtigkeit halber nochmals erwähnt werden: Die gemeinsamen Wurzeln der Ägypter und Israeliten sind von zentraler Bedeutung. Das wird durch das Alte Testament mehr als bestätigt, denn dort begegnen wir dem Wort Ägypten einige hundert Male, das Wort Israel wird dahingegen nur einmal in der ägyptischen Chronologie erwähnt. Deutlich wird dadurch in erster Linie die jeweilige Gewichtigkeit. Genauer gesagt spielte Israel *nie* die bedeutende Rolle, die man ihm später zuschrieb und bis heute fälschlicher Weise aufrechterhält.

Um der authentischen Geschichte der Bibel so nahe wie möglich zu kommen, ist es unumgänglich, ihre Spuren im Land der Pharaonen zu suchen, denn dort führen uns alle Hinweise hin, insbesondere die der Bibel.

Es ist heute erwiesen, daß die Bibelverfasser häufig Namen von Personen, Orten und Wasserquellen erwähnen, die in vielen Fällen gar nicht mit der eigentlichen Geschichte im Zusammenhang stehen, sie nennen im Widerspruch zu diesen Ereignissen im alten Ägypten aber nicht ein einziges Mal den Namen eines Pharaos, eine dynastische Zeitangabe oder zumindest einen Wohnort. Es ist heute unwiderlegbar, daß den Schriftgelehrten des Alten Testaments diese Namen bekannt waren, diese aber absichtlich weggelassen wurden!

Einer der zahlreichen Pharaonen, die im Alten Testament eine Rolle spielen, hat Abrahams Frau geheiratet. Durch einen anderen Pharao bekam Joseph Arbeit und wurde zu seinem Wesir. Er wurde damit der höchste Offizier des Landes. Nach seinem Sieg behielt der Pharao Joseph in seinen Diensten. Welche große Bedeutung Joseph am Hofe dieses Pharaos zuteil kam, wird durch die Tatsache bestätigt, daß dieser Joseph, der in Ägypten Yuya hieß, im Tal der Könige bestattet wurde – als Wesir!

Viele Berichte und Erzählungen des Alten Testaments sind durch archäologische Beweise widerlegt worden. Die großen Königreiche von David und Salomon, wie sie in den biblischen Berichten dargestellt werden, kann es nach heutigen wissenschaftlichen Erkenntnissen so nicht gegeben haben. Auch der bekannte Auszug aus Ägypten kann in der Form und vor allem in der Größe nach heutigen Erkenntnissen nicht stattgefunden haben. Für die Ägyptologen und viele andere Gelehrte handelte es sich wohl nur um eine kleine unbedeutende Gruppe. In der ägyptischen Chronologie wäre ein Auszug, wie die Bibel ihn beschreibt, sicherlich erwähnt worden.

Auch die wissenschaftlichen Fakten sprechen heute eine unzweifelhafte Sprache!

Viele Schriftzeugnisse die im vergangenen Jahrhundert gefunden wurden, werfen ein neues Licht auf gewisse Ereignisse. Viele Ereignisse des Alten Testaments haben wahrscheinlich nie stattgefunden, das belegen viele neue archäologische Untersuchungen. So hat Israel Finkelstein, Chef-Ausgräber an der Universität Tel Aviv, in seinem Buch *„Keine Posaunen vor Jericho"* Erstaunliches berichtet. Er bestätigte, daß Kerntexte der Bibel falsch sind:

- Ein Auszug jüdischer Stämme aus Ägypten fand nie statt.
- Kanaan wurde nicht, wie im Buch Josua beschrieben, gewaltsam erobert.
- Die Ur-Reiche von David und Salomon sind Trug. Die israelischen Könige herrschten nur über *„unbedeutende Teile von Randregionen"*, so Finkelstein.[29]

„Als Märchen und monumentale Camouflage (abwertende Tarnung von politischen Absichten; A.d.V.) *– so steht das Wort Gottes mittlerweile da. Wo Forscher geschichtliche Fakten vermuten, sehen sie nun politische Propaganda.*[30]

Wir wissen heute, daß das Leben und Werk Moses in Verbindung mit den Pharaonen stand. So berichtet Manetho in seinem Werk: *„Moses, Sohn des Stammes Levi, erzogen in Ägypten und eingeweiht in Heliopolis, wurde ein Hohepriester der Bruderschaft unter der Regentschaft von Pharao Amenophis* (Echnaton)." Das beweist auch die Apostelgeschichte (7, 22), in der es heißt: *„Und Moses wurde unterwiesen in aller Weisheit der Ägypter, und war mächtig in Worten und Werken."*

Vergleicht man das Leben und Werk von Moses und Echnaton (Amenophis IV), finden sich in nahezu allen Lebensbereichen so deutliche Parallelen, daß heute von vielen Fachleuten davon ausgegangen wird, daß es sich bei der historischen Person Moses in Wirklichkeit wohl um Echnaton gehandelt hat. Egal ob man die frühen Kindheitsjahre oder die Jugend beider Figuren vergleicht, sind die Ergebnisse kaum widerlegbar.

Selbst Sigmund Freud, der *Vater* der Psychoanalyse, brachte in diesem Zusammenhang erstaunliche Fakten ans Tageslicht.

Sigmund Freuds Ergebnisse...

Der berühmte Psychoanalytiker Sigmund Freud befaßte sich in den dreißiger Jahren des vergangenen Jahrhunderts intensiv mit der Person Moses und seinen Wurzeln im alten Ägypten. Er schrieb sogar ein Buch mit dem Titel *„Moses und der Glaube an den einzigen Gott".*

Freud behauptet in seinem Werk, daß Moses Ägypter und gleichzeitig Anhänger Echnatons gewesen sei. Außerdem kam Freud zu dem Schluß, daß der Name *Moses* ursprünglich ein ägyptischer Name war. Im Buch Exodus wird berichtet, daß die königliche Mutter ihn, nachdem er gerettet und schließlich adoptiert wurde, „Moshe" nannte, weil er aus dem Wasser gezogen wurde.

Bei seinen weiteren Nachforschungen stellte Freud fest, daß der Name „Moshe" ursprünglich eine andere Bedeutung hatte. Bei dem hebräischen Wort „m sh a" handelt es sich um ein Verb, das sowohl mit *„etwas zu ziehen"* als auch mit *„derjenige, der etwas herauszieht"* übersetzt werden kann, während der Name *„Moshui"* für *„denjenigen, der herausgezogen wurde"* steht. Im Laufe seiner Untersuchung kam Sigmund Freud zu dem Ergebnis, daß der Name *Moses* nicht hebräischen Ursprungs gewesen sein kann, sondern von dem ägyptischen Wort „mos" abgeleitet wurde, das für eine Person verwendet wird, der etwas rechtmäßig zusteht.

Es ist nur verständlich, daß derartige Ergebnisse, selbst wenn sie wissenschaftlich begründet und zudem noch von einer Kapazität wie Sigmund Freud ergründet wurden, große Diskussionen auslösen und besonders aus religiöser Sicht Wut und Unverständnis.

Die eigentliche Grundlage für die bis heute nicht verstummten Diskussionen um Moses, seinen Ursprung und seine Abstammung wurde durch Freud 1937 gelegt. Es gelang ihm, eine sehr naheliegende Theorie zu untermauern – unterstützt durch viele chronologische Gemeinsamkeiten zwischen Echnaton und Moses –, daß es sich nämlich bei Echnaton und Moses um ein und dieselbe Person gehandelt haben müßte.

Im besagten Jahre 1937 erschien ein Artikel Freuds unter der Überschrift: *„Wenn Moses aber nun ein Ägypter war...?"*. Bei seinen Untersuchungen hatte Freud eine verblüffende Übereinstimmung zwischen der neuen Religion, die Echnaton seinem Volk aufzwingen wollte, und den religiösen Lehren, die Moses zugeschrieben wurden, entdeckt. Dazu schrieb Freud in dem Artikel: *„Im jüdischen Glaubensbekenntnis heißt es: „Schema Yisrael Adonai Elohenu Adonai Echod." („Höre, oh Israel, der Herr, dein Gott, ist der einzige Gott.") Der hebräische Buchstabe „d" entspricht dem ägyptischen Buchstaben „t" und das hebräische „e" wird im Ägyptischen zum „o". Deshalb könnte man diesen Satz aus dem jüdischen Glaubensbekenntnis auch verstehen als: „Höre, oh Israel, unser Gott Aten ist der einzige Gott".*"[31]

Bekanntlich führte Echnaton in Ägypten den Monotheismus (*Ein-Gottglaube*) ein. Von nun an wurde nur noch der „Gott" Aton als Gott verehrt.

Bleiben wir noch kurz beim *Namen*.

Wenn wir uns die beiden Vokale „o" und „e" aus dem Wort „Moshe", der hebräischen Form des Namens Moses, wegdenken, bleiben nur zwei Konsonanten übrig: das „m" und das „sh". Da das hebräische „sh" aber dem ägyptischen „s" entspricht, läßt sich klar belegen, daß der hebräische Name aus dem Ägyptischen abgeleitet wurde. Sowohl im Hebräischen als auch im Ägyptischen wurden kurze Vokale zwar gesprochen, aber niemals geschrieben.

Im Falle des Namens Moses wurde das „s" am Ende der griechischen Übersetzung des biblischen Namens weggelassen.

„Mos" war wiederum ein häufig auftretender Bestandteil zusammengesetzter ägyptischer Namen, wie zum Beispiel *„Ptah-mos"* oder *„Twth-mos"*. Das war besonders in der 18. Dynastie gebräuchlich.[32]

Ein wichtiger Hinweis sollte an dieser Stelle noch erfolgen. Der deutliche Umbruch, der durch Echnaton (Monotheismus) herbeigeführt wurde, sollte deutlich revidiert werden, denn wie bereits am Beispiel und im Zusammenhang mit der babylonischen Gefangenschaft der Juden aufgezeigt wurde, dauerte diese Entwicklung wahrscheinlich viele Jahrhunderte. Es wird leider kaum erwähnt, daß beispielsweise bereits Echnatons Vater den Gott *Aton* verehrte, nur setzte er die anderen Götter deshalb nicht zurück.

Aufgrund dieser Zusammenhänge stellt sich natürlich die Frage, wessen Bundeslade es denn gewesen sein kann, wenn es sich bei Moses in Wirklichkeit um keinen anderen gehandelt haben muß als den ägyptischen Pharao Echnaton aus der 18. Dynastie, jenen Echnaton, von dem wir heute wissen, daß er den Großteil seiner Jugend im östlichen Nil-Delta und in dem heiligen Priesterzentrum Heliopolis verbrachte.

Im östlichen Nil-Delta wurde er vermutlich durch *Aten* deutlich beeinflußt. Maßgeblicher wurde er zweifellos in Heliopolis (*Onnu*) geprägt beziehungsweise beeinflußt, denn Echnaton wurde sicherlich noch in die altägyptische Geheimlehre eingeweiht, denn er galt schon zu Lebzeiten als Eingeweihter und Mystiker.

Die Spur der Bundeslade führt unweigerlich in das alte Ägypten. *Ursprünglich* hatte die Lade wohl nichts mit der hebräischen Kultur zu tun.

Berichte und Legenden über die Lade...

Natürlich gibt es noch viele weitere Berichte und Legenden über Sinn, Zweck und Inhalt der Bundeslade und wo sie letztlich verblieben sein soll. Einige Theorien sollen daher an dieser Stelle noch erwähnt werden.

Sonderbare Hinweise im Alten Testament...

Durch die detaillierten Aussagen in der Genesis verstummen bis heute nicht die Vermutungen, daß es sich bei der Lade um ein Kommunikationsgerät gehandelt haben soll, wodurch die Menschen mit den Göttern in Kontakt treten konnten. Auch in der *Paläo-SETI-Forschung* (SETI = NASA-Projekt zur Erforschung außerirdischer Intelligenz) wird die These favorisiert, daß der Schrein einst Moses und Aaron als Kommunikationsmittel mit Jahwe diente.

Gut, diese These ist sicherlich sehr abenteuerlich und weit hergeholt, aber es gibt dennoch einige Hinweise im Alten Testament, die den Schluß zulassen, daß es sich bei dem Heiligen Schrein um mehr als nur eine Reliquie gehandelt haben muß, in der einfache Steintafeln vom „lieben Gott" durch die Gegend getragen wurden.

Niemand, so heißt es in den alttestamentarischen Berichten, durfte der Lade zu nahe kommen und sie berühren! Warum nicht?

Immerhin lassen die Bibel-Autoren keinen Zweifel daran, daß man, wenn man der Lade zu nahe kam, wie vom Blitz getroffen auf der Stelle tot umfiel. Science-fiction im Alten Testament? Zweitausend Jahre vor Hollywood?

In den Ausführungen des Bibelforschers Joachim Pahls erfahren wir, daß zum Bau der Lade kein Holz im eigentlichen Sinne verwendet wurde, sondern der Stoff einer Akazienpflanze, eines Mimosengewächses, aus dem Gummi gewonnen wurde. Daraus schlußfolgerten viele Forscher nicht zu Unrecht, daß es möglicherweise zur Isolierung diente. Im Exodus (25,15) lesen wir hierüber: *„Die Stangen sollen in den Ringen der Lade bleiben; man soll sie aus ihnen nicht herauziehen."*

Die Vertreter dieser These vermuten, daß hierdurch der Stromfluß unterbrochen werden konnte. Auch der berühmte Forscher und Autor Robert Charroux vertrat eine ähnliche These und war der Meinung, daß die Stangen unbedingt erforderlich waren, um im elektrischen Feld eine Spannung von 500 bis 600 Volt aufrechtzuerhalten.

Eine andere Theorie bezüglich der Stangen besagt, daß sie als Antennen zur Kommunikation dienten.

Im 2. Buch Samuel (6,6ff) wird berichtet, daß *Usa* die Lade direkt anfaßt, bei dem Versuch, sie vor dem Umstürzen zu bewahren – mit tödlichen Folgen: Usa war auf der Stelle tot. Ähnliches erfahren wir auch im dritten Buch Mose (Leviticus 10, 1-5). Auch hier sterben Menschen, weil sie sich im Umgang mit der Lade wohl nicht sachgerecht verhielten. Aarons Söhne Nadab und Abihu näherten sich dem Heiligtum, um zu opfern. *„Da ging ein Feuer vom Herrn aus und verzehrte sie; so starben sie vor dem Herrn."*

Die Opfer wurden anschließend in ihren Leibröcken davongetragen, was den Schluß nahelegen könnte, daß sie nicht vollständig verbrannten, sondern vielleicht durch einen elektrischen Schlag ums Leben kamen.

Es lassen sich noch weitere Hinweise im Alten Testament finden. Als die Philister (1. Samuel 5-6) die Lade raubten und nach Asdod brachten, stellten sie fest, daß der Kontakt mit ihr Geschwüre und Ausschlag hervorrief. Sieben Monate blieb die Lade im Land der Philister, bevor man die Lade zurückgab und noch Gold dazu legte. Während der sieben Monate, welche die Lade im Land der Philister weilte, kamen viele Menschen zu Tode oder bekamen Geschwüre, weil sie der Lade zu nahe kamen.

„Der Herr aber schlug die Einwohner von Bet-Schemesch, weil sie in die Lade des Herrn hineingeschaut hatten. Er schlug vom Volke 70 Mann." (1. Samuel 6,19)

Die Menschen von Bet-Schemesch starben, weil sie einen Blick in die Lade warfen! Was befand sich in dem Heiligtum, daß Menschen bei diesem Anblick starben?

Unter der Leitung von Prof. Moshe Levin haben Studenten aus den USA versucht, die Bundeslade als Originalkonstruktion nachzubauen. Angeblich erzeugte sie ein elektrisches Spannungsfeld. Angeblich! Wenig später stellte sich heraus, daß die Ergebnisse wissenschaftlich nicht haltbar waren.

Auch wenn die Theorien über einen Kommunikationsgegenstand mit extrem hohen elektrischen Spannungen für viele Menschen heute ungewöhnlich, wenn nicht sogar absurd und unfaßbar erscheinen mögen, die Bibelautoren haben durch ihre vielen sonderbaren und ungewöhnlichen Aussagen den Grundstein für diese gegenwärtigen Theorien geschaffen. Hier bleiben viele Fragen offen...

Die Lade und der Gral...

Wie bereits erwähnt existieren viele Berichte verschiedener Kulturen, die von *ihrer* Bundeslade berichten. Zweifellos ist die Version der Bibel eine aus jüngerer Zeit.

Interessant ist, daß viele Forscher und Autoren die Auffassung vertreten, daß es sich bei der Lade und dem Gral um ein und denselben Gegenstand handelt. Eine Aussage, die im übrigen Großmeister, Äbte und Prieure verschiedener Logen damals wie heute bestätigen.

Die beiden renommierten Autoren Johannes und Peter Fiebag kommen zu einem ähnlichen Schluß, was sie sehr ausführlich in ihrem gut recherchierten Werk *„Die Mana-Maschine"* untermauern.

Besonders interessant ist die Tatsache, daß die Kirche es war, welche die Gralvorstellung weiter interpretierte. Der Gral wurde nach und nach in ganz Europa in Hymnen, Predigten und Episteln mit der heiligen Jungfrau Maria gleichgesetzt, und Kirchen wurden ihr geweiht, wie beispielsweise die Kathedrale von Chartres.

Der Schrein in Äthiopien...

Einer der bekanntesten Forscher und Autoren, die sich auf die Suche nach der verschollenen Lade machten, war *Graham Hancock*. In seinem Buch *„Die Wächter des Heiligen Siegels – Auf der Suche nach der verschollenen Bundeslade"* faßte er seine Spurensuche zusammen, die ihn letztlich nach Äthiopien führte.

Auch Hancock kam durch seine Recherchen zu dem Schluß, daß es sehr wahrscheinlich ist, daß es sich bei der Lade und dem Gral wohl um ein und denselben Gegenstand handelt. Ein Schlüssel für seine Spurensuche war die gerade erwähnte Kathedrale von Chartres, die der Jungfrau Maria geweiht wurde. Hancock schreibt in diesem Zusammenhang:

„...Der Gedanke hinter dieser frommen Allegorie war folgender: Der „Queste" und alle späteren Bearbeitungen zufolge enthielt der Gral das heilige Blut Christi; bevor sie ihn zur Welt brachte, hatte Maria den Sohn Gottes in ihrem Leib getragen; folglich war der Gral schon seit jeher das Symbol für Maria... Gemäß dieser Logik war „Maria Theotokos", die „Gottesträgerin", das heilige Gefäß, das den fleischgewordenen Geist enthielt. So wurde sie im Bittgesang von Loreto aus dem sechzehnten Jahrhundert als „vas spitituale" [Gefäß des Geistes], „vas honorabile" [Gefäß der Verehrung], und „vas insigne devotionis" [einzigartiges Gefäß der Verehrung] angebetet."[33]

Der Bittgesang von Loreto bezeichnete die heilige Jungfrau auch als *arca foederis*, dabei handelt es sich um die lateinische Bezeichnung für Bundeslade!

Der Bittgesang war aber nicht der einzige Hinweis darauf. Weiter oben wurde bereits erwähnt, daß auch die Templer und Zisterzienser dieser Auffassung sind, was heute durch Prieure und Äbte bestätigt wird. Das ist letztlich auch nicht verwunderlich, denn schon Bernhard von Clairvaux hatte Maria ausdrücklich mit der Bundeslade verglichen, und das in einer ganzen Reihe von Schriften.

Bereits im vierten Jahrhundert predigte der heilige Ambrosius, Bischof von Mailand, daß es sich bei der Bundeslade um eine prophetische Allegorie für Maria handele: *„So wie der Schrein das alte Gesetz in Form der Zehn Gebote enthielt, so barg die Jungfrau das neue Gesetz, den Körper Jesu Christi."* [34]

Hancocks Spurensuche endet schließlich in Axum, Äthiopien, wo die Lade angeblich bis heute aufbewahrt wird.

Elisabeth Haich und die Lade im alten Ägypten...

Was war die Bundeslade beziehungsweise was war Inhalt des Heiligen Schreins? Sonderbare Berichte im Alten Testament, Menschen starben schon bei ihrer Berührung oder als sie in die Lade blickten, Kommunikationsgerät um mit Jahwe zu sprechen – all diese Hinweise lassen sicherlich einen ganz außergewöhnlichen Schrein mit einem wohl noch außergewöhnlicheren Inhalt vermuten. Eines scheint aber sicher und nicht von der Hand zu weisen, nämlich daß die Lade ursprünglich ein ägyptisches Heiligtum war. Aber dazu gleich noch mehr.

Werfen wir kurz einen Blick auf das, was Elisabeth Haich in ihrem Kultwerk *„Einweihung"* in Romanform über die Bundeslade schreibt.

In diesem einzigartigen Werk beschreibt Elisabeth Haich die Mysterien der altägyptischen Einweihung aus einer Zeit, als die Söhne Gottes noch auf der Erde weilten und im Hintergrund ihrer irdischen Vertreter – den Pharaonen – den heiligen Priesterstand vertraten.

„...Wenn der Körper des Gottmenschen sowohl die höchsten Frequenzen als auch alle transformierten Oktaven zu ertragen vermag, so spricht das dafür, daß auch eine Materie mit der Widerstandskraft existieren muß, welche die göttlich-schöpferische Kraft wie auch alle übrigen Frequenzen sowie transformierten Oktaven zu ertragen und zu leisten fähig ist, ohne dematerialisiert zu werden. Somit haben die Söhne Gottes in ihrer Heimat eine Materie erfunden, eine Art Messing, aus welcher jene Apparate konstruiert wurden, um die allerhöchsten, schöpferischen Frequenzen entweder in ihrer originalen oder transformierten Manifestation aufzuspeichern und, verstärkt oder abgeschwächt, auszustrahlen. Diese Konstruktionen sind so gebaut, daß sie die schöpferische Kraft unverändert rein bewahren. Sie

wirken folglich auf lange Zeit wie eine Quelle der göttlichen Kraft – wie das ‚Leben‘ selbst. Da das allerhöchste dieser Werkzeuge, das die göttlich-schöpferische Kraft trägt und ausstrahlt, eine vollkommene Verbindung, so vollendet wie ein ehelicher Bund, zwischen den göttlichen und den materiellen Frequenzen – zwischen Gott und der Erde – darstellt, nennen wir diesen unvorstellbar mächtigen Kraftträger, der mit der göttlichen Selbstfrequenz aufgeladen ist: ‚die Bundeslade‘.“[35]

Die Lade kam aus Ägypten...

Elisabeth Haich berichtet in ihrem Werk über eine ägyptische Epoche, die vermutlich Jahrtausende vor dem dynastischen Ägypten lag, jene Zeit also, die von den alten Ägyptern *Zep Tepi* genannt wurde und über die uns die schon vertrauten Chronisten Herodot, Diodor und Manetho berichten. Auch im Falle der ägyptischen Frühgeschichte stehen wir vor einem ähnlichen Problem wie im Falle der Atlantisfrage. Heutige Archäologen sehen darin nichts als Mythen und Legenden, wobei gerade Ägypten mehr als jede andere alte Kultur mit den alten Atlantern in Verbindung gebracht wird. Sie ignorieren alte Überlieferungen einfach. Gemäß den Berichten der alten Priester und Chronisten müßte die ägyptische Geschichtsschreibung weit mehr als zehntausend Jahre zurückdatiert werden.

Die alten Ägypter hegten keinen Zweifel daran, daß ihr Land einstmals, in der *ersten Zeit*, von den großen Kulturbringern regiert wurde, die gemeinsam mit den Menschen lebten. Letztlich ahnten sie auch, daß eine Zeit kommen wird, in der die Menschen in bezug auf diese große Zeit nur noch von Mythen und Legenden sprechen würden:

„O Ägypten, Ägypten! Von deinem Wissen werden nur Fabeln übrigbleiben, die späteren Geschlechtern unglaublich vorkommen.“

(Lucius Apuleius, römischer Philosoph, 2. Jh. n.Chr.)

Bei der Frage über den wirklichen Inhalt der Lade führen uns die Hinweise und alten Berichte nun zu den *Heiligen Steinen*.

118

Das Geheimnis der Heiligen Steine

Besonders die Unklarheiten um den biblischen Moses fordern uns auf, das Geheimnis um die *Heiligen Steine* zu ergründen, denn eines steht fest: Mit der Geschichte um Moses und die Bundeslade scheint etwas nicht zu stimmen!

Aufklärung ist hier sicherlich vonnöten, denn besonders in unserem christlichen Abendland wird vielen Lesern gar nicht bekannt sein, daß es Jahrhunderte und Jahrtausende vor dem Auftauchen des biblischen Moses bereits heilige, *sprechende* Steine gab, die besonders verehrt wurden.

Auch hier sind die hebräischen Autoren vermutlich so vorgegangen wie in vielen anderen Beispielen des Alten Testaments. Auch das Mysterium um die Heiligen Tafeln – nach Jahrtausenden nannte man diese dann die Gesetzestafeln (Thora) – wurde von den biblischen Schriftgelehrten aus früheren Zeiten übernommen beziehungsweise entlehnt, wie im Falle des Schöpfungsberichtes, der Sintflut, der Geschichte von David und Goliath und weiterer Überlieferungen.

Letztlich werden wir auch das Geheimnis der Templer und Zisterzienser nicht außer Acht lassen können, das im unmittelbaren Zusammenhang mit der Bundeslade gestanden haben könnte!

Werfen wir also kurz einen Blick auf die Mythen und Legenden, die uns mehr Aufschluß über die Heiligen Steine und ihre göttliche Macht vermitteln werden.

Die Tafeln des Schicksals...

In fast allen großen Mythen der Menschheit finden wir noch heute Überlieferungen über Heilige Steine oder *Tafeln des Schicksals*.

Die **griechische Version** berichtet von dem Helden Prometheus, der den Göttern das Feuer stahl, um es den Menschen zu bringen, und dafür zur Strafe für immer und ewig an die Felswände des Kaukasus verbannt wurde. Dort käme jeden Tag aufs neue ein Adler vorbei, der ihm mit dem spitzen Schnabel die Leber aus dem Leib reißt, die sich danach auf wundersame Weise erneuert.

In dieser Version sind zum einen Parallelen zum christlichen Mythos um den Sturz Luzifers, dem gefallenen Engel, erkennbar, und zum anderen liefert sie uns einen Beweis dafür, daß die griechische Version aus dem alten Ägypten entlehnt wurde, und zwar aus **Heliopolis**, der Stadt der Priester und der Obelisken (mehr dazu gleich). Heliopolis, das biblische *On*, könnten wir auch getrost als die Stadt der Heiligen Steine bezeichnen, denn im Mittelpunkt der kultischen Verehrung standen die Obelisken und eben jener konische Stein, der *Benben*.

Luzifer (Lichtbringer) mißachtete die Autorität Gottes und wurde als fünfter Erzengel auf die Erde verbannt, weil er die Menschheit verführte, vom „Baum der Erkenntnis" zu kosten. Bei den Griechen war dieses Wissen um die Heiligen Steine längst in Vergessenheit geraten.

Die Spur Luzifers wiederum führt uns zu den viel älteren Überlieferungen der Sumerer, die den späteren Bibelautoren quasi als *Drehbuch* für ihre eigene Version als willkommene Vorlage dienten. Hier hießen die Hauptdarsteller ursprünglich *Anu*, *Enki* und *Enlil*.

Die Anunnaki und die MEs

Bekanntlich lieferte das um Jahrtausende ältere sumerische Schöpfungsepos die eigentlichen Vorlagen für das spätere Schöpfungsepos der Bibelautoren. Man sollte dazu noch anmerken, daß die Bibelautoren rein „zufällig" die Quellenangaben vergessen und außerdem noch Namen, Orte und Zeitangaben verändert haben. Schließlich haben sie vielfach auch noch das ursprüngliche *Drehbuch* verändert. Das beste Beispiel liefert hier sicherlich der biblische Schöpfungsbericht.

Der sumerische „Atrahasis-Epos" berichtet von der Zeit vor der Flut und der Entwicklung des Menschen auf der Erde. Das Epos berichtet über die *Anunnaki (Jene, die vom Himmel auf die Erde kamen)*, die vor zirka 450.000 Erdenjahren vom Planeten Nibiru – dem sogenannten „zwölften Planeten" unseres Sonnensystems –, der unsere Sonne alle

3.600 Jahre einmal umkreist, zur Erde kamen, um Gold abzubauen, das sie dringend für ihren Heimatplaneten brauchten. Die *Anunnaki des Himmels* wurden auch *Iggi* genannt. *Jene, die beobachten und sehen* oder *jene, die sich drehen und sehen.*

Die Erde muß den Anunnaki – in Anbetracht der substantiellen Beschaffenheit (zum Beispiel das Vorhandensein von lebensspendendem Wasser in der Atmosphäre, feste und grüne Vegetation) und der Ökosphäre (optimale Sonnennähe) – als besonders geeignet erschienen sein. Die Erde wurde von ihnen ausgewählt!

Für die Kolonisation der ersten Anunnaki eigneten sich die großen Flußebenen, wie zum Beispiel die Ebenen von Nil oder Euphrat und Tigris. Die erste Gruppe der Anunnaki bestand dabei aus fünfzig Personen. Sie landeten im Arabischen Meer und machten sich auf in Richtung Mesopotamien, wo am Rande der Sümpfe die erste Siedlung der Erde (*Eridu – in der Ferne erbautes Haus*) erbaut wurde.

Die sumerischen Königslisten beschreiben die Niederlassungen und Regierungszeiten der ersten zehn Anunnaki-Herrscher vor der großen Flut. Die Zeit wird hier in *Shar* gemessen (1 Shar = 3.600 Jahre = 1 Umdrehung Nibirus um unsere Sonne). Von der ersten Landung bis zur Sintflut waren laut den Texten 120 Shar vergangen. In dieser Zeit umkreiste der Nibiru die Sonne 120mal – das entspricht 432.000 Erdenjahren. Die sumerische Königsliste ist eine chronologische Aufstellung von Herrschern, Städten und Ereignissen. Der Name des ersten „Gottes" auf der Erde, der das erste „göttliche" Königshaus von „Eridu" und den anderen vier Städten plante, ist leider unleserlich. Andere Texte stimmen aber in diesem Punkt überein und benennen *Enki (Herr des Bodens)*, auf akkadisch *EA (Herr der Wassertiefe)*, als den ersten großen Anführer. Er hatte auch den Beinamen *Nudimmud (der Dinge machen kann)*. Er war Weiser und Kulturbringer, ein ausgezeichneter Naturwissenschaftler, Lehrer und Ingenieur. Enki war der Sohn von *Anu (An)*, dem Herrscher des Nibiru, und der Göttin *Nummu*.

Die alten Texte sind voll von detaillierten Beschreibungen von Enki und der ersten Gruppe der Anunnaki. In den Versen wird auch die Beziehung zu seinem Vater, dem Gott *Anu*, seiner Schwester *Ninti* und seinem Bruder *Enlil* beschrieben.

Weiter berichten die Texte, wie die Anunnaki das Land nach einem festgelegten Plan und einer strengen Ordnung besiedelten. Die zweite Gruppe der Anunnaki bestand aus 600 Personen. *Anu* bestimmte den ersten Ort am Rande des Sumpflandes und sagte: *„Hier lassen wir uns nieder."* Fortan war Eridu Enkis Herrschersitz und Hauptkultstätte.

Nachdem die Anunnaki viele Jahre in *„Abzu"* (*tiefe Lagerstätte*) unter schwersten Bedingungen Gold abgebaut hatten, wurde ihre Unzufriedenheit immer größer. Es gab einen Aufstand, als Enkis Bruder Enlil die Lagerstätte besuchte. Die Arbeiter wollten nicht mehr... Unter anderem auch, weil sie während ihrer Arbeit auf Erden auch den irdischen Gravitationsverhältnissen und damit auch unserem Alterungsprozeß ausgesetzt waren.

Es wurde ein Rat der „Götter" einberufen, zu dem auch der große Herrscher Anu vom Nibiru herab kam und den Anunnaki beistand. Dann fand Enki die Lösung: Ein *Lulu*, ein primitiver Arbeiter, mußte erschaffen werden! Die Anunnaki stimmten zu.

Es geht klar aus den Bezeichnungen und Beschreibungen der Sumerer hervor, daß der erste Mensch künstlich erschaffen wurde, und zwar zu einem Zweck: Er sollte für die „Götter" arbeiten. Er sollte fortan ihr Joch tragen, deshalb heißt er bei den Sumerern auch *Lulu amelu* (*primitiver Arbeiter*).

Das wiederum führte zu Meinungsverschiedenheiten zwischen den beiden Brüdern Enlil und Enki. Es schien Enlil und einigen anderen „Göttern" nicht zu passen, daß aus dem eigentlichen Vorhaben, einen primitiven Arbeiter zu schaffen, ein Mensch wurde, der dann auch noch fortpflanzungsfähig wurde. Das war allein den „Göttern" bestimmt. Enlil hatte Angst, daß Enki als nächstes vielleicht einfallen würde, Adam ewiges Leben zu verleihen. Hatte Enlil daraufhin vor, den erschaffenen Menschen wieder zu vernichten?

Enlil beschwerte sich bei seinem Vater. Daraufhin, so wird berichtet, wurde Adam (Adapa) vor den Thron Anus geführt, auf dem Planeten

Marduk. Von seinem Führsprecher Enki wurde er gewarnt und zugleich vorbereitet.

Ist jener Enki der gefallene Engel – Luzifer –, der Erschaffer des Homo sapiens?

Viele Forscher und Autoren gehen heute davon aus, daß Enki der Sohn des Königs dieser Außerirdischen gewesen ist. Der Titel „EN.KI" bedeutet *„Herr oder Fürst der Erde"*. Nach alten sumerischen Texten war Enkis Titel jedoch nicht ganz zutreffend, da er seine Herrschaft über weite Teile des Planeten während einer der zahllosen Rivalitäten und Intrigen, welche die Herrscher dieser außerirdischen Zivilisationen immer in Anspruch zu nehmen schienen, an seinen Halbbruder Enlil verloren haben soll.

Enki wird nicht nur die „Erschaffung des Menschen", sondern ihm werden auch viele andere Leistungen zugeschrieben. Er soll die Sümpfe am Persischen Golf trockengelegt und sie durch fruchtbares Ackerland ersetzt haben, Dämme und Schiffe gebaut haben und ein guter Wissenschaftler gewesen sein.

Das Paradoxe an der ganzen Geschichte ist aber, daß er den Menschen und der Schöpfung gegenüber gutherzig gewesen sein soll. Nach den mesopotamischen Texten wird Enki als jemand dargestellt, der sich im Rat der Außerirdischen *für* das neue Erdengeschlecht einsetzte. Er widersetzte sich gegen viele der Grausamkeiten, die andere Außerirdische, darunter auch sein Halbbruder Enlil, den Menschen antaten. Aus den Tafeln geht hervor, daß er den Menschen nicht als Sklaven wollte, er jedoch in dieser Hinsicht von den übrigen überstimmt wurde. Die Menschen, die für die Anunnaki nichts weiter als Sklaven waren, wurden von ihren Herren grausam behandelt. Die sumerischen Tafeln sprechen von Hungersnöten, Krankheiten und dem, was wir heute als *biologische Kriegsführung* bezeichnen. Als dieser Völkermord schließlich keinen ausreichenden Rückgang der menschlichen Bevölkerung brachte, beschloß man wohl, die Menschen durch eine große Sintflut auszulöschen, vor allem auch, um die Kreaturen loszuwerden, die nicht so „gut geglückt" waren – die Mischwesen, die Mutationen und die Tiermenschen.

Letztlich gelang es Enki offenbar nicht, den Menschen zu befreien. In den mesopotamischen Tafeln heißt es, daß die „Schlange" (*Bruderschaft der Schlange*) sehr schnell von anderen Splittergruppen der herrschenden Außerirdischen besiegt worden sei. Enki (Luzifer) wurde auf die Erde verbannt und von seinen Gegnern gründlich verleumdet, um sicherzustellen, daß er unter den Menschen nie wieder Anhänger finden würde. Enkis Titel wurde von „*Fürst der Erde*" zu „*Fürst der Finsternis*" umgeändert – er ist der gefallene Morgenstern (Jesaja 14, 12: „*Ach, du bist vom Himmel gefallen, du strahlender Stern der Morgenröte. Zu Boden bist du geschmettert, du Bezwinger der Völker.*"), der Lichtträger, da er das schönste und mächtigste Wesen seiner Zeit war; er war der Lichtbringer der Germanen, bei den Griechen als Helios oder Phosphorus bekannt und im Lateinischen als Luciferus. Er wurde verteufelt! Man stellte ihn als Todfeind des höchsten Wesens dar, in diesem Fall seines Vaters, des Raumschiffkommandanten, aber aus der Sicht der Erdenbürger, den ihres Schöpfers (was ja auch nicht ganz gelogen war). Man lehrte die Menschen, daß alles Schlechte auf der Welt von ihm komme und er die Menschen geistig versklaven wolle. So könnte man es interpretieren, wenn man davon ausgeht, daß *Enki* und *Luzifer* identisch sind.

Um es kurz zu machen, der hier beschriebene Konflikt ist wohl jener, der im Laufe der Jahrtausende rund um den Planeten in die Mythen der verschiedensten Völker Einzug nahm als der *Krieg der Götter*. Maßgeblichen Einfluß hatte er dann letztlich auch in der Bibel: Garten Eden, Sündenfall, Luzifer und so weiter.

Doch zurück zu den *Heiligen Steinen*, den sogenannten *MEs* und dem Zusammenhang mit den Anunnaki.

Bei der Planung und Umsetzung ihres Projektes *Mission Erde* bedienten sich die Anunnaki hoher Technologie, wie man annehmen sollte.

Doch was sind die MEs wirklich, oder wie könnte man sie noch besser und verständlicher beschreiben?

ME könnten wir auch als einen Schlüsselbegriff in der sumerischen Mythologie und Kosmologie verstehen. Vergleichbar mit dem „Wort" im Christentum, denn „*ME*" heißt übersetzt „*Wort*". Diese spätere Veränderung der eigentlichen Bedeutung hatte auch zur Folge, daß die eigentliche Bedeutung der MEs vollkommen verändert wurde, denn für die Sumerer war der Begriff *ME* nicht nur eine rein abstrakte Beschreibung, es handelte sich vielmehr um physische Gegenstände. Die MEs waren Steine – ein Kommunikationsmittel oder philosophisch ausgedrückt, ein göttliches Orakel –, die eine für unsere heutige Vorstellung nicht nachvollziehbare Macht besaßen, die durch ihren jeweiligen Besitzer zur Anwendung kam. Heute könnte man sie vielleicht mit einem Computerchip vergleichen.

Der Autor Noah Samuel Kramer sieht in den MEs „*göttliche Gesetze, Regeln und Anweisungen, die, den sumerischen Philosophen zufolge, das Universum vom Tag seiner Schöpfung an lenken und erhalten.*" Spezielle MEs „*steuerten alle Belange des Menschen und seiner Kultur.*"[36]

Der amerikanische Forscher R. A. Boulay beschreibt sie als „*physische Objekte, die man nehmen und tragen kann. Der Besitz des ME verlieh seinem Träger die absolute Kontrolle über einen bestimmten Aspekt des Lebens...*" Im Mythos von *Enki und der Weltordnung* steuern die MEs einen von Enki kommandierten *himmlischen Wagen*. Die MEs waren zeitweise in Enkis Besitz und wurden zum Wohle der Menschheit benutzt beziehungsweise eingesetzt. Die Hauptquelle bezüglich ihrer Funktionsweise ist das Epos **Inanna und Enki**, in dem es heißt, daß die Zivilisation in 100 Elemente unterteilt wurde, von denen jedes ein ME brauchte, um zu funktionieren. In diesem Mythos werden rund 60 MEs erwähnt, z.b. für Königsherrschaft, Priesterdienst, Weisheit, Frieden, Prophetie, Richteramt, Kunst, Musikinstrumente, Waffen und die Zerstörung von Städten... In der sumerischen Geschichte **Der Mythos von**

Zu ist es Zu, der Diener Enlils, der in einer Palastrevolution versucht, Kontrolle über die Tafeln des Schicksals zu erlangen, die Enlil einmal unbeaufsichtigt ließ. Das gab ihm zumindest zeitweise Kontrolle über die Anunnaki und die Menschheit.[37]

In dem *Mythos von Zu* – der sumerischen Version des Luzifer-Mythos – erfahren wir, wie die MEs zur Erde gelangten.

Zu war ein Anunnaki, der von Enlil beauftragt wurde, das *Ekur* (erhabenes Haus) in *Nibru-Ki* (Nippur) zu bewachen, in dem sich die mysteriöse *Dirga*-Kammer befand. Mit der Zeit konnte Zu jedoch der Versuchung nicht widerstehen, sah er doch täglich die Instrumente der Macht des „*Gottes der Duranki*", „*der Verbindung zwischen Himmel und Erde*". So beschloß er, die göttlichen Schicksalstafeln zu stehlen:

> *„Ich werde mir die MEs, die göttlichen Schicksalstafeln, nehmen,*
> *ich werde die Erlasse der Götter beherrschen!*
> *Ich werde meinen Thron festigen und zum Meister aller Normen,*
> *ich werde die Gesamtheit der Iggi kontrollieren."*

Eines Tages bot sich für Zu die Möglichkeit, seinen Plan durchzuführen:

> *„Er ergriff die Schicksalstafeln mit seinen Händen,*
> *nahm weg die Enlilschaft; aufgehoben waren die Normen.*
> *Als Zu davonflog auf seinen Berg,*
> *war Vater Enlil, sein Meister, sprachlos.*
> *Stille breitete sich aus, das Schweigen hielt an.*
> *Das Heiligtum verlor seinen Glanz.*
> *Die Götter waren erschüttert von dieser Nachricht.*
> *Anu öffnete seinen Mund und sprach*
> *und sagte zu den Göttern, seinen Söhnen:*
> *Wer wird erschlagen und seinen Namen*
> *zum Größten in den Siedlungen machen?"*

Keiner von den Söhnen Anus hatte den Mut, den Kampf mit *Zu* aufzunehmen, bis auf *Ninutra*, den Erben Enlils. Er besiegte *Zu*, und die alte Ordnung konnte wiederhergestellt werden.

Nun wollen wir noch sehen, was uns das Epos *Inanna und Enki* über die MEs berichtet. Darin heißt es, daß Enki im Besitz der MEs war, die ihm sein Bruder anvertraute und die vom Ekur, dem *„erhabenen Haus"* des Gottes in Nippur mit seiner mysteriösen Dirga-Kammer, wieder nach Eridu gebracht wurden:

„Mein großer Bruder, der Beherrscher aller Länder,
brachte alle MEs zusammen, legte die MEs in meine Hände.
Vom Erkur, dem Haus Enlils, brachte ich die Künste
und Fertigkeiten in meinen Abzu in Eridu."

Das Epos berichtet hierzu weiter:

„Herr, der die großen MEs kontrolliert, die reinen MEs,
der die großen MEs bewacht und kontrolliert,
die zahlreichen MEs, der der erste überall oben und unten ist,
in Eridu, dem reinen, kostbaren Ort,
wohin die edlen MEs gebracht wurden..."

Dann erhielt Enki Besuch von der jungen und schönen Göttin *Inanna*, seiner Großnichte:

„In jenen Tagen betrachtet die junge Inanna Enkis
Abzu in Eridu: Die heilige Inanna ganz allein.
In jenen Tagen wußte dies der Eine von großer Weisheit,
der die MEs des Himmels und der Erde kennt,
der von seinem Wohnort aus das Herz der Götter kennt,
daß Inanna zu seinem Tempel in Eridu kam."

Inannas Plan ging auf, so berichtet es der Chronist. Auf die genaueren Einzelheiten soll hier nicht eingegangen werden. Letztlich erlag Enki den Reizen der verführerischen Schönheit und verlor schließlich nicht nur die MEs, sondern auch die Macht, die sie ihm verliehen.

„Die heilige Inanna nahm alle MEs
und lud sie in ihr Himmelsboot,
und setzte ihr Himmelsboot in Bewegung."

Setzen wir unsere historische Spurensuche nach den Heiligen Steinen fort, denn es gibt noch viele weitere Beispiele, die einerseits die Bedeutung der Heiligen Steine für ihre jeweiligen Herrscher belegen und andererseits beweisen, daß der Kult um die Steine über Jahrhunderte und sogar Jahrtausende hinweg weiter praktiziert wurde, und das bis in die Gegenwart hinein, wie wir später noch sehen werden.

Nicht weit von den Babyloniern und den Sumerern spielte bei den ägyptischen Hohepriestern ein Heiliger Stein eine zentrale Rolle: der *Benben*.

Die Ägypter heiligten den *Benben*...

Das Priesterzentrum in Heliopolis umgibt bis heute ein großes Mysterium. Es ist fast symbolisch, daß von dem einstmals bedeutendsten Zentrum von Wissen und Gelehrsamkeit kaum noch etwas übriggeblieben ist. Die Überlieferungen der ersten Zeit berichten über die Urgötter (die Kulturbringer), die in der ersten Zeit gemeinsam mit den Menschen auf Erden lebten und ihnen Kultur und Wissen brachten. Auch das Geheimnis des Thoth, so wir den alten Überlieferungen folgen, steht in unmittelbarer Verbindung mit dem alten Priesterzentrum.

Heliopolis war Ausgangspunkt der großen Götter-Neunheit. Im Mittelpunkt des Zentrums stand ein Tempel, der dem Gott *Atum* (*der Vollkommene*) geweiht war. Während der Pyramidenzeit wurde Atum immer mehr mit dem Sonnengott *Re* gleichgesetzt, der schließlich Atums Platz einnahm und diesen zur *„alten Sonne"* degradierte, symbolisch für die im Westen untergehende Sonne. Ursprünglich – vor der Pyramidenzeit – stand Atum noch für den *„einen Gott"*, was etwa unserer christlichen Vorstellung von einem Gott-Vater entspricht. Schon hier wird deutlich, daß der später entstandene Monotheismus, wie wir ihn aus der biblischen Version der Hebräer kennen, von den alten Ägyptern übernommen wurde.

Der Urhügel wurde zum einen mit der natürlichen Felsgruppe des Gizeh-Plateaus und zum anderen mit dem Hügel in Heliopolis in Verbindung gebracht, auf dem der „erste Sonnenaufgang" stattgefunden haben soll. Die spätere Namensgebung – Heliopolis (*Sonnenstadt*) – durch die Griechen ist im Grunde eine Verfälschung des ursprünglichen Namens für das alte Zentrum – *On*, was *Stätte des Pfeilers* bedeutet. Im Zentrum des Phönix-Tempels stand vor der Pyramidenzeit eine Säule (Pfeiler), auf der sich der sogenannte *Benben* befand, ein geheimnisvoller, *konischer Stein*, dem man einen kosmischen Ursprung zuschrieb.

In diesem Zusammenhang wurde nach heliopolitanischer Überlieferung der **Phönix** (*Benu*) verehrt, der in weit auseinander liegenden Intervallen immer wieder nach Heliopolis kam, um wichtige Zyklen oder den Beginn eines neuen Zeitalters anzukündigen.

Anmerkung:

Merken Sie sich den Begriff *Phönix* gut, denn er wird uns in einem späteren Kapitel wieder begegnen, wenn wir uns näher mit den Raum-Zeit-Versuchen des zwanzigsten Jahrhunderts befassen werden. Der Grund dafür ist, daß im Mittelpunkt dieser Experimente das geheime Wissen der Pyramiden und der Heiligen Steine stand. Bekanntlich finden wir die Symbolik der Pyramiden und des heiligen *Benu* (Phönix) auch auf der Ein-Dollar-Note der Vereinigten Staaten. Vergessen wir auch nicht, daß vor den großen Machtzentren der Gegenwart (New York, London) Obelisken stehen.

Zurück nach Ägypten:

Der ursprüngliche ägyptische Name des Vogels, der von den Ägyptern als Fischreiher dargestellt wurde, ist später von den Griechen in *phoinix* (Phönix) umbenannt worden. Die Erzählung berichtet von dem Vogel, der sich selbst verbrennt und wieder aufersteht und der immer erst nach langen Intervallen nach Heliopolis, an den Ort des „*Urhügels*" oder den Ort der „*ersten Zeit*", zurückkehrt. Über die Zeitintervalle gibt es verschiedene Angaben, die hier nicht näher betrachtet werden sollen.

Wie bereits vor wenigen Zeilen beschrieben, finden wir die Geschichte über den *Phönix* auch später bei den Griechen wieder, womit die große Bedeutung nochmals unterstrichen werden soll. Mehr noch, die alten Herrschersymbole – die *Heiligen Steine* – haben bis heute ihre Bedeutung nicht verloren, und wie es scheint, so haben das Wissen und die damit verbundenen Geheimnisse um sie auf unsichtbaren Wegen bis in die Gegenwart ihre Bedeutung nicht verloren. In diesem Zusammenhang werden wir gleich noch auf die Obelisken zurückkommen.

Die Kaaba – der heilige Stein der Muslime...

Die *Kaaba* (arab.; „Quade") ist das von den Muslimen tief verehrte Bauwerk im Zentrum der großen Moschee in Mekka. In der östlichen Ecke der Kaaba ist ungefähr 1,5 m vom Boden der schwarze Stein eingebettet. Die Kaaba, die ungefähr 10 m breit, 12 m lang und 15 m Hoch ist, wird als das *Haus Allahs* bezeichnet und ist der zentrale Ort des rituellen Gebets der Muslime in aller Welt sowie der jährlichen Wallfahrt.

Die islamische Tradition berichtet, daß sie zuerst von Abraham (dem Stammvater der Muslime, Juden und Christen) erbaut und dann von Ibrahim und seinem Sohn zu einer Pilgerstätte umgestaltet wurde.

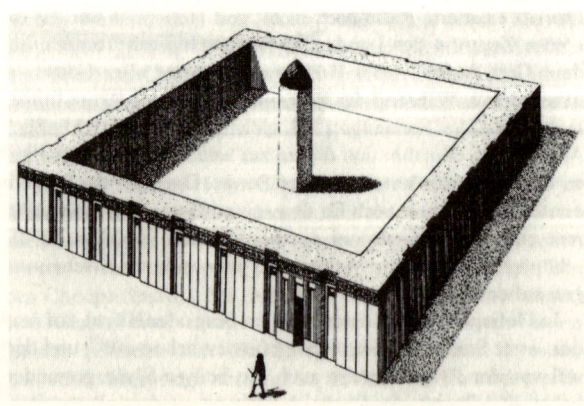

Abb.33:
So könnte der Tempel des Phönix in Heliopolis ausgesehen haben. Im Inneren die Atum-Säule mit dem Benben-Stein.

130

Die Templer und die Teraphim...

Nach modernen Berichten, denen wir uns später noch genauer zuwenden werden, war ein Grund für die Kreuzzüge und die Gründung des Templerordens die Rückeroberung Jerusalems. Ein anderer war sicherlich, den sagenumwobenen Schatz unter dem Tempelberg zu bergen, wo man auch die Bundeslade vermutete, die aber vermutlich nur eine unbedeutende Rolle für die Templer spielte. Sie sollen fündig geworden sein und den Schatz aus Jerusalem später gemäß Anweisung von Jerusalem nach Frankreich gebracht haben.

Eines soll an dieser Stelle aber nicht unerwähnt bleiben, und zwar die Verehrung des *Baphomet* durch die Templer. Auf die brutale und menschenverachtende Niedermetzelung des Ordens durch Philipp IV. und Papst Clemens V. soll hier nicht näher eingegangen werden. Es war – das soll an dieser Stelle aber noch angemerkt sein – eines der dunkelsten Kapitel der Kirchengeschichte, welches bis zum heutigen Tage nicht entsprechend verurteilt wurde.

Neben der Habgier von König und Kirche ist der Hauptgrund sicherlich in dem steigenden Einfluß zu finden, der besonders der Kirche und ihren verfälschten Glaubens- und Christusgeschichten ein Dorn im

Abb.34:
Die Pyramiden von Sakkara; davor die Tempelanlage –
Baumeister: Imhotep

Abb.35:
Imhotep-Statue; ägyptisches
Museum, Kairo

131

Auge war. Die Templer waren wohl die einzigen, die neben ihrem mächtigen Einfluß auch die nötigen Beweise bezüglich der wahren Identität Jesus hatten (siehe hierzu das Interview mit dem Logenvertreter in Kapitel 4), die letztlich der katholischen Kirche einen großen, wenn nicht sogar vernichtenden Schlag hätten versetzen können.

Die gegen die Templer vorgebrachte Anklage bezichtigte sie der Ketzerei. Zuerst wurden sie beschuldigt, Christus verhöhnt, als Teil ihres Ritus das Kreuz sogar bespuckt und getreten zu haben. Man bezichtigte sie auch, der Sünde der Homosexualität verfallen zu sein. Außerdem warf man ihnen vor, daß sie den *„Dämon Baphomet"*, ein geheimnisvolles Kopfidol, angebetet hätten.

Spätestens als man am 18. März 1314 den letzten Großmeister, Jacques de Molay, in Paris auf dem Scheiterhaufen verbrannte, sah man es als erwiesen an, daß der Orden in Besitz *sprechender Köpfe* gewesen ist. In den Protokollen der Templer-Verhöre lassen sich nämlich verschiedene Einzelheiten über die *„geheimnisvollen sprechenden Köpfe"* finden. In jeder Provinz sollen die Templer demnach solche Köpfe gehabt und diese angebetet haben. Einige davon mit drei Gesichtern, wieder andere mit einem menschlichen Schädel.

Das Objekt wird als *„Kopf aus Kupfer"* beschrieben, als *„Freund Gottes, der mit Gott spricht, wenn er will"* und in *„Orakelform Fragen beantwortet"*. Seine Oberfläche *„glänzte wie vergoldetes Silber"*, darin eingelassen aber waren zwei **Orakelsteine**, die aufleuchteten, ganz wie die **Shoham-Steine** der Juden. *„In den Augenhöhlen strahlten Karfunkelsteine wie die Helle des Himmels"*, heißt es wörtlich.

Baphomet oder *baffometi* ist vom arabischen *abu fihamet* (Vater der Weisheit) abgeleitet, was im maurischen Spanien wie *bufihimat* ausgesprochen wurde.

Die Sarazenen verwendeten dieses Wort als Schlachtruf bei ihren Kriegen – mit lauten Stimmen riefen sie *Baphomet* an.

Abb.35 b:
Baphomet

Gab es eine Verbindung zur heiligen *Kaaba*, den heiligen Stein der Moslems? War mit ihrem Schlachtruf *Mahomet* alias Mohamed gemeint? War es nur ein Beiname Allahs?

Es stellt sich auch die Frage, ob die sprechenden Steine der Templer die Teraphim waren? Der Begriff *Teraphim* taucht zum ersten mal im Alten Testament (1 Mose 31:19) auf, als von Rahel gesagt wird, daß sie die ,Teraphim' stahl, die ihr Vater hatte.

Teraphim kann man sich als kleine Figuren oder kleine Statuen vorstellen, die als Orakel dienten. Aus dem Alten Testament erfahren wir dazu folgendes: *Tera*, Abrahams Vater und Orakelpriester aus dem Lande Sumer, fertigte magische Tierköpfe aus Edelstein. Vor dem Untergang der sumerischen Kultur verließ Abraham seine Heimat und reiste nach Palästina. Der Sage nach nahm er einige dieser Teraphim seines Vaters mit. Jakob, der Enkel Abrahams, vergrub die Teraphim in Sichem, einem heiligen Ort im Lande Kanaan. Joseph grub sie aus und brachte sie nach Ägypten, wo sie dann in Moses' Besitz gelangten. Als Moses floh, um das Volk Israel nach 40 Jahren Wanderschaft ins Heilige Land zu führen, nahm er auch ein paar dieser Figuren mit.

Es wird behauptet, daß diese Teraphim Fragen, die man ihnen stellte, mit „*Ja*" oder „*Nein*" beantworteten.

Weitere Hinweise auf sprechende Köpfe...

Es gibt noch viele weitere Hinweise auf sprechende Köpfe, die uns bis heute überliefert sind.

Auch jüdische Rabbiner, die in den Thoraschulen die jüdische Geheimlehre unterrichteten, sollen im Besitz sprechender Köpfe gewesen sein. Einer von ihnen war **Maimonides** (1135-1204), der noch die Anwendung der *Teraphim* kannte. Das Wissen um die okkulten Köpfe war lebendig geblieben und wurde sicherlich auch angewendet.

Ein anderer, den man mit den Teraphim in Verbindung brachte, war kein Geringerer als **Papst Sylvester II.** (999-1003). Dieser war ein Papst, der für seine Zeit außergewöhnlich gelehrt war, als Franzose aber keinen leichten Stand in Italien hatte und überdies verdächtig war, weil er keine mächtigen Verwandten, wohl aber Kontakte zum „maurischen" Spanien hatte. Seine Historie und die sich um ihn rankenden Legenden sind einigermaßen verworren, und manches, was über ihn erzählt wird, wird auch über andere Päpste berichtet.

Der um das Jahr 950 als *Gerbert von Aurillac* geborene erwarb im Jahre 968 auf einer Reise nach Spanien, das damals von den Arabern beeinflußt war, reiche Kenntnisse in Mathematik, Astronomie und Musiktheorie. Für den Wissensdurstigen interessierten sich Papst Johannes XIII. und Kaiser Otto, und er wurde Leiter der Reimser Stiftsschule, wo er sich besonders der lateinischen Schriftsteller annahm.

Gerbert entwickelte auch eine Rechentafel, den Abacus, wie er sie wohl bei den Sarazenen in Spanien kennengelernt hatte. Das Gerät war dermaßen unglaublich für seine Zeitgenossen, daß sie es als Teufelswerk ansahen. Gerbert war es auch, der im Abendland die arabischen Ziffern einführte und damit das Rechnen ungemein erleichterte.

Als Gerbert – rhetorisch und diplomatisch geschult – die Päpste seiner Zeit angriff, stockte seine Karriere. Erst als Gregor V. Papst geworden war, fand er von diesem Anerkennung, und es ging wieder voran. Nach Gregors Tod wurde er selbst zum Papst gewählt und nannte sich Sylvester II..

Um ihn ranken sich allerlei Gerüchte. Er soll – erlernt an der Schule von Sevilla – Zauberkünste beherrscht haben und mit dem Teufel im Bunde gewesen sein. Aus Spanien soll er einen „sprechenden Kopf" mitgebracht haben, der ihm alle Fragen mit *„Ja"* oder *„Nein"* beantwortet haben soll. War es ein Teraphim?

Noch heute kann man im *Liber Pontificalis*, dem Buch der Päpste, zwischen den Zeilen die okkulten Vorlieben Sylvesters erahnen. Dort wird er als Astrologe, Nekromant (Toten- beziehungsweise Geisterbeschwörer) und Zauberer beschrieben. Als Sylvester einmal nach dem Geheimnis des Kopfes gefragt wurde, wies er alle Vorwürfe, daß dabei Teufelswerk im Spiel sei, energisch zurück. Er erklärte, es handele sich dabei um eine *„Art Automat, der nach einem Rechensystem mit zwei Zahlen arbeite"*.

In Verbindung mit den Templern dürfen auch die Legenden um den Heiligen Gral nicht unerwähnt bleiben, denn erst durch das Leben und Wirken der Templergemeinschaft – so ist anzunehmen – wurden die Samen für die späteren Legenden und Dichtungen des Mittelalters gelegt.

Der Heilige Gral – Kelch Christi oder Heiliger Stein?

Den christlichen Legenden und Dichtungen des Mittelalters zufolge handelte es sich bei der heiligen Reliquie um eine Schale, in die Jesus beim letzten Abendmahl die Hand getaucht hat und in der bei der Kreuzigung das Blut des Heilands aufgefangen worden sein soll.

Für die Menschen im Mittelalter war der Heilige Gral der Kelch, aus dem Jesus beim letzten Abendmahl trank. Nach der Mystifizierung durch mittelalterliche Dichter hat er seine Bedeutung nicht verloren und wird bis heute von der weltweiten Christengemeinde gleichermaßen gewürdigt. Er ist zum Symbol für das Blut Jesu geworden. Der Legende nach hat Joseph von Arimathea mit diesem Kelch das Blut aufgefangen, das dem Gottessohn bei der Kreuzigung aus der Seite rann, die der Legionär *Longinus* mit der Lanze durchbohrt hatte.

Der Kelch blieb zunächst im Besitz von Joseph von Arimathea, der vor den Hohepriestern flüchtete und nach Südengland gelangte. Dort – so die Legende – habe er extra für den Kelch eine Kapelle auf der Insel Avalon (dem höchsten Heiligtum der Kelten, dem heutigen Glastonbury) errichtet. Neben diesem Ort gibt es noch unzählige andere, die sich rühmen, im Besitz des echten Kelches zu sein. Hier wird wohl eher der Wunsch Vater des Gedanken sein...

Die ältesten Dichtungen aus dem Mittelalter sind die von Christian de Troyes *Parcival* und natürlich die von Wolfgang von Eschenbach.

Nun stellt sich bis heute die Frage, ob es sich bei dem Gral tatsächlich um einen Kelch oder vielleicht doch um einen Stein gehandelt haben mag?

Auch wenn die Frage nicht endgültig zu beantworten ist, so finden wir bei Wolfram von Eschenbach doch einen klaren Hinweis auf einen Stein. Sein Bericht über den Heiligen Gral beginnt mit den Worten:

„Ich will euch künden, wovon sie leben:
Sie leben von einem Steine,
der von ganz reiner Art ist.
Wenn ihr ihn nicht kennt,
so soll er hier genannt werden.
Er heißt Lapsit exillis.
Der Stein ist auch der Gral genannt.“

„Lapsit“ ist offensichtlich ein Hinweis auf das lateinische *„lapis“* (Stein). Es scheint nur logisch, da Wolfram ja auch von einem Stein spricht. *„Lapsit exillis“* wird von den Philologen daher als *„lapis exulis“*, *„*fern der Heimat befindlicher Stein“, oder *„lapis lapsus exillis stellis“*, „Stein, der von jenen Sternen gekommen ist“, übersetzt.

Bei dem Gral soll es sich um jenen Smaragd aus der Krone Luzifers handeln, der nach dessen Höllensturz zunächst von Engeln und später von einer auserwählten Schar keuscher Jungfrauen und Rittern gehütet wurde. Bei genauerer Betrachtung dieser Legende erkennt man hier eine Entlehnung aus dem sumerischen Mythos von *Zu*, der die MEs (die sprechenden Steine) aus Enlils Ekur entwendete und vom Göttersohn Ninurta deswegen vernichtend geschlagen wurde.

Auch in den gnostischen Schriften des alten Ägypten finden wir in diesem Zusammenhang noch Hinweise. Demzufolge soll sich der magische Stein aus *„Luzifers Schwert aus grünem Feuer“* geformt haben, als es ihm von Michael aus der Hand geschlagen wurde. *„Es kreuzte... es wurde dichter und dichter. Schließlich wurde es ein Stein, ein erstaunlicher, wun-*

derbarer Smaragd, geformt wie ein Kelch, und er fiel auf die Oberfläche der Erde... es war ein Schwert und wurde ein Trinkgefäß.«[37b]

Dichtung, Legende oder Abenteuergeschichten des Mittelalters? Die Beweisführung ist schwer, wir können daher nur Vermutungen anstellen und Hinweisen sowie einem doch scheinbar erkennbaren roten Faden, einer verschwommenen Spur folgen. In jedem Fall – so verhält es sich wohl auch bei dieser Dichtung – ist ein wahrer Kern zu vermuten.

Neben vielen späteren Deutungsmöglichkeiten scheint auch die vom *lapis elixir*, dem *Stein der Weisen*, nur logisch, was sich zudem gut mit der Wundertätigkeit des Grals vertragen würde.

Zusammenfassung und Ausblick

Die zahlreichen unbeantworteten Fragen rund um den Verbleib der Bundeslade lassen viele Schlüsse zu.

Eines kann aber mit Gewißheit gesagt werden: Die Lade war ursprünglich ein ägyptischer Kultgegenstand! Schon lange vor der biblischen Version gab es im alten Ägypten diese kostbaren Schreine, insbesondere in der 18. Dynastie, der Zeit Moses (Echnatons) und Tutenchamuns. Besonders hier erkennen wir ihre wirklichen Ursprünge.

In den Bestattungsräumen von Tutenchamun, die Howard Carter 1992 wiederentdeckte, wurde ein großer Schrein entdeckt, der drei weitere Schreine in sich verbarg. Betrachtet man beispielsweise auch den berühmten Anubis-Hund (siehe Bild 45), der den Eingang zur Schatzkammer bewachte, wird deutlich, daß auch hier die Symbolik der Schreine klar erkennbar ist.

Wie viele andere Überlieferungen belegen, haben die späteren Bibelautoren auch hier ganze Arbeit geleistet und wohl ihre eigene Geschichte konstruiert. Vergessen wir dabei nicht, daß wohl auch der „große" Auszug der Israeliten aus Ägypten nie stattfand, und wenn doch, dann handelte es sich hierbei höchstens um eine kleine unbedeutende Gruppe. So wurde auch im Falle der Geschichte des biblischen Moses ganze Arbeit geleistet, wenn es darum ging, ihm in der biblischen Version eine andere Identität zu verpassen.

Bekanntlich stehen auch die großen Königreiche Davids und Salomons heute mehr als in Frage. In „Banken, Brot und Bomben" (Band 1) wurde diese Thematik ausführlich behandelt, mit dem Ergebnis, daß es sich bei den „großen" Königen David und Salomon sehr wahrscheinlich um die ägyptischen Pharaonen Tuthmosis III und Amenophis III gehandelt hat und hier später absichtlich eine Geschichtsfälschung vorgenommen wurde.

Und Israel?

Auch hier werden von heutigen Wissenschaftlern gewaltige Abstriche gemacht, was die Geschichte betrifft. „Ein Israel" – hat es das wirklich gegeben?

Schon in der Bibel wird von einem zeitweiligen Nord- und Südreich (Israel und Judäa) berichtet. Es ist wahrscheinlich, daß es lediglich kleine, untereinander rivalisierende Volksgruppen gab, die höchstens für sehr kurze Zeit einen größeren Flächenstaat bildeten. Erst viel später, zur Zeit der römischen Besatzung, also zur Zeit des biblischen Jesu, läßt sich überhaupt so etwas wie eine israelische Ethnie nachweisen. Alles andere ist verherrlichendes Wunschdenken jener Jahwisten, die aus politischen Gründen diese „Retrojektion eigener Großmachtträume in die Vergangenheit" hinein propagieren, so der Heidelberger Theologe Dr. Bernd Jörg Diebner.[38]

Wenn man schon von der Authentizität der biblischen Version ausgeht – was heute leider Gottes ja immer noch viele Gläubige aus vollkommener Unkenntnis tun –, sollte dabei eines nicht vergessen werden: Selbst wenn die Israeliten die Bundeslade bereits in der Wüste Sinai besaßen, haben sie diese höchstwahrscheinlich aus Ägypten mitgebracht, da die Bibel berichtet, daß die Israeliten noch keine drei Monate aus Ägypten fort waren (Exodus 16,1).

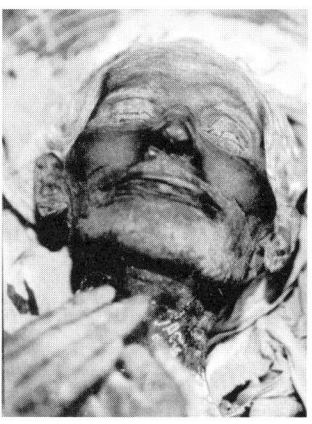

Abb.36:
Die Mumie Yuyas.

Abb.37:
Der Holzsarkophag Yuyas befindet sich heute im ägyptischen Museum in Kairo.

Abb.38 oben:
Der erste, äußere Schrein aus dem Grab Tutenchamuns im Jahre 1922.

Abb.39 links:
Der zweite Schrein.

Abb.40 links:
Howard Carter öffnet die Tür des zweiten Schreins.

Abb.41 rechts:
Öffnen der Tür des vierten, innersten Schreins.

Abb.42 links:
Erster Blick auf den Steinsarg im vierten Schrein.

Abb.43 rechts:
Der vierte, innerste Schrein.

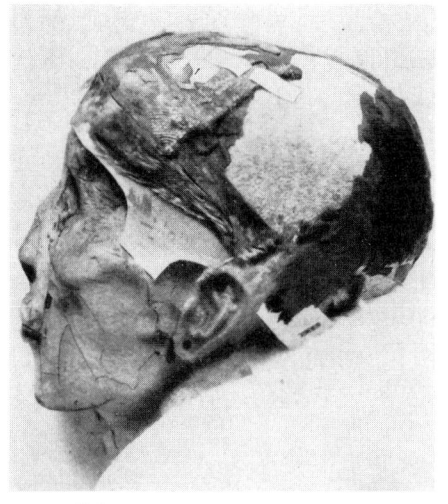

Abb.44 links:
Der Kopf der Mumie Tutenchamuns.

Abb.45 rechts:
Der Eingang zur Schatzkammer.

Ägyptische *Laden* hatten bis dahin bereits eine lange Tradition im alten Ägypten. Auch die *Cherube*, die geflügelten Wesen, von der die Bibel berichtet, hatten ihre Tradition in Ägypten.

Der erste, eindeutige Hinweis auf die Lade Jahwes taucht erst bei der Sinai-Überlieferung auf, jedoch ist heute längst bekannt, daß das Buch Exodus und insbesondere der Sinai-Bericht von späteren Priestergeschlechtern ergänzt und geändert wurde. Der Exodus-Text mit den Bauanweisungen der Lade stammt aus einer *Priesterschrift* aus der Zeit des babylonischen Exils, also nach 586 vor Christus. Natürlich gibt es auch noch andere Annahmen, aber wie dem auch sei, all das geschah Jahrhunderte nach Moses Lebzeiten.

Überhaupt – wer war diese Gott *Jahwe*, daß er in seiner Eigennützigkeit ein Heiligtum verlangt und in Auftrag gibt, um mit seinem Volk, das er mal kurzerhand als „auserwählt" deklariert, zu kommunizieren?

141

Dieser Gott Jahwe, der ja schließlich nicht der einzige Gott im Alten Testament zu sein scheint, ist schon ein Fall für sich. Vor allem in der Genesis finden wir Stellen wie beispielsweise 1. Mose 1,26: *„Und Gott sprach: Lasset UNS Menschen machen, ein Bild das UNS gleich sei,..."*, die darauf hindeuten, daß hier nicht nur *ein* Schöpfer am Werk war...

Doch mit wem sprach Moses wirklich? Denn aufgrund der Vielzahl der beschriebenen Begegnungen mit Gott, können wir diese ja nicht einfach als Visionen abtun, nur um des lieben Friedens willen.

Abb.46:
Die Göttin Selket symbolisiert die Cheruben, die geflügelten Wesen, von denen später auch die Bibel berichtet.

Apropos Jahwe und sein auserwähltes Volk:

Im weiteren Verlauf des Auszuges („Exodus") beziehungsweise der Geschichte werden die Israeliten angewiesen, Völker und Stämme ausnahmslos zu vernichten. Was ist das für ein Gott, der *„sein auserwähltes Volk"* zu Völkermord auffordert oder sogar zwingt? Im Alten Testament ist das bekanntlich kein Einzelfall. Insgesamt finden wir mehr als siebzig Völker- und Massenmorde, dabei sind die vielen Einzelmorde, Raubzüge, Massenvergewaltigungen und sonstigen Verbrechen, wie beispielsweise Inzucht, nicht mitgerechnet.

Kommen wir noch einmal auf die Lade und die *Cherube* zu sprechen, denn auch hier haben sich die Bibel-Autoren ausgiebig bei älteren Kulturen bedient.

142

Abb.47:
Gemeinsam mit Jan van Helsing auf Spurensuche in Kairo. Auch zwischen den Pranken der Sphinx findet man die Symbolik des Schreins.

Cherube sind Mischwesen, die vor allem im mesopotamischen Kulturraum und natürlich auch in Ägypten auftauchen. Schließlich und endlich ist auch die Sphinx als solches ein Misch- oder Zwitterwesen.

Fazit: Auch die *Cherube* (in Ägypten die Schutzgöttin *Selket*) wurden von den Israeliten übernommen.

Und die Bundeslade?

Plötzlich war sie spurlos verschwunden! Es ist anzunehmen, daß sie zwischen dem zehnten und dem sechsten Jahrhundert vor Christus von ihrem Platz im Allerheiligsten verschwand, ohne daß in der Bibel darüber irgendein Wort verloren wird. Wahrscheinlich war der Schrein längst nicht mehr in Jerusalem, als die Stadt im Jahre 587 vor Christus von den Truppen des babylonischen Königs *Nebukadnezar* niedergebrannt wurde.

Alle weiteren Fragen und Spekulationen erübrigen sich, denn die Lade blieb seither verschwunden. Es ist beinahe so, als hätte sie nie existiert...

Und dennoch blieb sie immer in Erinnerung, und es ist beinahe wie ein geheimnisvolles Mysterium, das die Lade bis heute umgibt. Denken wir zum Beispiel nur an die vielen Altar-Schreine verschiedener Kirchen oder an Einweihungsrituale verschiedener Logen, wie beispielsweise die der Freimaurer.

Und die heiligen, *sprechenden* Steine?

Letztlich sollten wir nicht vergessen, daß Hinweise und Forschungsergebnisse den Schluß nahelegen, daß es sich bei dem Gral und der Bundeslade um ein und denselben Gegenstand handeln könnte. Daß aus dem Gral, bei dem es sich sehr wahrscheinlich um einen mysteriösen *heiligen* Stein gehandelt hat, später ein Kelch wurde, ist nicht verwunderlich. Jede erfundene Religion und ihre konstruierte „Kirche" braucht nun einmal religiöse Kultgegenstände, die sie ihren Gläubigen präsentiert, koste es, was es wolle.

War es ein mysteriöser heiliger Stein, der womöglich in der Lade transportiert wurde, ein Orakel-Stein – ein sprechender Kopf? Oder waren es vielleicht einfach nur bedeutende Schriftrollen?

Schreine oder Bundesladen wurden im Verlaufe der Jahrhunderte sicherlich reichlich gebaut und nachgebaut. Der Inhalt aber muß einzigartig gewesen sein! Das würde vielleicht auch erklären, warum man über den Verbleib der Lade nicht mehr berichtet. Vielleicht wollte man durch das *nicht Erwähnen* – das nicht mehr Vorhandensein – aber auch etwas vertuschen und somit den wahren Aufenthaltsort für immer geheimhalten.

Mit traurigen Augen blicken wir heute nach Israel und ebenso nach Ägypten. Liegt etwa ein Fluch auf diesen alten „Größen" der Vergangenheit? Schon die Propheten des Alten Testaments wußten, daß Jerusalem in Zukunft im Mittelpunkt einer schrecklichen kriegerischen Eskalation stehen würde:

„Siehe, ich mache Jerusalem zu einer Schale, die alle Völker ringsum betrunken macht. Und es wird geschehen an jenem Tag, da werde ich Jerusalem zu einem Laststein machen für alle Völker: Alle, die

Abb.48:
Der Gralsaltar mit dem Gefäß als Kelch, in den himmlischer Tau tropft.

144

ihn aufladen wollen, werden sich gewißlich daran verwunden." (Sacharja 12,2-3)

Und Ägypten?

Bei einer heutigen Ägyptenreise und Besichtigung der alten Baudenkmäler wird man den Eindruck nicht los, daß das einstmalige Land der Götter eine „Waise" geworden und in ein tiefes geschichtliches Loch gefallen ist.

„*...Aber bevor das alles eintrifft, wird, so sagte der Offenbarer, eine Zeit kommen, in der die Ägypter die Götter umsonst anbeten werden und alle ihre Gottesdienste fruchtlos bleiben werden, weil die Götter Ägypten verlassen haben und zum Himmel aufgestiegen sind. **Wie eine Waise wird Ägypten sein, nachdem es von allen seinen Göttern verlassen worden ist. Dann aber werden Fremde in das Land kommen und werden es beherrschen.** Sie werden die Ägypter am altgewohnten Gottesdienst hindern und jene bestrafen, die sie dabei antreffen, wenn sie heimlich den alten Göttern dienen. Dann aber wird jenes Land, das einstmals das frommste Land auf der Welt war, ein gottloses Land sein. Es wird nicht mehr angefüllt sein mit Tempeln, sondern mit Gräbern, nicht mit Göttern, sondern mit Leichen... Und so wird das Land nicht nur von den Göttern, sondern auch von den Ägyptern entblößt sein...*" (Hervorhebung d. d. V.)[39]

Im nächsten Kapitel wollen wir uns den Templern zuwenden und dem sagenhaften Schatz, den sie nach ihrer Eroberung von Jerusalem unter dem Tempelberg fanden.

Befand sich unter den vielen Artefakten und Schriften, die sie angeblich gefunden haben wollen, auch der heilige Schrein? Ist das überhaupt wahrscheinlich, wenn man bedenkt, daß nach dem spurlosen Verschwinden mehr als 1.500 Jahre vergangen sind?

Kapitel 4
Das A-Omega-Projekt

„I templari c'entrano sempre" –
es gibt überall eine Verbindung
zu den Templern!"

Die Botschaft der Templer – Das Wissen der Bundeslade

Nun möchte ich zu den eigentlichen Quellen kommen und auf die
etwas mysteriösen Umstände, die dazu geführt haben, daß diese Informationen einerseits so lange geheim blieben, aber andererseits wohl der
auslösende Funke waren für alle großen wissenschaftlichen Entdeckungen und Entwicklungen in den vergangenen zweihundert Jahren. All
das steht in einem direkten Zusammenhang mit den Templern und Zisterziensern, ihrer *eigentlichen* Botschaft und letztlich mit dem Grund
für die Kreuzzüge und die Eroberung Jerusalems.

Ein Großteil dieses Kapitels bezieht sich auf zum Teil nur in privaten Kreisen weitergegebene Werke oder Unterlagen, die mir zur Verfügung gestellt wurden.

Anmerkung:

In meinen bisherigen Veröffentlichungen wurde bereits über die Geschichte der Templer und der Zisterzienser berichtet. Da diese natürlich
in einem direkten Zusammenhang mit dem Tempelberg und Jerusalem
steht, möchte ich an dieser Stelle nur noch einmal kurz darauf hinweisen, daß – wie beschrieben – die *historischen* Königreiche Davids und
Salomons grundsätzlich in Frage zu stellen sind. Der ägyptische Einfluß
beziehungsweise Zusammenhang mit Jerusalem, David und Salomon,
den ich in *„Banken, Brot und Bomben"* (Band 1) sehr ausführlich behandelt und kurz zuvor nur kurz wiedergegeben habe, sollte uns für
den weiteren Verlauf zumindest in guter Erinnerung bleiben. Ich werde
aber versuchen, die Schriften beziehungsweise den Inhalt der 1946 gefundenen Überlieferungen so wiederzugeben, wie ich es als meine

Pflicht ansehe. Das bedeutet, daß hier der geschichtliche Stellenwert der Königreiche Davids und Salomons unberührt bleiben wird.

Für die Botschaft als solche ist es vollkommen unerheblich, ob es sich bei David in Wirklichkeit um den ägyptischen Pharao Tuthmosis III und bei Salomon um den Pharao Amenophis III handelte – alleine die Botschaft selbst ist entscheidend!

Um keinen Orden ranken sich bis heute so viele Legenden und Geschichten, wie um den geheimnisvollen Templerorden.

Bis heute gehen die Meinungen von Historikern und Forschern auseinander, wenn es um den tatsächlichen Grund für die Gründung der Templer geht. Zwei Gründe waren sicherlich für die Kirche ausschlaggebend:

1. Die Vertreibung der „Ungläubigen" aus der Heiligen Stadt, um die Inbesitznahme von Jerusalem, das die christlichen Kirchenoberen für sich in Anspruch nahmen, zu gewährleisten.

2. Die Bergung der Bundeslade und des damit verbundenen Schatzes unter dem Jerusalemer Tempel.

Der allgemeinen Geschichtsschreibung nach wird angenommen, daß etwa um das Jahr 1118 neun Ritter aus Frankreich kamen, um der immer größer werdenden Zahl der Pilger Schutz vor Überfällen zu gewähren.

Die Vorgeschichte des Templerordens hängt unmittelbar mit dem ersten Kreuzzug (1096-1099) zusammen. Das Heilige Land fiel in die Herrschaft der Seldschuken, und in Jerusalem herrschte ein Sultan. Der erste Kreuzzug endete im Juli 1099 mit der blutigen Eroberung Jerusalems. Das Heer der Kreuzritter bestand hauptsächlich aus französischen Truppen und wurde vom Adelsritter Gottfried von Bouillon angeführt.

Nach dem Sieg wurde unter Gottfried von Bouillon das „Königreich Jerusalem" ausgerufen. Nachdem Gottfried ein Jahr später starb, wurde sein Bruder Balduin neuer König von Jerusalem. *Balduin der Erste* blieb bis zu seinem Tod im Jahre 1118 auf dem Thron. Bereits während seiner Regentschaft muß ein reger und zum Teil geheimer Austausch mit Frankreich stattgefunden haben.[40]

Gemäß den 1946 in Frankreich gefundenen Unterlagen gibt es einige Aspekte, die in den verschiedensten Werken über die Templer den eigentlichen Grund für die Kreuzzüge sicherlich etwas anders darstellen, was wir an dieser Stelle so stehenlassen wollen. Wie wir im weiteren Verlauf noch erkennen werden, stehen nämlich die wissenschaftlichen Erkenntnisse – in den Unterlagen als *A-Omega-Projekt* beschrieben – außer Zweifel und wurden im Verlaufe von mehreren Jahrzehnten von unzähligen Wissenschaftlern bestätigt und weiterführend angewandt.

Auf die Geschichte der Templer wird hier nur kurz eingegangen, denn eine ausführliche Erörterung würde den Rahmen dieses Buches deutlich überschreiten. Im Literaturverzeichnis sind hierzu verschiedene Werke angegeben.

Die Vision Bernhard von Clairvauxs...

Aus den Unterlagen geht jedenfalls hervor, daß der junge französische Ritter Bernhard von Clairvaux am 14. April 1094 eine Vision hatte, die einen Wendepunkt in der Geschichte der Menschheit darstellte und diese bis in die heutige Zeit hinein prägen sollte.

Angemerkt sei an dieser Stelle, daß es bezüglich des Geburtsjahres Clairvauxs keine – zumindest bis heute nicht historisch bestätigte – genauen Angaben gibt. Die verschiedenen Quellen geben sein Geburtsjahr zwischen 1080 und 1084 an. Gesichert ist jedoch, daß er 1153 gestorben und in Cluni begraben worden ist.

Dennoch ist anzunehmen, daß das genaue Geburtsjahr in Templer- und Zisterzienserkreisen bekannt sein muß, schließlich handelt es sich bei ihm um eine der bedeutendsten Personen der Geschichte der Zisterzienser, und besonders sie verfügen bis heute über umfangreiches

Schriftgut, das Jahrtausende alt ist. Es ist doch sehr unwahrscheinlich, daß Daten eines ihrer bedeutendsten Mitglieder nicht bekannt sein sollen.

Oder sollte man vielleicht sagen *des* Ordens? Bis heute werden Templer und Zisterzienser zu getrennt voneinander betrachtet. Der Orden der Zisterzienser wurde 1098 gegründet und ist somit der ältere von beiden. Der Orden der Templer ist zweifellos aus dem Gedankengut und den Visionen der Zisterzienser entstanden beziehungsweise gegründet und instrumentalisiert worden.

Abb.49:
Bernhard von Clairvaux

Man könnte die Templer auch als ausführendes Organ der Zisterzienser sehen. So war es auch ausschließlich der *geistige Kopf* der Zisterzienser, der die gefundenen Schriften aus Jerusalem überhaupt übersetzen konnte! Die Templer waren, um das einmal ganz profan auszudrücken, für die weltlichen Dinge im Einsatz, sie waren die *militärische Hand* der Zisterzienser.

Abb.50:
Künstlerische Darstellung der Erscheinung Marias, die Bernhard von Clairvaux hatte.

So liegt auch der Gedanke nicht fern, daß die Templer im vierzehnten Jahrhundert schließlich geopfert wurden, da ihre Mission erfüllt war.

Allgemein wird angenommen, daß für die gewaltsame Niederwerfung des Templerordens der damalige Papst Clemens V. und König Philipp IV. verantwortlich waren. Das mag auch so sein, doch der große Einfluß der Zisterzienser in Rom wird in diesem Zusammenhang bis heute unter den Teppich gekehrt. Auch sie haben diese Entscheidung wohl mitgetroffen, *ihre* Templer zu opfern.

Bei verschiedenen Nachforschungen in den letzten Jahren, die ich im Zusammenhang mit der Person Clairvaux und den Zisterziensern anstellte, stieß ich auf allerlei Ungereimtheiten und Widersprüche. Besonders in bezug auf seine Person hält man sich bis heute sehr bedeckt.

Besuchen Sie einmal eines der verschiedenen Zisterzienserklöster in Österreich oder Deutschland! Sie werden an diesen wunderschönen Orten mit Nachdruck immer wieder auf den Namen Clairvaux treffen, was deutlich macht, wie bedeutend dieser Mann für den Orden war und bis heute ist.

Hochrangige Vertreter beider Orden bestätigten mir unter vorgehaltener Hand einerseits meine Vermutung, daß die Niederwerfung der Templer *auch* auf Geheiß der Zisterzienser erfolgte, und andererseits erfuhr ich, daß aus besagten Gründen bis heute beide Orden getrennt „verkauft" werden. Der jeweilige Abt der Zisterzienser stand im Rang immer auch über dem des jeweiligen *Großmeisters* (Prior) der Templer. Noch heute tragen verschiedene Äbte unter ihrer Ordenstracht das Templerkreuz!

Zurück zu Bernhard von Clairvaux und seiner Vision:

Nach Beendigung eines Gottesdienstes blieb Bernhard von Clairvaux aus einem inneren Drang heraus noch in der Kapelle sitzen, nachdem die anderen den Raum verlassen hatten. Während er tief in Gedanken versunken dasaß, erschien ihm in einer Vision ein Engel Gottes. Dieser Engel teilte ihm mit, daß er nach Jerusalem in das Heilige Land reisen und die von König Salomo am Gründungsort – ein Tempel nahe des Felsendoms – in einer Gruft vergrabene „Bundeslade" ausgraben und mit einem Schiff nach Frankreich transportieren soll.

In seinen Schriften schreibt Bernhard von Clairvaux, daß er den Auftrag erhielt, die „Bundeslade" nach der Inbesitznahme mit dem Schiff nach Südfrankreich zu transportieren, um sie an einen bestimmten Ort in der Nähe der heutigen Stadt Nizza zu bringen. Dieser Ort, ein kahler Berg („Mont Chauve"), würde vom Schiff aus dann zu sehen sein, wenn das Schiff die Spitze von Cap Ferrat erreichte.

An einem bestimmten Punkt des Berges, an dem sich eine Grotte befindet, solle er, nach bestimmten Maßen und nach bestimmten Himmelsrichtungen ausgerichtet, eine Pyramide errichten.

Der Sinn und Zweck dieses Auftrages sei, wie ihm der Engel mitteilte, den Inhalt der „Bundeslade" neu in das Denken der Menschen zu integrieren, da die Menschheit wieder reif ist, die kosmischen Gesetze zu verstehen und zu begreifen, und die Menschen erkennen können, daß Gott als Wesenheit real existiert und ihre Seelen durch die „Gedankenkraft" Gottes erschaffen wurden.

Der Engel berichtete ihm weiter, daß in der „Bundeslade" das Wissen über den Sinn und Zweck allen Seins niedergeschrieben steht; so, wie es vor Tausenden von Jahren zum letzten Male der Menschheit während ihrer Evolution von Gott über das „Kosmische Geistfeld" beziehungsweise „Bewußtseins-Feld" oder „Akasha-Chronik" offenbart worden ist.[41]

Der Auftrag, den Bernhard von Claivaux in seiner Vision erhielt, war aber zu diesem Zeitpunkt nahezu unmöglich umzusetzen, da das Heilige Land zu diesem Zeitpunkt von den islamgläubigen Menschen des Persischen Reiches besetzt war. Christen, die man als ungläubig ansah, durften die heiligen Stätten nicht besuchen. Bernhard wollte aber einen Weg finden, um seine Mission zu erfüllen, und so weihte er den damaligen Papst Urban II. in seinen Auftrag mit ein.

Bernhard und Papst Urban faßten gemeinsam den Entschluß, die Christen zu einem Heiligen Krieg aufzurufen, um das Heilige Land zu erobern, damit man die „Bundeslade" ausgraben konnte, um sie gemäß des Auftrages nach Frankreich zu bringen.

Abschließend noch ein Wort zur Vision Clairvauxs. Hier wird der eine oder andere sicherlich die Stirn in Falten legen, da unser logischer Verstand es verbietet, eine gewisse Schwelle zu übertreten, wenn es um Erscheinungen und Visionen geht. Man sollte dabei nicht vergessen, daß insbesondere die Menschen dieser Zeit einen ganz anderen Zugang beziehungsweise Umgang mit okkulten Praktiken pflegten. Interessant ist in diesem Zusammenhang sicherlich, daß vor allem in Verbindung mit Bernhard von Clairvaux im späten fünfzehnten Jahrhundert Gemälde entstanden, die gerade ihn als *Visionär* beschrieben.

Urban II. putschte die Menschen auf...

Am 23. November 1095, nachdem Clairvaux acht weitere Ritter, unter ihnen Hugo von Payens, in die Vision eingeweiht hatte, bestieg an diesem kalten Novembertag Papst Urban II. vor der französischen Stadt Clermont ein Podium und behauptete vor einer riesigen Menschenmenge, die auf dem weiten Feld vor den Toren der Stadt versammelt war, daß das ungläubige Volk der Perser die Heiligen Stätten im Heiligen Land durch Feuer, Schwert und Plünderung verwüstet habe.

Er sagte ihnen, daß sie die Altäre in den Kirchen mit Unrat besudelt, Christen beschnitten und die Taufbrunnen mit Blut entweiht hätten. Es würde ihnen gefallen, andere zu töten, indem sie ihnen die Bäuche aufschneiden, ein Ende der Därme herausziehen und an einen Pfahl binden. Unter Hieben würden sie diese um den Pfahl jagen, bis die Eingeweide hervordringen und sie tot auf den Boden fallen. Natürlich stimmte das alles nicht, denn in Wahrheit hatten die Christen, die in Jerusalem und Bethlehem lebten, auch als Untertanen der muslimischen Herrscher weitgehende Freiheiten.

Urban II. ging noch einen Schritt weiter. Jedem, der für die Befreiung des Heiligen Landes kämpfen würde, versprach er die sofortige Vergebung der Sünden. *„Wer eben noch ein Räuber war, möge jetzt ein Krieger Christi werden; wer früher gegen Brüder und Verwandte kämpfte, soll nun rechtmäßig gegen Barbaren kämpfen."*[41b]

Die Menge antwortete ihm fanatisch: *„Deus vult!"* – *„Gott will es!"*

Urbans Plan schien aufzugehen. Mit dieser sorgfältig vorbereiteten Rede brachte er die Menschen so weit und versetzte sie so in Aufregung, daß – als er die Worte hinausschrie: *„Geht und kämpft gegen die ungläubigen Barbaren und befreit die Heiligen Stätten!"* – sich die Menschen auf den Boden warfen, an die Brust schlugen, ihre Sünden bekannten und schrien: *„Tötet die Heiden!"* – wie auch in der Literatur nach übereinstimmenden Berichten von verschiedenen zeitgenössischen Autoren berichtet wird.[42]

Es gelang Papst Urban, die Menschen so sehr aufzuputschen, daß sie ihm blindlings folgten und schließlich in ihr eigenes Verderben liefen. Er selbst hielt ein Kreuz in die Luft und schrie: *„Christus selbst kommt aus seinem Grab hervor und zeigt Euch das Kreuz. Tragt es auf Schultern und Brust! Es soll Euch immer daran erinnern, daß Christus für Euch gestorben ist und daß Ihr, wenn Ihr für ihn sterbt, in das Himmelreich kommt."* [43]

Wie ein Lauffeuer ging diese Botschaft durch ganz Europa und sollte einen schrecklichen Tribut fordern. Viele Menschen begannen, sich Stoffkreuze an die rechte Schulter ihrer Kleidung zu nähen, und strömten nach Köln, weil sie erfahren hatten, daß sich dort große Menschenmassen unter der Führung von religiösen Fanatikern zu einem Heer zusammenschlossen. Einhunderttausend Menschen – Männer, Frauen und Kinder –, arm und ohne Waffen, zogen im März 1096 von Köln aus los, um das Heilige Land zu befreien.

Der völlig außer Kontrolle geratene Haufen von mehr als 20.000 Menschen, die größtenteils selbstgezimmerte Holzwaffen trugen, fiel schon in der Heimat über jüdische Siedlungen her. Sie metzelten Bewohner nieder, brandschatzten und raubten, wo sie nur konnten. Die Juden im Rheinland waren die ersten, die den Fanatismus der kirchentreuen Volksritter zu spüren bekamen. Sozusagen zur Einstimmung auf den Umgang mit den Muslimen ließ der Pöbel seine Wut an ihnen aus – als Vergeltung dafür, daß ihre Vorväter den Heiland ans Kreuz geschlagen hätten. In Speyer wurden Juden ermordet, weil sie es ablehnten sich taufen zu lassen; es nützte ihnen nichts, daß ihnen der Bischof gegen Bezahlung Zuflucht in seinem Palast geboten hatte. In Worms und Mainz wurden mehr als 1.000 Juden massakriert. In Köln wurde die

Synagoge zerstört und jüdische Häuser geplündert. In Trier stürzten sich Juden in die Mosel, um der gewaltsamen Taufe zu entgehen.

Zigtausende Juden fielen dem Fanatismus zum Opfer.[43] Der Mob kam bis nach Kleinasien. In Civetot wurden sie schließlich von den Türken vernichtend geschlagen. Es überlebten nur etwa 3.000 das Gemetzel.

Diesem ersten Kreuzzug, der allein durch die Worte von Papst Urban II. spontan entstanden war, folgte ein zweiter von insgesamt sieben. Es war das erste organisierte Ritterheer der Christen, das Weihnachten 1096 von europäischen Fürsten in den Osten geführt wurde. Obwohl immer neue Kreuzritter mit ihren Mannen nach dem Osten zogen, gelangte die Armee der Kreuzfahrer erst am 7. Juni 1099 vor die Tore Jerusalems.

Am 15. Juli überredete Bernhard von Clairvaux, der mit Hugo von Payens das Heer der Kreuzritter anführte, den ägyptischen Gouverneur zur Kapitulation, der dafür mit seinem Gefolge freien Abzug erhielt.

Das „christliche" Heer metzelte nach Abzug des Gouverneurs fast alle Bewohner der Heiligen Stadt nieder, und mindestens 50.000 Menschen fielen den Kreuzrittern und ihren Mannen dadurch zum Opfer. Bis 1114 kämpften die Kreuzritter im Heiligen Land und eroberten, auch wenn immer noch gegen die Sarazener gekämpft wurde, fast das gesamte Heilige Land für die Christen zurück. Nachdem in Jerusalem Ruhe eingekehrt war, führte Bernhard von Clairvaux die acht anderen Ritter an den Ort, der ihm in der Vision beschrieben worden war. Genau an der angegebenen Stelle fanden sie die Gruft und begannen mit der Ausgrabung. Das erste, was sie fanden, waren viele Skulpturen und anderes religiöses Beiwerk. In einem tiefer gelegenen Raum entdeckten sie dann die sogenannte „Bundeslade", die aus dem bedeutenden Schrein selbst, aber zusätzlich noch aus neunzehn steinernen Sarkophagen und dreißig Truhen bestand. Gefüllt waren diese Sarkophage mit Lederrollen, die mit Schriftzeichen und Zeichnungen versehen waren. Außerdem befanden sich in den Sarkophagen Modelle aus heute noch unbekannten Materialien sowie speziell geschliffene Kristalle, mechanische Geräte, deren Anwendung in der damaligen Zeit unbekannt war, und viele den damals lebenden Menschen unbekannte Gegenstände.

Nachdem sie alles gesichtet hatten, verschlossen sie die Gruft wieder, um den Zeitpunkt abzuwarten, an dem es abtransportiert werden konnte. 1118 gründeten Bernhard von Clairvaux und die acht Ritter in Jerusalem den „Orden der armen Ritter Christi", den das niedere Volk als „Templer" bezeichnete. Hugo von Payens wurde zum ersten Großmeister des Ordens ernannt. In der Präambel, die Bernhard von Clairvaux zur Ordensgründung niederschrieb, steht der Satz: *„Mit Gottes und unseres Retters Jesu Christi Hilfe ist das Werk vollendet worden.*"[43b]

Daß damit nicht die Vollendung der Gründung des Ordens gemeint ist, sondern die Eroberung des Heiligen Landes, darüber sind sich alle Historiker einig. Ein Jahr später, 1119, wurden die in der Gruft gefundenen neunzehn steinernen Sarkophage, die Truhen sowie viele Skulpturen und anderes religiöses Beiwerk auf Schiffe geladen und, wie in der Vision vorbestimmt, nach Südfrankreich transportiert.

Das Versteck in Südfrankreich...

In Südfrankreich angekommen, brachten sie die Sarkophage auf den „Mont Chauve" und begannen, über der Grotte aus den Steinen des Berges die Pyramide so zu bauen, wie Clairvaux sie in seiner Vision gesehen und wie es ihm der Engel mitgeteilt hatte. Nach dem Bau der Pyramide öffneten sie die Sarkophage und begannen mit dem Studium und der Übersetzung der Unterlagen. Da ihr Wissen über die Gesetze der Materie sowie über die Zusammenhänge des Phänomens Leben ein niedrigeres Niveau besaß, weil ihre Leben bis zu diesem Zeitpunkt in anderen Bahnen als denen des Studiums der Wissenschaften abgelaufen waren, fiel es ihnen sehr schwer zu begreifen, was sie mit dem Inhalt der *Bundeslade*, der überwiegend aus Zeichnungen und Modellen bestand, anfangen sollten.

Wieder in einer kleinen Kapelle, die sie in der Nähe der Pyramide auf dem „Mont Chauve" errichtet hatten und in der die Ritter Gott huldigten, hatte Bernhard von Clairvaux erneut eine Vision. In dieser Vision wurde ihm mitgeteilt, daß er sich in die Mitte der Grotte unter der Pyramide begeben sollte, wo er an das „Kosmische Geistfeld" angeschlossen sei.

Nachdem er eine Zeitlang in voller Erwartung auf einem Stein, der sich genau in der Mitte der Grotte befindet, gesessen hatte, überfiel ihn eine meditative Müdigkeit. Durch die gesetzmäßigen Bewegungsabläufe, die innerhalb einer Pyramide existieren (ein Vorgang, der von jedem nachvollzogen werden kann), wurde er an das „Kosmische Geistfeld" – in der Mystik wird dieses Geistfeld auch als „Akasha-Chronik" bezeichnet – angeschlossen.

Im Geist führte der Engel Gottes ihn zurück bis zur Entstehung des Universums und zur Entstehung der Seelen und begleitete ihn so vom Beginn des Seins bis zum Ende der Schöpfung.

Während dieser Reise durch das „Kosmische Geistfeld", in dem und durch das alles Sein existiert und – gleichzeitig als Vergangenheit, Gegenwart und Zukunft – abläuft, erkannte er die Zusammenhänge allen Seins so, daß er den Inhalt der Unterlagen mit dem Verstand begreifen und ihn seinen Begleitern erklären konnte.

Nach einer gewissen Zeit des Studierens erkannten auch die anderen Ritter mit Hilfe von Clairvaux, der alles real – wie es auch Johannes in der Offenbarung beschreibt – im Geiste gesehen hatte, daß in den Unterlagen der „Bundeslade" die gesamte Geschichte der Menschheit sowie der Sinn und Zweck allen Seins der Schöpfung und die kosmischen physikalisch gesetzmäßigen Bewegungsabläufe, betitelt als das „A-Omega-Projekt", niedergeschrieben standen.[44]

Die Pyramide in Südfrankreich...

Noch heute kann man die Pyramide, die sich in der Nähe von Nizza befindet, besichtigen. Diese Pyramide hat in der Fachwelt bis heute kaum Beachtung gefunden. Das liegt zum einen daran, daß Pyramiden ohnehin in erster Linie mit Ägypten, Südamerika oder anderen Ländern der Erde in Verbindung gebracht werden. Es ist aber wohl eine unwiderlegbare Tatsache, daß es sich bei den Pyramiden an sich beziehungsweise bei dem *Pyramidenkonzept* um übergeordnetes Wissen handelt, das sich über Jahrtausende hinweg über den gesamten Erdball verbreitet hat. Diese Tatsache allein verlangt schon, den Stellenwert der ägyptischen Pyramiden bezüglich ihrer Bedeutung zu relativieren. Auch ich bin wohl zu den Autoren zu zählen, die zumindest öffentlich immer wieder den Eindruck erzeugt haben, daß besonders die große Pyramide von Gizeh eine Art Sonderstellung einnimmt. Sicherlich mag das bezüglich der Präzision und Logistik auch stimmen, aber in bezug auf den erdumfassenden Pyramidenkult sollte man grundsätzlich Ort, Zeitpunkt der Erbauung, Art und Weise der Nutzung und kulturspezifische Aspekte differenziert betrachten. Dennoch spielen die große Pyramide von Gizeh und das alte Wissen aus Heliopolis im weiteren Verlauf noch eine besondere Rolle.

Bedenkt man, wo überall auf der Welt Pyramiden errichtet wurden, und das auch schon zu Zeiten, als die Menschen angeblich noch primitiv waren und die Weltmeere nicht überqueren konnten, muß man an wissenschaftlichen Aussagen vieler heutiger Gelehrter stark zweifeln. Aber das ist bekanntlich ein anderes Thema, das vor allem mit Macht und Kontrolle in Verbindung steht.

Doch zurück zu der Templer-Pyramide in Südfrankreich:

Die Pyramide, die in der Nähe von Nizza auf dem „Mont Chauve" liegt, ist noch relativ gut erhalten und auf jeden Fall eine Reise wert. In der Nähe der Pyramide stehen zudem noch die Überreste einer alten Kapelle aus längst vergangener Zeit.

Auch *Lothar Göring*, einer von fünf Personen, denen die Unterlagen aus der Bundeslade übergeben wurden, machte sich seinerzeit auf die Suche nach der Pyramide und fand sie, genau wie beschrieben, an dem Platz, der in den Unterlagen auf einer Zeichnung festgelegt war.

Abb.51 links:
Die Templer-Pyramide am Fuße des Mont Chauve, Nähe Nizza. Die Spitze fehlt.

Abb.52 Mitte:
Aus anderer Sicht – man sieht die Öffnung zur Höhle, in der die Templer mit dem *Kosmischen Geistfeld* Kontakt aufgenommen hatten.

Abb.53 links:
Der Eingang zur Höhle unter der Pyramide.

Abb.54 oben und Abb.55 links unten: Die Kapelle der Templer am Fuß des Mont Chauve.
Abb.56 rechts: Der Autor und Jan van Helsing in der Festung Montsegur im Herbst 2004.

159

Nach dem Auffinden der Pyramide begaben sich Lothar Göring sowie andere Personen, welche die Angaben in den Unterlagen nach heute
gültigen wissenschaftlichen Kriterien seit vielen Jahren überprüft haben, in die Grotte unter der Pyramide und begannen, selbst zu experimentieren. Sie erkannten, daß auf der Grundlage der gesetzmäßigen
Bewegungsabläufe, die in der statischen Struktur einer Pyramide ablaufen, all die Phänomene, die noch beschrieben werden, immer auftre-
ten und absolut der Realität entsprechen. Dabei spielt letztendlich die
statische Struktur, also die real existierende für den Menschen sichtbare
Pyramide, keine Rolle. Die Phänomene treten auch dann auf, wenn der
Mensch sich gedanklich vorstellt, daß er sich in einer „gedachten" ima-
ginären Pyramide aufhält.

Das, was wir als reales Leben bezeichnen, ist letztendlich nur die
Materialisation unserer Gedanken, wobei die gedachte Gedankenform
als Gerüst wirkt durch Information, welche die Materie in der Form
hält, so daß wir sie mit unseren menschlichen Sinnen wahrnehmen
können.

Alle Experimente, die jene Gruppe in dieser Pyramide so durchführte, wie in den Unterlagen beschrieben, wurden hundertprozentig
erfolgreich abgeschlossen.

Fortsetzung folgt in Kapitel 6!

Das „Kosmische Geistfeld"

Durch das Studium der Unterlagen wurden die Templer eingeweiht in die kosmischen physikalischen Gesetze, durch die unser Universum entstanden ist und heute noch existiert. Sie begriffen, daß die Entstehung aller *Wesenheiten* gleich Seelen durch eine real existierende schöpferische Kraft (Energie, Ordnung, Gott) bewirkt wurde und daß sie durch die „Gedankenkraft" *Gottes* erschaffen worden sind. Sie erkannten auch, warum sich die Seelen der von Gott erschaffenen Wesenheiten in die Materie integrieren mußten und daß nur auf diesem Wege der Schöpfungsgedanke vollendet werden kann.

Das heißt, sie verstanden, daß die vielfältigen biologischen Systeme auf Erden im Laufe der Evolution nicht durch „Zufall" entstanden sind, sondern daß ein Schöpfer, den wir Menschen als „Allmächtigen Gott" bezeichnen und den letztendlich alle verehren, die Wesenheiten mit seiner „Gedankenkraft" erschaffen hat.

Sie lernten, daß sich diese mit der Gedankenkraft Gottes erschaffenen Wesenheiten in den Teilchen des „Kosmischen Geistfeldes" – den „Myon-Neutrinos" – manifestierten, die sich nach bestimmten physikalischen Gesetzen so miteinander verbinden, daß eine materiell existierende statische Einheit entsteht, die der heutige Mensch als „Seele" bezeichnet. In dieser Einheit von „Seelen-Teilchen" ist nicht nur der gesamte Lebensplan des jetzigen Lebens enthalten, sondern – holografisch in jedem Seelen-Teilchen informativ als Schwingungsfrequenz manifestiert – alle Leben, die ein Mensch, seit der Erschaffung seiner Wesenheit, als Wesenheit oder, integriert in die Materie, als biologisches System erlebt hat.

Das, was die Wesenheiten der Menschen von den Wesenheiten aller anderen biologischen Systeme unterscheidet, gleich ob diese nur als Wesenheit existieren oder in biologische Systeme integriert sind, ist, daß die Wesenheiten der Menschen, die Er, Gott-Vater, *„nach seinem Bilde"* erschaffen hat, die *„Gedankenkraft"* besitzen und dadurch selbst zum Schöpfer werden.

Die Templer erfuhren, daß der gesamte Kosmos ohne jegliche Leer-
räume ausgefüllt ist mit strukturierten „Teilchen". Diese Teilchen werden von der heutigen Quantenphysik als „Elektron-Neutrinos",
„Myon-Neutrinos" und „Tau-Neutrinos" klassifiziert. Die „Elektron-
Neutrinos" sind die Teilchen, die als „Photonen" mit einer hohen Ei-
genschwingung die Bewegung in der Materie bewirken. Schließen sich
mehrere dieser Teilchen als Einheit zu einem "Energiequant" zusammen, bewirken sie das Phänomen, das der Mensch mit dem Begriff
„Energie" umschreibt.

Die „Myon-Neutrinos", aus denen sich das „Kosmische Geistfeld"
beziehungsweise das „Bewußtseins-Feld" – im Mystischen als „Äther-
Feld" beziehungsweise „Akasha-Chronik", von der Wissenschaft auch
indirekt als „morphogenetisches Feld" bezeichnet – aufbaut, sind die
Teilchen, die durch die „Gedankenkraft" schwingungsmäßig so verändert werden können, daß sich in ihnen holografisch das Gedankenbild
manifestiert. Dieses „Myon-Neutrino", das wie alle Neutrinos aus „Ur-
Plasma" besteht, besitzt eine niedrige, langsame Eigenbewegung und
kann daher durch die „Kraft der Gedanken" – eine auch von uns nicht
erklärbare Energieform – schwingungsmäßig verändert werden. Der gesetzmäßige Bewegungsablauf, in dem sich das Ur-Plasma befindet, ist
ein Bewegungsablauf, durch den sich das Teilchen aufbaut und seine real existierende Existenz als Teilchen behält.
Das „Tau-Neutrino" ist eine Neutrinoform, die dann entsteht, wenn
mehrere „Myon-Neutrinos" miteinander bestimmte gesetzmäßige Bin-
dungen eingehen. [45]

Mehr dazu in Kapitel 6!

Die Wiederentdeckung 1946...
Wieder durch eine Intuition, die bewirkt wurde durch einen Reiz aus
dem „Kosmischen Geistfeld", wurden die Unterlagen der Templer, die
1313 in einem unterirdischen Raum einer Burg eingelagert worden waren, wiedergefunden.

Diese Intuition hatte der Forscher und Wissenschaftler *Roger Lhamoy*. Intuitiv erhielt er den Auftrag, in der verfallenen Templerburg Gisors, die zwischen Paris und Rouen liegt, nach dem „Heiligen Gral" zu graben, den die Templer in einer Grotte unter der Burg eingegraben hatten.

Im Jahre 1946, nach Beendigung des Zweiten Weltkrieges, begann er mit der Grabung. Nachdem er monatelang gegraben hatte, entdeckte er in über dreißig Metern Tiefe behauene Steine. Als ein Teil der Steine weggeräumt war, lag eine große unterirdische Halle frei. An den Wänden der Halle standen große Jesus-Statuen sowie Statuen der zwölf Apostel. Den Mittelraum dieser Halle füllten neunzehn steinerne Sarkophage, die, wie wir heute wissen und wie aus den Unterlagen hervorgeht, dieselben waren wie diejenigen, die in Jerusalem ausgegraben wurden. In einem Nebenraum standen, in drei Zehnerreihen aufgestellt, dreißig Truhen, die alle 2,5 Meter lang, 1,8 Meter hoch und 1,6 Meter breit waren. In diesen dreißig Truhen befanden sich, wie uns heute bekannt ist, die Übersetzungen und Niederschriften der Templer.

Lhamoy kam jedoch nicht mehr dazu, die Sarkophage oder die Truhen zu öffnen. Militär und Geheimdienst schirmten, nachdem Lhamoy in die Grotte gestiegen war, die Fundstelle sofort ab, und der Fund wurde zum Staatsgeheimnis erklärt.

Daß die Ausgrabung 1946 tatsächlich stattgefunden hat, ist von vielen damals lebenden Personen bestätigt worden. Denn dieses Gebiet war zu diesem Zeitpunkt für alle Privatpersonen gesperrt. Es existiert über diesen Sachverhalt nur vereinzelte Literatur.

Die Übergabe der Unterlagen...

Zirka fünfundzwanzig Jahre später wurden fünf Personen, die in verschiedenen Ländern leb(t)en, Teile der Unterlagen übergeben. Genauso, wie die fünf führenden Templer jeweils für einen Bereich unseres Seins hauptverantwortlich sind, das heißt für die Bereiche *Wirtschaft – Religion – Politik – Gesellschaft – Wissenschaft*, so wurden auch bei der Weitergabe der Unterlagen an diese fünf Personen diese Kriterien berücksichtigt.

Diesbezüglich gibt es – unabhängig von den Unterlagen – Aussagen von hochgradigen Templern, die mir bestätigt haben, daß es sich nicht um fünf, sondern sogar um sieben Personen handeln soll.

Lothar Göring – eine dieser fünf (beziehungsweise sieben) Personen –, der einen Teil der Unterlagen sowie Originalmodelle erhalten hatte, war zuständig für den Bereich Wissenschaft. Daher lautete der Auftrag an ihn, sich nicht nur alles Wissen aus den Unterlagen anzueignen, sondern es so weitgehend wie möglich mit anderen Wissenschaftlern und Forschern anhand des *heutigen* Standes der Wissenschaft in allen Bereichen theoretisch und experimentell zu überprüfen. Außerdem sollte er das Wissen und die Erkenntnisse so formulieren, daß der heutige Mensch sie verstehen kann.

Die Kontaktperson die Lothar Göring die Unterlagen übergab, erklärte ihm, daß ein Teil der damals ausgegrabenen Sarkophage und Truhen sowie Beiwerk im Besitz des Vatikans ist. Nach Aussagen verschiedener Personen aus Kreisen der Templer und der Zisterzienser wurden bereits kurze Zeit danach Unterlagen an die Templer und Zisterzienser zurückgegeben.

Interview mit einem hochrangigen Logenvertreter...

In Verbindung mit der vorliegenden Thematik, den Hintergründen und Zusammenhängen zwischen Zisterziensern und Templern, führte ich Ende 2004 ein Gespräch mit einem hochrangigen Logenvertreter in Berlin. Nähere Hinweise zur Person werden auf seine Bitte hin hier ausgelassen.

War wirklich der Schatz der Grund für die Kreuzzüge?

Ja, das kann man so sagen. Sie müssen bedenken, daß verschiedene Personen das alte Wissen stets gehütet haben und nur auserwählten Personen anvertrauten bzw. weitergaben; das ist Tradition. Es ging nie um die Bundeslade als einen Schrein als solches, sondern nur um Wissen – um einen Wissensschatz, der wiederentdeckt werden mußte. Natürlich standen nicht nur spirituelle Gründe im Vordergrund –

*Wissen, Politik, Macht und territoriales Anspruchsdenken hatte da-
mals ebenso großes Gewicht, als man sich entschloß, gegen Jerusalem
zu ziehen.*

Befand sich unter dem Schatz also auch ein Schrein oder DER Schrein?

*Ja, man fand auch einen alten Schrein. Dieser war für die Templer
aber nicht von großer Bedeutung. Es ist außerdem davon auszugehen,
daß dieser Schrein nicht der ‚Schrein' oder sagen wir die ‚Bundeslade'
war, die mit Moses in Verbindung gebracht wird. Möglich, daß dieser
Schrein einmal eine bedeutende Rolle spielte und in ihm wichtige
Dinge transportiert wurden. Wie zweifelhaft und falsch die biblische
Geschichte in diesem Zusammenhang aber ist, haben Sie ja in Ihren
Büchern bestens erklärt. Vieles wurde abgeschrieben und Jahrhunderte später übertragen und umgeschrieben, davon ist auszugehen. So
ist es auch mit der Geschichte um Moses und den zehn Geboten. Die
Tradition der alten Schreine ist viele Jahrhunderte älter und führt,
wie Sie richtig erklärt haben, nach Ägypten. Der Schrein, den die
Templer damals fanden, befindet sich noch heute in Äthiopien. Allein
die Tatsache, daß er in Äthiopien ist, erklärt schon, wie unwichtig er
schon damals für die Templer gewesen sein mußte. Wie gesagt, es ging
nicht um den Schrein, sondern um Dokumente und Gerätschaften –
um einen uralten Wissensschatz.*

**Stimmen Sie mit den hier getroffenen Aussagen überein, insbesondere
mit der, daß die Templer auf höherem Wege den Auftrag erhielten, den
Schatz nach Südfrankreich zu bringen und eine Pyramide zu errichten?**

*Ja, das denke ich schon. Es wird bis heute in den Traditionen ver-
schiedener Logengemeinschaften – die in diesem historischen Punkten
mit einander verbunden sind – zumindest so erklärt. Es entspricht in
jedem Fall den historischen Tatsachen, daß die Templer den Auftrag
erhielten, den Schatz nach Frankreich zu bringen und dort eine Pyramide zu bauen. Diese Pyramide ist ja heute auch noch zu besichtigen. Was nur wenige Menschen wissen, ist die Tatsache, daß die*

Templer noch eine weitere Pyramide in Frankreich bauten. Sie befindet sich in der Nähe von **Seborga**, dem Gründungsstaat der Templer. Bernhard von Clairvaux und andere Großmeister hatten ihren Sitz auf Seborga und sind dort inthronisiert worden. Bis heute spielt dieser Ort eine sehr bedeutende Rolle.

Was haben die Templer unter den Mauern des Salomonischen Tempels wirklich gefunden?

Wie bereits erwähnt, war der Auftrag der Templer nicht der, einen Schrein – also die Bundeslade – zu finden, sondern einen Wissensschatz. Dieser bestand, wie Sie das schon richtig beschrieben haben, aus uralten Schriften und verschiedenen Gerätschaften, die größtenteils aus dem atlantischen Erbe stammten.

Gibt es eine Verbindung zwischen dem Schatzfund von Jerusalem und dem sagenumwobenen Gral? Wenn ja, was war der Gral?

Darüber ist in den vergangenen Jahrhunderten ja bekanntlich viel diskutiert und geschrieben worden. War es ein Kelch, ein Stein oder geht es hier symbolisch um eine Tradition – eine Blutlinie – die mit Jesus und seinem Familienstammbaum in Verbindung steht? Letzteres ist wohl von besonderer Bedeutung.

Was war oder ist der Baphomet?

Man kann den Baphomet symbolisch als das höchste Wesen in der Dualität beschreiben. Es ist zirka 1,50 Meter hoch und besteht aus purem Gold. Der Kopf ist zweigeteilt und zeigt ein männliches und ein weibliches Gesicht. Vom Kopf des weibliches Gesichtes windet ich ein Zopf hinunter und umschlingt den Körper der Figur. Die Bodenplatte ist achteckig und enthält acht Edelsteine. Die Zahl Acht spielt ja bekanntlich in der Templer-Symbolik eine besondere Rolle. Wir finden sie unter anderem auch im Tatzenkreuz wieder. Es gab in allen großen Komtureien einen Baphomet.

Es ist im übrigen ein großer Irrtum, wenn heute geschrieben wird, daß die Templer nicht mit weisen Frauen zusammengearbeitet haben. Das haben sie sehr wohl und zwar auf einer sehr hohen spirituellen Ebene. Sie wußten, daß in der Dualität die weibliche Energie ein elementarer Gegenpol zur männlichen Energie darstellt. Denken sie an die zwei Köpfe des Baphomet! Ein bekanntes Ritual, das die Templer beispielsweise zusammen mit weisen Frauen abgehalten haben, fand im zwölften Jahrhundert in Wien statt.

Haben Sie schon einmal mit einem Baphomet gearbeitet?

Ja.

Ist der Baphomet heute nur noch ein antiquarischer Kultgegenstand oder wird heute noch mit ihm „gearbeitet"?

Natürlich gibt es heute nur noch wenige originale Exemplare, aber gehen Sie davon aus, daß auch heute noch in den geheimsten Zirkeln damit gearbeitet wird.

Was können Sie mir über Ihre Verbindung zu dem Orden der Zisterzienser sagen, und bestehen noch Verbindungen zu anderen Ordensgemeinschaften?

Nur soviel, daß es natürlich verschiedene Verbindungen zu anderen Logen gibt. Natürlich bin ich auch sehr in das geheime Wissen der Templer eingeweiht.

Wurden die Templer auch von den Zisterziensern geopfert, und wenn ja, warum?

Ja und nein. Grundsätzlich ist ihr Gedankengang richtig. König und Papst spielten seinerzeit bekanntlich eine entscheidende Rolle. Gehen Sie aber einmal davon aus, daß es seinerzeit auch einflußreiche Zister-

zienser gab, die vor dem Urteil eingeweiht wurden, dieses Urteil aber nicht verhinderten, obwohl sie es vielleicht hätten können.

Was können Sie mir über das Kloster Heiligenkreuz sagen?

Heiligenkreuz zählt heute zu den schönsten und ältesten Zisterzienser-Klöstern. Aber ich denke, hinter ihrer Frage verbirgt sich noch mehr.

Ja! Werden in dem alten Kloster auch uralte Schriften aufbewahrt, die aus dem Schatz von Jerusalem stammen?

Ja, hier befanden sich über viele Jahre hinweg Originale und Kopien der alten Schriften. Vor einiger Zeit fand aber eine Auslagerung statt. Den Grund dafür darf ich ihnen aber nicht verraten. Alle alten Schriften sind schon vor geraumer Zeit aus Sicherheitsgründen kopiert worden.

Wie groß ist der Einfluß der Zisterzienser heute?

Dazu nur soviel: der Einfluß der Zisterzienser wird bis heute sehr unterschätzt. Ist es nicht auch interessant, daß dieser Orden eigentlich immer im Hintergrund stand? Heute wird doch fast ausschließlich über die Templer gesprochen und geschrieben. Dokumentationen und Spielfilme werden über sie ausgestrahlt, doch der eigentliche Kopf – die Zisterzienser – werden immer nur am Rande erwähnt, wenn überhaupt. Warum ist das wohl so?

In welche Kanäle flossen das Geld und der umfangreiche Besitz der Ordensgemeinschaft der Templer?

Es wurde sehr wenig Geld in den „Schatzkammern" der Templer gefunden. Schließlich wurden die Oberen rechtzeitig gewarnt. Viel ist rechtzeitig nach Schottland gebracht worden. Der Westgotenschatz, den die Templer beispielsweise besaßen, befindet sich noch heute an einem sicheren Ort in Frankreich.

Stimmen Sie mit der These Lothar Görings überein, daß, wie in den Unterlagen behauptet wird, die Atlanter aus dem Sirius-System stammen und die Pyramiden-Kultur quasi mit zur Erde brachten?

Ja. Ob Lothar Göring Originalschriften ausgehändigt wurden oder nur Kopien, kann ich nicht genau sagen, aber das ist auch gar nicht von Bedeutung. Ihm wurden aber auch wichtige Gerätschaften übergeben. Es ist sehr wohl richtig, daß das Pyramidenkonzept von den Atlantern stammt und daß die Atlanter einst aus dem Weltraum kamen.

Daß das Jesusbild von dem der heutigen Kirche abweicht ist bekannt. Gibt es dennoch weitere Erkenntnisse, was die Person Jesus betrifft, die Sie mir nennen können?

Diese Frage habe ich von Ihnen erwartet. Sie können sich wohl denken, daß ich mich in dieser Thematik recht gut auskenne, denn die Person Jesus spielt bis heute in den Logen, und natürlich in der Kirche, eine entscheidende Rolle. Natürlich kenne ich auch den Inhalt Ihrer letzten beiden Bücher. Die historische Person Jesus gab es, soviel vorab; aber das haben Sie ja auch nicht bestritten. Auch daß sein Weg nach Indien führte, ist kein Geheimnis. Dort soll er bekanntlich noch einmal – nach Maria Magdalena – geheiratet haben. Über diese zweite Frau ist aber auch in unseren Kreisen nur sehr wenig bekannt. Traditionellen Überlieferungen zufolge soll er aber nach Frankreich zurückgekehrt und dort neben Maria Magdalena begraben worden sein. Es ist auch kein Geheimnis, daß die Templer in den Ruinen Karthagos Teile der unverfälschten Evangelien des Johannes und des Matthäus sowie eine von Marcion angefertigte Übersetzung der altorientalischen Ilu-Lehre gefunden haben. Beide Fundstücke berichten im Kern vom Reich Gottes und dessen Volk – ein Aspekt, der in der offiziellen biblischen Version verfälscht und anders dargestellt wurde.
Auch die Lehre Jesu soll im Kern eine andere gewesen sein, als die heute bekannte Version des Neuen Testaments. Danach ist nicht Baal

oder Baphomet der Teufel, sondern Jahwe, der mosaische Gott des Alten Testaments. Dennoch eines muß ich zugeben: Je mehr ich über ihre Jesus-These nachdenke, desto mehr scheint sie mir plausibel und nachvollziehbar. Fest steht, daß alles was die katholische Kirche später daraus gemacht hat, in keinster Weise den historischen Tatsachen entspricht.

Gibt es heute noch die sogenannte Arthus-Runde; und wenn ja, was können Sie mir darüber verraten?

Natürlich gibt es heute noch eine Arthus-Runde. Nur ist die nicht mehr mit jener legendären Arthus-Runde vergleichbar, die wir aus der Geschichte kennen und die im übrigen sehr viel älter war, als die Zisterzienser- und Templer-Orden. Die Mitglieder dieser Runde sind Großmeister der verschiedensten und bekanntesten Ordens- und Logengemeinschaften. Sie sind aber nicht nur hohe Würdenträger verschiedener Ordensgemeinschaften, sondern größtenteils Wissenschaftler, die nebenbei bemerkt auch über einen gewissen politischen Einfluß verfügen.

Es wird behauptet, daß viele hochgradige Logen- oder Ordensmeister gleichzeitig auch in anderen Logen beziehungsweise Orden hochrangig vertreten sind, dies aber nur den obersten Graden bekannt ist. Ist das richtig?

Ja, das stimmt. Das ergibt sich ja schon aus dem althergebrachten Aufbau einer Loge, die ja bekanntlich pyramidal aufgebaut ist.

Was können Sie mir über den Schwarzen Papst sagen?

Die meisten Menschen werden nicht Wissen, daß es einen Schwarzen Papst überhaupt gibt, geschweige denn, worin seine genaue Aufgabe besteht und welchen Einfluß er hat. Nur soviel: Es gibt einen Schwarzen Papst. Er steht über dem Papst in Rom und ist positiv, was man ja

– zumindest gemäß der Tradition vieler Ordensgemeinschaften – von dem Papst in Rom und seiner Mission hier auf Erden nicht behauptet. Seine Person – also die des Schwarzen Papstes – und seine Mission ist in Zusammenhang mit der Jahrtausende alten Tradition der Schwarzen Sonnen zu sehen. Mehr kann ich Ihnen dazu nicht verraten; und glauben Sie mir, weitere Einzelheiten über den Schwarzen Papst würden ihre Leser nicht einmal ansatzweise glauben.

Können Sie mir etwas mehr zu der Erbengemeinschaft der Templer sagen, bei denen es sich um die direkten Nachfahren der Templer von 1307 handeln soll?

Es wird viel geschrieben. Es ist von Spaltungen die Rede, von Neugründungen und so weiter. Ob das alles so richtig ist, kann doch nur ein Eingeweihter schlüssig beantworten, oder? Es gab einen Grund für eine Neugründung – zumindest nach außen hin. Befassen Sie sich einmal mit der Geschichte um das Kloster Heiligenkreuz und bestimmter Personen, die dort wirkten, dann werden Sie mehr Antworten finden.

Was wissen Sie über den Geheimorden „Die Herren vom Schwarzen Stein (DHvSS)", die 1221 aus der marcionischen Templergemeinschaft hervorgegangen sein sollen?

Auch das steht in einem sehr engen Zusammenhang mit der Tradition der Schwarzen Sonne und den Legenden um den Untersberg. Das soll an dieser Stelle genügen.

Haben Sie Informationen darüber, ob Geheimwissen aus den Händen der Templer oder Archiven der Templer beziehungsweise der Zisterzienser in die Hände der Thule-Gesellschaft gelangte?

Wie Sie ja schon selbst geschrieben haben, kann Wissen nicht einfach vom Himmel fallen. Und ich habe Ihnen ja schon angedeutet, daß

171

insbesondere Heiligenkreuz und bestimmte Personen, die dort einmal gewirkt haben, dabei eine entscheidende Rolle spielten. Auch die Thule-Gesellschaft konnte sicherlich nicht zaubern, sondern mußte von irgendwoher ihr Wissen bezogen haben. Ich möchte hier keine Namen nennen. Andererseits sind die Namen bzw. die Schlüsselpersonen eigentlich kein Geheimnis. Nur wissen Sie selbst, daß bestimmte Namen heute – besonders in Deutschland – in diesem Zusammenhang besser nicht genannt werden sollten.

Warum wird den Menschen dieses ganze Wissen vorenthalten?

Schauen Sie sich doch einmal unter Ihren Mitmenschen um. Glauben Sie denn, daß die Menschen heute wirklich ernsthaftes Interesse an den Jahrtausende alten Erkenntnissen haben? Die Menschheit, insbesondere die Machthaber, die momentan ihr Unwesen auf unserer Erde treiben, würden dieses Wissen doch mißbrauchen. Das hohe Wissen, das ja zweifellos schon vorhanden ist, wird doch auch nicht zum Wohle der Menschheit eingesetzt, sondern um diese zu steuern und zu unterdrücken. Zuviel altes Wissen – wenn auch nicht alles – befindet sich ja bereits in den Händen kranker und machthungriger Menschen und wird von ihnen mißbraucht, um die Menschen zu versklaven. Der Zeitpunkt für Erkenntnis und Wahrheit muß immer stimmen. Es wird immer von Frieden geredet, von einem tausendjährigen Friedensreich auf Erden. Das ist in meinen Augen alles völliger Unsinn; und überlegen Sie einmal, welche religiöse Gruppierung diese fixe Idee von einem Friedensreich in Umlauf gebracht hat. Jesus hat davon bestimmt niemals geredet, da bin ich sicher. Er war bestimmt viel zu klug, um so etwas utopisches zu behaupten. Die Erde ist im Verlaufe von Jahrtausenden, wahrscheinlich sogar Jahrhunderttausenden immer wieder von außerirdischen Gruppierungen besucht und beeinflußt worden, und das Ergebnis sieht man heute. Seit vielen Jahrhunderten kämpfen insbesondere zwei Linien um die Vorherrschaft unseres Planeten und dieser Kampf geht langsam aber sicher in seine Endphase. Ich kann mir beim besten Willen nicht vorstellen, daß auf diesem Planeten einmal eine Zeit anbrechen wird, in der alle Menschen nur in Frieden mit einander leben. Daß ist doch schon bei der unterschiedlichen Veranlagung und Bewußtseinsebene der Menschen völlig absurd. Es wird immer Menschen geben, die anführen, die Macht an sich ziehen und herrschen; und andere wiederum, die geführt und gesteuert werden ,wollen'. So verhält es sich im Tierreich und auch bei den Menschen – und schließlich ist der Homo Sapiens ja auch nichts anderes als eine Kreuzung.

Macht beruht auf Vernunft, darin liegt das eigentliche Geheimnis und letztlich ein Funken Hoffnung für eine bessere Zukunft.

Vielen Dank für das Interview!

Lothar Göring über sich selbst...

Nun möchte ich ein wenig mehr über Lothar Göring selbst erzählen, besser noch: Ich lasse ich ihn selbst zu Wort kommen.

Die Art und Weise wie Lothar Göring auserwählt wurde, ist sicherlich absolut nicht alltäglich. Nun weiß ich aus eigenen Erfahrungen und durch viele Begegnungen mit verschiedenen Menschen, die ähnliche Begabungen mitgebracht beziehungsweise entwickelt haben, daß das, was Lothar Göring erlebt hat, absolut nichts Ungewöhnliches darstellt.

Eine der Personen, mit denen Lothar Göring resonanzbedingt zusammenkam und zusammenarbeitete, war die Heilerin Helga Hoffmann-Schmidt aus Österreich, der ich dieses Buch gewidmet habe.

Ähnlich erging es dann auch mir, denn auch Helga bestätigte, daß es kein Zufall war, daß wir zusammentrafen. Sie war nach Lothar Görings Tod im Jahre 1998 eine Wissensträgerin, die auch mit Dr. Lamers in engem Kontakt stand. Helga Hoffmann-Schmidt verstarb 2004 an Krebs und vor ihrem Tod trafen wir noch mehrmals zusammen, und sie übergab mir neben vielen mündlichen Informationen auch alle schriftlichen Unterlagen, die sie aus ihrer gemeinsamen Zeit mit Lothar Göring aufbewahrt hatte. So vertraute sie mir unter anderem auch die letzten Exemplare des Buches „*Das Vermächtnis von Atlantis – das Legat der Hegoliter*" an, mit der Bitte, diese letzten Exemplare für sie weiterzugeben. Dieses Buch wurde leider nur ein paar hundertmal gedruckt und ist längst vergriffen. Helga hatte nach Lothars Tod einen Teil der ihr vorliegenden Unterlagen in diesem Buch zusammengefaßt und auch in dieser Form Lothar Görings Wissen weitergegeben.

Mehr noch bat Helga mich, das Wissen der Hegoliter und andere Informationen in einem Buch zusammenzufassen und an die Menschen weiterzugeben – es sei meine Aufgabe.

Ich muß gestehen, daß es mich sehr ehrte, aber es überraschte mich auf der anderen Seite ganz und gar nicht. Schon bei unserer ersten Begegnung hatten Helga und ich die Besonderheit unserer Zusammenkunft gespürt. Es gab aber noch eine andere Verbindung, die ich bereits in der Einleitung dieses Buches angesprochen habe. Helga wußte bereits davon. Es war meine seit jeher tiefe Verbundenheit zu den Templern, ihrer Geschichte, ihrer Mission und ihrem Schicksal. Es war bemerkenswert, daß Helga mir einiges über meine Vergangenheit und meinen spirituellen Weg sagen konnte, was mich emotional sehr bewegte, weil es zutraf. Helga war eine äußerst bemerkenswerte Frau!

Ein anderer entscheidender Punkt aber, weshalb mir eine weiterführende Aufgabe zukam, so bestätigte mir Helga schließlich, war meine besondere Verbindung zur großen Pyramide.

Auch das ist für mich, im nachhinein betrachtet, keineswegs ungewöhnlich, denn neben meiner mehr als fünfzehnjährigen Forschungstätigkeit und Spurensuche, spielten das Gizeh-Plateau und die große Pyramide eine überaus entscheidende Rolle in meinem Leben. Neben dem umfangreichen Wissensstudium, verschiedenen Forschungsaktivitäten in Ägypten und verschiedenen Exkursionen und Expeditionen, insbesondere in Afrika, habe ich mich in all den Jahren mit vielen verschiedenen experimentellen magischen und okkulten Praktiken innerhalb und außerhalb der großen Pyramide befaßt. Somit fällt es mir leicht, die experimentellen Ergebnisse Lothar Görings in jeder Hinsicht zu bestätigen, die für jeden – auch für jeden Skeptiker(!) – nachprüfbar sind.

Als ich mit *Jan van Helsing* 2004 in Frankreich recherchierte, fanden wir unter anderem auch die Templer-Pyramide. Natürlich verbrachten wir dort einige Zeit und konnten die Gesetzmäßigkeiten der Pyramide selbst erfahren, wie das auch Lothar Göring mit seinen Weggefährten experimentell erfuhr.

Neben Helga, Dr. Lamers und Morpheus traf ich auch noch mit anderen Vertrauten Lothar Görings zusammen, die mir einerseits seine außergewöhnlichen Fähigkeiten bestätigten, aber andererseits auch sein umfangreiches und vielschichtiges Wissen. Er hatte Menschen auf eine ungewöhnliche, fast magische Art und Weise in seinen Bann ziehen und begeistern können; das bestätigten mir alle, ohne Ausnahme.

Besonders interessant war für mich im Übrigen, daß auch Jan, während einer unserer gemeinsamen Aufenthalte in Kairo, ähnliche Erfahrungen in der großen Pyramide machen konnte. In seinem neuen, sehr interessanten Buch „*Wer hat Angst vorm schwarzen Mann*" hat er einige spannende Dinge darüber geschrieben.

Doch nun möchte ich Lothar Göring selbst zu Wort kommen lassen. Ich habe hier absichtlich darauf verzichtet, eine Zusammenfassung zu schreiben. Die Auszüge sind aus dem Buch „*Das Vermächtnis der Atlanter – das Legat der Hegoliter*":

„*Bevor ich, ein einfacher simpler Erdenmensch, der bis 1967 so lebte, wie die Masse der Menschen nach der Vorstellung der Gesellschaft das Leben zu leben hat, die Botschaft AHSRAMS sinngemäß in Teilbereichen niederschreibe, möchte ich kurz den Ablauf erklären, wie und auf welchem Weg die Übermittlung der Botschaft zustande kam.*

Seit 1965 beschäftigte ich mich mit Entspannungstechniken wie Autogenem Training, Yoga und Meditation. Am Anfang war der Beweggrund für die Betätigung auf diesen Gebieten mehr eine Neugier, aus einer gesunden Skepsis heraus. Eine Person, die forschungsmäßig im medizinischen Bereich tätig war, hatte mir gegenüber die Behauptung aufgestellt, daß speziell die Meditationsübung, gleich welche Technik angewendet wird, ein Mittel sei, das die Heilung bei Krankheiten jeder Art einschließ-

lich Krebs positiv beeinflußt. Da ich selbst an Darmkrebs erkrankt war, erfuhr ich am eigenen Körper, daß diese Behauptung, die in jenen Jahren und leider in überwiegender Weise auch heute noch als schwachsinnig bezeichnet wird, stimmt. Nach zirka sechs Monaten, bei täglich dreißig Minuten Meditation, hatte sich das Krebsgeschwulst so weit zurückgebildet, daß keinerlei Beschwerden mehr vorhanden waren. Von diesem Zeitpunkt an beschäftigte ich mich intensiv mit den Techniken der Meditation.

Ich entwickelte eine Meditationstechnik, die jede Person, die die Technik erlernt, nach kurzer Zeit in die Lage versetzt, in jeder Situation in sich sofort einen Ruhezustand zu erzeugen, der es der betreffenden Person ermöglicht, die Problematik der Situation wie ein Außenstehender zu analysieren und eine Lösung zu finden, denn in jedem Problem liegt auch die Lösung verborgen.

Im Januar 1967, zirka drei Monate vor dem ersten Kontakt mit AHSRAM, erfuhr ich von einem Forschungsteam, das an einer Universität eines Ostblockstaates seit kurzer Zeit Meditationsübungen durchführte, die in einer Pyramide abgehalten wurden. Da bis zu diesem Zeitpunkt noch keinerlei Ergebnisse bekannt waren, fing ich selbst an, mit Pyramiden zu experimentieren. Die ersten Meditations-Experimente, die in einer selbst entwickelten aus Baumwollstoff bestehenden Pyramide vorgenommen wurden, zeigten Erfolge im Bereich der Meditationstiefe und in der Schnelligkeit, die Meditationstiefe zu erreichen, die weit über das Normale hinausgingen. Es kam zu Sensibilitäts-Steigerungen, die für unseren damaligen Wissensstand unvorstellbar waren. Weitergehende Experimente in einer nur aus Baumwollfäden gespannten Pyramide zeigten die gleichen Ergebnisse.

Zur Herstellung einer solchen Pyramide wurden innerhalb eines Raumes vier Fäden zentralisiert an einem Punkt der Decke angebracht und so am Boden befestigt, daß sie die verkleinerten Maße der Cheops-Pyramide aufwiesen. Die Seitenflächen wurden gleich den polaren Richtungen der Cheops-Pyramide ausgerichtet.

Etwa 14 Tage vor der ersten Kontaktaufnahme mit AHSRAM war das Experiment so weit fortgeschritten, daß zum erstenmal der Versuch gestar-

tet wurde, die Meditation in einer nur gedachten Pyramide einer bestimmten vorher festgelegten Größenordnung durchzuführen. Die bildhafte Vorstellung hinsichtlich des Materials der gedachten Pyramide war als kristallklares Glas festgelegt.

Um die Phänomene, die bei den Meditations-Experimenten aufgetreten waren, näher kennenzulernen beziehungsweise um festzustellen, was es mit diesen Phänomenen auf sich hat, wurde ein Experiment im Bereich der „Gedankenübertragung" angesetzt. Die Vorgabe für dieses Experiment durch „Hypnogene Gedankenbilder", das ich mit einer weiteren Person, die zirka fünfhundert Kilometer entfernt wohnte, durchführte, war folgende: Zu einem bestimmten Zeitpunkt (die Uhrzeit wurde genau festgelegt, ist aber nach den heutigen Erkenntnissen unwichtig) wird in der Meditation, die im Endeffekt nichts weiter ist als die Konzentration auf einen Punkt (gleich, was dieser Punkt darstellt), von der einen Person ein Gegenstand gedacht, den die andere Person durch Gedankenübertragung erkennen muß.

Das Experiment war sofort ein Erfolg. Nach zirka dreißig Experimentabläufen innerhalb einer Woche konnte diese Experimentreihe „Gedankenübertragung durch Meditation in einer Pyramide" abgeschlossen werden. Es war klar bewiesen, daß ganze Gedankenbilder, zum Beispiel die Vorstellung eines Raumes, auf diesem Wege übermittelt werden konnten. Durch die vielen vorangegangenen Experimente war klar geworden, daß mit der entwickelten Technik nichts unmöglich war. Doch war dies nicht die Fragestellung der Experimente. Die Frage, die gelöst werden sollte, war: „WIE läuft dieser Vorgang ab?" Ein Vorgang, der heute leider immer noch von den meisten Wissenschaftlern als absurd bezeichnet wird.

Am 23.4.1967, um ca. 22.30 Uhr, begann ich mit einer normalen Meditationsübung. Es war keine Meditation, die ein Experiment beinhaltete. Bezweckt war nur eine Meditation, die den durch den Alltags-Streß geschädigten Geist und den physischen Körper wieder in die Ordnung bringen sollte.

An diesem Abend – es lag ein harter Arbeitstag hinter mir; meine Frau war vor etwa einer halben Stunde zu Bett gegangen, und ich hatte mir noch die Tagesschau im Fernsehen angesehen – setzte ich mich gemütlich in einen Sessel, um zu meditieren. Ich war zu müde, um eine zusätzliche Haltungstechnik anzuwenden, die ich sonst meistens für meine Meditation benutzte. Ich schloß die Augen, atmete mehrere Male tief und gleichmäßig ein und aus und begab mich – das Beobachten der Atemzüge war schon zur festen Gewohnheit geworden – sofort in mein erstes hypnogenes Gedankenbild.

An diesem Tag – ich war gerade gedanklich aus der Pyramide herausgegangen – hörte ich hinter mir einen Klang, einen Ton, den man mit Worten nicht beschreiben kann. Ich drehte mich um und sah mich selbst in meiner gedachten kristallenen Pyramide sitzen. Das, was in meinen Gedankenbildern anders ablief als sonst, war, daß sich meiner Pyramide gegenüber noch eine zweite Kristall-Pyramide befand. Beide Pyramiden strahlten in einer unbeschreiblichen Leuchtkraft. Innerhalb der anderen Pyramide sah ich eine männliche Person, die ein mir fremdartiges Gewand trug.

Der weitere Ablauf, der blitzschnell ablief, ist schwer zu beschreiben. Einmal fühlte ich mich sitzend in der Pyramide und sah mich trotzdem draußen stehen. Ich hörte eine Stimme, das heißt, es war, als wenn mir eine Melodie Worte übermittelt.

Heute weiß ich, daß es keine Stimme war, sondern nichts weiter als die Tonfolge, das heißt die Töne der Frequenz, in der mir die Botschaft gedanklich übertragen und als Matrize eingeprägt wurde. Für diese Schilderung werde ich es einfach als Stimme bezeichnen.

An dem Tag, an dem ich zum erstenmal mit der vergeistigten Wesenheit, die sich AHSRAM nannte, konfrontiert wurde, war ich zwar etwas verunsichert, aber, wenn ich ehrlich sein soll, habe ich zu diesem Zeitpunkt diese Begebenheit in das Reich der Phantasie abgeschoben beziehungsweise als Spinnerei abgetan.

Warum ich weiter auf diesem Wege in die Meditation gegangen bin, war im Grunde genommen am Anfang nur Neugier. Sie zu ignorieren, einfach zur Seite zu schieben und nicht mehr daran zu denken, war zwar mein Wunsch, aber geschafft habe ich es nicht. Dreizehnmal innerhalb von vier Wochen, jeweils zirka drei Stunden lang, erhielt ich in der Meditation von AHSRAM Erkenntnisse aus allen fünf Bereichen des Seins als Botschaft übermittelt. Ich wurde gedanklich in Fachbereichen an Wissen und Zusammenhänge herangeführt, von denen mir bis zu diesem Zeitpunkt noch nicht einmal der Name des Teilbereiches bekannt war.

Nach der letzten der Meditationen, in denen ich in die Zusammenhänge aller fünf Seins-Bereiche eingeweiht wurde, verschwand AHSRAM wieder genauso aus meinem Leben, wie er gekommen war. Alle Versuche, erneut Kontakt aufzunehmen, waren vergebens.

Von diesen Tagen an lebte ich in einem Zwiespalt, den man mit Worten nicht beschreiben kann. Alle meine Träume und Vorstellungen hinsichtlich meines Lebens waren für mich nicht mehr relevant. Entscheidungen zu treffen hinsichtlich dessen, wie ich in der Zukunft leben wollte, war einfach nicht mehr möglich.

Der Inhalt der Botschaft war für mich unvorstellbar und jagte mir eine Angst ein, die ich heute gar nicht mehr beschreiben kann. Inhaltlich war die Botschaft in meinem Gehirn wie eingemeißelt. Vom Wissen her verstand ich nur Bruchstücke. Was ich mit der Botschaft anfangen sollte, wußte ich auch nicht, da ich dahingehend keinen Auftrag erhalten hatte.

Das, was mich am meisten fertigmachte, war der Teil der Botschaft, der den Sinn und Zweck des Lebens der Erdenmenschen hier auf Erden beinhaltete und der mich erschreckt erkennen ließ, daß wir Menschen genau entgegengesetzt leben und auch noch durch unsere Gesellschaft von Kindheit an dazu erzogen werden.

Gott, Religion, „Liebe Deinen Nächsten so, wie Du geliebt werden möchtest" und alles, was die Botschaft sonst noch beinhaltet, waren Begriffe, über die ich mir nie große Gedanken gemacht hatte.

Meine Einstellung zur Religion war die gleiche wie die der meisten Menschen. Ich habe meine Kirchensteuer bezahlt, und wenn mich jemand gefragt hat: „Glaubst Du an Gott?", dann habe ich vorsichtshalber „Ja!" gesagt, denn so ganz sicher, daß es Gott nicht gibt, war ich mir nicht. Ich dachte, wenn es Gott wirklich gibt, dann ist es schon besser, wenn man ihn nicht direkt von vorneherein ablehnt – man weiß ja nicht, was kommt.

Am Anfang, nachdem ich die Botschaft erhalten hatte, war es noch einfach, Entschuldigungen zu finden, wenn ich im geschäftlichen Bereich meine Cleverneß einsetzte, das heißt, den Nachteil eines anderen zu meinem Vorteil nutzte. Aber es wurde von Tag zu Tag schwerer, Entschuldigungen dafür zu finden.

Da ich etwa neunzig Prozent der Botschaft zwar begriffen hatte, aber vom Wissen her nur Teilwissen besaß, sah ich keinen anderen Weg – beziehungsweise es war etwas in mir, das mich dazu zwang –, als mir das Wissen anzueignen, damit ich den Inhalt der Botschaft fachlich begriff und erkennen konnte. Da die Botschaft das ganze Sein der Erdenmenschen beinhaltet, blieb mir nichts weiter übrig, als mir das gesamte derzeit gültige Grundlagenwissen der fünf Bereiche

Wirtschaft, Religion, Politik, Gesellschaft und Wissenschaft,

die unser Sein bestimmen, anzueignen und es auf dem neuesten Stand zu halten.

Die Frage, die sich für mich stellte, war: „Wie komme ich, ohne Zeit zu verlieren, an das Wissen, das zur Zeit Stand der Wissenschaften ist?"

Es gab nur einen Weg. Ich mußte versuchen, Kontakt mit den Menschen aufzunehmen, die in den fünf Seins-Bereichen das Wissen besaßen, das als letzter Wissensstand bekannt war. Um diesen Weg zu gehen und um an diese Menschen, die auf der ganzen Welt verstreut lebten, heranzukommen, mußte ich erst einmal finanziell unabhängig werden.

Diese finanzielle Unabhängigkeit wurde mir auf eine Art ermöglicht, die mich klar erkennen ließ, daß die Botschaft keine Phantasie, sondern absolute Realität war.

In der Botschaft habe ich Antworten und Zusammenhänge erfahren, aber ich kannte die Fragen nicht, da mein Wissen in den meisten Fachbereichen kaum über ein mittelmäßiges Allgemeinwissen hinausging.

Als ich von AHSRAM erfahren hatte, daß die Botschaft mein Weg ist, erklärte ich ihm, daß ich nicht glaubte, diesen Weg – vom Wissen her gesehen – schaffen zu können. Außerdem hätte ich Angst, anderen Menschen zu sagen, daß unser Schöpfer nicht Gott ist, sondern wir von den Söhnen Gottes erschaffen wurden. AHSRAMs Antwort darauf war: „Gehe den Weg und erkenne die Botschaft! Alles, was Du für den Weg benötigst, wird Dir zum richtigen Zeitpunkt zufallen. Bleibst Du, gleich was Dir der Verstand sagt, auf dem Weg, so wird Dir immer die Hilfe zur Seite gestellt, die Du brauchst, um zu erken-

Abb.58:
Lothar Göring

nen. Du wirst auf dem Weg die Angst verlieren, und Dein Glaube wird alles bewirken, denn der Weg ist vorbereitet und für Dich karmabedingt. Das gilt für alle fünf Bereiche des Seins. Damit Du als Erdenmensch Deinen Glauben festigen kannst und da Du durch Deinen Zweifel ein Zeichen verlangst, damit der Verstand die Botschaft als Realität erkennt, werden Dir die Zeichen gegeben werden."

Beim vorletzten Kontakt wurde mir von AHSRAM folgendes mitgeteilt: „Alles, was Du an Materiellem brauchst, um den Weg zu gehen, wirst Du auf eine Art erhalten, die Dein menschlicher Verstand nicht begreifen wird. Auf dem Weg zum Erkennen werden Dich vier Menschen begleiten, die Dir das Wissen der ersten vier Seins-Bereiche übermitteln und die Dich führen. Du wirst ihnen dann begegnen, wenn Du auf dem Weg bist und Du das Wissen brauchst. Zu einem späteren Zeitpunkt werden Dir außerdem Unterlagen übergeben werden, in denen alles Wissen und alle Erkenntnisse, die die Hegoliter besaßen, übermittelt sind. Den Schlüssel zum Verstehen und Erkennen hast Du bereits durch diese Botschaft erhalten. Außerdem werden Dir die Namen von sechzig Adepten übermittelt, die Teilbereiche der Botschaft erhalten haben und die, wenn Du ihnen die Botschaft mitteilst, erkennen werden, daß sie den gleichen Weg gehen wie Du. Sie sind diejenigen, die die Botschaft weitertragen."

Fünf weitere Zeichen, die mir mitgeteilt wurden, möchte ich zum jetzigen Zeitpunkt nicht nennen, da sie die Zukunft beschreiben.

So, wie es mir von AHSRAM vorhergesagt wurde, ist es eingetreten. Am 23. Juni 1988 wurde – nach über zwanzig Jahren – der Kontakt von AHSRAM wieder aufgenommen und mir der Auftrag erteilt, den gesamten Inhalt der Botschaft niederzuschreiben und ihn sowie das Wissen und die Erkenntnisse aus den Unterlagen, die ich inzwischen erhalten hatte, weiterzugeben.

Der Weg, auf dem mir diese Unterlagen zur Verfügung gestellt wurden, war für mich ein weiterer Beweis für den Wahrheitsgehalt all dessen, was mir AHSRAM übermittelt hatte. Aus diesem Grund möchte ich diesen Weg kurz schildern.

Wie schon oft in den Jahren nach Erhalt der Botschaft AHSRAMs befand ich mich in Südfrankreich auf einer Urlaubsreise. Was mich immer wieder dorthin zog, erkannte ich erst viele Jahre später, als ich erfuhr, daß die Templer am Mont Chauve in der Nähe von Nizza eine Pyramide gebaut hatten, die heute noch, wenn auch fast nur noch als Ruine, existiert.

An einem dieser Urlaubstage verspürte ich plötzlich den Impuls, von Cannes, wo ich wohnte, nach Nizza zu fahren. In Nizza angekommen, wurde mir bewußt, daß mich dort nichts zum Bleiben reizte. Also machte ich mich wieder auf den Weg zurück nach Cannes. Auf der Rückfahrt kam ich an einem Strandcafe vorbei und entschloß mich, dort einzukehren.

Von meinem Platz auf der Terrasse dieses Strandcafes aus beobachtete ich – aus welcher Motivation heraus, weiß ich nicht – einen alten Herrn, der zirka fünfzig Meter von dem Cafe entfernt auf einem Stein am Strand saß. Er saß vollständig regungslos. Sein schneeweißes Haar wurde vom Wind leicht angehoben und fiel immer wieder auf den Kopf zurück.

All die Geräusche, die um ihn waren, sei es das Klatschen der Meereswellen an den Strand oder das Kindergeschrei, seien es die vorbeifahrenden Züge und Kraftfahrzeuge oder die lauten Geräusche der startenden und landenden Flugzeuge am Flughafen Nizza, schien er gar nicht wahr-

zunehmen. Fast unbeweglich saß er auf dem Stein und sah auf das Meer hinaus, ohne den Kopf zu bewegen.

Irgendetwas Unerklärliches ließ mich, nachdem ich bezahlt hatte, meinen Platz verlassen und auf diesen Mann zuschreiten. Als ich kurz hinter ihm war, drehte er mir sein Gesicht zu, begrüßte mich mit meinem Namen und sagte: „Ich habe auf Sie gewartet, um Ihnen einen Auftrag zu überbringen."

Erst im nachhinein, nachdem wir uns wieder getrennt hatten, erkannte ich, daß meine Reaktion auf die Einleitung dieses Gespräches nicht natürlich war. In dem Moment, wo ich in seine Augen gesehen hatte, war das, was er mir zur Begrüßung sagte, so selbstverständlich, als habe ich darauf gewartet. Er erklärte mir im nachfolgenden, daß er mir Einblick in Jahrtausende alte Unterlagen gewähren und mir Unterlagen sowie Modelle aushändigen solle. Ohne mir die Möglichkeit zu geben, eine Frage zu stellen, fuhr er fort zu reden und vereinbarte mit mir für den nächsten Tag einen Termin. Er nannte mir den Namen einer Stadt in der Nähe von Paris, besser gesagt, zwischen Paris und Rouen, und bat mich, mit einem Lastwagen dorthin zu kommen.

Als mir an diesem Ort die Unterlagen und Modelle übergeben worden waren (der Lastwagen, den ich angemietet hatte, war zu mehr als 2/3 gefüllt) und ich mich gerade von diesem Mann verabschieden wollte, um in Richtung französisch-deutsche Grenze zu fahren, fielen mir plötzlich die Zollformalitäten ein, die zu dieser Zeit noch unerläßlich waren. Ehe ich diesen Gedanken beziehungsweise meine Frage überhaupt aussprechen konnte, sagte er lächelnd: „Das ist alles geregelt. Fahren Sie nur einfach über die Grenze nach Hause."

Trotzdem hatte ich, als ich mich der Grenze näherte, Herzklopfen und ein mulmiges Gefühl in der Magengegend. Doch als ich mit meinem LKW am Zollgebäude ankam, gab mir ein Zollbeamter, freundlich lächelnd, das Zeichen zum Durchfahren."[47]

Zusammenfassung und Ausblick

Es ist davon auszugehen, daß die Templer ihre Mission in Jerusalem erfüllen und einen sagenhaften Schatz bergen konnten, den sie später nach Frankreich brachten. Hier errichteten sie, wie es ihnen aufgetragen wurde, eine Pyramide oberhalb von Nizza. Neben dem Studium der Unterlagen befaßten sie sich sicherlich auch praktisch mit den in den Unterlagen beschriebenen Phänomenen, die innerhalb einer Pyramide erfahren werden können.

Im nächsten Kapitel werden wir weiter der Frage nachgehen, ob und inwieweit diese Erkenntnisse über Jahrhunderte hinweg bewahrt und geschützt wurden und möglicherweise wissenschaftliche Grundlage für die hohen technischen Erfindungen des zwanzigsten Jahrhunderts waren.

Kapitel 5
Der Schatz des Wissens

Man kann alle Leute einige Zeit
und einige Leute alle Zeit,
aber nicht alle Leute alle Zeit
zum Narren halten.
(Abraham Lincoln)

Atlantis – Quelle des überlieferten Wissens

Nach einer gewissen Zeit des Studierens der Unterlagen begriffen die neun Templer, daß es sich bei dem Wissen, das in den Unterlagen offengelegt wurde, um Überlieferungen von einer technologisch hochentwickelten Zivilisation handelte, die vor zirka 12.000 Jahren zerstört wurde – Atlantis! Dabei handelte es sich um ein Volk, das weltweit Eroberungskriege geführt hatte inklusive der damit einhergehenden Kolonisierung anderer Länder.

Nach der Zerstörung – die Erdplatte, auf welcher der Staat Atlantis existierte, versank im Meer – blieben nur vereinzelte Kolonien zurück, aus denen jene Kulturen hervorgingen, mit denen für den heute lebenden Menschen die Geschichte der Menschheit neu begann.

Obwohl die Wissenschaft viele Artefakte und Beweise, die für die Existenz von Atlantis sprechen, nicht akzeptiert, hat sich die mystische Vorstellung der Existenz von Atlantis über Tausende von Jahren bis heute erhalten. Auch wenn sie von den meisten Menschen in den Bereich der Fabeln, Legenden, Mythen oder Sagen eingestuft wird, die Unterlagen bestätigen allein aufgrund der Logik ihrer Aussage, daß die Existenz von Atlantis der Realität entspricht.

In diesen Unterlagen werden nicht nur Technologien beschrieben, welche die Grenzen der Technologie der heutigen Zeit weit überschreiten, sondern der Wissensstand, den die Menschen in der Endzeit von Atlantis dort in den wirtschaftlichen, religiösen, politischen, gesell-

185

schaftlichen und wissenschaftlichen Bereichen besaßen und der in den Unterlagen ausführlich beschrieben wird, war so hoch, daß wir Menschen der heutigen Zeit ihn noch als nicht realisierbare Utopie einstufen würden.

In der heutigen Zeit werden die Menschen dieser Zeitepoche als „Atlanter" bezeichnet. Auch in den Unterlagen werden sie ähnlich genannt, und zwar „Atalaner". Im weiteren Verlauf werde ich aber den heute geläufigen Begriff *Atlantis* verwenden.

Die Atlanter werden als ein technologisch hochentwickeltes – weltbeherrschendes – Volk beschrieben, das uns Menschen der heutigen Zeit technologisch und wissensmäßig um Hunderte von Jahren voraus war. Die Masse der Menschen jedoch war – ähnlich wie in der heutigen Zeit – gedanklich absolut materialistisch ausgerichtet. Die Masse der Bevölkerung wurde unterdrückt und ausgebeutet. Durch ihre technologische Macht unterdrückten die regierenden Atlanter jegliches selbständige Denken mit dem Ziel, daß die Menschen, die nicht zu den Atlantern zählten, in ihrer Entwicklung viele Generationen zurücklagen.

Das religiöse Denken der Atlanter war – wie wir das auch noch aus den Zeiten der Ägypter, ihrer Nachfahren, kennen – auf die lebenspendende Sonne ausgerichtet. Die Sonne wurde als „der alles Leben erschaffende Gott Remurian" (der spätere Sonnengott RE/RA der Ägypter) verehrt und angebetet.

In den Unterlagen wird von *Alana* berichtet, der Tochter eines Priesters (als Zeitpunkt wird hier in den Unterlagen zirka 500 Jahre vor der Zerstörung Atlantis angegeben), die meditativ veranlagt war und eine Vision hatte, in der ihr ein Engel Gottes, unseres Schöpfers, erschien und ihr mitteilte, daß nicht „Remuran" der Schöpfer der Menschen ist, die seit zirka 64 Millionen Jahren als verkörperte – in die Materie integrierte – Wesenheiten existieren, sondern daß alle Wesenheiten gleich Seelen von einem Gott erschaffen wurden, der als reines Lichtwesen im Sternbild des Hundes auf „SIRIS" („Sirius") lebt und existiert.

Alana erhielt den Auftrag, das gesamte Wissen, das sie erhalten hatte, weiterzugeben, damit die Menschen wieder zum richtigen Glauben zurückfinden, da eine Zeit der Offenbarung ihres Schöpfers gekommen sei. Sie erzählte ihren Eltern von ihrer Vision, und gemeinsam wandten sie sich an das religiöse Oberhaupt.

Dieser Mann, der geistig auch schon durch Visionen vorbereitet war, gründete innerhalb der Religionsgemeinschaft einen Geheimbund, der sich „Hegoliter" („Gottes Kinder") nannte, um gemeinsam mit den Menschen, die diesem Geheimbund angehörten, die Aussagen „Alanas" zu überprüfen.

Alana erhielt die genaue Konstruktionsanweisung zum Bau einer Pyramide. Mittels dieser Pyramide wurden sie in die Lage versetzt, meditativ mit allen Wesenheiten Kontakt aufzunehmen bis hin zu den Wesenheiten, die als „reine Wesenheiten" und „Lichtwesenheiten" mit Gott leben.

Trotz aller Skepsis machten sich die Hegoliter ans Werk. Sie begannen, gemäß der Anleitung, die Alana in der Botschaft mitgeteilt wurde, an einem abgelegenen Ort mit dem Bau der Pyramide.

Während ihrer ersten Sitzungen in der Pyramide erkannten die Hegoliter schnell, daß die Aussagen von Alana der Realität entsprachen. Nach und nach wurden sie meditativ in die gesetzmäßigen Bewegungsabläufe, auf deren Grundlage das heute existierende Universum entstanden ist, eingeweiht. Sie erfuhren, auf welchem Wege die Wesenheiten, eingebunden in „materielle Seelen", sowie der physische Mensch erschaffen wurden.

Durch die Einweihung, welche die Hegoliter erfuhren, waren sie in der Lage, Technologien zu entwickeln, die noch von den heute lebenden Menschen als Science-fiction bezeichnet werden. So wuchsen sie durch die gewonnenen Erkenntnisse mit der Zeit immer mehr zu einer tiefgläubigen Religionsgemeinschaft zusammen. Sie entwickelten eine Technologie zur Energieerzeugung, die für die damalige Zeit unvorstellbar war.

Sie bauten eine zirka fünf Meter hohe hohle Pyramide, deren Innenwände mit Metall verschalt wurden. An der Spitze dieser Pyramide hatten sie als Eckstein einen geschliffenen Kristall aufgesetzt.

Lothar Göring beschreibt die Einzelheiten, die aus den Unterlagen hervorgehen, folgendermaßen:

„Innerhalb der Pyramide – in einer genau bestimmten Höhe – wurde ein Licht aufgestellt. Die von diesem Licht abgestrahlten „Photonen" und „Energiequanten" werden nach bestimmten gesetzmäßigen Bewegungsabläufen, die in einer Pyramide existieren, in die Spitze transportiert und in die Kristallspitze eingestrahlt. Durch den speziellen Schliff des Kristalls wurde der Strahl, millionenfach verstärkt, auf eine Kupferplatte, die wie ein Spiegel wirkte und zirka zehn Meter über der Pyramide angebracht war, geleitet. Der so auf die spiegelblanke Kupferplatte prallende Strahl konnte nunmehr durch Drehung der Platte in jede Richtung weitergeleitet werden.

Der Einsatz dieser grundlegenden Technologie war der Beginn einer Energieerzeugung, mit welcher der technologische Aufschwung dieser Zeitepoche begann. Da zu diesem Zeitpunkt die Religionsgemeinschaft der „Hegoliter" schon Jahrzehnte im Untergrund bestand, glaubten die „Hegoliter", daß nunmehr der Zeitpunkt gekommen sei, der Regierung der Atlanter, die als mächtiges Volk mit den umliegenden Ländern ununterbrochen im Krieg standen und aus Habsucht und Machtgier die Völker der eroberten Länder unterdrückten, zu eröffnen, daß ein „Lebender Gott" existiert und daß der Glaube an diesen Gott allen Menschen einen Weg in eine glückliche Zukunft weist.

Nachdem sich die Regierungsmitglieder von der Realität der Aussagen überzeugt und vor allem den Wert der Technologien für ihre Machtgelüste begriffen hatten, wurden die „Hegoliter" als Religionsgemeinschaft so lange anerkannt, bis das gesamte Wissen, das die „Hegoliter" im Bereich der Technologien besaßen, zum Wissen der regierungstreuen, machthungrigen Wissenschaftler geworden war.

Zu diesem Zeitpunkt wurde die Religionsgemeinschaft dann verboten, und die Gläubigen wurden in entlegene Gebiete beziehungsweise in andere kolonisierte Länder verbannt.

Im Laufe der Zeit entwickelte sich auf der Grundlage der neuen wissenschaftlichen Erkenntnisse eine Technologie, mit der Flugschiffe gebaut werden konnten, die es den Atlantern ermöglichten, die Völker der ganzen Welt zu bekriegen und zu unterjochen. Dadurch, daß sie den Luftraum beherrschten, entwickelte sich auf der Basis der Energiegewinnung mittels der Pyramide eine Technologie, mit der die Atlanter in der Lage waren, Wachstum zu fördern beziehungsweise Wachstum zu verhindern und Leben zu vernichten. Sie bauten, über den Erdball verstreut, große Pyramiden, an deren Spitzen sich die gleichen geschliffenen Kristalle befanden wie an der ersten energieerzeugenden Pyramide der „Hegoliter". In bestimmten Abständen wurden am Himmel riesengroße metallene Spiegelflächen in bestimmte Umlaufbahnen gebracht.

Die Lichtstrahlen, die von diesen Pyramiden an die Spiegelflächen gesandt wurden, strahlten Tag und Nacht auf die Kontinente, die zur damaligen Zeit existierten. Mit dieser Strahlungsenergie konnten die Atlanter zum Beispiel in jedem Land mehrere Ernten erzeugen oder Gebiete so vernichten und zerstören, daß nichts mehr darauf existierte oder existieren konnte. Für die Völker dieser Länder waren diese „großen Sonnen" der Gott „Remuran", der von ihnen als „lebenserzeugender und lebensvertilgender" Gott angesehen wurde.

Die Atlanter, die in jedem dieser Länder die Regierung stellten, wurden von den unterentwickelten Völkern der Welt als „Söhne des Gottes Remuran" angesehen, da sie mit Flugzeugen aus der Luft direkt von „Gott Remuran" jeweils in ihre Niederlassungen einflogen."[48]

Die Zerstörung von Atlantis

In den Unterlagen werden auch genaue Aussagen über den Zeitpunkt gemacht und die Gründe für den Untergang von Atlantis erklärt. Dabei wird man an die Aussagen verschiedener Seher, wie zum Beispiel Edgar Cayce, erinnert oder auch an die Überlieferungen der *Hopi-*

Indianer. Über den Zeitpunkt erfahren wir, daß sich der Untergang zirka 12.600 Jahre vor unserer Zeitrechnung zugetragen hat. Nach vielen Jahrhunderten der Herrschaft wurde die hohe technische Entwicklung, welche die Atlanter bis zu diesem Zeitpunkt erreicht hatten, zu ihrem eigenen Verhängnis.

Der Geheimbund der Hegoliter – die im Untergrund lebten und von den Atlantern zu niedrigen Diensten degradiert wurden – hatte den Plan entwickelt, die Regierung von Atlantis zu stürzen, um den wahren Glauben in die Welt zurückzutragen und die damalige Menschheit auf eine höhere Bewußtseinsstufe zu führen.

„In Eire, dem heutigen Irland, wohin damals eine Gruppe von Hegolitern verbannt worden war, die Beziehungen zu der Bevölkerung aufgenommen hatten, entwickelte sich eine Untergrundbewegung, die folgenden Plan entwarf: Um die neue Religion Gottes für die Gemeinschaft der Weltbürger aufzubauen und um die Technologie nutzbringend für alle Menschen einzusetzen, sollte Atlantis zerstört beziehungsweise die Regierung machtlos gemacht werden. Dies war nur dann möglich, wenn die Hauptschaltstelle, die sich in der Regierungshauptstadt Orason befand, zerstört wurde, denn von dieser Hauptschaltstelle aus wurde der Einsatz der Strahlungs-Pyramiden gesteuert.

Der Plan war der, den Energiestrahl, den die Atlanter im Bereich Eire und in einem Teil des Kontinents einsetzten, mittels eines großen Spiegels an den Ausgangsort der Pyramide zurückzusenden. Auf diesem Wege konnte man mit der Kraft des Energiestrahls nicht nur die Pyramide zerstören, die sich in der Nähe der Hauptschaltstelle in Orason befand, sondern man hoffte, daß diese gewaltige Explosion, die bei der Zerstörung entsteht, die ganze Stadt durch Erderschütterung in Schutt und Asche legen würde.

Presato, ein Einheimischer von Eire, der sich mit den Gesetzen der Physik befaßte, entwickelte nunmehr gemeinsam mit den Hegolitern folgenden Plan.

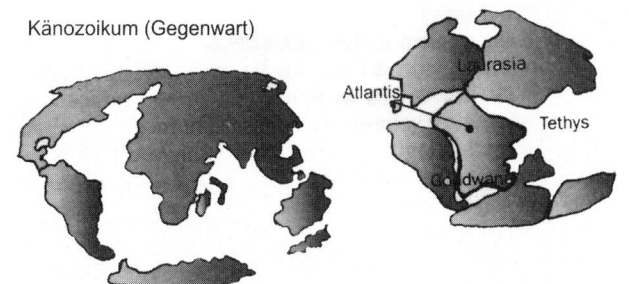

Känozoikum (Gegenwart)

Atlantis

Laurasia

Tethys

Gondwana

Abb.59:
Die Welt heute und
vor dem Untergang
von Atlantis.

Eine große Talsenke, die nur einen Taleinschnitt hatte, sollte so vorbereitet werden, daß sie kurzfristig wie ein Stauweiher mit Wasser gefüllt werden konnte.

Heimlich wurden mehrere Flüsse umgeleitet, um die Talsenke über Nacht für kurze Zeit mit Wasser zu füllen. Nachdem alle Vorbereitungen getroffen waren, wurde einer der in den Plan Eingeweihten zu dem Postrator, dem Regierungschef von Eire, gesandt, um ihm mitzuteilen, daß in dem Gebiet, in dem die Talsenke war, eine Gruppe von Hegolitern gemeinsam mit der Bevölkerung einen Aufstand plane.

Als diese Nachricht die Regierung in Orason erreichte, wurde von dort der Befehl erteilt, den Strahl so stark einzustimmen, daß alles, was in dem Bereich existierte, in den diese Energie einstrahlte, verbrennen mußte. Da die Aufständischen jedoch, wie geplant, die gesamte Talsenke mit Wasser gefüllt hatten, traf der Strahl auf diese große Wasserfläche, die wie ein Spiegel wirkte.

Die gesamte Energie wurde zurück an den Himmelsspiegel und von da aus in die abstrahlende Pyramide eingestrahlt. Dieser Strahl zerstörte jedoch nicht, wie angenommen, nur die Pyramide und erzeugte im näheren Umkreis ein Erdbeben, sondern die freigesetzte Energie war so groß, daß ein riesiges Erdbeben mit riesengroßen Flutwellen entstand. Das Stück der Erdplatte des Kontinents, auf dem sich das Land Atlantis befand, brach ab und versank im Meer.

Durch diesen Vorgang veränderte sich der damals existierende Gesamt-Kontinent, und es entstanden die Kontinente, die man heute als Europa und Amerika bezeichnet.

Durch das Abbrechen der Erdplatte entstanden überall auf der Erde
große Erdbeben, einhergehend mit riesigen Flutwellen, durch die fast alle
Länder zerstört wurden.

Eine dadurch bewirkte Polverschiebung veränderte das Klima so weit-
gehend, daß große Eismassen schmolzen und der Meeresspiegel um fast
einhundert Meter stieg. Die freiwerdenden Wassermassen überschwemm-
ten viele Gebiete. In der Bibel wird dieser Vorgang als „Sintflut" beschrie-
ben."[49]

Die *Sintflut* und *Atlantis* – das hat immer schon zusammengepaßt.
Bei aller berechtigter Skepsis der Kritiker gibt es in beiden Fällen zu
viele ineinandergreifende Fakten, die nun einmal nicht von der Hand zu
weisen sind! Man denke alleine nur an die weltweiten Überlieferungen
verschiedenster Völker in *beiden* Fällen. Die Sintflut und Atlantis sind
die tiefen Wurzeln unserer ursprünglichen Herkunft.

Die einzige Erklärung, die heute wissenschaftlich standhält beziehungsweise akzeptiert wird – die Mutmaßung, daß große globale Umwälzungen, wie beispielsweise Meteoriteneinschläge, zu radikalen Einschnitten führten und im schlimmsten Fall *Fluten* auslösten –, ist mittlerweile in der wissenschaftlichen Fachwelt Ausgangspunkt für weiterführende Thesen. Daß die weltweiten Überlieferungen und Berichte
alter Völker von heutigen Gelehrten nur zweitrangig betrachtet und
nicht so gern diskutiert werden, ist doch im Grunde nebensächlich.

Neben den Überlieferungen aus dem Zweistromland (Gilgamesch)
und der Bibel (Noah), finden wir auch bei den Azteken, bei den Mayas,
im Hinduismus, bei den Hopi-Indianern und bei vielen anderen Naturvölkern die Bestätigung für eine große Flut. Vergessen sollten wir auch
nicht die alten und neuzeitlichen Seher.

Die Überlieferungen über kosmische Katastrophen und die große
Flut könnten ganze Bibliotheken füllen. Um so interessanter und verblüffender ist die Ähnlichkeit der verschiedenen, weltweiten Überlieferungen.

Letztlich gibt es unter dem Strich wohl kaum einen Zweifel, daß eine große *Flut* (und wohl nicht nur eine) in den vergangenen Zeitaltern stattgefunden hat![50]

Ein Wort noch zu den Überlieferungen der Hopi-Indianer und ihren Nachbarn, den Atlantern. Auch hier finden wir interessante Hinweise, die sich mit den Aussagen aus den Unterlagen decken: Hochentwikkelte Technologie, Werteverfall, Pyramiden und so weiter. Auch der Untergang war laut den Überlieferungen auf technologische Entwicklungen und ihren falschen Einsatz zurückzuführen. (Nachzulesen in *„Kásskara und die sieben Welten".*)

Zurück zu den Überlieferungen aus dem A-Omega-Projekt:
Nach der Katastrophe lebten nur noch wenige Menschen weit verstreut auf der Erde, und die Menschheit stand wieder einmal vor einem Neuanfang.

„Als die jeweils von Atlantis eingesetzten Kolonial-Regierungen, die meistens nur aus ein paar Hundert Personen bestanden, in den unterjochten Ländern keinen Rückhalt mehr hatten, keinen Nachschub ihrer Technologien erhielten und auf sich allein gestellt waren, konnten sie sich zwar noch für ein paar Jahre halten, jedoch am Ende waren sie gezwungen, sich entweder den Kulturen des jeweiligen Landes anzupassen, oder sie wurden von der Bevölkerung vernichtet. Bedingt dadurch, daß das Mutterland vernichtet war und die meisten Pyramiden zerstört waren, erloschen überall am Himmel die künstlichen Sonnen.
Aufgrund dieser Geschehnisse und dadurch, daß die Menschen in allen Ländern der restlichen Welt in ihrer geistigen und technologischen Entwicklung, verglichen mit den damaligen atlantischen Technologien, um viele Jahrhunderte zurück waren, und die Katastrophen in den Ländern zum überwiegenden Teil die Kulturen zerstört hatten, mußte die Menschheit auf der ganzen Welt fast wieder komplett von vorne beginnen.
Das bedeutet, die Evolution der Menschheit im geistigen, kulturellen und technologischen Bereich begann von neuem."[51]

Das wichtigste: Die Erkenntnis...

Kommen wir zur eigentlichen *Erkenntnis* der Unterlagen:
Nachdem die Templer die Geschichte der Atlanter, die auf der Grundlage mündlicher Überlieferungen in den Unterlagen niedergeschrieben worden war, gelesen hatten, begriffen sie erst, daß sie den *Heiligen Gral* wiedergefunden hatten. Neben den schriftlichen Artefakten kamen sie auch in den Besitz von Modellen und Gegenständen aus der damaligen Zeit, über die in den Unterlagen leider kaum etwas berichtet wird.

„Durch die Unterlagen erfuhren sie, welche geheimnisvollen Kräfte in der **geometrischen Form der Pyramide** *durch bestimmte gesetzmäßige Bewegungsabläufe existieren.*

Und sie begriffen, daß alles Sein im Kosmos allein IN und DURCH die Form der Teilchen des **„Kosmischen Geistfeldes"** *bewirkt wird. Die geometrische Form der Pyramide ist, wenn bestimmte Kriterien berücksichtigt werden, durch die gesetzmäßigen Bewegungsabläufe ein Kommunikationszentrum, in dem derjenige, der sich innerhalb der Pyramide befindet, auf geistiger Ebene mittels der Gedankenkraft senden und empfangen kann."*[52]

Die Templer machten sich ans Werk und bauten eine Pyramide gemäß den Angaben, die sie aus den Unterlagen erhielten. Hier hatte Clairvaux seine zweite Vision. Aber nicht nur das, sie begannen auch, die Kräfte der Pyramide einzusetzen, was wohl eines ihrer größten Geheimnisse war und gleichzeitig der Schlüssel zu all ihrer weltlichen Macht.

Im nächsten Kapitel werden die gesetzmäßigen Bewegungsabläufe innerhalb der Pyramide genauer beschrieben!
Ich möchte aber zunächst das Augenmerk auf den Aspekt *Kommunikationszentrum* richten. Für den ein oder anderen Leser mag das natürlich weit hergeholt sein – das ist es aber nicht, wie im weiteren Verlauf noch zu erkennen sein wird.

Die geometrische Form der Pyramiden ist von entscheidender Bedeutung. So stelle ich folgende Fragen in den Raum: Haben bereits die Templer den Schlüssel gefunden, Zeit und Raum zu überwinden und sich in das Kosmische Geistfeld einzuloggen? Gibt es möglicherweise sogar Verbindungen zu den Zeit-Raum-Versuchen des Montauk-Projekts?

Wenn ja, dann stellt sich natürlich die Frage, woher dieses Wissen ursprünglich kam, denn es ist sehr wahrscheinlich, daß die Grundlagen des Wissens in deutschen Geheimgesellschaften zu finden sind, die bereits Anfang des vergangenen Jahrhunderts gegründet wurden. Und auch hier treffen wir wieder auf die Spuren der Templer, wie sollte es auch anders sein...

Verbindungen zwischen der Area 51 und Montauk

Sind Ihnen Begriffe wie *Philadelphia-Experiment*, *Montauk* oder die *Area 51* vertraut?

Bestimmte experimentelle Forschungsprojekte, die bereits in den vierziger Jahren des vergangenen Jahrhunderts ihren Anfang nahmen und bis heute erfolgreich weitergeführt werden, basieren nämlich auf den gleichen Erkenntnissen, wie wir noch sehen werden. Nichts anderes haben die Templer experimentell in ihrer Pyramide getan, so wir den Überlieferungen glauben schenken.

Doch gehen wir davon aus, daß die Überlieferungen der Wahrheit entsprechen, dann haben sie experimentell in der von ihnen in Frankreich errichteten Pyramide gearbeitet, um die in den Unterlagen beschriebenen Phänomene nachzuprüfen. Wenn dem so war, dann haben sie sich quasi in das *Kosmische Geistfeld* eingeloggt, Zeit und Raum überwunden und sind auf diesem unkonventionellen Wege zu großem Wissen gelangt, das den Menschen ihrer Zeit vollkommen fremd war.

Liegt die Vermutung da fern, daß sowohl die Templer als auch die Wissenschaftler des Philadelphia-Experiments und der späteren *Mon-*

tauk-Forschung über die gleichen Quellen verfügten? Oder waren es vielleicht Synchronizitäten, oder gibt es vielleicht noch ganz andere Verbindungen?

Damals wie auch heute geht es um das Geheimwissen der Pyramiden, den Aufbau des Universums und letztlich die Herkunft der Menschheit.

Bei den Templern und den Montauk-Forschern gibt es in drei Punkten unübersehbare beziehungsweise erstaunliche Parallelen:
1. Das Experimentieren mit dem Kosmischen Geistfeld mit Hilfe der Pyramiden beziehungsweise aufgrund ihrer Erkenntnisse bezüglich der gesetzmäßigen Bewegungsabläufe in der Pyramide,
2. das Wissen um den außerirdischen Ursprung der Menschheit und
3. das Wissen um die ägyptische Kultur und ihre Vorfahren, die Atlanter.

Das Philadelphia-Experiment

Da jedoch nicht jeder Leser mit den gerade genannten Projekten vertraut ist, wagen wir einen kleinen Abstecher über den großen Teich nach Long Island und lesen, was Montauk-Experte Jan van Helsing zu berichten hat:

„Im ‚Rainbow Projekt‘, das später als das ‚Philadelphia Experiment‘ bekannt wurde, waren neben Nikola Tesla und Albert Einstein auch das nach Einsteins eigener Aussage ‚Superhirn‘ unter allen Mathematikern dieser Zeit, Dr. John von Neumann (ehemaliger Deutscher: Dr. Hans von Neumann), daran beteiligt. Im ‚Rainbow Projekt‘ experimentierte man mit einer Technik, welche die Ortung durch feindliches Radar unmöglich machen sollte. Dies wurde verwirklicht, indem man ein geschlossenes elektromagnetisches Feld um ein Objekt herum aufbaute – eine sog. ‚electromagnetic bottle‘ – und feindliche Radarwellen so um das Schiff herumzuleiten versuchte. Dies hatte zur Folge, daß ein so eingeschlossenes Schiff vom Feind durch das Radar nicht zu erkennen war, sozusagen ‚unsichtbar‘ für das Radar erscheint. Aus diesen Experimenten ging direkt der Tarnkappenbomber, der ‚Stealth-Fighter‘, hervor.

Auf den Grundlagen von David Hilbert (,Hilbert Space', 1912), Dr. Levinson (Levinson Time Equations = Levinson'sche Zeitgleichung), Dr. John Hutchinson sr. und Dr. Kurtenauer begann man im speziell dafür eingerichteten ,Institute for Advanced Study' in der Princeton Universität ab 1933 mit den ersten Unsichtbarkeitsexperimenten an großen Objekten fester Materie (Schiffe, Flugzeuge...). 1936 wurde das Projekt weiter ausgedehnt und Nikola Tesla zum Direktor gemacht. Mit seiner Hilfe gelang es, bis zum Ende des gleichen Jahres die ersten Erfolge mit partieller Unsichtbarkeit zu verzeichnen.

Die Forschungen setzten sich fort bis zum Jahre 1940, als der erste vollständige Test im Marinehafen von Brooklyn durchgeführt und dabei ein unbemanntes Schiff durch die Beschleunigung des Feldes vor den Augen der Zeugen wirklich unsichtbar wurde. Zu diesem Zeitpunkt wurde ein weiterer Wissenschaftler, T. Townsend Brown, in das Projekt mit einbezogen, der ein Genie auf dem Gebiet der Gravitation und der magnetischen Minen war. Die Fortschritte bei der Unsichtbarmachung der Schiffe OHNE Besatzung nahmen schnell zu, was Tesla sehr beunruhigte. Er sagte den ,grauen Männern' im Hintergrund, daß es zu Schwierigkeiten kommen würde, falls man eine Besatzung auf einem Schiff hätte, doch sein Rat wurde nicht beachtet. Tesla sabotierte daher das Projekt im März 1942. Von Neumann übernahm die Leitung und ein neues Schiff wurde herangenommen – die USS Eldridge.

Die ersten Tests wurden auf dem Trockendock durchgeführt, bis man sie in den Hafen von Philadelphia verlegte. Der erste Versuch ging schief und ein Techniker bekam einen Schlag, der ihn für vier Monate in ein Koma versetzte. Am 20. Juli 1943 fand der nächste Test statt. Duncan Cameron und sein Bruder Edward (heute Al Bielek) waren als Techniker auf dem Schiff.

Abb.60:
Carlos Miquel Allende

197

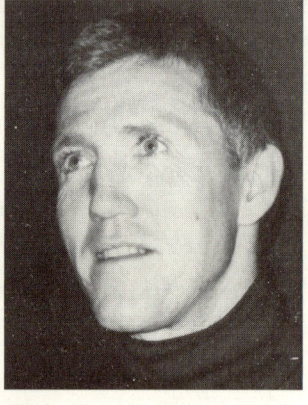

Abb.61 links oben:
John von Neumann

Abb.62 rechts oben:
Al Bielek

Abb.63 links Mitte:
Die Pyramide vom Montauk
– ähnlich der Templer-
Pyramide am Mont Chauve.

Abb.64 rechts Mitte:
Duncan Cameron

Abb.65 unten:
Camp Hero – der Schau-
platz des Montauk-Projekts.

Das Schiff blieb für 15 Minuten unsichtbar, doch der Besatzung wurde übel und alle litten unter Desorientierung und Geistesstörungen. Der eigentliche Test, der später als das ‚Philadelphia-Experiment' bekannt geworden ist, wurde am 12. August 1943 durchgeführt, nachdem schon sechs Tage zuvor drei UFOs über dem Schiff erschienen waren. Alles schien gut zu verlaufen, die Beobachter konnten die Umrisse des unsichtbaren Schiffes im Wasser erkennen, doch dann geschah es! Es gab einen blauen Blitz und das Schiff war verschwunden. Als das Schiff später wieder erschien, bot sich den Zuschauern ein grauenhafter Anblick. Der Radiomast, wie auch der Sender waren zerstört, Matrosen waren teilweise in der Schiffswand ‚verbacken', da sich ihre Moleküle mit denen des Schiffes vermischt hatten, andere liefen wie im Wahnsinn umher. Was war geschehen?

Duncan und Edward, die sich selbst im sicher abgeschirmten Generatorraum befunden hatten, erzählten nachher, daß am gleichen Tag, also am 12. August, bloß vierzig Jahre später ein weiteres Experiment in Montauk, Long Island, stattgefunden hatte und das Schiff durch einen Zeitvortex, einen Zeittunnel, in den Hyperraum gezogen worden war.

Forschungen hatten ergeben, daß die Erde, wie auch der Mensch einen Biorhythmus aufweist, der seinen Höhepunkt alle zwanzig Jahre findet – und zwar immer am 12. August. Somit fiel das Philadelphia-Experiment mit dem Montauk-Projekt zusammen und ermöglichte als zusätzliche Funktion durch die Verbindung mit dem Erdmagnetfeld, daß die Eldridge in den Hyperraum gezogen wurde.

Die Cameron-Brüder konnten jedoch die Generatoren nicht ausschalten, da alles zusätzlich durch die Zeit mit dem Montauk-Projekt verbunden war, und kamen zu der Überzeugung, daß es das Beste sei, über Bord zu springen. Doch anstatt im Hafenwasser fanden sie sich auf dem Trockendock in Montauk am 12. August 1983 wieder. Dort trafen sie John von Neumann, der um vierzig Jahre älter geworden war und ihnen erzählte, daß er seit vierzig Jahren auf sie warte. Er erzählte den Zeitreisenden, daß die Techniker von Montauk nicht in der Lage gewesen wären, die Geräte auszuschalten, und sie daher auf die Eldridge zurück mußten, um die Ausrüstung zu zerstören. Also kehrten sie nach verschiedenen anderen Exkursionen auf die Eldridge zurück und zerstörten die Geräte.

Duncan ging nach 1983 zurück und Edward erschien mit der Eldridge wieder in Philadelphia im Jahre 1943.

Der Führungsstab der NAVY wußte zuerst nicht, was er tun sollte, entschied sich dann aber doch noch zu einem letzten Test, bei dem im Oktober 1943 das Schiff ohne Besatzung für etwa 15 bis 20 Minuten unsichtbar blieb. Als es zurückkam, fehlten einige Ausrüstungsteile und der Kontrollraum war ein brennender Haufen Schrott. Jemand mußte an Bord gewesen sein, nur wer?

Die NAVY bekam es mit der Angst zu tun und schloß damit das Projekt. Im Gegensatz zur Geheimen Regierung, die die ganze Aktion überwacht hatte.

Mitte 1949 entstand das ‚Phönix-Projekt‘, um die Phänomene aufzuklären, die sich während des ‚Rainbow-Projektes‘ zugetragen hatten. Dr. John von Neumann und sein Forschungsteam wurden zurückbeordert, um sich der neuen Aufgabe zu widmen. Allerdings sah der neue Plan ein verändertes Ziel vor: das Team sollte herausfinden, wo 1943 der Fehler in Bezug auf den ‚menschlichen Faktor‘ gelegen hatte.

Anfang der 50er Jahre beschloß man die Überbleibsel des ‚Rainbow Projektes‘ mit der Wetterkontrolle (durch die von Wilhelm Reich entwikkelten Radiosonden) im ‚Phönix Projekt‘ zusammenzulegen. Die Kommandozentrale befand sich in den Brookhaven Laboratories in Long Island und Dr. John von Neumann übernahm die Leitung. Doch als er mit den Forschungen begann, merkte er ziemlich schnell, daß es unvermeidlich sein würde, sich mit der Metaphysik zu befassen, da beim Rainbow Projekt der physische, biologische, wie auch elektromagnetische Aufbau des Menschen beeinflußt worden war und manche Matrosen sich in ihrer Molekularstruktur bis zur Unkenntlichkeit verändert hatten. In allen Fällen jedoch war nach der Überzeugung von Dr. von Neumann zuallererst das esoterische Wirken des Bewußtseins in Mitleidenschaft gezogen worden.

Die Forschungen auf dem menschlichen Sektor betrugen fast 10 Jahre, bis man sicher beweisen konnte, daß jeder Mensch mit einem sog. ‚Zeitbezugspunkt‘ geboren wird, was auch beweist, daß der seelische Körper vom physischen getrennt zu sehen ist. Die Seele ist das, was wir eigentlich sind.

Unser Verständnis als ein physisches und metaphysisches Wesen stützt sich auf den Zeitbezugspunkt, der sich wiederum auf das elektromagnetische Feld der Erde bezieht. Dieser Zeitbezugspunkt dient uns als grundlegender Orientierungspunkt für unser Verständnis des Universums und seiner Abläufe, wie auch für unser lineares Empfinden.

Was nun beim Unsichtbarwerden der Eldridge geschah, war die Trennung der Matrosen von ihrem Zeitbezugspunkt, was ein Chaos in deren elektromagnetischem wie auch seelischem Körper verursachte. Was man also erschaffen mußte, und dies war das nächste Ziel des Phönix Projektes, war eine ‚künstliche Realität‘ – eine Art Tarnkappeneffekt. Doch wie erschuf man nun eine elektromagnetische Flasche um einen Menschen herum?

Mit Hilfe von riesigen Computern, die damals den Eliteeinheiten schon zur Verfügung standen, ‚bestückte‘ er die entstehende ‚künstliche Realität‘ mit der natürlichen Erdoberfläche – oder zumindest mit genügend Informationen, um die Illusion eines fortlaufenden Zeitstromes zu erzeugen und damit der Versuchsperson zu einem gewissen Grad das Gefühl der Normalität zu vermitteln.

Das ‚Phönix Projekt‘ fand 1967 seinen Höhepunkt der Entwicklung und legte dem Kongreß einen abschließenden Bericht vor. Die Abgeordneten waren zuerst fasziniert von den Ergebnissen, die einerseits bewiesen, daß es möglich war, das menschliche Bewußtsein mittels elektromagnetischer Wellen zu beeinflussen und man in der Lage sei, Maschinen zu konstruieren, mit deren Hilfe man das menschliche Denken manipulieren konnte! Der Kongreß verweigerte aber schließlich doch die Zustimmung und entschied, das Projekt im Jahre 1969 abzuschließen.

Doch bevor der Kongreß das Projekt auflösen ließ, hatte die Brookhaven-Gruppe bereits ein gewaltiges Machtzentrum um sich herum entstehen lassen. Darunter höchste Eingeweihte der Geheimdienste, wie auch der ‚Geheimen Weltregierung‘, da sie einerseits über die ‚Stealth‘-Technologie wie auch Wilhelm Reichs Techniken verfügte, und damit mit absoluter Sicherheit auf den menschlichen Geist Einfluß nehmen konnte.

Als die Führung der Militärs davon hörte, war sie natürlich von diesem Gedanken entzückt. Stellen Sie sich einmal vor, wie die gegnerischen Truppen mit erhobenen Händen dem Feind in die Hände laufen (genau diese Technologie wurde im ersten Golfkrieg auf amerikanischer Seite eingesetzt). Die Militärs waren begeistert und erklärten sich zur Zusammenarbeit bereit. Das Geld kam von der Brookhaven-Gruppe und das Militär stellte die Ausrüstung (ein altes Sage-Radar zur Aussendung von 425-450 Megahertz zur Bewußtseinskontrolle) und den verlassenen Luftwaffenstützpunkt in Montauk zur Verfügung. Das Projekt bekam den Namen ,Phönix II', wurde aber von den Insidern als das ,Montauk Projekt' bezeichnet. Als Geldquelle werden zum einen 10 Milliarden Dollar in Gold, die 1944 durch die Sprengung eines Zuges mit Gold aus dem Deutschen Reich ergattert worden waren, wie auch die Unterstützung der Familie Krupp, die auch den ITT-Konzern kontrollierte, angegeben.

So kam das eigentliche ,Montauk-Projekt' 1971 so richtig in Gang. Mit Hilfe des Sage-Radars gelang es den Technikern, die Stimmung auf dem Stützpunkt je nach Belieben zu verändern, indem man einfach die Frequenz und die Schwingungsdauer des Radars manipulierte. Als Versuchskaninchen verwendete man ganze Armee-Truppen, die man einlud, das Wochenende auf der Basis zu verbringen. Auch die Einwohner von Long Island, dem New Yorker Umland, sowie Connecticuts wurden diesen Tests ausgesetzt, um zu sehen, wie weit die Strahlung reichte und wie die einzelnen Personen darauf reagierten.

Man verbrachte geraume Zeit mit der Beobachtung der Auswirkungen verschiedener Schwingungen und Impulse. Die unterschiedlichsten Dinge konnten ausprobiert werden. Welche Versuche auch immer veranstaltet wurden, alle Daten wurden akribisch gesammelt und in gewaltigen Datenbanken gespeichert. Das Ergebnis war die Entwicklung eines Gerätes, das bestimmte Impulse, Modulationen und Frequenzen aussenden konnte, deren Wirkung vorher eindeutig festgelegt war – es konnte menschliche Gedankenmuster kopieren! Der gezielte Angriff auf den menschlichen Geist konnte damit losgehen.

Preston Nichols, der spätere technische Leiter des ‚Montauk Projekts',
hatte während seiner Forschungen als Elektroingenieur Anfang der 70er
Jahre rein wissenschaftlich mit Telepathen gearbeitet und dabei eine Welle,
ähnlich der Funkwelle, entdeckt, die Gedanken überträgt.

Doch die Montauk-Leute hatten noch mehr Glück und bekamen wei-
tere unerwartete Unterstützung. In den 50er Jahren hatte der ITT-
Konzern eine Sensorentechnologie entwickelt, die buchstäblich aufzeichnen
konnte, was ein Mensch dachte – eine Gedankenlesemaschine! Eine Person
saß in einem Stuhl – der später als der sog. ‚Montauk-Stuhl' bezeichnet
wurde –, welcher von Tesla-Spulen umgeben war, und die elektromagne-
tischen Impulse des Gehirns aufzeichnete. Diese wiederum wurden in rie-
sigen Computeranlagen ausgewertet und übersetzt und auf einem Monitor
wiedergegeben.

Dieser Stuhl wurde in das Montauk-Projekt eingebaut und in eine Art
Sender umfunktioniert. Die Testperson im Stuhl, ein spirituelles Medium
– in 95% der Fälle Duncan Cameron, der von der NSA (National Secu-
rity Agency) speziell dazu ausgebildet worden war – sendete der Besatzung
auf dem Schiff eine Ersatzrealität, um dadurch das menschliche Risiko bei
den Unsichtbarkeitsexperimenten zu vermindern. Dadurch stand das
Schiff im unsichtbaren Zustand in Synchronisation mit der gesendeten
Realität. Auch Edward Cameron wurde erneut, doch diesesmal als meta-
physischer Berater in das Projekt mit einbezogen.

Es dauerte weitere drei Jahre, bis man die Computer, Sender und Ver-
stärker so eingestellt hatte, bis alles nach Plan verlief. Man hatte schluß-
endlich einen Gedankenverstärker gebaut, der Gedanken lesen, verstärken
und senden konnte. Ende 1977 war man soweit, daß man Gedankenfor-
men mit einem sehr hohen Grad an Genauigkeit reproduzieren konnte.
Das Medium im Montauk-Stuhl brauchte sich nur einen materiellen Ge-
genstand vorzustellen, und dieser erschien irgendwo auf dem Stützpunkt.

Stellen Sie sich dieses einmal vor. Ein Mensch richtet sein Bewußtsein
auf einen Gegenstand, und dieser entsteht direkt aus dem Äther heraus!

Mit dieser Materialisierungstechnik experimentierte man ein weiteres
Jahr, bis man die nächste Hürde nahm. Duncan konnte über eine Haar-

locke oder ein anderes Indiz einer Person und die Verstärkung des Montauk-Senders, durch die Augen der zielgerichteten Person schauen, deren Ohren hören, deren Nase riechen und deren Gedanken denken. Später gelang es ihm, durch die vorhandene Technik, seinen Geist in den eines anderen Menschen zu drücken und dessen Gedanken zu manipulieren - ihn zu Dingen bewegen, die er nicht freiwillig tun würde. Man benutzte einzelne Personen, Menschenmassen, Tiere, Geräte, alles wurde getestet.

Diese Forschungen wurden bis etwa 1979 durchgeführt, bis man durch einen Zufall ein neues Phänomen entdeckte. Das Medium sendete ein Gedankensignal um 6 Uhr aus, aber das Objekt erschien nicht in der gleichen Minute, sondern einen halben Tag später erst aus dem Äther. Es hatte sich offensichtlich die Zeit verschoben. Den Wissenschaftlern wurde klar, daß sie Duncans mediale Fähigkeiten zum Krümmen der Zeit verwenden konnten!

Dies wurde untersucht, bis man herausfand, daß man das Montauk Projekt durch eine spezielle Antennenkonstruktion (Delta T) mit der Nullzeitreferenz der Erde in Einklang bringen konnte und einen Zeitkorridor zur USS Eldridge im Jahre 1943 hin aufbauen konnte. Dieser war nachher der Hauptvortex, der zum Reisen durch die verschiedenen Zeittunnel verwendet wurde.

Im Jahre 1980 war man soweit, daß Duncan durch eine Astralprojektion ein Tor zum Beispiel nach 1990 hin öffnen konnte, das wiederum durch die vorhandene Technik soweit verstärkt werden konnte, daß es solide blieb. So solide, daß es möglich war, hindurchzufilmen. Weitere technische Raffinessen ermöglichten es den Forschern ganze Zeittunnel in einen festen Zustand zu verstärken und Menschen hindurchzuschicken. So begannen die Zeitreisen in Montauk.

Ganze drei Jahre reisten die Spezialteams von Montauk von allen möglichen Vergangenheiten zu allen möglicherweise interessanten Zukunften, filmten, speicherten auf Mikrochips, recherchierten, überprüften Geschehnisse der Vergangenheit mit den Geschichtsbüchern, besuchten Jesus usw... Alles was man sich in seinen kühnsten Träumen so vorzustellen vermag. Doch alles hat seinen Preis.

Bis die Zeitkorridore und die Reisen Perfektion erreichten, mußten Tests gemacht werden – klarer ausgedrückt ‚Menschenopfer' erbracht werden. Nach Aussage der Beteiligten wurden bis zu 10.000 Menschen in der Zeit verschickt, von denen nicht einmal Hundert zurückkamen.

Anfangs verschickte man Obdachlose oder sonstige ‚Menschenware', wie man sie auf der Straße fand und schickte sie los, um zu sehen, was passieren würde. Später schickte man neben den Elitetruppen nur blondblauäugige Jungen zwischen 10 und 16 Jahren durch die Tunnel. Das ganze hat mit der Verbindung zu den deutschen Nationalsozialisten zu tun, die einen Teil des Montauk-Projektes finanzierten und auch ähnliche Tests während des Dritten Reichs durchgeführt hatten.

Die Reisen und Recherchen wurden zu reinen Manipulationen, Menschen wurden in der Vergangenheit getötet, um zu sehen, ob es die Gegenwart verändern würde – Menschen wurden entführt, Technologie aus der Zukunft geholt, Technologie aus der Gegenwart in die Vergangenheit zurückgebracht und Firmen gegründet, die mit der Produktion zukünftiger Technologien beauftragt waren.

Gegen Ende 1981 war man soweit, daß man auf den Mars ging. Zuerst filmte man die Geschichte des Mars und seiner ehemaligen Bewohner in der Vergangenheit, dann drang man in die Pyramiden in der Cydonia-Region ein, welche die Viking 1-Sonde 1976 fotografiert hatte. Man manipulierte die Technologie, die vorgefunden wurde und schaltete ein Abwehrsystem für unser Sonnensystem aus. Diese und weitere Experimente wurden nach Aussage der Autoren durchgeführt, bis es einigen der Forscher zu heftig wurde, da man allen Anschein nach ‚Gott' spielen wollte. Man entschied sich dazu, das Projekt zu sabotieren, was durch Duncan am 12. August 1983 gelang... „

Soweit Jans Bericht über das Montauk-Projekt.

Nicht jeder wird das hier geschilderte als bare Münze nehmen, doch wollen wir es an dieser Stelle einmal so stehen lassen. Womöglich finden wir im weiteren Verlauf des Buches auf weitere Indizien in diese Richtung?

Für Nichols ist die Herkunft dieser fortgeschrittenen Technologie jedenfalls ein Rätsel. Er erwähnt aber Informationen, die eine außerirdische Quelle nahelegen. Er behauptet, die Forschungen seien von Wesen unterstützt worden, die aus dem *Sirius-System* kamen.

Das ist insofern interessant, weil Gleiches auch von Lothar Göring behauptet und in den ihm übergebenen Unterlagen aus dem Templer-Schatz bestätigt wird. Auch die Plejaden und der Mars stehen in einem Zusammenhang mit dem Montauk-Projekt. Im übrigen gibt es bekanntermaßen – bezüglich der außerirdischen Herkunft der Menschheit – noch weitere Favoriten: Alpha Zentauri, Venus oder auch das Orion-System. Dennoch – das Sirius-System gilt bis heute als eines der Sternensysteme, von dem ein entscheidender Einfluß kam und erfolgte und das somit *den* einen entscheidenden Einfluß auf das Erdenleben ausübte.[54]

Unübersehbar suggerieren die genannten Aspekte (Phönix, pyramidenförmige Anordnung um den Montauk-Stuhl, Sirius) eine logische Verbindung nach Ägypten und ebensogut zu den Überlieferungen Lothar Görings. Es gibt aber noch weitere Hinweise, wie gleich erkennbar sein wird.

Neben Preston B. Nichols, Peter Moon und Al Bielek möchte ich an dieser Stelle insbesondere Andreas von Rétyi nennen, der in den vergangenen Jahren auf diesem Gebiet hervorragende Arbeit geleistet hat

Abb.66:
Drei Forscher in Kairo. Von links: Andreas von Rétyi, Jan van Helsing, Gastgeber Fergany Al Komaty, Stefan Erdmann.

und nicht ohne Grund als einer der Experten auf dem Gebiet *Area 51* und Zeit-Raum-Forschung angesehen wird.

Viele Forscher sehen Zusammenhänge zwischen der *Area 51* und *Montauk*. Bei der *Area 51* handelt es sich mit seinen 16.000 Quadratkilometern um das größte, und gleichzeitig auch geheimste militärische Testgelände der Welt. Es befindet sich nördlich von Las Vegas im Bundesstaat Nevada und es wurden nicht nur Atomwaffen unterirdisch getestet, der Tarnkappernbomber und die *Aurora* entwickelt, sondern ist – wenn man den Augenzeugenberichten Glauben schenkt – auch Testgelände für Flugkörper untertassenförmiger Bauweise.

Hier sollen nicht nur irdische Geheimtechnologien entwickelt und erprobt, sondern auch abgestürzte Flugkörper außerirdischer Herkunft gelagert, ausgewertet und nachgebaut werden. Zudem – so berichtet der einstige, wenn auch umstrittene Area-51-Mitarbeiter *Bob Lazar* – sollen in der Area 51 neun unterschiedliche UFO-Typen außerirdischer Herkunft gelagert sein, die dort ausgewertet werden. Er selbst habe in einem unterirdischen Hangar eine Flugscheibe mit einem Durchmesser von etwa 11 Metern gesehen, wobei er sich am meisten über die Pilotensitze gewundert habe, da diese allerhöchstens Kindern Platz gewähren würden. Dies deutet er so, daß allem Anschein nach die Piloten dem Typus entsprechen würden, der allgemein als „Greys" (Graue) bekannt ist und etwa 1,20 bis 1,50 Meter groß ist mit großen Köpfen und riesigen schwarzen Augen.

Es gibt jedoch auch glaubwürdigere Augenzeugen, wie beispielsweise *Edgar Rothschild Fouché*, der nicht nur für die NSA, sondern auch am supergeheimen Aurora-Programm mitgearbeitet hatte, bei dem ein Hyperschallflugzeug entwickelt wurde (über Mach 9), das Anfang 2005 der Öffentlichkeit erstmals vorgestellt worden ist.

Fouché behauptet, daß das, was die Amerikaner der Weltöffentlichkeit in Bezug auf ihr Flugwesen vorführen, auf dem Stand der sechziger Jahre sei. In Wahrheit existiere bereits eine geheime Technologie des dritten Jahrtausends – inklusive Antigravitation und riesigen Raumschiffen, die unser Sonnensystem verlassen können. Er erklärt ebenfalls, daß diese Technologie der Auswertung abgestürzter außerirdischer Flugobjekte zu verdanken sei.

Kommen wir nun wieder zurück zu den Templern:
Die Verbindungen und Anachronismen des Montauk-Projekts mit der ägyptischen Kultur sind mehr als eindeutig. Wir werden deswegen im sechsten Kapitel nochmals darauf zu sprechen kommen.

Gehen wir von der Echtheit der Templer-Unterlagen aus, würde das erklären, warum jenes Wissen die Jahrhunderte hindurch in elitären Kreisen geheimgehalten wurde, später in die Hände der Freimaurer und anderer Logen gelangte und letztlich Grundlage der Zeit-Raum-Experimente auf Long Island wurde.

Genau das bestätigen auch die Unterlagen. Hier wird berichtet, daß fünf eingeweihte Templer, die das Massaker überlebten, lebensplanbedingt, diesen Weg beziehungsweise ihre Mission weitergeführt haben. Jeder dieser fünf Wissensträger gibt – von denen einer in der Neuzeit *Lothar Göring* war – sein Wissen und die damit verbundene Aufgabe rechtzeitig vor seinem Ableben an einen von ihm ausgewählten Nachfolger weiter. So wurde über die Jahrhunderte hinweg das Wissen weitergegeben.

In den Unterlagen heißt es hierzu weiter:
„Nach der offiziellen Vernichtung aller anderen Templer gingen die fünf eingeweihten Templer in den Untergrund und führen seit dieser Zeit die Geschicke der Erdenmenschen nach den Gesetzen, die sie durch die Unterlagen aus der „Bundeslade" erhalten hatten, ihrem Auftrag gemäß, von da aus weiter.

Bis zum Jahre 1717 wirkten sie als geheime Bruderschaft und lenkten mit einem kleinen Kreis von Eingeweihten die Geschicke und den Lauf der Menschheit. 1717 gründeten sie als Hilfsorganisation in England die Großloge der Freimaurer, die sich seit dieser Zeit über den ganzen Erdball ausgebreitet hat. Über diese Loge sowie über andere netzwerkartig angeschlossene Hilfsorganisationen leiten die heute existierenden fünf Eingeweihten, zurückgezogen und unbekannt, die Geschicke der Welt so, daß die Rasse der Erdenmenschen nach den Weisungen unseres Ur-Schöpfers, lebensplan-bedingt nach den physikalischen Gesetzen, den Weg geht, den unser Schöpfer uns evolutionsbedingt vorbestimmt hat.

Die führende Hilfsorganisation, die indirekt in der Öffentlichkeit wirkt sowie indirekt Befehle der heute existierenden fünf Templer ausführt, ist die sogenannte „P2-Loge", deren Großmeister und engere Mitarbeiter zum Teil in Gottes Plan eingeweiht sind.

Dies ist, kurz zusammengefaßt, die Vorgeschichte, so, wie sie in den mir übermittelten Unterlagen niedergeschrieben steht. Historisch entspricht sie, bis auf einzelne Passagen, der Literatur der Geschichte der Kreuzritter und Templer. "[55]

Verbindungen nach Deutschland...

Woher die finanziellen Mittel für das Montauk-Projekt kamen, ist nie ganz geklärt worden. Preston Nichols, ein Zeuge der Operation, der die Erinnerung an seine Beteiligung nach der Gehirnwäsche nur ganz allmählich und schrittweise wiedererlangte, vermutet, daß hier Gold der Nationalsozialisten eine Rolle spielte. Er erwähnt in seinem Buch über das Projekt einen Vorfall, der sich 1944 in Frankreich ereignete. Damals wurde ein Zug, der Gold des Deutschen Reiches im Wert von seinerzeit zehn Milliarden Dollar transportierte, in einem Tunnel in die Luft gesprengt. Das Gold war spurlos verschwunden. Nichols behauptet, daß er in Erfahrung bringen konnte, daß das Gold in Montauk auftauchte. Im Grunde scheint dieser Hinweis gar nicht von Bedeutung, wäre nicht auch hier eine Verbindung zu den Templern und Zisterziensern.

Nichols bezieht sich neben verschiedenen Informanten auch auf einen anonymen Brief, mit einem Zeitungsartikel, den er eines Tages erhielt. Die Überschrift war *Jagd nach der Nazi-Beute* und stammte aus dem *East Hampton Star* vom 14. November 1985. Darin wurde berichtet, daß der Bundesstaat New York einen Schatzsucher Namens Ovid Arnold aus Virginia, North Carolina, angestellt hatte. Seine Aufgabe war es, mit dem Pendel Edelmetalle auf Camp Hero (der Montauk-Basis) zu orten. Dort sollen Nationalsozialisten 1945 mindestens zwölf Millionen Dollar in Bargeld, Diamanten und Gold vergraben haben.

Es ist doch sehr interessant, daß hier auf höchster Geheimhaltungsebene operiert wurde. Waren es wirklich nur Vermutungen oder Gerüchte?

Die Ausgrabungen wurden unter der strengen Überwachung der Bundespolizei durchgeführt. Vertreter der Bundesstaatsregierung in Albany machten sogar Film- und Videoaufnahmen.

Laut Zitaten sagte Tom Tubbs, ein Sprecher der Landesnutzungsabteilung des New Yorker Landesamtes, das Unternehmen sei „ohne undichte Stellen, streng geheim, ja so geheim, daß wir nicht einmal unseren eigenen Leuten erzählt haben, warum sie dorthin geschickt wurden".[56]

Tubbs bemerkte weiter, daß der Glaube an den Schatz auf einem alten Gerücht aus dem Jahr 1945 basiere:

„Die Nazis, die inzwischen davon überzeugt waren, daß das Dritte Reich bald zusammenbrechen würde, schickten 1945 ein U-Boot nach Montauk. Dieses U-Boot trug Schätze, die während der Invasion Frankreichs erbeutet worden waren. Sie gaben Anweisungen, den Schatz in zwölf Geschoßhülsen zu vergraben. Die deutschen Seemänner befolgten ihre Befehle und vergruben den Schatz auf Camp Hero, wobei ein großer Stein in der Nähe als Markierung dienen sollte. Nach dem Krieg sollten dann Geld und Juwelen für Bestechungen und falsche Papiere benutzt werden und die sichere Überfahrt hoher Reichsoffiziere in die Vereinigten Staaten und nach Südamerika ermöglichen."[57]

Zugegeben sind das sicherlich nur Vermutungen, doch gibt es in diesem Zusammenhang noch weitere Aspekte, die nicht unerwähnt bleiben sollten. Einen interessanten Hinweis hierzu liefern Preston B. Nichols und Peter Moon in ihrem sehr interessanten Werk *„Die Pyramiden von Montauk"*:

„Die legendäre Verbindung zwischen Montauk und Atlantis kann man auch in der Geologie des östlichen Long Island erkennen. Montauk war während langer Zeit eine Insel, es ist auch jetzt nur durch einen schmalen Sandstreifen mit Long Island verbunden, der erst in jüngster Zeit befestigt

worden war. *Es war üblich, zu sagen, man wäre „on Montauk" (auf Montauk), wenn man da hinging und man ging dann auch „off Montauk" (von Montauk herunter), wenn man wieder abreiste. Zusätzlich ist Montauk auch geologisch vom eigentlichen Long Island unterschieden. Es ist wie die Spitze eines Berges, die aus dem Meer auftaucht. Einige behaupten, es sei ein Teil des alten Atlantis, der nicht abgetaucht sei, und die Montauk-Indianer seien Abkömmlinge der alten Atlanter. Der königliche Familienname Pharoah scheint eine solche Theorie ja zu unterstützen.*

Die meisten Geologen meinen, daß Long Island durch die Gletscher der Eiszeit, die vom Nordpol herunterdrückten, seinen jetzigen Platz gefunden hat. Ob Montauk auch Teil dieser Bewegung gewesen war, ist fraglich. Falls dem so wäre, würde dies Montauk nach Norden mit dem alten arischen Mythos von Hyperboräa und dessen Hauptstadt Thule verbinden. Die Nazis waren ja von Hyperboräa und seiner Verbindung zu Atlantis fasziniert. Und da schon immer eine starke deutsche Beziehung zu Montauk bestand, ist dies eben eine weitere Übereinstimmung."[58]

Es wurde auch vielfach vermutet, daß die Operation „Montauk" von der deutschen Thule-Gesellschaft durchgeführt wurde. Die Thule-Gesellschaft wurde 1918 von Rudolf von Sebottendorf gegründet. Den Weg für die Ideologie ebneten unter anderem Guido von List und sein späterer Schüler, Lanz von Liebenfels.

Dieser Lanz von Liebenfels war von 1893 bis 1899 Zisterzienser-Mönch im Kloster Heiligenkreuz, in der Nähe von Wien. Diese Zeit muß Liebenfels nachhaltig geprägt haben. Er gründete 1907 den Ordo Novi Templi (Orden der Neuen Templer/ONT). Ist das nur ein unbedeutender „Zufall"?

Wir werden der Frage gleich weiter nachgehen und ein wenig mehr Licht auf verschiedene Geheimgesellschaften werfen, die heutzutage allzu ungern öffentlich erwähnt werden.

Okkultes Gedankengut deutscher Geheimgesellschaften

Eine Spur führt unweigerlich nach Deutschland und zu geheimen deutschen Ordensgemeinschaften des frühen zwanzigsten Jahrhunderts. Ich möchte damit keineswegs den Eindruck erwecken, das Dritte Reich oder irgendwelche Ideologien dieser Zeit zu glorifizieren! Es geht mir bei diesem Thema einzig und allein um Fakten und Wahrheitssuche, schließlich wurden sowohl die Thule- als auch die Vril-Gesellschaft noch zum Ende des Dritten Reiches von Hitler verboten und verschiedene Mitglieder jener Gesellschaften verfolgt und sogar getötet.

Letztlich gilt es, die Frage zu beantworten, ob und in welcher Form es möglicherweise Verbindungen zwischen den geheimen Technologien des zwanzigsten Jahrhunderts und dem Templer-Schatz gibt.

Es steht fest, daß das wissenschaftliche Grundlagenwissen für die späteren hochtechnologischen Forschungsprojekte deutscher Wissenschaftler und Forscher in den zwanziger, dreißiger und vierziger Jahren des vergangenen Jahrhunderts irgendwo hergekommen sein mußten. Es fiel sicherlich nicht so mir nichts dir nichts vom Himmel!

Kam das technische Grundlagenwissen womöglich aus den alten Templer- beziehungsweise Zisterzienser-Archiven?

An dieser Stelle betrachten wir uns kurz die wichtigsten und im Zusammenhang stehenden Logen beziehungsweise Ordensgemeinschaften Ende des neunzehnten und Anfang des zwanzigsten Jahrhunderts:

Golden Dawn:
Um die geheimgesellschaftlichen Aktivitäten in Deutschland verstehen zu können, müssen wir in die Jahre zwischen 1880 und 1890 zurückgehen. Zu jener Zeit gründeten verschiedene Herren Englands den Hermetischen Orden der goldenen Dämmerung (*The Hermetic Order of the Golden Dawn*). Die Mitglieder des *Golden Dawn* rekrutierten überwiegend aus der Großloge der *englischen Freimaurerei* und der *Rosenkreuzer-Gesellschaft*. Man kann auch sagen, daß der Golden Dawn

damals der geheime Kreis der damaligen *esoterischen* Freimaurerei in England war.

Unter seinen Mitgliedern waren so bekannte und einflußreiche Persönlichkeiten wie Florence Faar, Bram Stoker, Aleister Crowley, der bekannteste Magier der letzten Jahrhunderte, oder auch Hochgrad-Freimaurer Rudolf Steiner, der Begründer der anthroposophischen Lehre und Leiter der theosophischen Lehre in Deutschland. Steiner war auch Großmeister des Illuminaten-Ordens, stellvertretender Großmeister des *Ordo Templi Orientis* (O.T.O.) und Großmeister des Zweiges *Mysteria Mystica Aeterna*. Er verließ später den *Golden Dawn* wegen unterschiedlicher Auffassungen.[59]

Der Lehrplan des Ordens umfaßt alle Aspekte der hermetischen Tradition, einschließlich der Theurgie (Ritualmagie), Alchemie, Astrologie, Kabbala, Tarot, Geomantie und esoterischem Christentum, sowie ägyptische, henochische, griechische und chaldäische Mysterien und Magie.

Durch die unerwünschte Publizierung verschiedener Golden-Dawn-Materialien durch Aleister Crowley und Israel Regardie kam es zur Gründung verschiedener Untergruppen, jedoch soll der einzig verbleibende Golden Dawn unter direkter Führung und dem Schutz der geheimen Oberen des Dritten Ordens bis heute fortbestehen.

Ordo Novi Templi (ONT):

Im Jahre 1907 gründete der List-Schüler Lanz von Liebenfels (1874-1954) den Orden *Ordo Novi Templi* (Orden der Neuen Templer/ONT). Bereits 1905 gründete Liebenfels die *Guido-von-List-Gesellschaft*.

Ordo Templi Orientis (O.T.O.):

Der *Ordo Templi Orientis* wurde Anfang des zwanzigsten Jahrhunderts gegründet. Die Wurzeln des Ordo Templi Orientis liegen in der Tradition der Freimaurerei,

Abb.67:
Jörg Lanz von Liebenfels

213

des Rosenkreuzertums und der illuministischen Bewegungen des achtzehnten und neunzehnten Jahrhunderts, der Kreuz- und Tempelritter des Mittelalters sowie der frühen christlichen Gnosis und der heidnischen Mysterienschulen. Die Symbolik des Ordens birgt die wiedervereinigten geheimen Überlieferungen des Ostens und Westens in sich, und die harmonische Eingliederung dieser Überlieferungen hat ihn den wahren Wert der Offenbarung vom *„Buch des Gesetzes"* von Aleister Crowley erkennen lassen.

Abb.68:
Carl Kellner

Der geistige Vater des Ordo Templi Orientis war der wohlhabende österreichische Chemiker und Papierfabrikant Carl Kellner. Er studierte die Freimaurerei, das Rosenkreuzertum sowie die östliche Mystik und unternahm ausgedehnte Reisen durch Europa, Amerika und Vorderasien. Seinen eigenen Aussagen nach war er während seiner Reisen mit drei Adepten (einem Sufi, Soliman ben Aifa, und zwei hinduistischen Tantrikern, Bhima Sena Pratapa aus Lahore und Sri Mahatma Agamya Paramahamsa) sowie einer Organisation namens *Hermetic Brotherhood of Light* (Hermetische Bruderschaft des Lichts) in Berührung gekommen.

Germanenorden:

Bereits im Jahre 1912 gründete Freiherr *Rudolf von Sebottendorf* den völkischen Germanenorden. Das Feindbild waren die alten, unterwanderten Freimaurerlogen, die Kirche sowie die Illuminaten.

Der Wegbereiter für den Germanenorden war Guido von List (1848-1919). In seiner Form der Ariosophie, der Lehre von den Ariern und ihrer rassischen Überlegenheit, vereinte er völkisches

Abb.69:
Guido von List

und altdeutsches Denken mit okkulten Ideen und legte damit den Grundstein für das spätere Ideengebäude der Nationalsozialisten. Einer derer, die mit diesem Gedankengut stark verbunden war, war kein Geringerer als Dietrich Eckart, einer der maßgeblichen Hitler-Förderer im ersten Jahrzehnt des letzten Jahrhunderts und in den zwanziger Jahren oder auch August Strindberg. 1916 soll es zur Spaltung des Ordens gekommen sein.

„Die Herren vom Schwarzen Stein" (DHvSS):

Die Gründung dieses Ablegers der marcionitischen Templergesellschaft geht auf das Jahr 1221 zurück. Die Gesellschaft wurde in Süddeutschland gegründet und blieb eine mehr oder weniger geheime Ordensgemeinschaft. Die Erbengemeinschaft der Tempelritter wird heute vielfach als die einzig wahre Templergemeinschaft angesehen. Hierbei handelt es sich um die Nachfahren der Templer von 1307, die ihre Geheimnisse vom Vater auf den Sohn übertragen – bis heute.

In späteren Papieren der *Erbengemeinschaft der Templer* (Societas Templi Marcioni) werden die *Herren vom Schwarzen Stein* als *geheimwissenschaftliche Sektion* (!) von nur wenigen hundert Mitgliedern geführt.

Die Ordensleitung des Mittelalters hat diesen Ordensableger nicht als ordenskonform anerkannt, ist aber mit stillschweigender Duldung darüber hinweggegangen. Man begnügte sich mit einigen Ermahnungen, nicht in das „dunkle Heidentum" abzusinken.

Die Bedeutung der „Herren vom Schwarzen Stein" war – zumindest nach außen hin – gering. Der Schwerpunkt lag in Bayern und Österreich. Anhängerschaft gab es in Skandinavien, im Elsaß, in Nordfrankreich, Schottland und Venedig. Von einem straff organisierten Netzwerk kann aber nicht die Rede sein. „Die Herren vom Schwarzen Stein" waren von Anfang an eine Gemeinschaft von Einzelgängern – sowohl Templer als auch Außenstehende; dem Orden der Tempelritter gehörten sie formal an, sie befolgten aber keinerlei Weisungen nichtmilitärischer Art.

Der Gründer der Gemeinschaft war der bayrische Tempelkomtur Hubertus Koch, um dessen Person sich viele Legenden ranken. Koch soll während eines Kreuzzuges im Orient geboren sein, sein Leben vor 1218 liegt aber im Dunkeln und ist für den weiteren Verlauf auch nicht von Bedeutung.

Koch war wohl das, was man eine charismatische Erscheinung nennen könnte – ein Mann, der über große Bildung verfügte und von starker Willenskraft war, mit möglicherweise auch medialen Begabungen. Im geheimen Ordensbuch hat Koch diejenigen Phasen seines Lebens in dichterischer Form niedergeschrieben, die seiner Meinung nach erwähnenswert erschienen.

Es wird erzählt von der Suche nach dem Heiligen Gral und der Erkenntnis, daß etwas ganz anderes zu suchen und zu finden wichtig sei: der *Heilige Speer* und der magische *Schwarze Stein*. Letzterer gab der Ordensgemeinschaft schließlich auch ihren Namen. (Dieser Schwarze Stein ist ein Gegenstück zur *„Schwarzen Sonne"*, der „Großen Zentralsonne" der Milchstraße, und meint verstofflichtes Ultraviolett.)

Es ist nicht verwunderlich, daß wir auch hier auf den *Gral* und einen *geheimnisvollen Stein* treffen?

Grundsätzlich sollte davon ausgegangen werden, daß der Templer-Orden bereits im ersten Jahrhundert seines Bestehens keineswegs *eine* einheitliche Gemeinschaft darstellte. Auch bei den Templern gab es Splittergruppen mit verschiedenen Glaubensrichtungen, wie das in allen anderen großen Religions- oder Ordensgemeinschaften bis heute der Fall ist. Bei den Templern ist es heute wie damals. Besonders zu beobachten ist dieses Phänomen heute auch im weltweiten Netz des Freimaurertums, womit hier aber keine Wertung vorgenommen werden soll.

Trotz der Spaltungen gab es bei den Templern jedoch in einem Punkt Übereinstimmung: Es war ihre Ablehnung des Gottes *Jahwe* aus dem Alten Testament. In ihm sahen die Templer den Satan, der bekämpft werden mußte.

Eine der bedeutenden Glaubensrichtungen war die der *Marcioniter*, daneben gab es auch noch die *Panbalyonier* und die *Katharer*. Aus diesen Kreisen stammen *Die Herren vom Schwarzen Stein*, die sich formell vom Templer-Orden lossagten. Eine andere Gruppe soll zudem noch in Wien bestehen.

Eine andere kaballistische Sichtweise in bezug auf Jahwe beschreiben Nichols und Moon in ihrem Buch „*Die Pyramiden von Montauk*". Sie erklären, daß Jahwes Name im Hebräischen JHVH oder YHWH oder IHVH ist. Dies sind die vier hebräischen Buchstaben Jod, He, Vau und He. Eine Transportation der Buchstaben von JHVH zu HJVH ergibt das hebräische Wort für Tier, welches *heva* ausgesprochen wird. Da dieses Wort numerologisch den gleichen Wert hat wie Jahwe, werden beide als gleich angesehen. Das nennt man auch die Magie des Alphabets.[60]

Dem Templer-Orden gehörten bekanntlich hauptsächlich Deutsche und Franzosen an, wobei anzumerken ist, daß diese Bezeichnungen damals nur als kulturelle Unterschiedlichkeit gesehen wurden. Dennoch – zwischen Franzosen, Deutschen, Kelten und Germanen wurden nicht einmal völkische Unterschiede gemacht. Von welcher historischen Bedeutung und Wichtigkeit diese Verbindungen bis heute sind, belegt die Vermählung zwischen dem Welfen-Prinz Ernst August von Hannover und Prinzessin Caroline von Monaco.

Vor der Niederwerfung der Katharer sollen Zweige des Templer-Ordens von ihnen ein Stück des *Ur-Evangeliums*, niedergeschrieben von *Marcion*, erhalten haben. Marcion soll noch zu Lebzeiten mit dem Apostel Paulus zusammengetroffen sein. Marcion überlieferte daher eine ursprüngliche, und vor allem **unverfälschte** Version der Lehren Jesu, nach denen der Gott des Alten Testaments der Satan ist. Das wiederum war Grundlage für den Glauben der Templer. Damit war für sie aber auch bewiesen, daß die päpstliche Kirche auf falschen Lehren aufgebaut ist.

Die Templer fanden aber noch weitere Belege für ihre Vermutungen. So fanden sie in den Ruinen *Karthagos* Teile der unverfälschten Evangelien des Johannes und des Matthäus sowie eine von Marcion angefertigte Übersetzung der altorientalischen *Ilu*-Lehre. Beide Fundstücke berichten im Kern vom *Reich Gottes* und dessen Volk – welches das germanische sein soll –, ein Aspekt, der in der offiziellen biblischen Version entfällt. Es handelt sich um die Prophezeiung für das kommende Lichtreich, das auf der Erde entstehen soll.

Demnach sollen Jesu Aussagen im Kern andere gewesen sein, als das, was in der offiziellen Version der Bibel steht. So soll nicht *Baal* oder *Baphomet* der Teufel sein, sondern *Jahwe*, der mosaische Gott des Alten Testaments. So besteht auch das Alte Testament aus einem alten Teil und einem neuen Teil. Der ältere Teil mit der Schöpfungsgeschichte sei von den späteren Bibelautoren falsch interpretiert und in eine neue ideologische Richtung gelenkt worden.

Somit wird verständlich, auf welchen Grundlagen die spätere Ideologie und die damit verbundenen politischen Ziele der Nationalsozialisten und der im Hintergrund operierenden Geheimgesellschaften basierten und wer für sie die Wurzel allen Übels auf der Welt darstellte. Für sie war es ein Jahrtausende alter Kampf zwischen zwei Linien, der weiter geführt werden mußte.

Die Thule-Gesellschaft:

Die Thule-Gesellschaft wurde 1918 von Rudolf von Sebottendorf gegründet. Über die in den Jahren nach dem Ersten Weltkrieg in München wirkende Thule-Gesellschaft gehen die Meinungen bis heute teilweise sehr weit auseinander. Die von einem Nimbus des Geheimnisvollen umgebene Organisation wird als ein sektiererischer Geheimorden oder als esoterische Geheimgesellschaft beurteilt, teilweise als die geistige Vorgängerin der NSDAP. Die Thule-Gesellschaft gründete die Deutsche Arbeiter Partei (DAP), die später in NSDAP umbenannt wurde. 1937 wurde die Thule-Gesellschaft offiziell aufgelöst. Vielmehr wird aber angenommen, daß sie in zwei Teile zerbrach, den der Esoteriker (griech.: *esoteros* = der Innere), zu denen beispielsweise Rudolf Steiner zählte, und den der Exoteriker (griech.: *exoteros* = der Äußere), deren Leitung Adolf Hitler übernommen haben soll. Hitler soll später den inneren Kreis verfolgt und jeden umgebracht haben, den er erwischte.[61]

Zweifellos hat die Ideologie der Thule-Gesellschaft großen Einfluß auf das Dritte Reich ausgeübt. Viele Historiker und Autoren behaupten sogar, daß der Einfluß der Thule-Gesellschaft viel größer war, als heute angenommen wird und entscheidenden Anteil am Aufstieg Hitlers hatte. Die esoterische, okkulte Thule-Gesellschaft versuchte, die okkulten Lehren und Praktiken des *Golden Dawn* mit Politik zu verbinden.

Die Vril-Gesellschaft:

Kommen wir nun zur Vril-Gesellschaft, womit die kurze zusammenfassende Betrachtung geheimer Gesellschaften ihren okkulten Höhepunkt erreicht. Damit möchte ich auch hier keinerlei Wertung vornehmen. Die Vril-Gesellschaft ist sicherlich die interessanteste Geheimgesellschaft, die seinerzeit existierte und hier insbesondere von Bedeutung ist, da diese Gesellschaft vielfach in direktem Zusammenhang mit geheimer Hochtechnologie der damaligen Zeit gesehen wird.

Die Vril-Gesellschaft wurde von Karl Haushofer gegründet. Haushofer gründete bereits vor 1919 den Orden *„Brüder des Lichtes"*, der später in die *Vril-Gesellschaft* umbenannt wurde.

Es ist wichtig zu erwähnen, daß sich in der Vril-Gesellschaft ebenfalls die 1917 aus dem Germanenorden hervorgegangene Templer-Neugründung *„Die Herren vom Schwarzen Stein"* vereinte. (Außerdem vereinten sich darin auch die *„Schwarzen Ritter"* der Thule- und SS-Elite *„Schwarze Sonne"*.)

Es gab einen grundlegenden Unterschied zwischen Thule- und Vril-Gesellschaft. Die Thule-Gesellschaft widmete sich eher materiellen und politischen Dingen und versuchte, diese mit okkulten und geheimen Lehren zu verbinden beziehungsweise zielorientiert umzusetzen. Die Vril-Gesellschaft war durchweg okkult/esoterisch und war jenseitig/transzendental orientiert.

Zusammenhänge und weitere Hintergründe...

Wie in dem kleinen Überblick bereits erwähnt wurde, war die Thule-Gesellschaft jene geheime Gemeinschaft, aus der die DAP und später die NSDAP hervorging mit ihrem Oberhaupt Adolf Hitler.

Es gibt sicherlich verschiedene Meinungen darüber, wann die Thule-Gesellschaft wirklich gegründet wurde. Es ist aber wohl davon auszugehen, daß ein Treffen verschiedener Persönlichkeiten im Wiener *Café Schopenhauer* im Jahre 1917 die Geburtsstunde der Thule-Gesellschaft war.

Bei den Teilnehmern handelte es sich um den Okkultisten Baron Rudolf von Sebottendorf sowie den Gurdjeff-Schüler Karl Haushofer, den Kampfflieger Lothar Waiz, den Prälaten Gernot von der geheimen Erbengemeinschaft der Tempelritter (*Societas Templi Marcioni*) und Maria Orsic, ein transzendentales Medium aus Zagreb.

Die Gruppe befaßte sich inhaltlich mit den geheimen Lehren des Golden Dawn. Besonders Haushofer und Sebottendorf waren erfahrene Indien- und Tibetreisende und kannten sich mit den dortigen Lehren und Mythen bestens aus. Karl Haushofer knüpfte bereits während des Ersten Weltkrieges Kontakte mit den sogenannten *Gelbmützen*, eine der einflußreichsten Geheimgesellschaften Tibets und Asiens. Diese wurde 1409 von dem buddhistischen Reformator Tsongkhapa gegründet. Haushofer wurde in diesen Geheimbund eingeweiht und schwor, wenn die ihm auferlegte Mission scheitern sollte, Selbstmord zu begehen. Die Verbindung zwischen Haushofer und den *Gelbmützen* führte unter anderem dazu, daß sich in Deutschland in den zwanziger Jahren tibetanische Gemeinden bildeten.

Neben Sebottendorf galt besonders Karl Haushofer als einer der okkulten und führenden Köpfe der deutschen Geheimgesellschaften des späteren Dritten Reiches. Viele sahen in ihm sogar einen der größten Magier des Deutschen Reiches. Es wurde ihm eine treffsichere prophetische Gabe nachgesagt, außerdem stand er in enger Verbindung zum Geheimorden O.T.O. (*Ordo Templi Orientis*).

Es begann in Wien...

Während des Treffens im *Café Schopenhauer* erhofften sich die übrigen Beteiligten vom Prälaten Gernot wichtige Informationen über die geheimen Offenbarungstexte der Tempelritter. Prälat Gernot vertrat die *Erbengemeinschaft der Tempelritter.* Dabei handelt es sich um Nachfahren der Templer von 1307, die ihr Geheimwissen über die Jahrhunderte hinweg vom Vater auf den Sohn übertragen.

Gernot soll den anderen Beteiligten bei dem Treffen unter anderem davon berichtet haben, daß die Erde vor dem Eintritt in ein neues Zeitalter steht – dem Wassermann-Zeitalter. Es war also die Rede von der Präzession beziehungsweise der kegelförmigen Eigenbewegung der Erdachse.

Das als *Präzession* bezeichnete Phänomen hängt mit der Taumelbewegung der Erde zusammen. Die Erde, das werden die meisten von Ihnen wissen, ist keine perfekte „Kugel". Das liegt daran, daß durch ihre hohe Geschwindigkeit beim Drehen um ihre eigene Achse enorm starke Zentrifugalkräfte entstehen. Stellen Sie sich die Erde für einen Moment als einen runden Ball vor. Durch die Zentrifugalkräfte bläht sich der „Ball Erde" am Äquator nach außen auf, infolgedessen kommt es zu einer Abflachung der beiden Pole. Um sich diesen Sachverhalt noch deutlicher zu machen, stellen Sie sich einfach einen Spielzeugkreisel bildlich vor. Nehmen Sie ihn in die Hand, und setzen Sie ihn mit viel Schwung in Bewegung. Bei voller, unveränderter Geschwindigkeit steht Ihr Kreisel aufrecht. In dem Augenblick aber, in dem seine Achse von der Senkrechten abgelenkt wird und seine Geschwindigkeit sich verlangsamt, ändert sich sein Verhalten – er beginnt, langsam in einem großen Kreis zu taumeln. Dieses Taumeln, die Präzession also, verändert die Achsenrichtung unseres Planeten in konstanter Weise. Der Äquatorradius (6.378,160 Kilometer) ist daher etwa 22 Kilometer länger als der Polradius (6.356,776 Kilometer) der Erde.

Unser Sonnenjahr ist entsprechend der zwölf Mondumläufe in zwölf Monate unterteilt, und auch unsere Sonne benötigt für ein Weltenjahr zwölf Umläufe um die große Zentralsonne. In alten Mythen spricht man hier von der **„Schwarzen Sonne"**.

Ein solcher Präzessions-Zyklus oder Weltenjahr, wie es gerne genannt wird, dauert etwa 25.920 Erdenjahre. Ein sogenannter Weltenmonat, das heißt der Zeitraum, in dem der Frühlingspunkt durch eines der zwölf Häuser wandert, dauert 2.160 Jahre. In einem noch kleineren Zyklus, der wohl den meisten Lesern bekannt sein wird – nennen wir es den „Weltentag" –, wandert die Erde auf ihrer Umlaufbahn um die Sonne durch alle zwölf Häuser, das heißt, der Sternenhintergrund, vor dem der Sonnenaufgang zu beobachten ist, ändert sich von Monat zu Monat (Widder, Stier, Zwillinge, Krebs, Löwe und so weiter).

Nach Aussage der Templer steht der Menschheit aber nicht nur ein gewöhnliches Zeitalter (Weltenmonat/2.160 Jahre) bevor, sondern auch das Ende und der Beginn eines kosmischen Jahres.

Alle Zeitalterwechsel haben stets zu großen politischen, religiösen und gesellschaftlichen Umwälzungen geführt, die wohl unübersehbar auch ein Zeichen unserer Zeit zu sein scheinen und einen Übergang in das neue Wassermann-Zeitalter darstellen. Hier wurzeln letztlich auch die politischen und ideologischen Führungsansprüche der späteren Führung des Dritten Reiches. Auf diese politischen und ideologischen Ziele soll an dieser Stelle nicht näher eingegangen werden, darüber mag sich jeder seine eigene Meinung bilden. In der hier geführten Untersuchung und der zentralen Frage nach einer möglichen Hochtechnologie im Dritten Reich und wie beziehungsweise woher das dafür erforderliche wissenschaftliche Grundlagenwissen kam, sind politische und ideologische Fragen nicht von Bedeutung.

Kommen wir zurück zu den damaligen Hauptdarstellern in Wien.

Wegweisendes Treffen am Untersberg...

Ende September 1917 traf dann Rudolf von Sebottendorf mit Angehörigen der *Herren vom Schwarzen Stein* am Untersberg (bei Berchtesgaden) zusammen. Der Geheimorden *Die Herren vom Schwarzen Stein* ging 1221 aus der marcionischen Templergemeinschaft hervor und wurde von Hubert Koch geführt. Der Orden hatte sich das Ziel gesetzt, das Böse auf der Welt zu bekämpfen und das kommende Lichtreich Christi mit aufzubauen.

Laut der Überlieferung geht die Gründung des Ordens *Die Herren vom Schwarzen Stein* auf ein besonderes Ereignis zurück. Im Jahre 1221 hatten Ritter der marcionischen Templergemeinschaft in Ettenberg, am Fuße des Untersberges, eine Begegnung mit einem Wesen, das sie als Göttin bezeichneten und *Isais* nannten. Es soll sich dabei um eine anmutende magische Frau gehandelt haben, mit sehr langen Haaren und ungewöhnlicher Bekleidung. Sie soll den Rittern drei Gegenstände übergeben haben, die sie behüten sollten, bis das Wassermann-Zeitalter anbräche. Bei den drei Gegenständen handelte es sich um:

- einen *Ilua*, einen schwarzvioletten Kristall (schwarzer Stein),
- einen magischen Spiegel sowie
- einen speziellen Dolch.

Bei dem *Ilua* soll es sich um einen Schlüsselkristall mit weiblicher Schwingung handeln. Er bildet das Gegenstück zum sogenannten *Garil* (Gral), der eine männliche Schwingung aufweist.

Außerdem übergab die *Göttin Isais* den Rittern noch die sogenannte *Isais-Offenbarung* und teilte ihnen mit, daß sie bei Anbruch des Wassermann-Zeitalters wiederkehren würde.

Wegweisend für das spätere Wirken und die Mission jener Thule-Gesellschaft war sicherlich das Treffen am Untersberg, bei dem Sebottendorf erstmals *Die Herren vom Schwarzen Stein* traf. Er formierte anschließend einen geheimen Personenkreis um sich herum, der sich über den *Germanen-Orden* dann 1918 in Bad Aibling in die Thule-Gesellschaft formierte und den inneren Zirkel bildete.

Interessant ist noch ein anderer Aspekt. In der Isais-Offenbarung fanden ihre Anhänger auch die Grundlage für die Gründung der nördlichen und der südlichen Hauptstadt des Reiches: *Berlin-Tempelhof* im Norden und *Wien* im Süden. Das wiederum ist ein nicht unwesentlicher Hinweis auf die Templer-Geschichte, und noch heute zeugt neben dem Tempelhof eine unterirdische Anlage vom Wirken der Templer. Auch diese Anlage wird in den Prophezeiungen beschrieben.

Und Wien? Noch heute soll sich in Wien der elitärste Templerkreis befinden. Sie bewahren bis heute nicht nur das geheime Wissen aus Jerusalem auf, sondern bei ihnen handelt es sich um die uralte Linie, aus der auch Jesus abstammte. Hier wird bekanntlich auch der Speer des Longinus aufbewahrt.

Schatzmeister oder Hüter des Wissens ist die *Erbengemeinschaft der Templer*, bestehend aus der Habsburger-Linie und Personen anderer Adelshäuser. Von ihnen werden diese Geheimnisse bis heute rechtmäßig bewahrt. Auch die Errungenschaften der „Vril-Gesellschaft" (z.B. die Flugscheiben-, Antriebs- und Kommunikationstechniken) sollen sich in den Archiven befinden.

Abb.70:
Maria mit dem Jesu-Kind, oder Maria Magdalena mit dem Kind von Jesus?

Abb.71:
Templerkreuz in der Kapelle unter dem Stephansplatz.

Abb.72:
An diesem Ort wurden radiästhetische Messungen vorgenommen, und es zeigte sich, daß hier Energien ungewöhnlich stark sind.

In der Nähe des Stephansplatzes stieß man vor vielen Jahren bei Bauarbeiten auf eine uralte Kapelle, die unzweifelhaft mit den Templern beziehungsweise den Zisterziensern im Zusammenhang steht. An einem bestimmten Punkt (Abb. 71 und 72) in diesem unterirdischen Raum haben Experten vor Jahren eine unglaublich hohe Energiestrahlung feststellen können. Damals wie heute spielt Wien eine bedeutende Rolle im Zusammenhang mit den vielen Geheimnissen rund um die Templer.

Wichtige Mitglieder der Thule-Gesellschaft und weitere Untergruppen...

Die wichtigsten Mitglieder der Thule-Gesellschaft waren zu dieser Zeit Rudolf von Sebottendorf, Guido von List, Lanz von Liebenfels, Karl Haushofer, Adolf Hitler, Rudolf Heß, Hermann Göring, Heinrich Himmler, Alfred Rosenberg, Hans Frank, Julius Streicher, Gottfried Feder, Dietrich Eckart, Bernd Stempfle, Theo Morell, Franz Gürtner, Dr. W. O. Schumann und Trebitsch Lincoln.

Der Name *Thule* stammt von der skandinavischen Legende von *Ultima Thule*, einem wundervollen paradiesischen Land im hohen Norden, in dem die Sonne niemals untergeht und die Vorfahren der arischen Rasse gelebt haben. Womit wir auch schon bei der zentralen Lehre der *Thule-Gesellschaft* wären. Die Lehre, die am stärksten auf die *Thule-Gesellschaft* einwirkte, war die ario-germanische Religionskonstruktion *Wihinei* des Philosophen Guido von List, die *Welteislehre* des Hans Hörbiger und eine Hinwendung zum anti-alttestamentarischen Urchristentum der Marcioniter.

Im weiteren Umfeld der *Thule-Gesellschaft* entstanden in der Folgezeit noch andere Orden. Der bekannteste darunter war die SS (Schutz-Staffel), welcher auch der *Schwarze Orden* genannt wurde. Die SS war alles andere als nur eine Polizeitruppe – sie war ein regulär religiöser Orden mit einer hierarchischen Gliederung, die von den Laienbrüdern bis zu den obersten Graden reichte, jenen, von denen man innerhalb der Partei und der SS als *„den Männern, die dem inneren Kreis angehörten"* sprach.[62] Innerhalb der SS gab es eine weitere Geheimgesellschaft mit dem Namen *Schwarze Sonne*.

Dieser Ordenszweig bestand aus dreizehn Personen: dem SS-Chef Heinrich Himmler und zwölf ausgesuchten Obergruppenführern. Diese Gemeinschaft nannte sich auch die *Schwarzen Ritter*.

Die Ordensburg und ihre Tafelrunde...

Als *Ordensburg* wählte man die *Wewelsburg* in der Nähe von Paderborn in Westfalen. Einst weilte hier der Raubritter *Wewel* von Büren, später war diese einzige Höhenfeste Westfalens Zufluchtsstätte der Paderborner Bischöfe.

Einem Raum in der *Wewelsburg* kam eine ganz besondere Bedeutung zu. Im Kellergeschoß des Nordturms wurde seinerzeit ein Raum ausgebaut, der Historikern bis heute große Rätsel aufgibt – die sogenannte *Walhalla*. Dabei handelt es sich um einen runden Saal, in dem um eine Aussparung in der Raummitte herum kreisförmig zwölf kleine Podeste stehen.

Dort saß die Tafelrunde, die Auserwählten des Schwarzen Ordens, *„ein ganz kleiner Kreis, der über die wesentlichen Theorien und Ziele im Bilde war"*, wie Karl Poetel schreibt. *„Die Mitglieder der verschiedenen untergeordneten Trupps erfuhren nur Bruchstücke davon."*[63]

Abb.73 rechts: Unter dem „Obergruppenführersaal" befindet sich die sogenannte „Gruft" (Walhalla). In ihr wurden die Rituale abgehalten. Um die Opferstätte befinden sich 12 Steinsockel (Sitze). Über jedem der Steinsockel befindet sich eine Lampe, welche die Person darunter, sowie auch den „göttlichen Bereich darüber" beleuchtet.
Abb.74 links: Der Obergruppenführersaal. In der Mitte als Bodenornament die *Schwarze Sonne*. Der Raum ist umgeben von 12 Steinsäulen.

Was sich wirklich hinter den Mauern der Wewelsburg zugetragen hat, darüber gibt es verschiedene Theorien, aber nur wenige historisch belegbare Fakten. Die *Thule-Gesellschaft* mit ihren Untergruppen *SS* und *Schwarzer Orden* weist klare Strukturen eines okkulten Ordens auf. *„Und die Wewelsburg war das magisch-geistige Zentrum des Ordens, das magische Zentrum der „neuen Thule", wo sich die Eingeweihten zwecks geistiger Verwandlung jener im Okkultismus und in der Magie üblichen inneren Gymnastik hingaben."*[64]

Vielleicht noch ein kleiner Aspekt in Verbindung mit der Wewelsburg und den okkulten Hintergründen und Spekulationen:

Heinrich Himmler, der sich sehr mit okkulten Mythen aus Ost und West befaßte, war sicherlich auch mit dem *Maya-Kalender* vertraut und der Tatsache, daß dieser um das Jahr 2012 herum endet. Laut alten Überlieferungen der Mayas werden zu jener Zeit dann dreizehn Kristallköpfe wieder zusammengeführt, und die Welt (*oder eine Epoche?* A.d.V.) hört auf zu existieren. Vermutlich ließ Himmler aufgrund der *Maya-Überlieferung* überall auf der Welt Kristallköpfe suchen und wurde auch fündig. Dieser Aspekt sollte nicht unerwähnt bleiben, da Kristallköpfe ja schon bei den okkulten Templern und ihren rituellen Praktiken eine bedeutende Rolle gespielt haben. In der Wewelsburg richtete der SS-Führer und Thule-Mann Himmler vermutlich genau zu diesem Zweck jenen Raum mit den zwölf Podesten für die zwölf Kristallköpfe ein. Der dreizehnte Kristall sollte in der Mitte des Raumes positioniert werden. Himmler behauptete, daß dieser Ort eines Tages das *Zentrum der Welt* darstellen würde. Wie bereits beschrieben, wurde er bei seiner weltweiten Suche fündig, alles weitere ist allerdings recht spekulativ. Auch über Sinn und Zweck kann man natürlich spekulieren, wie man ebensogut darüber spekulieren kann, zu welchem Zweck die Templer mit den Kristallköpfen okkult arbeiteten beziehungsweise sie benutzten.

In welche Hände die bereits gefundenen Schädel dann nach dem Krieg fielen, ist bis heute ungeklärt. Gerüchte besagen, daß Himmlers Sekretärin und Geliebte, Hedwig Pottast, nach dem Krieg der Kopf einer geheimen Untergrundorganisation war, die diese und andere Kult-Gegenstände sicherte.[65]

Kristallköpfe in Interlaken:

Im November 2004 folgte ich einer Einladung von Klaus Dona zu der Eröffnung der Ausstellung *Unsolved Mysteries* ins schweizerische Interlaken. Auf dieser sagenhaften Ausstellung waren unter anderem verschiedene Jahrhunderte alte Kristallköpfe ausgestellt.

In der Ausstellung wurden sechs Originalexponate der ungewöhnlichsten Schädelfunde aus der einzigartigen Sammlung von *Joky van Dieten* ausgestellt. Die ausgestellten Kristallköpfe stammen unter anderem aus der südwestlichen Mongolei, der Ukraine, Peru, Brasilien und Guatemala.

Die Holländerin Joky van Dieten berichtet in diesem Zusammenhang von vielen seltsamen Ereignissen. Viele Esoteriker sind davon überzeugt, daß einzelne Kristallköpfe mit überirdischen Informationen gespeichert sind, die man ähnlich einem Computerprogramm abrufen kann. Manche Menschen sollen beispielsweise bei der Inaugenscheinnahme des „E.T.-Schädels" in Trance gefallen sein, andere wiederum schrieben ihm heilende Wirkung zu. Joky van Dieten zum Beispiel litt selbst an einem bösartigen Kopftumor mit geringen Chancen auf Genesung. Erst durch die Magie des Schädels, so glaubt Joky, sei sie wieder ins Leben zurückgerufen worden.[66]

Abb.75:
Stefan Erdmann mit Joky und Tochter Michaela.

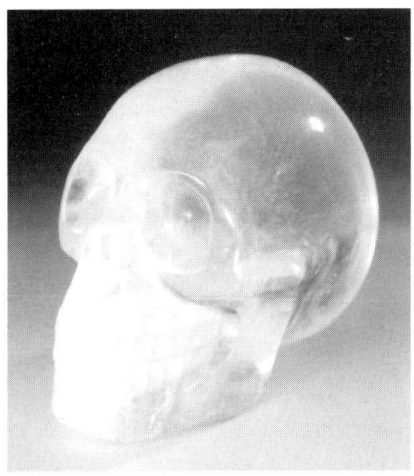

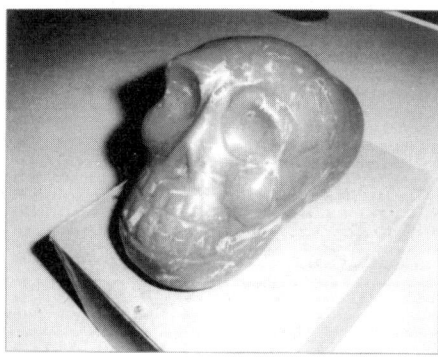

Abb.76 links oben:
Der *Jesuit* aus Quarzkristall aus dem Besitz von Ignatius von Loyola, dem Gründer der Jesuiten.

Abb.77 rechts oben:
Shui Ting aus der Mongolei

Abb.78 Mitte links:
E.T. aus Mittelamerika (mind. 500 Jahre alt)

Abb.79 Mitte rechts:
Oceana aus grünlichem Aquamarin (Südamerika)

Abb.80 unten links:
Bolivar aus Kolumbien

229

Abb.81 links: *Baby Luv* aus Rosenquarz wurde 1710 in der Ukraine gefunden.
Abb.82 rechts: *Lazuli* wurde 1995 von Indianern in Nordperu entdeckt.

Interessanterweise traf ich während meines viertägigen Aufenthaltes in Interlaken eine Person, die mir einen schwarzen Kristallkopf zeigte und von den mysteriösen Umständen berichtete, wie sie zu dem Kristallkopf kam. Der schwarze Kristallkopf soll einer *der* Schädel sein, die einst Adolf Hitler besessen hat und soll möglicherweise in Verbindung mit der *Thule-Gesellschaft* und ihren okkulten Praktiken in der *Wewelsburg* gestanden haben.

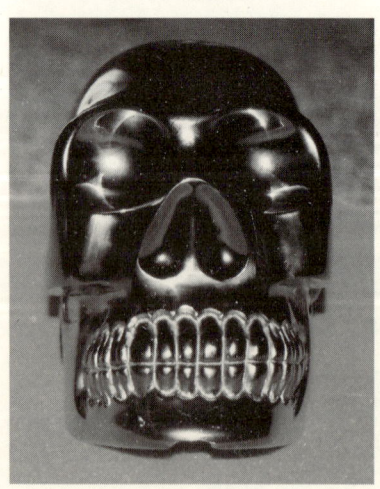

Abb. 83 und **84**:
Der schwarze Schädel aus dem Besitz Adolf Hitlers?

230

Ultima Thule und Hyperboräa...

Ich möchte an dieser Stelle aber noch einen anderen wichtigen Aspekt erwähnen, der mit der *Thule-Gesellschaft* in Verbindung gebracht wird: *Ultima Thule* (zuerst als *Ultima Thule* von *Pytheas* aus Marseille erwähnt um 400 v.chr., wahrscheinlich Island).

Ultima Thule soll einst die Hauptstadt des ersten von Ariern besiedelten Kontinents gewesen sein. Der Name dieses Kontinents soll *Hyperboräa* gelautet haben, und er soll älter als *Lemuria* und *Atlantis* gewesen sein.

Der Mythos ist in der skandinavischen und germanischen Völkergeschichte verankert, obwohl diese Legenden einige ihrer Ursprünge von den alten Griechen und den Ariern aus Zentralasien bezogen. Zwei großen mystischen und magischen Orten, *Hyperboräa* und *Ultima Thule*, wurde in der nordischen Mythologie besonders viel Aufmerksamkeit geschenkt.

Alle Aufzeichnungen sprechen von ihrer tatsächlichen Existenz, nämlich in der Arktisregion der Welt in grauer Vergangenheit. Kein Wunder, daß man auch in diesem Falle historische Fakten in das Reich der Mythen und Legenden verlegt, was natürlich auch verständlich ist, da Ultima Thule, Hyperboräa, Atlantis und so weiter in einem direkten Zusammenhang stehen könnten.

Die erste Erwähnung der Hyperboräer finden wir in den Mythen des alten Griechenlands, vor Homers Zeit. Herodot jedoch nennt sie als Teil des legendären thebanischen Epos in Verbindung mit dem *Apollo-Kult*, dem Sonnengott. Ihre Heimat sei ein paradiesisches Land *„jenseits des Nordwindes"* gewesen, was eine Region beschreibt, die heute in der Arktis oder gewiß im Nordatlantik liegen könnte! Laut der gleichen Quelle lebten die Hyperboräer etwa eintausend Jahre.

Andere Legenden besagen, Hyperboräa sei „das glückliche Land im Westen, hin zur sinkenden Sonne", der in grauer Vorzeit berühmte „Garten der Hesperiden", wo die Bäume goldene Früchte trugen, die „Elysäischen Felder" oder sogar die „Glücklichen Inseln". Im allgemeinen heißt es, es sei ein wahres Paradies auf Erden gewesen, vielleicht eine Insel irgendwo zwischen den Azoren und Island, die – wie Atlantis – nach einer großen Katastrophe in den Wellen versank. Einige Gelehrte ziehen eine direkte Verbindung zwischen den beiden und behaupten, Hyperboräa sei in Wirklichkeit der verlorene Kontinent Atlantis gewesen.

Es hängt einfach davon ab, wie weit die ursprünglichen Legenden zurückreichen. Man kann sie bis in die Zeit des Anbeginns der ägyptischen Nation zurückverfolgen (da sie Teil des thebanischen Epos sind), daher wäre es möglich, daß sie zeitlich bis vor den letzten Polsprung zurückgehen. In diesem Fall wäre das Land, das sich nun in der Arktis befindet, vom Klima her warm bis gemäßigt gewesen, reich bedeckt mit Grasland und Wäldern und all den pflanzlichen und tierischen Gaben der Natur.

Es ist sogar möglich, daß wir nicht weiter zu blicken brauchen als zu den Britischen Inseln, da diese sehr wohl im „fernen Nordosten" Ägyptens wie auch Griechenlands lagen. Zu diesem fernen Zeitpunkt jedoch waren England und Irland der nordwestlichste Teil der europäischen Landmasse, da der Ärmelkanal und die Nordsee damals beide

Abb.85:
Der *Vatnajökull*, eine riesige vulkanische Landschaft im Herzen Islands; er stellte für die Alten das *Ultima Thule* dar.

trockenes Land waren. In den Legenden scheint es einen klaren Hinweis darauf zu geben, daß Hyperboräa und Ultima Thule immer Inseln waren, also würde dies logischerweise England und Irland ausschließen, da sie damals Teil des europäischen Festlands waren. Denkbar ist, daß beide eigentlich der gleiche Ort waren, wobei Grönland *Ultima Thule* darstellt und Island *Thule*. Die Mythologie scheint Ultima Thule und Thule in zwei getrennte Inseln aufzuteilen, und da „Ultima" Thule den entferntesten Ort bezeichnet, muß Thule näher an Europa gelegen haben. Der augenscheinliche Kandidat für Thule muß also Island sein.

Laut Pytheas, einem bekannten griechischen Navigator im vierten Jahrhundert vor Christus, lag Thule eine Sechstagesreise nördlich von England entfernt. Zwar sagte er nicht, ob diese Reise per Schiff oder per Ochsenkarren vonstatten ging, aber diese Aussage scheint Thule ins moderne Island zu verlegen.

Der gesunde Menschenverstand sagt nun, Grönland müsse Ultima Thule gewesen sein. Was wäre aber, wenn beide einst als eine zum größten Teil überflutete Landmasse vereint waren – als Kontinent Hyperboräa?

Hyperboräa...

Werfen wir im Zusammenhang mit Thule und Hyperboräa noch einen Blick auf ältere Aussagen: Da wäre zum einen *Jean-Sylvain Bailly (1736-1793)*, ein Astronom und Mystiker. Er schreibt: „*Es ist sehr bemerkenswert, daß die Erleuchtung aus dem Norden gekommen zu sein scheint, entgegen dem gängigen Urteil, die Erde sei vom Süden her erleuchtet worden, so wie sie auch vom Süden her bevölkert wurde...*"

Weiterführend schreibt er, daß laut allen Legenden und aller überlieferten Weisheit „*der reinste Strom der Zivilisation von Nordasien nach Indien kam, als die Menschheit sich nach der Noah-Sintflut neu einzurichten begann. Bis zum heutigen Tag führt Indien den Beweis, das älteste astronomische System auf Erden zu besitzen.*"

Weiterhin schreibt Bailly, in den meisten alten Mythologien des Planeten scheine es ein Rassengedächtnis in bezug auf einen Ursprung im hohen Norden zu geben – und eine schrittweise Wanderung nach Süden.

Ein anderer Wissenschaftler, der sich dieser Thematik widmete, war der *Graf de Buffon*. Er verlegte die ersten Zivilisationen nach Nord- und Zentralasien, östlich des Kaspischen Meeres, doch generell schien er mit *Bailly* darin übereinzustimmen, daß die Menschheit ihren Ursprung im Norden habe statt im Mittleren Osten oder im Süden.

Auch *Dr. W. F. Warren*, Präsident der Boston University, belebte die Theorie des polaren Ursprungs der Menschheit in seinem Buch „*Paradise Found*" wieder, das er 1885 veröffentlichte. Darin schreibt er: „*Die Wiege der menschlichen Rasse lag am Nordpol, in einem Land, das zur Zeit der Sintflut überschwemmt wurde.*"

Seine Theorie war sehr gut vergleichbar mit allen relevanten Wissenschaften und der vergleichenden Mythologie – besonders der deutschen. *Warren* war Christ und erklärter Anti-Darwinist, und er verwarf völlig das Konzept, der Mensch habe sich aus dem Affen entwickelt und eine Periode primitiver Barbarei durchlaufen. Er war überzeugt, die „*frühesten Menschen seien die edelsten und langlebigsten gewesen, und erst nach der Sintflut begann die Menschheit ihre heutigen kraftlosen Charakterzüge anzunehmen.*"

Überlieferungen aus Indien...

Bal Gangadhar Tilak (1856-1920) war ein bekannter Pionier der indischen Unabhängigkeitsbewegung Anfang des zwanzigsten Jahrhunderts. Er war auch ein Gelehrter auf dem Gebiet der Astronomie und des vedischen Altertums. Zeitlich legte Tilak die älteste indisch-vedische Zivilisation um das Jahr 4.500 vor Christus herum fest. Besonders in Großbritannien sorgten seine Thesen für großen Unmut. Er wurde von den Briten für seine antibritischen Schriften sogar einige Jahre lang ins Gefängnis gesteckt, und diese Zeit nutzte er gut, um die Veden in bezug auf bekannte astronomische und geologische Ereignisse zu studieren.

Im Jahre 1903 veröffentlichte er sein Buch „*Die arktische Heimat der Veden*". Tilak schreibt, daß die ursprüngliche arktische Heimat der Menschheit um 10.000 bis 8.000 vor Christus von der letzten Eiszeit zerstört worden sei, und von 8.000 bis 3.000 vor Christus wäre die Zeit der Wanderungen gewesen, bevor die vedischen Völker sich schließlich zwischen 5.000 und 3.000 vor Christus in Indien niedergelassen hätten. Zu dieser Zeit hätten sie bereits ihre arktischen Ursprünge zu vergessen begonnen, und mit ihren Traditionen ging es bergab.

Wie wir bei früheren Erzählungen gesehen haben, paßt seine zeitliche Einordnung dieses Kataklysmus sehr gut zu dem, was wir über die Vernichtung von Atlantis wissen, also können wir sie auf die gleiche Ursache zurückführen – ein plötzlicher Polsprung, der zu riesenhaften Wellen und plötzlicher tektonischer Umgestaltung führte, gefolgt von einer rasend schnellen Verlagerung der polaren Eiskappen: die sogenannte Eiszeit.

Die Zerstörung beziehungsweise der Untergang von Atlantis müßte sich also schätzungsweise vor etwa 10.000 Jahren zugetragen haben. Etwa zeitgleich müßte sich auch der Untergang Hyperboräas ereignet haben.[67]

„Es war der römische Geschichtsschreiber Tacitus, der als erster das germanische Volk glauben ließ, sie seien die Nachkommen dieser atlantisch-hyperboräischen Arier vom Nordpol. Er hatte erwähnt, daß er kaum glauben könne, ein Volk würde sich ein solch strenges Klima wie dasjenige Germaniens als Lebensraum erwählen, ganz zu schweigen davon, noch weiter nördlich zu leben. Später jedoch stimmte er jenen zu, die glaubten, die Germanen seien eine reine Rasse, die sich niemals mit einer anderen vermischt hätte. Dies wurde durch ihre deutliche familiäre Ähnlichkeit zur Schau getragen, sowohl körperlich als auch dem Charakter nach, obgleich sie zahlreich waren.

Sie alle hatten harte blaue Augen, rötlichblondes Haar und waren von großer körperlicher Erscheinung – das Bild des großen blonden Nordariers, entworfen von Tacitus, das später das Rassenideal der Hitler-Nazis werden sollte, obwohl Hitler selbst und viele seiner Nazi-Kollegen klein und dunkelhaarig waren und in ihrem allgemeinen Erscheinungsbild typisch südeuropäisch wirkten."[68]

Joscelyn Godwins gab in diesem Zusammenhang in seinem Buch „*Arktos – The Polar Myth*" weitere interessante Hinweise in bezug auf den Thule-Mythos und Hyperboräa. Godwins zeigte interessante Thesen über das hyperboräische Volk auf, unabhängig davon, ob sie Atlanter waren oder nicht. Er vermutet, daß sich zwei große und deutlich unterscheidbare Ströme während der Wanderungen dieses Volkes ergaben: ein Strom von Nord nach Süd, ein anderer später von West nach Ost. Die Hyperboräer nahmen den gleichen Geist, die gleiche Blutlinie und das gleiche Kommunikationssystem nach Nordamerika mit und dann nach Nord-Eurasien. Zehntausende Jahre später scheint eine *zweite Welle* von Hyperboräern sich „*bis Mittelamerika nach Süden gedrängt und sich vorrangig in einem verschwundenen Land in der Atlantik-Region angesiedelt zu haben. Dort gründeten sie nach Art des Vorbildes am Pol ein Zentrum.*" „*In dieser Hinsicht*", führt er weiter aus und zitiert Evola, „*sollten wir richtigerweise von einer „nordatlantischen" Rasse und Zivilisation sprechen.*"[69]

Wie zu erkennen ist, hatten die Mythen um Atlantis, Thule und Hyperboräa einen maßgeblichen Einfluß auf die Ideologie der Thule-Gesellschaft des Dritten Reiches.

Die Thule-Protagonisten Sebottendorf, Haushofer und Co. hatten jedoch noch ganz andere Ansichten im Zusammenhang mit Thule und Hyperboräa. Sie waren der Ansicht, daß die Hyperboräer einst aus dem Sonnensystem Aldebaran kamen. Sie sollen keine Kriege gekannt haben und sich vegetarisch ernährt haben. Sie sollen nach angeblichen Thule-Schriften eine technisch hochentwickelte Zivilisation gewesen sein und die „*Vril-ya*" geflogen haben, die wir heute als UFOs bezeichnen. Diese Flugscheiben sollen durch zwei entgegengesetzt rotierende Magnetfelder zur Levitation, den enormen Geschwindigkeiten und den Flugmanövern fähig gewesen sein, die auch heute bei den sogenannten UFOs zu beobachten sind, und sie sollen die sogenannte Vril-Kraft als Energiepotential beziehungsweise Treibstoff benutzt haben (Vril = Äther, Od, Prana, Chi, kosmische Kraft, Orgon..., aber auch vom Akkadischen „vri-IL" = „*wie die höchste Gottheit*" = gottgleich).[70]

Als es zur großen Katastrophe kam und Hyperboräa zu sinken begann, sollen die Hyperboräer mit großen Maschinen riesige Tunnel in die Erdkruste gegraben und sich unter der Himalaya-Region angesiedelt haben. Das unterirdische Reich hat den Namen *Agarthi* mit seiner Hauptstadt *Shamballah*. Die Perser nennen dieses unterirdische Reich *Ariana* oder *Arianne*, das Ursprungsland der Arier.

Mythos oder Legende?

Wie bereits erwähnt, waren besonders Haushofer und Sebottendorf erfahrene Indien- und Tibetreisende und kannten sich mit den dortigen Lehren und Mythen bestens aus. Haushofer und wohl auch Sebottendorf waren davon überzeugt, daß Thule eigentlich Atlantis war. Im Gegensatz zu anderen Tibet- und Indienforschern sagte Haushofer, daß sich die überlebenden *Thule-Atlanter* in zwei Gruppen aufteilten, eine gute und eine böse. Die einen benannten sich nach dem Orakel *Agarthi* und waren demnach die Guten. Sie ließen sich in der Himalaya-Region nieder. Die anderen hießen nach seinen Worten *Shamballah*, sie waren die bösen, versuchten die Menschen zu unterdrücken und zogen nach Westen. Haushofer behauptete, daß ein Jahrtausende alter Kampf zwischen den Menschen aus *Agarthi* und *Shamballah* bestehe, den später die Thule-Gesellschaft mit dem Dritten Reich als Vertreter *Agarthis* gegen die Vertreter *Shamballahs*, die Freimaurer und Zionisten, führte. Verschiedene Historiker und Forscher sehen darin die Mission Haushofers.

Zurück zur Vril-Gesellschaft...

Kommen wir zu der bereits erwähnten *Vril-Gesellschaft*, die von Karl Haushofer gegründet wurde und wohl von einem noch größeren Schleier des Geheimnisvollen umgeben wird als die Thule-Gesellschaft.

In der Vril-Gesellschaft vereinte sich die 1917 aus dem Germanenorden hervorgegangene Templer-Neugründung *„Die Herren vom Schwarzen Stein"*. Außerdem vereinten sich darin auch die *„Schwarzen Ritter"* der Thule- und SS-Elite *„Schwarze Sonne"*.

Wo der Name *Vril* seinen Ursprung hat, ist nicht endgültig geklärt. Ein naher Zusammenhang läßt sich zu dem Buch „*The Coming Race*" des Engländers Lord Bulwer-Lytton vermuten. In diesem Roman beschreibt der Autor eine hochentwickelte, unterirdisch lebende Rasse, die sogenannten *Vrilya*. Dieses Volk nutzt zur Energieversorgung eine geheimnisvolle Naturkraft, das sogenannte *Vril*. Andere Quellen behaupten, den Namen *Vril* leite man ursprünglich aus der Alchemie ab. In der Jahrhunderte alten alchemistischen Wissenschaft spielt der Begriff *Vitriol* eine zentrale Rolle. Die Kurzform von *Vitriol* ist *Vril*.

In der Alchemie erhält der Begriff *Vitriol* aber eine doppelte Bedeutung. Einerseits ist das *Vitriol* eine klar definierbare chemische Substanz. Andererseits ist es das Symbol für den eigentlichen Prozeß der *Transmutation* (Genmanipulation; *transmutieren* = um-, verwandeln) selbst und die Abkürzung für eine Formel, die auf das Erdinnere hinweist. Demnach ist *Vitriol* die Abkürzung für „*Visita Interiora Terrae Rectificando Invenies Occultum Lapideum*", was übersetzt soviel heißt wie „*Suche das Untere der Erde auf, vervollkomme es, und Du wirst den verborgenen Stein finden*". Da hätten wir also wieder einmal einen Hinweis auf den *Heiligen Stein*...

Bulwer-Lytton sollte in diesem Zusammenhang nicht nur als ein Visionär gesehen werden. Es bestanden auch besondere Verbindungen zu hochgradigen Logen wie beispielsweise den Rosenkreuzern. Er stand in Verbindung mit verschiedenen europäischen Okkultisten seiner Zeit. Als gesichert kann angesehen werden, daß er spätestens um 1850 als „*Adept in Abwesenheit*" – das heißt als korrespondierendes Mitglied – in eine schon seit dem achtzehnten Jahrhundert bestehende Frankfurter Rosenkreuzer-Loge aufgenommen wurde – „*Karl zum aufgehenden Licht*". Als gesichert gilt außerdem auch, daß Bulwer-Lytton im Juli 1870 – das heißt zur Zeit der Entstehung von „*The coming Race*" oder unmittelbar davor – von der „*Societas Rosicruciana in Anglia*" zum „*Grand Patron of the Order*" ernannt wurde.

Die „*Societas Rosicruciana in Anglia*" (S.R.i.A) war eine um das Jahr 1865 gegründete Geheimgesellschaft. Verschiedene Mitglieder der S.R.i.A. – unter anderem die beiden Ärzte William Wynn Westcott und

William Robert Woodmann sowie Samuel Liddel Mathers – gründeten dann Anfang 1888 den „*Hermetic Order of the Golden Dawn*".[71]

Nach der Überlieferung traf sich ein „innerer Kreis" von Vril-, Thule- und DHvSS-Leuten im Dezember 1919 in einem eigens dafür angemieteten Forsthaus in der *Ramsau* bei Berchtesgaden. Unter ihnen war neben dem Medium *Maria Orsic* aus Zagreb noch ein weiteres Medium namens *Sigrun*, die vielfach auch *Traute* genannt wurde.

Sie hatte zwei Stapel beschriebener Papiere mitgebracht. Der Inhalt dieser Blätter war auf mediale Weise eingegeben und diktiert worden – in „Tempelschrift" und in einer dem Medium völlig unbekannten Sprache. Maria Orsic versuchte, die übermittelte Sprache zu identifizieren. Sie vermutete, daß es sich um eine altorientalische Sprache handelte. Daraufhin nahm sie Kontakt zu einem *Panbabylonisten* (Panbabylonischer Freundeskreis) auf, der auch Kontakt zur Thule-Gesellschaft pflegte. Zur Überraschung stellte sich heraus, daß die medial empfangene Sprache tatsächlich „*Sumerisch*" war, also die Sprache der altbabylonischen Kulturbringer.

Nachdem man die Übersetzungen der medialen Botschaften studiert hatte, waren die Beteiligten verständlicherweise mehr als sprachlos, denn laut den Überlieferungen kamen die telepathischen Durchgaben nämlich vom *Sonnensystem Aldebaran*, das etwa 68 Lichtjahre von uns entfernt im Sternbild Stier zu finden ist. Laut den Angaben dieser Aldebaraner wurde jene Sonne von zwei bewohnten Planeten umkreist, die das Reich *Sumeran* bildeten. Die Menschheit dieses Sonnensystems soll aus einem Herrenvolk und verschiedenen Volksgruppen bestanden haben, die sich mit der Zeit unterschiedlich entwickelt haben. Durch die Expansion der Sonne des Aldebaran-Systems machte die zunehmende Hitze die Planeten mit der Zeit unbewohnbar. Aus diesem Grund war man gezwungen, bereits vor vielen Millionen von Jahren andere bewohnbare Planeten zu kolonialisieren. Trotz der vorhandenen Rassenunterschiede zwischen dem Herrenvolk und den Rassen der anderen (niedrigeren) Volksgruppen, sollen sich die verschiedenen Volksgruppen immer absolut respektiert haben und zu keiner Zeit in den Lebensraum des anderen eingegriffen haben – sie kannten keinen Krieg!

So habe man schon vor langer Zeit die Planeten *Mallona* (= der 12. Planet, auch Maldek, Marduk oder Phaeton genannt) und Mars in unserem Sonnensystem besiedelt.

Die *Vril-Gesellschaft* glaubte, daß eben jene Aldebaraner später in Mesopotamien landeten und die Kolonie der *Sumerer* schufen, die vielfach als helle Gottmenschen beschrieben wurden.

Soviel zu der Geschichte der Vril-Gesellschaft. Inwieweit diese Aussagen den Tatsachen entsprechen, kann hier natürlich nicht endgültig geklärt werden. Jeder möge sich darüber seine eigene Meinung bilden. Ich versuche hier lediglich, Aspekte zu beleuchten, die heute nicht gerne gehört beziehungsweise diskutiert werden. Es ist offensichtlich, daß es gute Gründe dafür gibt, daß geheime Gesellschaften und Orden wie die *Thule-* und *Vril-Gesellschaft* heute einer gezielten Zensierung unterliegen und alle möglichen Geheimarchive nach dem Zweiten Weltkrieg durch die Alliierten beschlagnahmt wurden. Aber dazu später noch mehr.

Das Ergebnis der telepathischen Übermittlungen – Baupläne und technische Angaben, welche die Vril-Gesellschaft erhielt – führte letztlich zu einer phantastischen Idee: zum Bau der *Jenseitsflugmaschine*.

Flugscheibenbau ab 1922...

Im Sommer des Jahres 1922 wurde dann das Projekt *Jenseitsflugmaschine* in Angriff genommen. Der Antrieb dieses untertassenförmigen Flugkörpers beruhte auf der *Implosionstechnik*, welche wiederum auf verschiedenen wissenschaftlichen Erkenntnissen einiger bedeutender Wissenschaftler jener Zeit beruht, zum Beispiel Nikola Tesla, Dr. W. O. Schumann (Thule- und Vril-Mitglied) oder auch Victor Schauberger.

Unter *Implosion* versteht man die Nutzbarmachung des Potentials der inneren Welten in der äußeren Welt. Man ging von der Theorie aus, daß das göttliche Prinzip immer aufbauend ist. Eine Technologie, die dagegen auf dem Prinzip der Explosion beruht und daher destruktiv ist, handelt beziehungsweise wirkt gegen dieses göttliche Prinzip. Man wollte also eine Technologie entwickeln, die auf dem Prinzip der Implosion beruht. Victor Schaubergers Schwingungslehre (Prinzip der Obertonreihe = Monochord) knüpft an das Wissen um die Implosion an. Einfach ausgedrückt: Implosion statt Explosion! Anhand der Energiebahnen des Monochords und der Implosionstechnik gelang man in den Bereich der Antimaterie und damit zur Auflösung der Schwerkraft. Genau das war für das phantastisch anmutende Unternehmen Grundvoraussetzung. Mit Hilfe dieser Technik wollte man in eine Art Hyperraum gelangen, der es möglich werden läßt, Zeit und Raum zu überwinden.[72]

Das Flugschiff, welches also 1922 gebaut worden sein soll, bestand *„aus einer Scheibe von acht Metern Durchmesser, über der sich eine parallel gelagerte Scheibe von sechseinhalb Metern Durchmesser befand, und darunter eine weitere Scheibe von sieben Metern Durchmesser. Diese drei Scheiben wurden in der Mitte von einem 1,80 Meter messenden Loch durchbrochen, in dem das 2,40 Meter hohe Antriebsaggregat montiert war. Unten lief der Mittelkörper in einer kegelförmigen Spitze aus, von der aus ein in das Kellergeschoß reichendes Pendel für die Stabilisierung des Gerätes sorgte. Im aktiven Zustand drehten sich die untere und die obere Scheibe in gegenläufiger Richtung, um zunächst ein elektromagnetisches Rotationsfeld aufzubauen.*

Welche Leistungen diese erste Flugscheibe erbrachte, ist unbekannt."[73]

Dem ein oder anderen Leser wird diese Thematik nicht ganz unbekannt sein, insbesondere denen, die Jan van Helsings Bücher gelesen haben. Im *„Unternehmen Aldebaran"* ging Jan bekanntlich genauer auf die Zusammenhänge der Thule- und Vril-Gesellschaft mit den geheimen Projekten rund um den deutschen Flugscheibenbau ein.

Trotzdem hier noch einmal zusammenfassend die weiteren Projekte, die anscheinend nach dem ersten Projekt in Angriff genommen wurden: *„Mit der konstruierten Jenseitsflugmaschine, abgekürzt JFM genannt, wurde angeblich zwei Jahre lang experimentiert, bevor sie in den Augsburger Messerschmidt-Werken eingelagert wurde. Die bereitgestellten Finanzierungshilfen für dieses Projekt tauchten unter dem Code „JFM" in den Buchhaltungen mehrerer deutscher Industriebetriebe auf. Mit Sicherheit* ging aus der „Jenseitsflugmaschine" das „Vril-Triebwerk" hervor, das jedoch formal als Schumann „SM-Levitator" geführt wurde.

Im Prinzip sollte die „JFM" um sich herum und in ihrer unmittelbaren Umgebung ein extrem starkes Feld erzeugen, welches den davon umschlossenen Raumsektor mitsamt der Maschine und ihrer Benutzer zu einem vom diesseitigen Kosmos vollkommen unabhängigen Mikrokosmos werden ließ. Dieses Feld wäre bei maximaler Feldstärke von allen es umgebenden diesseitigen universellen Kräften und Einflüssen – wie etwa Gravitation, Elektromagnetismus und Strahlung sowie Materie jeglicher Art – völlig unabhängig und könnte sich innerhalb jedes Gravitations- und sonstigen Feldes beliebig bewegen, ohne daß in ihm irgendwelche Beschleunigungskräfte wirksam oder spürbar würden.

Im Juni 1934 wurde Viktor Schauberger von Adolf Hitler und den höchsten Vertretern der Vril- und Thule-Gesellschaften eingeladen und arbeitete von da an mit ihnen zusammen.[74]

Unter der Leitung von Prof. Dr. W. O. Schumann entstand das erste Experimental-Rundflugzeug, das RFZ 1, auf dem Gelände der deutschen Flugzeugfabrik Arado in Brandenburg. Bei seinem ersten und gleichzeitig auch letzten Flug stieg es senkrecht auf eine Höhe von zirka sechzig Meter, begann dann aber minutenlang in der Luft zu taumeln und zu tanzen. Das zur Steuerung angebrachte Leitwerk Arado 196 erwies sich als völlig wirkungslos. Mit Mühe und Not gelang es dem Piloten Lothar Waiz, das RFZ 1 wieder auf den Boden zu bringen, herauszuspringen und davonzurennen, bevor es anfing, sich wie ein Kreisel zu benehmen, dann umkippte und regelrecht zerfetzte. Das war das Ende des RFZ 1, aber der Anfang der Vril-Flugkörper.

Noch vor Ende 1934 war das RFZ 2 fertiggestellt, das einen Vril-Antrieb und eine „Magnet-Impulssteuerung" hatte. Es entsprach fünf Metern im Durchmesser und hatte folgende Flugmerkmale: Optisches Verschwimmen der Konturen bei zunehmender Geschwindigkeit und das für UFOs typische farbige Leuchten, je nach Antriebsstufe Rot, Orange, Gelb, Grün, Weiß, Blau oder Violett.

Es funktionierte also – und es sollte 1941 noch ein bemerkenswertes Schicksal vor sich haben. Und zwar wurde es in der „Luftschlacht um

England" genannten Kriegsphase, als sich die deutschen Standardflugzeuge ME 109 für transatlantische Aufklärungsflüge wegen ihrer zu kurzen Reichweite als untauglich erwiesen, als Fernaufklärer eingesetzt.

Ende 1941 wurde es über dem Südatlantik photographiert, als es auf dem Weg zu dem Hilfskreuzer „Atlantis" in arktische Gewässer war. Der Grund, daß es nicht als Jagdflugzeug eingesetzt werden konnte, war, daß das RFZ 2 wegen seiner Impulssteuerung nur Richtungsveränderungen von 90°, 45° und $22,5^\circ$ ausführen konnte. Unglaublich, werden manche denken – aber genau diese rechtwinkligen Flugveränderungen sind für die sogenannten UFOs ein absolut typisches Flugverhalten.

Nach dem Erfolg des kleinen RFZ 2 als Fernaufklärer bekam die Vril-Gesellschaft ein eigenes Versuchsgelände in Brandenburg. Ende 1942 flog die leicht bewaffnete Flugscheibe „Vril-1-Jäger". Sie hatte 11,5 Meter im Durchmesser, war ein Einsitzer und hatte einen „Schumann-Levitator-Antrieb" und eine „Magnet-Impulssteuerung". Sie erreichte Geschwindigkeiten von 2.900 bis zu 12.000 km/h, konnte bei voller Geschwindigkeit Flugänderungen im rechten Winkel durchführen, ohne daß die Piloten davon beeinträchtigt waren, war wetterunabhängig und hatte eine Weltallfähigkeit von 100%. Von VRIL 1 wurden siebzehn Stück gebaut, und es gab auch mehrere zweisitzige, mit einer Glaskuppel ausgestattete Varianten.

Ebenfalls zu dieser Zeit entstand ein eigenes Projekt – V-7. Unter dieser Bezeichnung wurden mehrere Flugscheiben gebaut, jedoch mit konventionellen Düsenantrieben. Auf den Grundlagen von Andreas Epp entstand das RFZ 7, eine Kombination aus einer levitierenden Flugscheibe mit Düsenantrieb. An dieser arbeiteten die Entwicklungsgruppen Schriever-Habermohl und Miethe-Belluzo. Das RFZ 7 hatte einen Durchmesser von zweiundvierzig Metern, ging aber bei einer Landung in Spitzbergen zu Bruch. Später wurde jedoch ein nachgebautes RFZ 7 außerhalb von Prag photographiert.

Im Juli 1941 bauten Schriever und Habermohl ein senkrecht startendes Rundflugzeug mit Düsenantrieb, das aber ebenfalls Mängel aufwies. Man entwickelte einen weiteren „Elektrogravitations-Flugkreisel" mit „Tachyonen-Antrieb", der erfolgreicher war. Darauf folgte das RFZ 7 T von Schriever, Habermohl und Belluzo gebaut und ebenfalls voll funktionstüchtig. Die V-7 Flugscheiben waren jedoch, verglichen mit den Vril- und Haunebu-Scheiben, eher als eine Art Spielzeug zu beschreiben. Wiederum unterschieden sich die Vril- und Haunebu-Scheiben erheblich voneinander. Das lag hauptsächlich daran, daß die Vril-Flugkörper von Flugzeugbauern in deren Werken, und die Haunebus in den U-Boot-Werften hergestellt worden sind. Daher waren die Haunebus wesentlich stabiler, aber auch schwerer, was bei einem Antigravitationsantrieb jedoch ohne Bedeutung ist.

Innerhalb der SS gab es eine Gruppe, die sich mit der Gewinnung von alternativer Energie befaßte, die „Entwicklungsstelle IV der Schwarzen Sonne" (SS-E-IV), deren Hauptanliegen es war, Deutschland von ausländischem Rohöl unabhängig zu machen. Die SS-E-IV entwickelte aus den bestehenden Vril-Triebwerken und dem Tachyonenkonverter von Kapitän Hans Coler das „Thule-Triebwerk", das später als „Thule-Tachyonator" bezeichnet wurde.

Im August 1939 startete das erste RFZ 5. Es war ein mittelschwer bewaffneter Flugkreisel mit dem eigenartigen Namen „Haunebu I". Es hatte eine Besatzung von acht Mann, maß fünfundzwanzig Meter im Durchmesser, erreichte zu Anfang eine Geschwindigkeit von 4.800 km/h und später bis zu 17.000 km/h. Es war mit zwei sechs Zentimeter KSK (Kraftstrahlkanonen) in Drehtürmen und vier MK 106 bestückt und hatte eine Weltraumfähigkeit von 60%.

Ende 1942 war ebenfalls das „Haunebu 2" ausgereift. Der Durchmesser variierte von sechsundzwanzig bis zweiunddreißig Meter und die Höhe zwischen neun und elf Meter. Es konnte eine Besatzung zwischen neun und zwanzig Personen transportieren, war mit einem Thule-Tachyonator angetrieben und erreichte in Erdnähe eine Geschwindigkeit von 6.000 km/h. Ebenso war es weltalltauglich und hatte eine Reichweite von fünfundfünfzig Flugstunden.

Zu dieser Zeit existierten schon Pläne für das VRIL-7-Großraumschiff mit einem Durchmesser von hundertzwanzig Metern. Es sollte ganze Mannschaften transportieren. Kurze Zeit später wurde das „Haunebu III", das absolute Prunkstück aller Scheiben, fertiggestellt, mit einundsiebzig Metern Durchmesser. Es wurde geflogen und auch gefilmt. Es konnte eine

Besatzung von zweiunddreißig Mann transportieren, hatte eine Reichweite in Flugdauer von über acht Wochen und erreichte im Erdbereich eine Geschwindigkeit von mindestens 7.000 km/h (nach Unterlagen aus SS-Geheimarchiven bis zu 40.000 km/h).[75]

Abb.86 oben:
Eine Vril-Scheibe, aufgenommen im Jahre 1979 im Rheinland. Daneben steht ein Hanomag-Kranwagen und Personen entladen die Scheibe.

Abb.87 unten:
Eine Vril-Scheibe (VRIL-1) im Testflug um 1940.

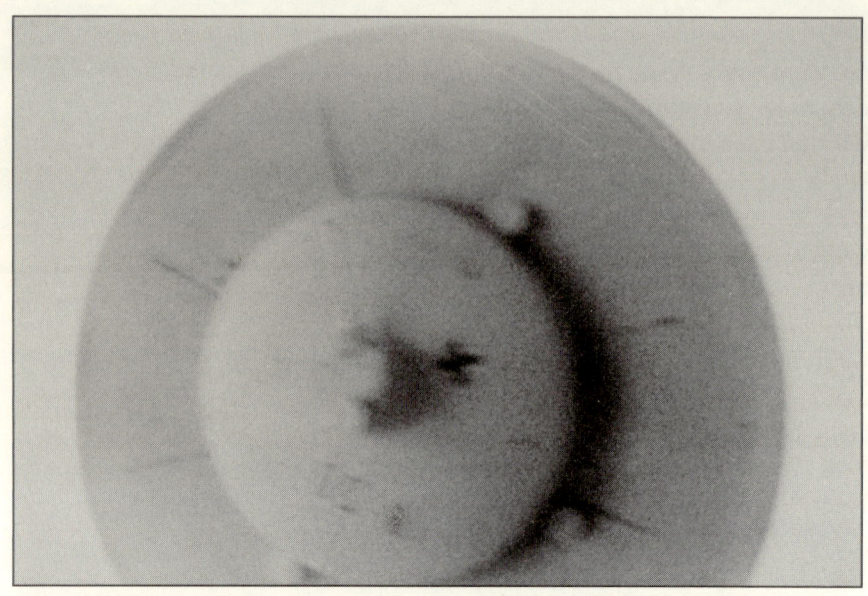

Abb. 88 und **89**:
Eine Haunebu II-Vorversion im Testflug. Man sieht auf der Unterseite das deutsche Balkenkreuz und die Gondelkanone.

246

Es gab sicherlich noch weitere nennenswerte Entwicklungen, wie zum Beispiel die sogenannten „Foo-Fighters". Diese Flugobjekte waren dem CIA und dem britischen Geheimdienst schon 1942 bekannt, sie wurden aber wohl nicht richtig eingeschätzt.

Ich möchte es bei dieser kleinen Zusammenfassung belassen. Wir wollen uns einmal mit der Weltpresse befassen und Augen- und Zeitzeugen zu Wort kommen lassen, denn es ist kaum zu glauben, was die Medien schon vor über fünfzig Jahren über die UFO-Problematik (im wahrsten Sinne des Wortes) und die damit in Verbindung stehenden deutschen Entwicklungen seinerzeit berichtet haben. Interessant sind auch die Geheimdienstaktivitäten von CIA, NSA und verschiedene eigens aufgrund der größer werdenden UFO-Problematik vorgesehene Untersuchungen.

Als sich die Ereignisse überschlugen...

Besonders Ende der vierziger und Anfang der fünfziger Jahre gab es vermehrt Berichte in der Weltpresse, in denen von Flugscheiben berichtet wurde. In dieser Zeit, zwischen 1947 und 1952, sollen verschiedene Flugobjekte über den Vereinigten Staaten abgestürzt sein. In diesen Objekten fand man kleine nicht irdische Lebewesen. Es wird berichtet, mindestens ein Lebewesen habe dabei überlebt. Das wiederum führte zu höchster Geheimhaltung.

Laut dem ehemaligen Geheimdienstmitarbeiter Milton William („Bill") Cooper „stürzten zwischen Januar 1932 und Dezember 1947 mindestens sechzehn fremde Raumschiffe ab oder mußten notlanden. Dabei wurden fünfundsechzig fremde Tote und ein Lebender geborgen. Ein weiteres, fremdes Raumschiff war explodiert, wobei keine Überreste geborgen werden konnten. Von diesen Ereignissen fanden dreizehn innerhalb der Grenzen der Vereinigten Staaten statt, das explodierte Raumschiff nicht eingerechnet. Von diesen dreizehn ereignete sich eines in Nevada. Drei ereigneten sich in anderen Länder, davon eines in Norwegen und die beiden anderen in Mexiko."[76]

Bill Cooper, nicht zu verwechseln mit dem Astronauten Gordon Cooper, wurde am 6. Mai 1943 als Sohn eines amerikanischen Oberleutnants der amerikanischen Luftwaffe geboren. Er graduierte 1961 von der *Yamato High School* in Japan und bewarb sich noch im gleichen Jahr für die Air Force, obwohl er ursprünglich der *NAVY* beitreten wollte. Cooper arbeitete sich schnell in höhere Dienstgrade hoch, hatte täglichen Umgang mit Nuklearsprengköpfen und arbeitete im geheimen Sicherheitsbereich.

Zu dieser Zeit hatte er Kontakt mit zwei Militärleuten, mit denen er nach Dienstschluß durch die eine oder andere Kneipe zog. Die beiden sagten, daß sie einer Spezialeinheit angehörten, deren Aufgabe es sei, abgestürzte UFOs zu bergen. So erfuhr Cooper von den beiden Militärs Informationen, die er zu dieser Zeit nicht recht ernst nahm. Vielmehr glaubte er, daß die beiden sich mit ihm einen Spaß erlaubten.

Ende 1965 entschied sich Cooper dann doch noch für eine Karriere bei der NAVY. Nach seiner weiteren Ausbildung diente er auf Unterseebooten und auf Schiffen. Ende der sechziger Jahre wurde er als Patrouillen-Kapitän in Vietnam eingesetzt. Seit seiner Zeit bei der NAVY sowie auch später in Vietnam machte er persönlich immer wieder Beobachtungen von UFOs.

Nach dem Kriegseinsatz in Vietnam wurde er 1970 mit dem *Naval-Commandation-Orden* ausgezeichnet und wechselte in den Geheimdienst der Marine. Dort bekam er dann Zugang zu streng geheimen Informationen (Top-Secret-Majestic-Material), das er als Mitglied der *Intelligence Briefings Teams* und Commander der *Pacific Fleet* einsehen konnte.

Das wiederum war auch der Anfang vom Ende seiner Geheimdienst-Laufbahn. In den geheimen Unterlagen las Cooper Berichte über unterirdische Militärbasen, Abstürze von UFOs und über Kontakte zu außerirdischen Lebensformen. Dabei erfuhr Cooper auch, daß *Naval-Intelligence* mit an der Ermordung von J. F. Kennedy beteiligt war und daß der Geheimagent William Greer, welcher der Fahrer der Limousine Kennedys in Dallas war, derjenige war, der Kennedy in den Kopf schoß. Diese Information erschütterte sein Weltbild so sehr, daß er nicht mehr wußte, wie er das mit seinem Gewissen vereinbaren sollte. So entschloß er sich schließlich, aus dem Geheimdienst auszutreten und an die Öffentlichkeit zu gehen.

Doch es kam zunächst anders als geplant. Seinem Freund Bob Swan gelang es, Cooper noch einmal zurückzuholen. Swan war auch derjenige, dem Bill Cooper von der *Ermordung Kennedys*, den *UFOs*, der *Geheimregierung* und dem Plan für die *Neue Weltordnung* erzählte. In jener Zeit begann Cooper, einige Informationen an einen Reporter weiterzugeben, was zur Folge hatte, daß er von einer schwarzen Limousine von der Straße gedrängt wurde und die Klippen runterstürzte. Er überlebte den Mordversuch, weil die Killer glaubten, daß Cooper bei diesem Anschlag nicht lebend davon kam. Cooper überlebte aber, kletterte die Klippen hinauf und wurde gefunden. Einen Monat später wurde er von der gleichen Limousine erneut in einen Unfall verwickelt, bei dem er ein Bein verlor. Im Krankenhaus wurde er dann von zwei Männern aufgesucht, die ihn fragten, ob er nun endlich schweigen würde, denn beim nächsten Mal würden sie ihn nicht mehr davonkommen lassen. Er versprach ihnen sofort zu schweigen, obwohl es seiner inneren Überzeugung völlig widersprach. Er schwieg sechzehn Jahre lang. In dieser Zeit ließ er sich zum Photographen ausbilden und arbeitete als erfolgreicher Geschäftsmann, unter anderem war er Direktor des *Pacific Coast Technical Institute*. Außerdem war er der Besitzer der *Absolute Image Gallery* und des Studios *Studio on Fine Art Photography*.

Ende der achtziger Jahre faßte Cooper jedoch den Entschluß, mit seinem Wissen wieder an die Öffentlichkeit zu gehen. Seine Strategie war gut durchdacht, schließlich wollte er ja auch am Leben bleiben. Er versandte einen Teil seiner Informationen an rund eintausend Mitglieder des Kongresses, des Senats und an andere wichtige Stellen. Gleichzeitig veröffentlichte er die Informationen durch die Computer-Netzwerke millionenfach in aller Welt. Wären die Informationen erst einmal draußen, wäre es sinnlos, vielleicht sogar gefährlich für die Geheimdienste, ihn umzubringen. Sein Plan ging zunächst auf.

Die Gegenseite versuchte nun mit allen Mitteln, ihn mundtot zu machen und zu diskreditieren. Man bezeichnete ihn als Scharlatan,

Spinner, Nazi, Rassist und ähnliches. Ihn allerdings als Rassist zu bezeichnen, war sicherlich äußerst dumm, denn er war mit einer Chinesin verheiratet und alles, was man über ihn liest, erinnert eher an einen US-Patrioten, der besorgt war und mit allen Mitteln die ursprüngliche demokratische Verfassung gegen die Pläne der Geheimgesellschaften verteidigen wollte.

Bill Cooper kam am 6.11.2001 bei einem Schußwechsel mit Bundespolizisten ums Leben – angeblich auf der Flucht, obwohl er eine Prothese trug...

Nun kann man über Bill Cooper und seine Veröffentlichungen denken, was man will. Er war sicherlich eine der schillerndsten Figuren, die bezüglich der UFO-Thematik in den vergangenen Jahrzehnten auf der Bildfläche erschienen.

Wie so oft bleiben mehr Fragen als Antworten zurück, aber selbst der nüchternste Kopf wird doch insgeheim zugeben, daß etwas mehr an dieser Sache dran sein muß als bloß Science-fiction à la Hollywood... Gerade viele Hollywood-Drehbücher basieren wohl eben auf Tatsachen und wirklichen Begebenheiten. Warum aber sollte ein Mann wie Cooper, ein Top-Geheimdienstmann mit einem gesicherten Einkommen und Immunität, plötzlich sein Leben, seine Gesundheit und seinen guten Ruf aufs Spiel setzen, indem er freiwillig aus dem Geheimdienst ausscheidet, um den Menschen über geheime Machenschaften der Regierung zu berichten?

Einer, der mit Bill Cooper befreundet war und ihn auch privat kannte, ist Jan van Helsing. Jan stand seit Mitte der neunziger Jahre mit Bill in regem Kontakt und verbrachte mit ihm auch in den Vereinigten Staaten viel Zeit, in der er Bill und auch dessen Familie näher kennenlernen konnte. In dieser Zeit erfuhr er von Bill natürlich auch viele Einzelheiten über dessen Geheimdienstvergangenheit und das damit verbundene Wissen bezüglich der UFO-Problematik in den USA. Jan schrieb dann auch in einem der zwei von Bill Cooper veröffentlichten Büchern, *„MJ 12"*, ein ausführliches und interessantes Vorwort. Über den Inhalt des Buches ist Jan persönlich geteilter Meinung, unter dem

Strich aber, da ist sich Jan sicher, kann man den Ausführungen von Bill Cooper im Kern wohl Glauben schenken.

Schließlich gehört ja auch Jan seit Mitte der neunziger Jahre europaweit zu den bekanntesten Autoren bezüglich der UFO-Thematik. Gerade *er* hat in seinen Büchern über die deutsche Flugtechnologie vor und während des Zweiten Weltkrieges Dinge aufgezeigt, die man bis heute nicht gerne hört und die teilweise ohne sachliche Zusammenhänge diskreditiert werden. Letztlich gibt ihm sein Erfolg als Autor aber sicherlich Recht. Er zählt zu den mutigsten Autoren in Deutschland, die bezüglich der technischen Leistungen und Entwicklungen im Flugscheibenbau vieler deutscher Wissenschaftler im Dritten Reich Dinge ansprachen und Fakten veröffentlichten, über die viele Menschen in unserem Land bis heute nicht im entferntesten informiert sind.

Die Wahrheit ist ein schmaler Grat, so bleibt abzuwarten, was die Zukunft uns noch bescheren wird. Ich bin sicher, daß in den nächsten Jahren noch viele Fakten und Informationen ans Tageslicht kommen werden und viele Abschnitte der Geschichte ganz neu beleuchtet und korrigiert werden müssen.

Gründung der *NSA* und weiterer geheimer Gremien...

Doch kehren wir zurück in die Vereinigten Staaten der vierziger und fünfziger Jahre: Bereits 1947 wurde eine geheime Sondereinheit aus amerikanischen Topwissenschaftlern unter dem Decknamen *Sign* gebildet, welche die Phänomene untersuchen sollte. Aus dem Projekt *Sign* wurde im Dezember 1948 das Projekt *Grudge*.

„Zu Zwecken der Desinformation und zum Zusammentragen weniger wichtiger Informationen formte man unter „Grudge" das Projekt „Blue Book". Insgesamt sechzehn Bände sollten im Laufe der Jahre von „Grudge" erarbeitet werden, einschließlich des umstrittenen „Grudge 13", das Bill English und ich (Bill Cooper; A.d.V:) *einsehen, lesen und der Öffentlichkeit zugänglich machen konnten."*[77]

Die immer größer werdende Anzahl von Abstürzen und Sichtungen Fliegender Untertassen veranlaßte Präsident Truman, am 4. November

1952 ein streng geheimes Gremium zu bilden, die *National Security Agency* (NSA – Nationaler Sicherheitsrat).

Mitglieder des Gremiums waren unter anderem der Präsident, der Vizepräsident, der Verteidigungsminister und zwei andere hochrangige Personen. Es wurden Geheimorganisationen gegründet, um sich speziell der Erforschung und der Geheimhaltung des UFO-Phänomens anzunehmen, insbesondere der CIA.

Einer der involvierten Staatsmänner war der amerikanische Verteidigungsminister James Forrestal. Er konnte die groß angelegte Vertuschungskampagne wohl aus idealistischen und religiösen Gründen nicht mehr verantworten und erhob gegen die Geheimhaltung Einspruch. Forrestal begann, mit Kongreßabgeordneten über die UFO-Problematik zu sprechen, woraufhin er von Präsident Truman aufgefordert wurde zurückzutreten.

Er folgte dieser *Bitte* jedoch nicht und drückte weiterhin seine Sorge über die UFO-Problematik aus. Dies wurde von vielen, welche die wahren Hintergründe nicht kannten, als Paranoia ausgelegt. Offiziell hieß es dann, Forrestal habe einen Nervenzusammenbruch erlitten und sei aus diesem Grund in das *Bethseda Naval Hospital* eingewiesen worden. Die Wahrheit wird aber wohl sein, daß man befürchtete, er würde weiter *plaudern*, also mußte er isoliert und diskreditiert werden.

Unter mysteriösen Umständen beging James Forrestal, ein Mann, der noch kurz zuvor einer der höchsten Politiker der Vereinigten Staaten war, Selbstmord – zumindest nach offizieller Darstellung!

Einer der ersten, die offiziell von einer geplanten *Hinrichtung* sprachen, war Bill Cooper, von dem wir gleich noch mehr erfahren werden. *„Irgendwann am frühen Morgen des 22. Mai 1949 banden CIA-Agenten ein Bettlaken um seinen Hals, befestigten das andere Ende in seinem Zimmer und warfen James Forrestal aus dem Fenster. Das Laken zerriß und er stürzte zu Tode. Er wurde so zu einem der ersten Opfer der Vertuschung."*[78]

Bill Cooper schreibt über die Aufgabe der NSA: *„Ihr eigentlicher Zweck war die Dekodierung von außerirdischer Kommunikation und Sprache und die Kontaktaufnahme mit Außerirdischen. Diese höchst* *dringliche Aufgabe stellte die Fortsetzung früherer Bemühungen dar und wurde mit dem Decknamen „Sigma" versehen. Die weitere Aufgabe bestand darin, weltweit alle Kommunikationen und Aussendungen zu überwachen – unabhängig von ihrem Ursprung, irdisch oder außerirdisch, zum Zweck der Zusammenarbeit nachrichtendienstlicher Informationen und um die Anwesenheit der Außerirdischen zu tarnen. Projekt „Sigma" war erfolgreich. Die NSA unterhält außerdem Kommunikation mit der Basis „Luna" und deren geheimen Raumprojekten. Durch diesen Präsidentenbefehl steht die NSA außerhalb aller Gesetze, die die NSA nicht gesondert erwähnen. Die NSA nimmt heute viele andere Aufgaben wahr, ist tatsächlich die wichtigste Stelle innerhalb der Nachrichtendienste. Die NSA erhält heute 75% der den Nachrichtendiensten zugänglichen Gelder. Das alte Sprichwort: „Das Geld geht immer zur Macht", trifft auch hier zu. Der Direktor der CIA ist heute nicht mehr als ein Aushängeschild, das man lediglich der Öffentlichkeit zuliebe unterhält. Die eigentliche Aufgabe der NSA ist heute noch außerirdische Kommunikation, schließt jetzt aber noch andere Aufgaben mit ein."*[79]

Als Präsident *Dwight David Eisenhower* 1953 als neuer Präsident das *Weiße Haus* bezog, wußte er, daß das Problem größer zu werden schien. Während seines ersten Amtsjahres kam es zu weiteren Abstürzen. Es gab Hunderte von UFO-Sichtungen. Eisenhower wandte sich an seinen Freund und Mitglied im *Council on Foreign Relations* (CFR), *Nelson Rockefeller*, und bat ihn um Hilfe. Der Präsident beschloß, den Kongreß nicht in das Geheimnis mit einzubeziehen. In Zusammenarbeit mit Nelson Rockefeller schuf Eisenhower die Grundlage für eine weitere geheime Gruppierung, um das UFO-Problem auf höchster Sicherheitsstufe weiter zu behandeln. Dabei handelt es sich um das *MJ 12* (Majestic 12), über das Bill Cooper in dem gleichnamigen Buch ausführlich berichtet. Alle anderen Projekte unterstanden direkt oder indirekt dem *MJ 12*.

1953 wurden in der Erdumlaufbahn große Raumschiffe entdeckt, die man für Mutterschiffe hielt, da von ihnen die kleinen untertassenförmigen Flugobjekte ausgingen. Es heißt, damals sei es zu einer ersten Kontaktaufnahme gekommen, später sogar zu Begegnungen. Die erste

Landung fand in der Wüste statt. Der Kinofilm „*Begegnung der dritten Art*" ist eine Science-fiction-Version, die auf tatsächlichen Ereignissen beruht, so Cooper. Hier hatte Cooper sicherlich Recht. Diese *Hollywood-Verdummung*, oder besser gesagt *Hollywood-Verunsicherung*, ist mittlerweile gang und gäbe. Eine der letzten Verfilmungen, die teilweise reale Ereignisse in Hollywood-Manier zeigten, war der Film „*Mission to Mars*".

Zukünftige Zusammenarbeit

In dieser Zeit erschienen zur Überraschung aller auch andere Außerirdische, die menschenähnlich und engelhaft waren. Sie landeten in der *Air-Force-Basis Homestead* in Florida. Sie warnten eindringlich vor einer Kontaktaufnahme und Zusammenarbeit mit den Wesen in den UFOs, die den Äquator umkreisten, und boten ihre Hilfe bei der spirituellen Entwicklung an. Als Hauptbedingung verlangten sie den Abbau der nuklearen Waffen. Sie lehnten einen Technologieaustausch ab, da die Erdenmenschen spirituell noch nicht einmal die Reife besitzen, ihre eigene Technologie richtig zu benutzen. Sie glaubten zu Recht, daß wir eine neue höherstehende Technologie nur benutzen würden, um uns gegenseitig umzubringen. Die Außerirdischen wiesen darauf hin, daß wir auf dem besten Wege seien, uns selbst zu zerstören und wir aufhören müßten, uns gegenseitig umzubringen, und wir müßten lernen, in Frieden und gegenseitiger Harmonie zu leben, womit sie ja den Nagel auf den Kopf getroffen haben.

In jedem Fall wurden diese Bedingungen der Außerirdischen mit großem Mißtrauen betrachtet und schließlich abgelehnt. Besonders die Hauptforderung nach nuklearer Abrüstung stieß auf große Ablehnung bei den politischen Vertretern. Man hatte Angst, nach Erfüllen dieser Forderung den Außerirdischen gegenüber vollkommen verteidigungslos zu sein.

Auch Cooper berichtet davon, daß die Vertreter der Vereinigten Staaten vor dem Kontakt mit den Außerirdischen, welche den Äquator umkreisten, von den menschenähnlichen Außerirdischen gewarnt wurden.

Laut Cooper fand der verhängnisvolle Kontakt 1954 statt. Die Außerirdischen gaben an, von einem Planeten aus dem System eines roten Sternes in der Konstellation Orion zu kommen. Sie behaupteten, daß ihr Planet starb und sie in der nahen Zukunft dort nicht mehr würden leben können. Auch hier bestehen Zusammenhänge zu den Aldebaranern, die aus genau denselben Gründen zur Erde gekommen sein sollen. Präsident Eisenhower traf sich mit den Außerirdischen am 20. Februar 1954, wobei ein formelles Abkommen unterzeichnet wurde.

Über die inhaltlichen Punkte des Abkommens schreibt Bill Cooper: *„Das Abkommen sah vor, daß die Außerirdischen sich nicht in unsere Angelegenheiten einmischen und wir uns nicht in ihre. Wir würden ihre Anwesenheit auf der Erde geheimhalten. Sie würden uns mit Technologie versorgen und uns bei unserer wissenschaftlichen Entwicklung helfen. Weiter würden sie kein Abkommen mit einer anderen irdischen Nation treffen. Sie könnten Menschen in begrenzter Zahl und in bestimmten Abständen zu Zwecken medizinischer Beobachtung unserer Entwicklung entführen mit der Auflage, daß die Menschen nicht zu Schaden kämen und an den Punkt der Entführung zurückgebracht würden. Die betroffenen Menschen sollten dabei keine Erinnerung an die Ereignisse behalten. Die Außerirdischen sollten „MJ 12" regelmäßig Listen ihrer menschlichen Kontakte und Entführungen zur Verfügung stellen. Man kam überein, daß jede Nation einen Botschafter von der anderen Seite empfangen sollte, solange das Abkommen in Kraft war. Man kam ferner überein, daß die Außerirdische Nation und die Vereinigten Staaten jeweils sechzehn Personen austauschen sollten zum gegenseitigen Kennenlernen.*
Während die außerirdischen Gäste auf der Erde weilten, sollten die menschlichen Gäste zum Herkunftsort der Außerirdischen reisen. Dieses Geschehen wurde, wie schon erwähnt, in typisch dramatisierter Hollywood-Form in dem Streifen „Begegnung der dritten Art" wiedergegeben. Ein kleiner Hinweis, um darzustellen, wer hier für wen arbeitet, ist die Tatsache, daß Dr. J. Allen Hynek als technischer Leiter für diesen Film zur Verfügung stand. Weiterhin ist es interessant zu erfahren, daß der Top-Secret-Bericht, der unter anderem auch den Bericht des Projekt Grudge

beinhaltet hatte, als Co-Autor Dr. J. Allen Hynek und Lt. Col. Friend aufwies. Hyneck war als Aktivposten des CIA im Projekt Grudge eingesetzt und war auch für die Verdeckung zahlreicher UFO-Fälle verantwortlich, als er als wissenschaftlicher Teilnehmer am Projekt „Blue Book" beteiligt war. "[80]

Ein weiterer wesentlicher Inhalt des Abkommens war, daß unterirdische Anlagen errichtet würden, die den Außerirdischen zur Verfügung gestellt würden. Es sollten aber auch gemeinsame unterirdische Anlagen entstehen, in denen Entwicklung und Technologie-Transfer stattfinden könnten. Hierbei handelt es sich zweifellos um die heute bekannten Anlagen wie die *Area 51* in Nevada, bekannt als *Dreamland*, *Dulce* in New Mexico und *Mount Weather* in Bluemont (Virginia), als Zentrale der geheimen Konföderation.

Private Investoren und die Familie Bush...

Im Jahre 1958 wurde dann die NASA gegründet, und 1959 begann der Konzern *Rand Corporation* Planungen für den Bau von unterirdischen Anlagen. Insgesamt wurden in den vergangenen Jahrzehnten über fünfundsiebzig unterirdische Anlagen gebaut. Präsidenten erklärte man auf ihre Fragen hin, daß es sich um Bauten für den Präsidenten in Kriegszeiten handle.

Viele Wissenschaftler und Mitglieder von verschiedenen Geheimdiensten wie MJ 12, NSA, CIA und andere waren Mitglieder der okkulten Geheimgesellschaften wie zum Beispiel *Skull&Bones*, *Scroll&Key*, aber auch der entscheidenden wirtschafts-politischen Hintergrundorganisationen wie *Bilderberger* und *CFR*.

Seit Ende der fünfziger Jahre wurde die milliardenschwere Finanzierung für die Untergrundbasen durch *Black Budgets* und durch private Investitionen organisiert. In dieser Zeit wurde ein neues Konzept entwickelt, um die erforderlichen Mittel bereitzustellen: die Entwicklung und Legitimierung von Drogen (Nikotin, Alkohol, Rauschgift, Pharmazeutika usw.). Die Menschen müssen drogenabhängig werden, damit sie leichter kontrollierbar und letztlich manipulierbarer werden. Dadurch entsteht außerdem wirtschaftlich eine unermeßlich große Einnahmequelle. Und so kam es dann auch: Mitte der sechziger Jahre kamen dann tatsächlich neue Drogen auf den Markt, wie zum Beispiel LSD. Wo wurden plötzlich die vielen Tonnen LSD produziert?

Etwa zur selben Zeit wurde vom Tavistock-Institut jenes Projekt ins Rollen gebracht, das eine massive Berauschung der Bevölkerung der Vereinigten Staaten durch LSD zum Ziel hatte. Aldous Huxley, der das Tavistock-LSD-Projekt leitete, war der Onkel von Thomas H. Huxley, einem Begründer der *Round-Table-Gruppe* von Cecil Rhodes. Die Round-Table-Gruppe spaltete sich später auf und brachte den einflußreichen *Council on Foreign Relations* (CFR) und andere Gruppen hervor. Ein entscheidender Schritt in Richtung Weltregierung, der aus dem CFR resultierte, wurde unmittelbar nach Beendigung des Zweiten Weltkrieges mit der Gründung der UNO vollzogen.

Das *Tavistock-Institut* für menschliche Beziehungen ist eines der wichtigsten Zentren für die weltweite psychologische Manipulation, die in den letzten fünfzig Jahren stattgefunden hat. Die Tavistock-Geschichte beginnt unmittelbar nach dem Zweiten Weltkrieg, als Mitglieder des britischen Militärgeheimdienstes das Institut gründeten.

Einer der Hauptdarsteller soll, laut Cooper, CFR-Mitglied George Bush gewesen sein, später CIA-Chef und US-Präsident.

Zu Beginn der sechziger Jahre war George Bush Direktor der Firma *Zapata Oil*, die im mexikanischen Golf Öl förderte. Diese Bohrstationen sollen die Umschlagplätze für die Drogenlieferungen aus Lateinamerika gewesen sein, insbesondere Panama. Von dort aus seien als Versorgungs- und Personaltransporte deklarierte Schiffe in die USA gelangt.

Bill Cooper schreibt dazu: „[Die Geheimmächte] *wollen, daß Drogen weiterhin verwendet werden, um die nächste Generation in Vorbereitung auf die Neue Weltordnung, die sie derzeit errichten, weich zu machen. Wenn dem nicht so wäre, würden sie verhindern, daß Chemikalien zur Drogenproduktion von amerikanischen Firmen nach Lateinamerika gelangen... Genau zehn Tage nach der illegalen Invasion Bushs in Panama brachte die Los Angeles Times vom 30. Dezember 1989 eine Story über die tiefe Verstrickung der Bush-Familie in panamerikanische Finanzangelegenheiten in der Höhe von mehreren hundert Millionen Dollars!"*[81]

Astronauten und Piloten brechen ihr Schweigen...

In den achtziger Jahren trat die UFO-Thematik immer mehr in die breite Öffentlichkeit, insbesondere in Amerika, und nicht zuletzt durch die *Helden* Amerikas: namhafte Persönlichkeiten, Astronauten und Piloten brachen ihr Schweigen, eben *sie*, die *Helden* der Nation, dem Land der unbegrenzten Möglichkeiten...

Nun mag man sich fragen, warum gerade diese namhaften Größen dieses brisante Thema auf einmal so publik machten und damit ihren Namen und vielleicht sogar ihr Leben aufs Spiel setzten? Setzten sie dabei womöglich gar nicht ihr Leben aufs Spiel? Waren sie vielleicht nur Mitspieler in einem globalen Spiel der Irreführung, die ihren Tribut zollen mußten?

Es gibt sicherlich mehrere Erklärungen für dieses Handeln. In jedem Fall steckt dahinter wohl jede Menge Strategie. Nach vielen Jahren der Geheimhaltung wurden immer mehr Informationen bekannt, und jene Geheimnisträger wissen nur zu gut, daß man die jahrzehntelangen Vertuschungen und Lügen nicht ewig aufrechterhalten kann, denn letztlich wird das Licht der Wahrheit irgendwann die Schatten der Dunkelheit erhellen. Entwicklungstechnisch ist man natürlich schon *Dimensionen* weiter, auf jeden Fall mehrere Generationen, und die kleinen Happen, die man nun der Öffentlichkeit vorwirft, sind wohl nicht mehr als kleine Appetitanreger. Vieles wird ganz bestimmt verborgen bleiben.

Auch die Informationen der vielen Veröffentlichungen der vergangenen Jahrzehnte waren gut aussortiert, eine Mixtur aus Wahrheit und Fiktion. Es ist genau dies die Strategie der Geheimnisträger, daß auch Geheimdienstagenten oder andere prominente Persönlichkeiten wahre und unwahre Informationen an die Öffentlichkeit tragen.

Die Illuminaten – die wahren Herrscher unseres Planeten – scheinen diese Strategie und diese öffentliche Kritik insgeheim zu genießen – Neid und Mißgunst muß man sich schließlich hart erarbeiten, so lautet da wohl ihr Motto.

Ein wichtiger Aspekt sei aber noch erwähnt, schließlich planen die Illuminaten, eine *Neue Weltordnung* zu installieren – eine Weltregierung mit globaler Kontrolle, einer einzigen Weltwährung, einer einzigen Weltreligion und über implantierte Mikrochips erfaßte „Weltbürger". Und dazu müssen die bisherigen Regierungsformen gestürzt werden, wobei zu dieser Taktik auch gehört, daß die Menschen das Vertrauen in die hiesigen Regierungen verlieren.

Apropos Regierungsformen und Vertrauen: Das beste Beispiel für dieses geplante Vorgehen ist zweifellos in der BRD zu erkennen. Hier wird dieses Konzept gezielt angewendet beziehungsweise umgesetzt. Die Regierungskrise (2005) und Neuwahlen haben in Wirklichkeit ganz andere Hintergründe. Die „Regierung" Schröder, Fischer und Co. hat sich im wesentlichen nicht an die internationalen Vorgaben gehalten, die vor Amtsantritt mit den internationalen und übergreifenden Organisationen vereinbart beziehungsweise von diesen vorgegeben wurden. Bei einem vorzeitigen Regierungswechsel in der BRD geht es primär nicht um die nationale Politik, sondern um internationale und europäische Ziele beziehungsweise Vorgaben, die internationale Gruppierungen umgesetzt sehen wollen. Nur eine starke Achse *Paris-Berlin-Moskau* ist in der Lage ein zukünftiges Desaster in Europa zu verhindern und hätte die Chance ein gutes „altes Europa" und unabhängigeres Europa wieder zum Leben zu erwecken. Dies wird aber von gewissen Organisationen – die ganz andere Ziele mit Europa verfolgen und es letztlich politisch und wirtschaftlich kontrollieren wollen und das bereits tun – überhaupt nicht gerne gesehen. Bei Neuwahlen und einer Regierungsneubildung wären zumindest Schröder und Fischer aus dieser Achse ausgeschieden und somit wäre auch diese politische und wirtschaftliche Achse erst einmal gebrochen. Das ist der Hauptgrund für die derzeitige politische Situation in der Bundesrepublik. Mehr soll dazu an dieser Stelle nicht gesagt werden.

Zurück zu den Astronauten und Piloten:

Es gab zum Beispiel landesweite Fernsehübertragungen, in denen zwei anonyme Männer aus Militärkreisen auftraten und das schon erwähnte Abkommen, von dem Cooper berichtete, bestätigten. Sie sagten aus, daß ein geheimes Abkommen geschlossen wurde und ein technologischer Wissensaustausch stattfand.

Zur selben Zeit trat ein sehr prominenter Amerikaner mit seinen Enthüllungen an die Öffentlichkeit: John Lear.

John Lear ist der Sohn des berühmten William P. Lear, seines Zeichens Ingenieur des Lear-Jet und des 8-Track-Stereo sowie Gründer der Flugzeugfirma *Lear Incorporated*.

Dieser William P. Lear sagte bereits in den fünfziger Jahren öffentlich: *„Ich glaube, daß die Fliegenden Untertassen aus dem Weltraum kommen und daß sie von Wesen höherer Intelligenz gesteuert werden."*[82]

Sein Sohn John trat zwar nicht in seine Fußstapfen, wurde aber einer der berühmtesten Piloten, wenn nicht sogar *der* berühmteste Pilot in der Geschichte der Vereinigten Staaten. Mitte der achtziger Jahre befaßte er sich immer mehr mit dem UFO-Phänomen. Er wollte herausfinden, was wirklich an diesen vielen Gerüchten und Spekulationen dran ist. Dazu nutzte er vor allem seine ausgezeichneten Kontakte zur Luftwaffe und zu den Geheimdiensten.

John Lear trat 1987 mit seinen Ergebnissen an die Öffentlichkeit und bestätigte letztlich die bereits geschilderten Fakten und daß ein Abkommen mit Außerirdischen bestehe. Er bestätigte, daß die vielen Entführungen und Zerstümmelungen das Werk dieser außerirdischen Allianz-Partner seien. Sie haben ihre geheimen irdischen Allianzpartner getäuscht und belogen, doch nun sei es zu spät, so John Lear.

Natürlich gab es nach den öffentlichen Aussagen Lears viele kritische Stimmen, die behaupteten, daß dieser im Auftrag der Geheimdienste arbeitete, wie es die auch bei Bill Cooper gibt. Zumindest bei Bill Cooper, der schließlich sein Leben verlor, sollte man das doch ein wenig in Frage stellen.

Das sagen die Astronauten...

Dann wäre da kein Geringerer als der berühmte Astronaut Gordon Cooper. Seit den ersten bemannten Raumflügen geistern die Gerüchte umher, daß die Astronauten im Weltall UFOs gesehen haben.

Gordon Cooper war einer der ersten Astronauten im Weltall, und er war auch der erste, der öffentlich die Realität der UFOs preisgab. In einem Interview mit der *Los Angeles Herald Examiner* am 15.8.1976 erklärte Cooper: *„Intelligente Wesen von anderen Planeten besuchen unsere Welt in dem Bemühen, mit uns Kontakt aufzunehmen. Ich bin während meiner Flüge verschiedenen Raumschiffen begegnet. Sowohl die NASA als auch die amerikanische Regierung wissen das und besitzen eine Menge an Beweisen, die sie jedoch zurückhalten, um die Bevölkerung nicht zu alarmieren.“*

Gordon Cooper gab später noch weitere Statements ab, die weltweit ausgestrahlt wurden. Hier bestätigte er auch weiterhin, daß er während seiner Raumflüge verschiedenen UFOs begegnet ist. Er berichtete aber auch, daß er mehrmals von der Erde aus UFOs gesehen habe. Ein Vorfall ereignete sich laut Cooper auf dem Luftwaffenstützpunkt Edwards in Kalifornien.

Gordon Cooper erklärte hierzu: *„Ich hatte da auch eine Kamera-Crew, und dieser gelang es [im Jahr 1957], ein UFO zu filmen! Das Ding war direkt über ihren Köpfen geflogen und dann in einem ausgetrockneten See gelandet. Meine Männer näherten sich dem UFO, doch das UFO startete plötzlich mit einer unglaublichen Geschwindigkeit und flog weg. Ich habe mir den entwickelten Film angesehen, aber nur kurz, denn wir mußten ihn sogleich nach Washington schicken. Das war das letzte Mal, daß ich von diesem Film gehört habe.“*[82b]

Gordon Cooper berichtet hier also wiederholt von UFO-Sichtungen und erwähnt außerdem auch Landungen der außerirdischen Flugkörper. Folgendes hatte Cooper bereits 1978 gegenüber dem Journalisten Lee Spiegel vom OVNI-Magazin öffentlich erklärt: *„Am Himmel über Edwards werden immer wieder seltsame fliegende Dinge gesehen. Die Leute,* *die dort arbeiten und leben, stellen nicht viele Fragen über die Dinge, die sie sehen, aber nicht verstehen. Sie zucken mit den Schultern und meinen, das sei wohl ein weiteres Versuchsflugzeug aus einem anderen Teil der Basis. Aber das war es nicht. Ich denke, es war ganz sicher ein UFO.“*

Wenn man die Aussagen Coopers zwischen den Zeilen liest, könnte man zu dem Schluß kommen, daß dieses Ereignis für die Mitarbeiter der Basis nicht einmalig zu sein schien, sonst hätten sie sicherlich nicht so gleichgültig reagiert und bloß mit den Schultern gezuckt, wie auch der Autor Armin Risi hierzu anmerkt.

Es gibt noch viele weitere Zeitzeugen und Berichte, die in den vergangenen Jahrzehnten ans Tageslicht kamen, so zum Beispiel der bekannte *Condon-Bericht*, eine UFO-Studie, die von der Universität von Colorado und der Nationalen Akademie der Wissenschaften im Jahre 1968 veröffentlicht wurde. Die Kommission untersuchte in den Jahren zwischen 1949 und 1969 mehr als 12.000 Fälle von UFO-Sichtungen. In dem Bericht heißt es: *„Es gibt drei visuelle Beobachtungen, die durch die Astronauten im Erdorbit gemacht wurden und die nach Ansicht des Verfassers nicht ausreichend erklärt werden konnten.“* Dies bezog sich auf die Flüge von *Gemini 4* und *Gemini 7*.

Die ungewöhnlichen Beobachtungen der Astronauten beschränken sich allerdings nicht nur auf diese drei. Das bestätigte auch *Dr. Maurice Chatelain*, ehemaliger Kommunikationsleiter und Ingenieur der NASA beim Apollo-Programm. Wie viele andere namhafte Größen der amerikanischen Raumfahrt, trat auch Chatelain nach seiner Pensionierung an die Öffentlichkeit.

Auch er bestätigte, daß *„allen Apollo- und Gemini-Flügen UFOs folgten, die außerirdischen Ursprungs sind... Es waren Fliegende Untertassen oder UFOs... Jedesmal, wenn dies geschah, informierten die Astronauten die Bodenstation, von wo immer absolutes Verschweigen befohlen wurde.“*

„Houston, here Discovery..."

Am 14. März 1989 funkte das Space-Shuttle *Discovery* folgende Meldung zur Bodenstation: „*Houston, here Discovery. We still have the alien spacecraft under observance!*" („*Houston, hier ist die Discovery. Wir haben das fremde Raumschiff immer noch unter Beobachtung!*") Wie später herauskam, erfolgte nach diesem Funkspruch eine zehnminütige Funkstille, weil die Kommunikation auf eine Geheimfrequenz umgeschaltet wurde.

Zwischen dem 12. und dem 14. Januar 1997 strahlte das Tessiner Fernsehen eine vierteilige UFO-Dokumentation aus. Neben ungeschnittenen Filmaufnahmen der Mondlandung sind auch die Worte Armstrongs unzensiert zu hören. Im Anschluß an diese Sendung fand eine Live-Diskussion statt, zu der unter anderem auch der langjährige NASA-Mitarbeiter Prof. Dr. Dino Dini aus Italien eingeladen war.

Neben seiner Tätigkeit als Raumfahrtingenieur und Professor für Energetik war er gleichzeitig auch in nachrichtendienstlicher Funktion für die NASA tätig.

Der Moderator fragte Prof. Dini, warum die NASA bei der Mondlandung der Discovery die Originalübermittlungen gelöscht habe:

„*Herr Dini, Sie waren im Nachrichtendienst der NASA tätig. Ich frage Sie, warum hat die NASA das, was direkt gesagt wurde, aus der offiziellen Version, die um die Welt ging, gelöscht?*"

Mit der Antwort, die dann folgte, hat wohl kaum jemand gerechnet:

„*Es wurde gelöscht, weil hier viele Dinge zusammenkamen, die zu diesem berühmten „Blue Book" gehörten, das hätte veröffentlicht werden sollen, wovon man dann aber absah. Nun, die Tatsache ist folgende: Das, was Armstrong sah, war real. Denn überall, wo Verwirrung ausbricht, dort erscheinen diese fliegenden Scheiben. Diese Scheiben kommen aus Stationen, die in Erdnähe postiert sind. Es war also richtig, und wir mußten es tun...*"

Der Moderator fragte nach: *„Sie meinen löschen?"*

Prof. Dini: *„Ja, das Löschen."*

Moderator: *„Was gesprochen wurde, haben Sie ja gehört. Was sah Armstrong? Was war das?"*

Prof. Dini: *„Er sah Objekte, die ihm folgten, Raumschiffe, die der Apollo folgten..."*

Moderator: *„...auch Lebewesen?"*

Prof. Dini: *„Ja, auch Lebewesen! Den Spaceshuttle-Raumschiffen der Apollo folgten andere Raumschiffe. Das ist eine Tatsache, die von verschiedenen Expeditionen bezeugt wurde."*

Professor Dini gab aber noch mehr geheime Informationen preis:
„Es waren wir, die den globalen Diskurs unterbanden, weil man uns entsprechende Unterweisungen zukommen ließ. Wir waren in höchstem Maß erschrocken, als wir sahen, welch Unterschied zwischen unserer Technik und Wissenschaft und jener der UFOs bestand. Deshalb ist es evident, daß dies uns dazu gebracht hat, in ihrer Globalität negative Gutachten [über UFOs] zu geben... Zweifellos ist die Tatsache ernüchternd, daß wir keine Erklärungen haben, denn unsere Wissenschaft ist praktisch noch primitiv, verglichen mit jenen Planeten, von wo diese Raumschiffe herkommen."

Ja, was soll man dem Ganzen noch hinzufügen? Diejenigen Leser, die in der UFO-Szene nicht so zu Hause sind, werden nach diesen Ausführungen sicherlich sprachlos oder vielleicht sogar erschüttert sein.

Ich möchte diese Ausführungen aber nicht abschließen, ohne noch einen wichtigen Aspekt aufzugreifen, der in den vergangenen Jahren immer wieder von Forschern und Ufologen aufgegriffen wurde.

Die Erklärungen und Ausführungen der Astronauten und NASA-Mitarbeiter bestätigen nämlich die Vermutung vieler Forscher, daß schon seit Jahrzehnten außerirdische Raumstationen auf dem Mond existieren. Aus welchem Grund haben die USA in den siebziger Jahren plötzlich das bemannte Apollo-Programm der NASA nach wenigen Mondlandungen gestoppt und danach nie wieder einen Astronauten zum Mond geschickt?

Na ja, in ihrer *Mond-Karriere* haben die USA so ihren Ruf weg! Spätestens, nachdem auch Offizielle wie zum Beispiel Henry Kissinger in Interviews zugegeben haben, daß die Mondlandung im Studio gedreht wurde, erhalten viele andere Vermutungen und Indizien natürlich immer mehr Gewicht.

Gemeint ist die Annahme, daß die Amerikaner bei ihrer ersten Mond-Mission gar nicht auf dem Mond waren. Das, was Astronauten und NASA-Mitarbeiter wie beispielsweise Professor Dini bestätigten, läßt auch diese altbekannte Vermutung mehr als realistisch erscheinen. Demnach waren die Besitzrechte des Mondes längst geregelt, bevor sich die Amerikaner in den sechziger Jahren aufmachten, um auf dem Mond Besitzansprüche zu stellen – vergeblich! Wer zu spät kommt, den bestraft das Leben...

Aber das ist ja bekanntlich in der amerikanischen Geschichte nicht das erste Mal, daß man sich mit fremden Federn schmückt, man denke nur an das Kolumbus-Märchen. Auch Kolumbus war nicht der erste...

Wie sagte doch der britische Schriftsteller Oscar Wilde (1854-1900) einst: *„Natürlich ist Amerika schon vor Kolumbus entdeckt worden, und zwar oft. Es wurde nur immer vertuscht."*

Na ja, schließlich ist *Hollywood* noch auf dem Mond *gelandet*, indem die Produzenten den Zuschauern diese Peinlichkeit auch noch in Kinofilmen erfolgreich verkaufen – ein Schelm, wer Böses dabei denkt... und irgendwo muß auch Amerika die Nr. 1 sein – in Hollywood sind sie es ganz bestimmt...

Und die Thule-Gesellschaft?

Natürlich rücken bei diesen Fakten auch die Thesen und Legenden der deutschen Geheimgesellschaften in einen etwas anderen Fokus. Sie passen zudem zeitlich genau ins Geschichtsbild. Und daß nach dem Zweiten Weltkrieg ein Technologietransfer von Deutschland nach Amerika stattfand, ist nun mal eine unwiderlegbare Tatsache. Die Frage ist letztlich, was wirklich dran ist an den deutschen Entwicklungen bezüglich der Flugscheiben.

Kaum jemand wird heute wissen, daß es bereits in den frühen fünfziger Jahren zu verschiedenen Pressemeldungen kam, in denen die Thematik der deutschen Flugscheiben behandelt wurde.

So gab es unter anderem am 7. Juni 1952 eine große Schlagzeile in der *Frankfurter Nachtausgabe*: *„Fliegende Untertassen = V7, sagt der deutsche Konstrukteur."*

Bei dem deutschen Konstrukteur handelte es sich um den V-Waffenkonstrukteur *Dr. Richard Miethe.*

In dem Artikel heißt es: *„Die angeblich immer wieder gesichteten Fliegenden Untertassen könnten ferngelenkte Flugapparate deutscher Konstruktion nach Art der V-Waffen* (V=Vergeltungswaffe; A.d.V.) *sein. Diese Theorie vertritt soeben die bekannte Pariser Abendzeitung „France Soir" in ihrer neuesten Ausgabe. Dr. Miethe, der Konstrukteur, soll ferner erklärt haben, daß eine Neukonstruktion der V-Waffen in Scheibenform mit einer Reichweite von 21.000 Kilometern und Radarsteuerung mit der Bezeichnung V7 gegen Kriegsende fabrikationsreif gewesen sei. Man habe diese ferngelenkte Scheibe mit großem Erfolg über der Nordsee erprobt."*

Am 17. April 1945 soll Richard Miethe Adolf Hitler folgendes gemeldet haben: *„Am heutigen Tage ist unter meiner Leitung und in Gegenwart von drei Offizieren der Luftwaffe über dem badischen Himmel die Vergeltungswaffe 7 erprobt worden."*

Die „V 7" war ein Überschallhubschrauber, der mit zwölf Turboaggregaten BMW 028 ausgestattet war. Beim ersten Testflug erreichte dieser eine Höhe von bis zu 21.000 Metern, beim zweiten Aufstieg soll es sogar noch mehr gewesen sein. Er konnte auch mit unkonventioneller Energie angetrieben werden.

Richard Miethe war natürlich nicht der einzige Zeitzeuge und Konstrukteur, der sich zu Wort meldete. Auch die Entwickler Professor *Giuseppe Belluzo* (der Name *Belluzo* wird von einigen Autoren auch anders geschrieben; A.d.V.) und der deutsche Flugzeugingenieur Rudolf Schriever traten an die Öffentlichkeit.

So wartete der *Spiegel* am 30. März 1950 mit einer sensationellen Schlagzeile auf: „*Untertassen – Sie fliegen doch!*"

In dem Artikel heißt es: „*Als die Kurve des fast dreijährigen Untertassen-Fiebers ihren Höhepunkt erreichte, meldeten sich die ersten „Erfinder". So der italienische Wissenschaftler Professor Giuseppe Belluzo, Turbinen-Ingenieur, Fachmann für Raketen- und Geschützbau und Wirtschaftsminister unter Mussolini. …Bereits 1942 hätten Hitler und Mussolini Versuche mit „Fliegenden Untertassen" durchführen lassen, die Ferngeschosse tragen sollten.*"

Im selben Artikel wird dann auch noch der Flugzeugingenieur *Rudolf Schriever* vorgestellt und folgendermaßen zitiert: „*Ich habe gleich an mein Gerät gedacht*", sagte der 40jährige, „*an den von mir konstruierten Flugkreisel. Die Idee stammt aus dem Jahre 1942. Damals war ich Chefpilot in Eger.*"

Rudolf Schriever äußerte sich in den folgenden Jahren noch des öfteren in den Medien über seine Vergangenheit. So erklärte er beispielsweise am 31. Mai 1952 in der *Westdeutschen Allgemeinen*: „*Fliegende Untertasse stand 1944 bereit.*" In diesem Artikel wird berichtet, wie Schriever ab 1941 einen „*Fliegenden Teller*" entwickelte. Der Prototyp stand 1945 bereit. Das Kriegsende erforderte aber die Sprengung dieses Gerätes, so Schriever. Er selbst floh. Seine Pläne fielen in die Hände der

Alliierten. *„Zwei Jahre später liest man die ersten geheimnisumwobenen Berichte von „Fliegenden Untertassen", die angeblich mit enormer Geschwindigkeit das Territorium der USA unsicher machen. Zu seiner Frau sagt er: „Olle Kamellen" und deutet mit dem Finger an die Stirn, als von Besuchern ferner Welten gefaselt wird. "*

Ein weiterer äußerst nennenswerter Artikel erschien am 26.4.1953 in der *Welt am Sonntag* unter der Überschrift: *„Erste „Flugscheibe" flog über Prag."*

In diesem hochinteressanten Interview wird Oberingenieur Georg Klein, ehemaliger Mitarbeiter von Hitlers Rüstungsminister Albert Speer, interviewt. Das Interview führte seinerzeit der wissenschaftliche Mitarbeiter der *Welt am Sonntag*, Dr. Werner Keller:

Dr. Keller: *Hat nach Ihrer Ansicht durch den jetzt gemeldeten Bau „Fliegender Untertassen" eine neue flugtechnische Entwicklung begonnen?*

Georg Klein: *Für den Fachmann handelt es sich hierbei keineswegs um eine ganz neue Entwicklung. Konstruktionen dieser Art wurden während des letzten Krieges zumindest auch in Deutschland bereits als Versuchsmuster entwickelt. Ich selbst war am 14. Februar 1945 in Prag Augenzeuge des ersten Starts einer bemannten Flugscheibe. Diese Versuchsmaschine erreichte im Steigflug eine Höhe von 12.400 Metern innerhalb von drei Minuten und entwickelte im Gradeausflug eine Spitzengeschwindigkeit von 2.200 Kilometern in der Stunde. Bei diesem ersten Probeflug wurde also nahezu die doppelte Schallgeschwindigkeit erreicht. Das mag erstaunlich klingen; praktisch lassen sich aber mit diesem Scheibentyp aufgrund seiner geradezu idealen aerodynamischen Form sogar Geschwindigkeiten von 4.000 km/h und mehr erzielen.*

Dr. Keller: *Solche hohen Geschwindigkeiten bringen doch sicherlich fast unlösbare technische Schwierigkeiten mit sich?*

Georg Klein: *Die enormen Geschwindigkeiten erfordern besondere Metallegierungen. Die bisher im Flugzeugbau verwendeten Metalle würden bei der dabei entstehenden Hitzeentwicklung schmelzen. Eine solche Legierung lag vor. Der Start in Prag war das Ergebnis einer Forschungs- und Entwicklungsarbeit, die 1941 begann und Millionenbeträge verschlang. Gegen Ende 1944 waren drei verschiedene Konstruktionen fertiggestellt. Man hatte zwei grundsätzlich verschiedene Wege eingeschlagen. Den einen Typ hatte der bekannte V-Waffen-Konstrukteur Miethe entwickelt, er bestand aus einer diskusähnlichen, nicht rotierenden Scheibe von zweiundvierzig Metern Durchmesser. Im Gegensatz dazu drehte sich bei den Konstruktionen von Habermohl und Schriever ein breitflächiger Ring um eine feststehende, kugelförmige Pilotenkabine. Dieser Ring war durch verstellbare Flügelblätter mehrfach unterteilt und ermöglichte damit einen senkrechten Start und eine ebensolche Landung.*

Dr. Keller: *Was wurde aus den damals fertiggestellten Versuchsmaschinen und ihren Konstrukteuren?*

Georg Klein: *In Prag wurden die bereits erprobte Scheibe und die noch im Bau befindlichen Maschinen einschließlich aller Konstruktionspläne kurz vor dem Einmarsch der Sowjets von uns zerstört. In Breslau jedoch fielen ein Versuchsmuster von Miethe sowie die engsten Mitarbeiter des Konstrukteurs in die Hände der Russen. Von Habermohl und seinen beiden Mitarbeitern fehlt seit der Besetzung Prags jede Spur. Der Einflieger und Konstrukteur Schriever, der zuletzt bei Bremen lebte, ist vor wenigen Wochen verstorben. Miethe, der im letzten Augenblick Breslau mit einer Me-163 verließ und sich zeitweilig in Frankreich befand, ist wie mir bekannt wurde, heute in den USA tätig.*

Dr. Keller: *Sind Sie aufgrund Ihrer Erfahrungen der Ansicht, daß die Flugscheiben die Luftfahrtentwicklung entscheidend beeinflussen werden?*

Georg Klein: *Angesichts der ungeheuren Geschwindigkeiten, die mit diesen Typen erreicht werden, kann man sich vorstellen, daß sie für Düsenverkehrsmaschinen eine große Konkurrenz darstellen könnten. Selbstverständlich wäre es technisch ohne weiteres möglich, „Fliegende Untertassen" zu bauen, die in der Lage sind, dreißig bis fünfzig Passagiere aufzunehmen. Bei einer Stundengeschwindigkeit von 4.000 Kilometern würde ein Flug von Hamburg nach New York nur etwa neunzig Minuten dauern. Eine solche Konstruktion ist jedoch völlig unrentabel, da die Scheibe dann zu große Ausmaße voraussetzt. Dieser Auffassung ist auch der mit mir bekannte italienische Konstrukteur Prof. Giuseppe Belluzo. Die bei dem Bau der „Fliegenden Untertassen" gewonnenen Erfahrungen eröffnen jedoch auf dem Gebiet der Kleinstflugzeuge hervorragende Möglichkeiten. In den USA hat man bereits damit begonnen, Hubschrauber als „Lufttaxi" einzusetzen. Es ist das Ziel großer Werke wie Sikorski und Hiller, Kleinsthubschrauber zum „fliegenden Auto" für jedermann werden zu lassen. Einem Hubschrauber gegenüber besitzt die „fliegende Scheibe" aber erhebliche Vorteile. Es lassen sich damit bedeutend größere Geschwindigkeiten erreichen. Als entscheidendes Moment kommt außerdem eine größere Flugsicherheit hinzu. Die Pläne für ein solches Scheibenteil sind ausgearbeitet. Dafür, daß auch der Osten nicht untätig geblieben ist, dürfen meines Erachtens die letzten amerikanischen Meldungen aus Korea sprechen. Dort wurden von den UNO-Streitkräften erst vor wenigen Tagen mehrere „Fliegende Scheiben" eingehend beobachtet.*

Auch in den US-Medien gab es Anfang der fünfziger Jahre Berichte, die geheime Technologien amerikanischer und deutscher Entwickler bestätigten. So berichtete das bekannte Magazin *U.S. News & World Report* am 7. April 1950: *„UFOs sind in Wirklichkeit geheime Militärflugzeuge."* Dieser Artikel wurde nach intensiven Recherchen und ausgiebigen Interviews mit Wissenschaftlern, Ingenieuren und Militärangehörigen veröffentlicht. In jenem Artikel wird berichtet, *„Fliegende Untertassen"* – die heute *„UFOs"* genannten Objekte – wären *„keine geheimnisvollen Besucher vom Mars"*. Stattdessen wird versichert: *„Sie sind*

270

*richtige Flugzeuge, solide konstruiert auf der Grundlage von Prinzipien,
die von den USA im Krieg entwickelt wurden. Durch die neuartige Ge-
staltung sind sie in der Lage, Dinge zu leisten, die von keinem herkömmlichen Flugzeug auch nur annähernd erwartet werden können."*

Weiter wird berichtet, daß die ersten Prototypen 1945 vom amerikanischen Militär gebaut wurden und daß sich die USA offenbar im Wett-
streit befand, denn Deutschland und Italien hätten zur selben Zeit an
ähnlichen Entwürfen gearbeitet.

Einen anderen Zeitzeugen traf *Jan van Helsing* Mitte der neunziger
Jahre. In dieser Zeit hat Jan sich sehr intensiv mit der UFO-Thematik
auseinandergesetzt und auch darüber publiziert, so zum Beispiel sein
Buch *„Unternehmen Aldebaran"*, mit dem er für viel Zündstoff sorgte.
Hier berichtet er auch über ein Treffen mit einem ehemaligen deutschen Piloten: *„Einmal mußte er im Frühjahr 1943 mit seiner Arado in
Neu-Brandenburg landen, da die Maschine einer Generaltriebwerksun-
tersuchung unterzogen werden sollte. Da dies jedoch bis zum nächsten Tag
andauerte, gesellte er sich zu seinen Fliegerkameraden in die Halle und
traute seinen Augen nicht: Er sah dort zwei große Haunebu II. (In diesen
Sicherheitsbereich kam er durch seinen „roten Reiseschein", einen Sicher-
heitsausweis.) Die nächsten Stunden verbrachte er mit den Piloten und
erfuhr dabei eine ganze Menge über diese Flugkörper. Ihm wurde erklärt,
daß diese locker 50.000 km/h fliegen würden und außerhalb der Erdatmosphäre sogar über 100.000 km/h. Während er sich die Scheiben von außen betrachten konnte, erklärte man ihm, daß sie mit einem Antigravitationsantrieb ausgestattet seien, der nach dem Gegenlaufprinzip einer ge-
quetschten Lemniskate funktioniere. Durch die gegenläufigen Scheiben im
Inneren des Raumschiffs entstehe dadurch ein weiterführender Dyna-
moeffekt. Durch diesen Effekt würden die Raumschiffe ein Null-Feld um
sich herum aufbauen, wobei sie sich fortwährend in dieses Null-Feld hin-
einsaugen. Je nachdem, wohin man dieses Feld richten würde, zöge es das
Schiff hinein. Durch diesen Antrieb gäbe es, aber nur von außen sichtbare,
ruckartige Bewegungen (zum Beispiel 22,5 °), die jedoch im Inneren nicht*

fühlbar wären. Innerhalb der Schiffe würden keinerlei Fliehkräfte auf die Piloten einwirken, da die Schiffe eben ein eigenes Gravitationsfeld besitzen.

Am nächsten Morgen sollte dann ein Erkundungsflug um die Erde stattfinden. (Nach Aussage eines der Piloten sollte dies in zirka fünf Stunden möglich sein.) Natürlich stand die ganze Mannschaft bei Sonnenaufgang vor den Toren, um dieses phantastische Ereignis mitzuerleben und diese unheimlichen Fluggeräte mit eigenen Augen fliegen zu sehen. So beschrieb er, daß nur ein leichtes Summen zu hören gewesen sei und sich die Haunebus sehr schwerfällig vom Flugplatz entfernten (zirka 600-700 Meter), bis es plötzlich einen Ruck gab und die Scheiben wie ein Blitz verschwunden waren...

Als ich dort mit einem Piloten zusammengesessen war, erzählte er auch, daß es bei diesen Flugkörpern keinen Schallmauerdurchbruch gibt. Heute bin ich persönlich davon überzeugt, daß diese Dinger mit dazu herangezogen worden sind, den „Großkopferten" die Möglichkeit einer Flucht einzuräumen. Das ist doch heute auch der Fall. (Er bezieht sich wahrscheinlich auf die Illuminati und andere Regierende, die solche Geheimwaffen auch für eigene Zwecke geheimhalten; Anm. v. Jan v. H.) *Man versuchte damals, über den Mond als Relaisstation zum Mars zu kommen. Doch heute wissen wir, daß das nicht möglich ist. Also werden sie vom Mars direkt zur Venus geflogen sein. Ob das geklappt hat, darüber möchte ich nicht mehr sagen, nur, daß dies mit der Hintergrund für die ganze Geheimhaltung um die deutschen Flugscheiben ist."*[83]

Es gäbe noch viele Zeitzeugen zu nennen, welche die technischen Entwicklungen der deutschen Wissenschaftler aus jener Zeit bestätigen, so zum Beispiel Virgil Armstrong, ehemaliger CIA-Mitarbeiter. Armstrong bestätigte deutsche Flugkörper während des Zweiten Weltkrieges, die vertikal landen und starten konnten. Nach seinen Aussagen wurden sie bis zu 3.000 km/h schnell gemessen.

Das Wissen kam aus Deutschland...

Es gilt heute als unwiderlegbar, daß Deutschland damals im Bereich Wissenschaft und Entwicklung einen großen Vorsprung gegenüber den Alliierten Kriegsgegnern hatte.

Daß nach dem Ende des Zweiten Weltkrieges viele deutsche und österreichische Wissenschaftler und Entwickler in die USA gingen und dort für die Amerikaner weiterarbeiteten, ist bekannt. Nur so ist es zu erklären, daß die Vereinigten Staaten im Flug- und Raumfahrtbereich in den folgenden Jahrzehnten so erfolgreich wurden.

Die amerikanischen und britischen Geheimdienste waren natürlich über die verschiedenen Entwicklungen der sogenannten deutschen *Wunderwaffen* bestens informiert und hatten es somit sehr eilig, 1945 in

Abb.90 oben:
Das Original-Team der deutschen Wissenschaftler, die unter der *Operation Paperclip* in die USA geholt wurden, aufgenommen in Fort Bliss in White Sands, New Mexiko. Der siebte von rechts in der ersten Reihe ist Wernher von Braun.

Abb.91 links:
Wernher von Braun

Berlin einzumarschieren und verschiedene andere bekannte Forschungs- und Entwicklungszentren der Deutschen zu überprüfen. Es gelang ihnen schließlich auch, und ihnen fielen dadurch vermutlich Hunderte, wenn nicht sogar Tausende von Tonnen Top-Secret-Unterlagen in die Hände, die größtenteils heute noch unter Verschluß sind. Auch viele technische Zeugnisse aus den eroberten Forschungszentren wurden auf dem schnellsten Wege nach Amerika gebracht.

In den SS-Geheimarchiven entdeckten die Alliierten angeblich auch Photos der Haunebu-II und Vril-I-Typen. Präsident Truman gab schließlich grünes Licht für das Paperclip-Programm, das die Aufgabe hatte, deutsches Wissen über Hochtechnologien für die Amerikaner zugänglich zu machen, indem Pläne und Wissenschaftler wie zum Beispiel Wernher von Braun in die USA geholt wurden.

Wernher von Braun wurde dann im Rahmen des Programms „Overcast" von den Amerikanern angeworben – und mit ihm 115 weitere Wissenschaftler. Danach folgte „Operation Paperclip", die nicht nur eine sechsmonatige Arbeitserlaubnis versprach, sondern auch die baldige Einbürgerung samt aller Familienangehörigen. Ein weiterer Anreiz war die Aussicht auf sofortige Wohnungszuweisung für die Familienangehörigen, bis deren Einreiseformalitäten erledigt waren.

Insgesamt, so schätzt man, profitierten mehr als 1.500 deutsche und österreichische Wissenschaftler, Ingenieure und Techniker von dem Programm. Achtzig Prozent der Wissenschaftler waren Mitglied der NSDAP, so eine Schätzung der US-Behörden.

Wernher von Braun half den amerikanischen Behörden bei der Fertigung der Listen, auf denen die Namen der zu übersiedelnden Forscher standen. Die Akten der Forscher wurden mit einer Büroklammer (Paperclip) gekennzeichnet. Am 21. Oktober 1959 wurde Wernher von Braun auf eigenen Wunsch hin der NASA überstellt, wo er bis zu seinem Tode 1977 am Raumfahrtprogramm arbeitete. Wernher von Braun entwickelte die Saturn-V-Trägerrakete, die erfolgreich beim Apollo-Programm eingesetzt wurde.

Auch andere bekannte Wissenschaftler und Entwickler, wie zum Beispiel Schauberger, Miethe oder auch Belluzo, soll es in die USA gezogen haben, wo sie vermutlich ihr geheimes Wissen weitergaben. Wer will es ihnen auch verdenken? Über Schauberger wird berichtet, daß er mit seinem Sohn später in den USA untertauchte. Kurz vor seinem Tod im Jahr 1958 erklärte er, an einem streng geheimen Flying-Disc-Programm der USA mitgearbeitet zu haben.

Im November 2004 folgte ich einer Einladung zu einem Forschungskongreß in der Schweiz, wo ich Professor *James Hurtak* traf und mit ihm ein längeres und sehr interessantes Gespräch führte. Hurtak gilt weltweit als einer *der* Wissensträger im Zusammenhang mit dem Pyramidenbau und den geheimen technologischen Entwicklungsprojekten in den USA der vergangenen Jahrzehnte. Er schrieb unter anderem das Kultwerk *„Die Schlüssel des Enoch"*.

Professor Hurtak hatte Einblick in die nach dem Krieg gestartete Operation „Paperclip". Seinem Bericht zufolge hatte er Einblick in Dokumente, die sehr detailliert den Aufbau einer Weltraumstadt „Peenemünde" beschreiben, sowie in genaue Pläne der „Foo-Fighter" – einer fliegenden und von einem Leuchten umgebenen kleinen Flugscheibe, mit der während des Krieges experimentiert wurde.

Der typische „Foo-Fighter" hieß bei den Deutschen „Fliegende Schildkröte" und soll von einer technischen Gruppe der SS entwickelt worden sein. Es handelte sich um unbemannte Flugsonden, die in die Nähe feindlicher Flugzeuge fliegen sollten und Störungen in der Elektrik auslösten. Foo-Fighter sind oft als unnatürliche Phänomene abgetan worden, oder es wurden feindliche Sonden dahinter vermutet. Der italienische Flugzeugingenieur *Renato Vesco* hatte dafür folgende Erklärung: Nach eingehender Untersuchung dieses Materials sei er zu der Schlußfolgerung gelangt, daß es sich um kleine, hochentwickelte, untertassenförmige Flugobjekte handelt, die unter strengster Geheimhaltung in der LFA-HG (Luftfahrtforschungsanstalt Hermann Göring; A.d.V.) unter Aufsicht der SS entwickelt worden seien. Vesco beschrieb die Foo-Fighter als zwei *aufeinander gestülpte Suppenteller*, die durch eine am Rande rotierende Gasturbine angetrieben wurden.

Ende 1944 entschied die Militär-Zensur, daß in der englischen und amerikanischen Presse Berichte über *Foo-Fighter* veröffentlicht werden durften. Und da hieß es gewöhnlich, daß es sich bei den seltsamen Flugobjekten um eine neue *Nazi-Waffe* mit unbekanntem Zweck handelte. Das *Time Magazin* berichtete 1945 über dieses neuartige Phänomen. In dem Artikel wurde es unter anderem als *die verwirrendste Geheimwaffe* beschrieben, auf die alliierte Kampfflugzeuge gestoßen wären.

Es gibt viele weitere interessante Sichtungen und Berichte von Zeitzeugen, die aber den Rahmen dieses Buches sprengen würden.

Zurück zu meinem Gespräch mit Professor Hurtak:

Natürlich sprachen wir auch über die Pyramiden, die in dieser Thematik um die technischen Entwicklungen in den dreißiger und vierziger Jahren eine zentrale Rolle spielen. Ich erzählte ihm von Entdeckungen, die Forscher in den vergangenen Jahren in Kairo machten und der Weltöffentlichkeit bis heute nicht preisgeben. Professor Hurtak war nicht überrascht, als ich ihm einige Einzelheiten erzählte. Zu *meiner* Überraschung zog er eine Mappe aus seiner Tasche und zeigte mir ein Photo, das ihn zeigte, als er vor vielen Jahren genau an der von mir erwähnten Örtlichkeit offizielle Untersuchungen durchführte und größere Hohlräume entdeckte. Wir tauschten unsere Telefonnummern aus, mit der Absicht, uns in den nächsten Monaten in Kairo zu treffen.

Silver Balls Floating in Air Nazis' Newest War Device

(The Associated Press)

Paris, Dec. 13.—As the Allied armies ground out new gains on the western front today, the Germans were disclosed to have thrown a new "device" into the war—mysterious silvery balls which float in the air.

Pilots report seeing these objects, both individually and in clusters, during forays over the Reich.

(The purpose of the floaters was not immediately evident. It is possible that they represent a new anti-aircraft defense instrument or weapon.)

(This dispatch was heavily censored at supreme headquarters.)

Abb.92:
Einer von zahlreichen Zeitungsartikeln aus dem Jahr 1944, welche über die Foo-Fighter-Sichtungen berichten.

Das Recht des Siegers...

Die Alliierten, allen voran die USA, ließen nichts unversucht, um alle möglichen Informationen und technischen Beweisstücke in die Vereinigten Staaten zu bringen. Der bekannte Autor und Ufologe Karl Heinz Zunneck schreibt: *„Ich bin sicher, daß zahlreiche Erfindungen, die den wahren Stand deutscher Technologie-Entwicklungen aufzeigen, nie das Licht der Öffentlichkeit erblickt haben. Man muß berücksichtigen, daß selbst ein Großteil von diffizilen Informationen zu bekannten deutschen Waffensystemen, die US-Dienststellen besaßen, erst fünfzig Jahre nach Kriegsende freigegeben wurde! Die Menge des Materials, die sich heute noch unter Verschluß befindet, kann nicht einmal annähernd geschätzt werden. Es müssen – mindestens – viele zehntausend Tonnen Papier sein, die man vor den Augen der Öffentlichkeit verbirgt.“*[84]

Allein die Zahl der Patententwicklungen, die von den Amerikanern nach dem Kriegsende erbeutet wurden, ist atemberaubend. Der Autor Rudolf Lusar schreibt dazu in seinem Buch *„Die deutschen Waffen und Geheimwaffen des 2. Weltkrieges und ihre Weiterentwicklung“*: *„Allein 340.000 Patente erbeuteten die Alliierten in Deutschland, und mehr als 200.000 Auslandspatente wurden kostenlos weggenommen. Das Ausland selbst hat den Wert dieser geistigen Güter des deutschen Volkes auf 1.500 Milliarden Mark geschätzt, wobei zugegeben wurde, daß zahllose Patente nicht abzuschätzen sind und ihr Wert allein in die Milliarden ginge. Der Zug der Ausbeutung aber ging noch weiter. So verlangte zum Beispiel England auch nach dem Ende des Krieges die kostenlose Auslieferung deutscher Patente, die in den Jahren der Nachkriegszeit patentiert worden sind, ein in der Weltgeschichte noch nicht dagewesener Fall.“*[84]

In einem späteren Bericht, den das *Office of Technical Service* aus Washington verfaßte, wurde offiziell zugegeben, daß dort Tausende Tonnen an Akten liegen würden. So schätze man, daß über eine Million einzelner Erfindungen verarbeitet werden mußten. *„Es ist die einzige Quelle dieser Art in der Welt, die erste vollständige Aussaugung der Erfinderkraft eines großen intelligenten Volkes“*, bemerkte ein Beamter der

Behörde, dem es, wie seinen Vorgesetzten auch, völlig egal war, daß die gesamte Vorgehensweise gegen völkerrechtliche Bestimmungen verstoßen mußte.[84]

Das nennt man wohl *das Recht des Siegers...*

Es gäbe noch viel zu berichten...

Es gäbe noch viele Dinge, über die man in diesem Zusammenhang berichten könnte. Die weitreichenden Thesen und Vermutungen gehen noch sehr viel weiter.

Da wären zum Beispiel die vielen bis heute nicht verstummten Spekulationen über die Flucht Hitlers. Geplant war eine Flucht wohl in jedem Fall, denn hierfür standen zwei vollgetankte Flugzeuge bereit, mit denen er nonstop in alle entlegensten Winkel des Planeten hätte gelangen können. Ich bin mir darüber im klaren, daß dieses Thema überhaupt nicht gern erörtert wird – aber warum?

Der Grund ist ganz einfach. Es gab nach 1945 verschiedene Hinweise, die den Schluß nahelegen, daß hier vielleicht an der Schraube der Geschichtsschreibung etwas „gedreht" wurde.

Ich möchte an dieser Stelle nicht auf die abstrusesten Theorien eingehen, die leider immer noch im Umlauf sind, aber auch bekannte Personen wie Stalin und einer der wichtigsten Militärs, Marschall Shukov, gehörten zu jenen Personen, die glaubten, daß Hitler sich rechtzeitig abgesetzt hat. Wie konnten sie das annehmen, wenn doch offiziell zahlreiche Untersuchungen, teils sogar kriminalistischer Art, ergaben, daß es sich bei den verbrannten Leichen im Berliner Bunker um Adolf Hitler und Eva Braun handelte? Auf weitere Zusammenhänge, die sich unter anderem auch auf das Verhalten des FBI beziehen und auf zwei deutsche U-Boote und ihre Besatzung, die sich erst im Juli 1945 in argentinischen Häfen ergaben, soll hier aber nicht weiter eingegangen werden, da dies letztlich nicht wirklich von Bedeutung ist.

Ein anderer hoher und enger Vertrauter Hitlers war Thule-Mitglied und Haushofer-Schüler *Rudolf Heß*, der – zumindest laut öffentlicher Version – am 17. August 1987 in Spandau Selbstmord begangen haben soll, doch um seinen Tod ranken sich bis heute viele Gerüchte. Der ehemalige Gefängnisdirektor, der Leibarzt von Heß und der Mediziner, der die Obduktion durchführte, kommen zu dem eindeutigen Schluß: Heß beging *nicht* Selbstmord! Die vielen Indizien sprechen für eine Ermordung durch den britischen Geheimdienst. Das bestätigte auch der langjährige Krankenpfleger in einer sehr interessanten Fernsehdokumentation! Die Heß-Akten liegen bis 2017 (teilweise noch länger) unter Verschluß. Was soll hier verschleiert werden?

Ohnehin stellt sich im Fall Heß die Frage, warum man ihn jahrzehntelang unter strengstem Verschluß hielt? Nicht einmal die engsten Familienangehörigen durften bis zu seinem mysteriösen Tod mit ihm alleine sprechen, immer war ein alliierter Wachposten anwesend. Es ist sehr wahrscheinlich, daß die Freilassung von Heß eine Lawine ausgelöst hätte, vorausgesetzt, er hätte sich öffentlich zur deutschen Vergangenheit geäußert, wovon aber wohl auszugehen ist. Er war einer *der* Wissensträger und Eingeweihten, wohl auch im Hinblick auf die vielen geheimen technologischen Entwicklungen der Deutschen vor und während des Zweiten Weltkrieges.

Ein weiteres, vor der Öffentlichkeit gern gehütetes Geheimnis ist jenes über den geheimnisvollen *Mönch mit den grünen Handschuhen*. Fünf Tage bevor Hitler in seinem Bunker in Berlin Selbstmord beging, marschierten die Russen in Berlin ein. Im Keller eines Gebäudes fanden sie sechs Tibeter, die tot in einem rituellen Kreis auf dem Fußboden lagen. Im Zentrum lag ein tibetischer Mönch, der grüne Handschuhe trug. Wenige Tage später fand man über tausend Leichname. Es waren Tibeter, die in deutschen Uniformen für Deutschland kämpften. Über den mysteriösen Mönch mit den grünen Handschuhen existieren kaum schriftliche Informationen. In der Presse wurde ihm der Spitzname *„Der Mönch mit den grünen Handschuhen"* gegeben. Er soll die genaue Anzahl von Hitlers gewählten Abgeordneten für den Reichstag vorhergesagt haben. Es wird angenommen, daß er in regelmäßigem Kontakt zu Hitler gestanden hat. Dieser Mönch wurde auch der „Wächter des Schlüssels" genannt und soll den Eingang nach Agharti gekannt haben, so behaupten es zumindest viele Okkultisten.

Auch die Geheimnisse um Neuschwabenland sollten noch kurz erwähnt werden. Unter der Leitung von Kapitän Alfred Ritscher wurde im Jahre 1938 eine deutsche Antarktis-Expedition mit dem Flugzeugträger *Schwabenland* durchgeführt. Dabei wurden 600.000 Quadratkilometer zu deutschem Land erklärt, *Neuschwabenland*, ein eisfreies Gebiet mit Bergen und Seen. Viele U-Boot-Flotten waren später auf dem Weg nach *Neuschwabenland*. Erstaunlicherweise wird heute die Inbesitznahme von den offiziellen Stellen der BRD geleugnet. Dazu gab es im Jahre 1993 auch eine offizielle Stellungnahme, die hier aber nicht näher erwähnt werden muß. Es ist schon alles etwas merkwürdig, denn auch der Krieg um Neuschwabenland scheint in der Geschichte keinen Platz mehr zu haben. Die US-Navy führte von Dezember 1946 bis März 1947 eine große militärische Operation am Südpol durch – „Operation Highjump".

Diese geheimnisumwobene Operation wird bis heute besonders mit *Admiral Byrd* in Verbindung gebracht. Dieser war nicht der Leiter der Operation, wie vielfach falsch zu lesen ist. Er war zwar der höchste diensthabende Offizier, hatte aber nicht das Oberkommando über die Operation, dieses hatte Admiral Richard H. Cruzen.

Warum hatten Cruzen und Byrd knapp 4.000 Soldaten, ein Kriegsschiff und einen voll ausgestatteten Flugzeugträger samt einem kompletten Versorgungssystem zur Verfügung, wenn es *nur* eine Expedition sein sollte?

Sein Auftrag war von der NAVY klar definiert: Überfliegen des Nordpols. Tatsächlich flog er aber, ohne sich dessen anfänglich bewußt zu sein, ins Innere der Erde und entdeckte eine *Innenwelt*! Byrd sprach von Vegetation, nackten Felsen, Schmelzwasserbächen und einem milden Klima. Ähnliches entdeckte er schon 1929 bei seinem ersten Südpolflug. Er sprach von saftigem, grünem Gras, von Blumen und Tieren, die wie Elche aussahen und denen das Gras bis zum Bauch reichte.

Doch bei seiner zweiten Expedition bekam er Kontakt zu einer hochentwickelten Zivilisation. Byrd bekam eine Botschaft für die Menschen der „Außenwelt" mit auf den Rückweg, die – zusammen mit seinen Aufzeichnungen – über all die Jahre hinweg unter Verschluß blieb. US-Regierungsstellen – insbesondere das Pentagon – waren für die Unterdrückung verantwortlich.

Lee Van Atta, Zeitungskorrespondent bei der „El Mercurio", Santiago de Chile, als Journalist für die Expedition zugelassen, berichtete über sein Interview mit Admiral Byrd am 5. März 1947 in der größten Tageszeitung Südamerikas wie folgt: „...*Admiral Byrd machte heute die Mitteilung, daß die Vereinigten Staaten notwendigerweise Schutzmaßnahmen ergreifen müßten gegen die Möglichkeit einer Invasion des Landes durch feindliche Flieger, die aus der Polregion kommen. Der Admiral sagte, daß er niemanden erschrecken wolle, doch die bittere Wirklichkeit sei die, daß im Falle eines neuen Krieges die Vereinigten Staaten von Fliegern angegriffen werden könnten, die in der Lage sind, von einem Pol zum anderen zu fliegen...*[85]*

Kaum bekannt ist, daß in den nachfolgenden Jahren zwei weitere militärische Operationen gegen Neuschwabenland durchgeführt wurden: die „Operation Windmill" (1947/48) und die „Operation Deep Freeze" (1954).

Nach den ersten beiden Operationen beschlossen die Vereinigten Staaten, weite Gebiete der Antarktis langfristig zu besetzen. Diese Besetzung durch die „Operation Deep Freeze", die mit einigen anderen Staaten durchgeführt wurde, hält bis heute an. Offiziell werden hier durch die USA ökonomische und strategische Gründe vorgeschoben, was sicherlich auch logisch erscheinen mag. Dennoch werden bis heute viele internationale Operationen rund um die Antarktis und Neuschwabenland unter den Teppich gekehrt. Warum?

Übrigens war Byrd nicht der einzige, der über dieses sagenumwobene Land berichtete. Es gibt noch verschiedene andere Forschungs- und Expeditionsberichte, die mit Byrds Aussagen in vielen Punkten übereinstimmen.

Dann wären da noch die vielen Ungereimtheiten um die verschollenen deutschen U-Boote. Es gibt detaillierte Berichte über die fortgeschrittene U-Boot-Forschung Deutschlands im Dritten Reich. Dieses Thema ist genauso umfangreich wie das der Flugscheiben und würde ebenfalls den Rahmen dieses Buches sprengen. In den vergangenen Jahrzehnten kam es immer wieder zu Sichtungen von unidentifizierten U-Booten auf allen Weltmeeren! Amerikaner, Russen und beispielsweise auch die Schweden hatten keine Möglichkeit, diese U-Boote dingfest zu machen. Das führte zunächst dazu, daß sich verschiedene Nationen gegenseitig den *Schwarzen Peter* in die Schuhe schoben, bis man herausfand, daß es sich bei den geheimnisvollen U-Booten weder um russische noch um US-Fabrikate handelte. Aber welcher Nation gehörten diese U-Boote an, wenn nicht den Amerikanern oder Russen? Wer konnte über eine noch bessere Technologie verfügen als diese beiden Großmächte? Angenommen die Geschichtsschreibung würde stimmen, dürfte es diese unidentifizierten U-Boote niemals geben...

Es ist aber nicht widerlegbar, daß nach Kriegsende schätzungsweise mehr als hundert U-Boote vermißt wurden. Auch ist bekannt, daß die Deutschen bis Kriegsende an verschiedenen Entwicklungen arbeiteten, denen Hitler größte Priorität einräumte, was auch Karl Dönitz (1891-1980) bestätigte. Dönitz war der Leiter der U-Boot-Flotte und wurde 1943 Oberbefehlshaber der Kriegsmarine. Am 30. April wurde er – zu seiner Überraschung – zum neuen deutschen Staatsoberhaupt bestimmt.

In diesem Zusammenhang ist auch die Deportation vieler tausender Deutscher nach Südamerika kurz vor Kriegsende erwähnenswert. Natürlich sind die verschiedenen Quellen umstritten, dennoch sind sie höchst interessant, zumal es bis heute viele deutsche Kolonien in den verschiedensten südamerikanischen Ländern gibt.

„Am 2.5.1945, sechs Tage vor der deutschen Kapitulation am 8.5.1945, lief von Kristiansund, Norwegen, ein U-Boot-Geleitzug aus, der aus rund 120 der neuartigen Elektrounterseeboote (Aktionsradius 30.000 Kilometer) und mehreren riesigen Frachtunterseebooten bestand. An Bord der E-

Klasse-U-Boote befanden sich außer der nur aus Jungen, ohne lebende Angehörige, bestehenden gewöhnlichen Besatzung (a) junge SS-Männer und HJ-Führer, (b) zahlreiche junge Wehrmachtshelferinnen und BDM-Mädchen, welche (a und b) ebenfalls durchweg keine noch lebenden Angehörigen mehr besaßen, sowie (c) einige Persönlichkeiten der deutschen Führung (teilweise samt Familien), denen noch rechtzeitig die Flucht vor den Alliierten gelungen war."[86]

Immer mehr drangen in den vergangenen Jahren Informationen über das Dritte Reich an die Öffentlichkeit, so auch Hitlers Bemühen, eine Atombombe zu entwickeln. Auch in diesem Punkt gibt es interessante Hinweise, die darauf schließen lassen, daß seine Wissenschaftler wohl kurz davor standen. Immer wieder bekommen die „braven" Bürger so über die Medien ein paar Appetithäppchen vorgeworfen.

Natürlich ist das wohlüberlegt und vorbereitet. Dann wären da verschiedene Untergrundanlagen in der BRD, wie zum Beispiel das geheimnisumwobene Jonastal in Thüringen. Die geheime *Luftfahrtforschungsanstalt Hermann Göring* (LFA-HG) beispielsweise war so hervorragend getarnt, daß sie von den Alliierten während des Zweiten Weltkrieges nie entdeckt wurde. Sie befand sich bei Volkenrode bei Braunschweig. Ein Großteil der Anlage befand sich unter der Erde und war mit zwei dem damaligen Stand entsprechenden Ultraschall-Windtunneln und wissenschaftlichen Einrichtungen ausgestattet, die der britische Geheimdienst später als *„die besten der Welt"* bezeichnete.

Auch die Suche nach dem Bernsteinzimmer oder dem sagenumwobenen Postreichsschatz hat bis heute nicht aufgehört. Ich traf in diesem Zusammenhang in den vergangenen Jahren mehrmals mit Forschern und Geheimdienstlern zusammen, die mir über den aktuellen Stand dieser Forschungsaktivitäten Interessantes berichten konnten. Diese höchst delikaten Aktivitäten in Deutschland stehen unter der Oberhoheit des amerikanischen Geheimdienstes. Allein der sagenumwobene Goldschatz beziehungsweise der Teil, den die Alliierten bis heute nicht finden konnten, soll Schätzungen zufolge immerhin in die Milliarden gehen. Es gilt als erwiesen, daß verschiedene Personen der damaligen

Reichsführung rechtzeitig vorgesorgt und einen Notplan entwickelt hatten. Über Stroh- und Mittelsmänner wurden Scheinfirmen im Ausland gegründet. So gehen verschiedene Forscher und Historiker heute davon aus, daß verschiedene Dinge an Punkten der Erde untergebracht wurden, wo sie niemand suchen würde.[87]

Warum man über derartig interessante Untersuchungen nichts in den Medien liest, kann man sich wohl denken! Ganz zu schweigen von der juristischen Situation in der Bundesrepublik; darüber habe ich in meinem dritten Buch, *„Banken, Brot und Bomben"* (Band 2), ausführlich berichtet.

Es ist schon unglaublich, daß es gelingen konnte, in einem Zeitraum von nur zwei Generationen ein ganzes Volk zu politischen Dummköpfen zu erziehen, und daß kaum ein Bundesbürger über die juristische Situation unseres Landes auch nur ansatzweise informiert zu sein scheint. Es ist traurig, mit anzusehen, wie gut dies alles zu funktionieren scheint, schaut man sich alleine nur die Pisastudien über deutsche Schulen an. Auch wenn der ein oder andere Leser hier schlucken wird, die Ergebnisse dieser Studien sind nicht wegzudiskutieren. Die Problematik zieht sich wie ein roter Faden durch die Hallen der Hochschulen und Universitäten, durch die Lehrerzimmer bis hin in die Klassenzimmer der Schüler. Unsere Kinder sind die letzten Glieder in dieser traurigen Kette. Leider ist noch kein Politiker darauf gekommen, daß man – wenn man diese negativen Entwicklungen stoppen will – auch die Ausbildungen der heutigen Lehrer verbessern muß. Gleiches gilt für die Dozenten an den Hochschulen und Universitäten. Hier müssen Lehrstoffinhalte in jeglicher Form überprüft und verbessert werden.

Bleibt die Frage, wer denn eigentlich die „Steuermänner" der deutschen Politik sind!
„Die Zukunft Deutschlands, wahrscheinlich für den Rest des Jahrhunderts, wird von Außenstehenden entschieden werden, und das einzige Volk, das dies nicht weiß, sind die Deutschen."
(Der Londoner Spectator, 16.11.1959)

Zusammenfassung und Ausblick

Ich wollte mich in diesem Kapitel lediglich darauf beschränken, Ihnen darzulegen, wie umfangreich die UFO-Problematik wirklich zu sein scheint und daß in Deutschland vor und während des Dritten Reiches insgeheim unglaubliche Dinge vor sich gingen. Warum diese okkulten Hintergründe, womit sich die verschiedenen Geheimgesellschaften, wie beispielsweise die Thule- oder Vril-Gesellschaft, befaßt haben, heute nicht gerne der breiten Öffentlichkeit preisgegeben werden, kann man sich wohl an fünf Fingern abzählen.

Das würde eine Flut von Fragen nach sich ziehen, was verschiedene internationale Interessengruppen natürlich zu verhindern wissen, allen voran die USA, die einen maßgeblichen Anteil daran haben, daß nach dem Ende des Zweiten Weltkrieges dem wahren Geschichtsbild ein neues Gesicht verliehen wurde. Das *Recht des Siegers*, oder wie war das gleich...?

Federführend war hier unter anderem die *Rockefeller-Foundation*, die enorme Summen ausgegeben haben soll, um eine offizielle Version des Zweiten Weltkrieges für die Öffentlichkeit zu präsentieren, die den gesamten Aufbau des Dritten Reiches durch amerikanische Banken, wie auch die okkult-mystischen Hintergründe der Nationalsozialisten, verdecken sollte.

Eines sollte aber dennoch beachtet werden: All die vielen Informationen, die heutzutage durch die Welt geistern, sind stets mit größter Vorsicht zu genießen! Es gibt leider immer noch viel zu viele Menschen und Gruppen, die daraus falsche Schlüsse ziehen und alten und falschen Ideologien nacheifern. So fällt es sicherlich auch vielen fachkundigen und *Eingeweihten* – besonders bei der Thematik: Thule, Vril, DHvSS, Neuschwabenland, Dritte Macht, Innere Welt, Flugscheiben und so weiter) – schwer, hier den Überblick zu behalten und wahr von unwahr zu unterscheiden. Die in diesem Buch behandelten Aspekte in bezug auf die gerade genannten Themen können daher keinen endgültigen Anspruch auf Wahrheit verlangen und sollten darum stets sehr kritisch betrachtet werden.

1. Deutschlands technologischer Vorsprung ist mit Sicherheit immer unterschätzt worden. Daß dieser vorhanden war, ist wohl nicht zu leugnen, das gaben auch die Alliierten später zu. Bereits während des Zweiten Weltkrieges waren die alliierten Geheimdienste fieberhaft damit beschäftigt, den Forschungsstand zahlreicher deutscher Entwicklungen auszuspionieren, was heute mittlerweile freigegebene US-amerikanische Dokumente belegen. Wichtige deutsche Forschungsanlagen, die unter der Erde installiert waren, entzogen sich jedoch der alliierten Aufklärung. Zigtausende Dokumente und geheimdienstliche Unterlagen, so schätzt man heute, fielen nach der Kapitulation in die Hände der Alliierten. Auch wurden viele technische Entwicklungen nach der Übernahme der Alliierten demontiert und in die Vereinigten Staaten verschifft. Ganz zu schweigen von den hunderttausenden deutschen Patenten, die nach dem Zweiten Weltkrieg in die Hände der Alliierten fielen.

Entscheidender war aber wohl die *Operation Paperclip*, unter der schätzungsweise mehr als tausend deutsche und österreichische Wissenschaftler nach der Kapitulation in die USA geholt wurden, darunter Größen wie Miethe, Schriever, Schauberger und Wernher von Braun. Eben durch diesen wichtigen Schachzug schufen die Amerikaner ihrerseits die Grundlage für ihre Luft- und Raumfahrt-Programme in den folgenden Jahrzehnten.

Sir Roy Feddon, Inspekteur des britischen Flugzeugbauministeriums, sagte nach dem Ende des Zweiten Weltkrieges: *„Ich habe genügend von ihren Entwürfen und Produktionsplänen gesehen, um eines sagen zu können: Wäre es den Deutschen gelungen, den Krieg nur ein paar Monate hinauszuschieben, wären wir mit einer ganzen Reihe völlig neuartiger und tödlicher Luftkampfwaffen konfrontiert worden.“*

Von welchen *Luftkampfwaffen* sprach Roy Feddon hier?

Seit dem Ende des Zweiten Weltkrieges wurde in der Weltpresse immer wieder von mysteriösen Sichtungen unidentifizierbarer Flugobjekte berichtet, die man mit Deutschland (dem Dritten Reich) in Verbindung brachte. War das alles nur Täuschung und Desinformation, oder steckt dahinter vielleicht doch mehr?
Was auch immer an diesen vielen Spekulationen dran sein mag, eines sollten wir nicht dabei vergessen: Auch wenn es einen wahren Kern geben mag, so sind heute eine Vielzahl der Mythen und Legenden schwer nachvollziehbar und sollten daher sehr kritisch betrachtet werden. Schon gar nicht sollte man in diesem Zusammenhang falschen Ideologien nachhängen. Es geht hier lediglich um geschichtliche und wissenschaftliche Wahrheit oder Unwahrheit – um nicht mehr und nicht weniger!

2. Mitte des vergangenen Jahrhunderts häuften sich die Sichtungen von UFOs in den Vereinigten Staaten, und die amerikanischen Geheimdienste mußten feststellen, daß es sich bei diesen geheimen Flugkörpern nicht nur um irdische Produktionen handelte. Die Regierung reagierte und schuf verschiedene geheime Gremien (NSA, MJ 12 usw.) und Operationen (z.B. Blue Book, Sigma u.a.), die sich ausschließlich mit der Erforschung dieses Phänomens befaßten. Sie dienten dem Zweck der Zusammenarbeit nachrichtendienstlicher Informationen und um die Anwesenheit der Außerirdischen zu tarnen. Im Jahre 1958 wurde dann die NASA gegründet, und 1959 begann der Konzern *Rand Corporation* Planungen für den Bau von unterirdischen Anlagen. Insgesamt wurden in den vergangenen Jahrzehnten über fünfundsiebzig unterirdische Anlagen gebaut; die bekannteste ist sicherlich die *Area 51*, auch *Dreamland* genannt.
Viele Wissenschaftler und Mitglieder von verschiedenen Geheimdiensten wie MJ 12, NSA, CIA und anderen waren Mitglieder der okkulten Geheimgesellschaften wie zum Beispiel *Skull&Bones*, *Scroll&Key*, aber auch der entscheidenden wirtschaftspolitischen Hintergrundorganisationen wie *Bilderberger*

und *CFR*. Nach dem Ersten Weltkrieg (1919) ging aus der *Round-Table-Gruppe* der *„Council on Foreign Relations"* (CFR; „Rat für auswärtige Angelegenheiten") hervor. In England wurde diese Frontorganisation *„Royal Institute of International Affairs"* (RIIA; „Königliches Institut für internationale Angelegenheiten") genannt.

Apropos *CFR* – vergessen sollte man dabei nicht, daß es die *Round-Table-Gruppe* war, die sich später spaltete und den einflußreichen *Council on Foreign Relations* (CFR) und andere Gruppen hervorbrachte! Ein entscheidender Schritt in Richtung Weltregierung, der aus dem *CFR* resultierte, wurde unmittelbar nach Beendigung des Zweiten Weltkrieges mit der Gründung der *UNO* vollzogen.

Der CFR wurde bekannt als *„das Establishment"*, *„die unsichtbare Regierung"* und *„das Rockefeller-Ministerium für auswärtige Angelegenheiten"*. Diese halbgeheime Organisation wurde unbestritten die einflußreichste Gruppe in Amerika.[88]

Seit Ende der fünfziger Jahre wurde dann die milliardenschwere Finanzierung der Untergrundbasen durch *Black Budgets* und durch private Investitionen organisiert. In dieser Zeit wurde ein neues Konzept entwickelt, um die erforderlichen Mittel bereitzustellen: die Entwicklung und Legitimierung von Drogen (Nikotin, Alkohol, Rauschgift, Pharmazeutika usw.).

3. Die amerikanische Regierung trat in den fünfziger Jahren mit zwei unterschiedlichen außerirdischen Gruppierungen in Kontakt und unterzeichnete 1954 – während der Präsidentschaft Eisenhowers – ein formelles Abkommen mit einer der Gruppen.
Darin wurde beschlossen, zukünftig zusammenzuarbeiten. Die Außerirdischen versprachen ihren Vertragspartnern, sie zukünftig bei ihrer technologischen und sonstigen wissenschaftlichen Entwicklung zu unterstützen. Die amerikanischen Vertreter verpflichteten sich ihrerseits, die Anwesenheit der Außerirdischen auf der Erde geheimzuhalten. Im Gegenzug erklärten sich die

Amerikaner außerdem dazu bereit, daß die Bündnispartner Menschen in begrenzter Anzahl und in bestimmten Abständen zu Zwecken medizinischer Beobachtung entführen dürfen, mit der Auflage, daß die Menschen nicht zu Schaden kämen und an den Punkt der Entführung zurückgebracht würden. Die betroffenen Menschen sollten dabei keine Erinnerung an die Ereignisse behalten. Die Außerirdischen sollten „MJ 12" regelmäßig Listen ihrer menschlichen Kontakte und Entführungen zur Verfügung stellen.

Eine weitere Vereinbarung sah vor, daß unterirdische Anlagen errichtet, und den Außerirdischen zur Verfügung gestellt werden. Es sollten aber auch gemeinsame unterirdische Anlagen entstehen, in denen Entwicklung und Technologietransfer stattfinden könne. Hierbei handelt es sich zweifellos um die heute bekannten Anlagen wie die *Area 51* in Nevada, bekannt als *Dreamland*, *Dulce* in New Mexiko und *Mount Weather* in Bluemont (Virginia), als Zentrale der geheimen Konföderation.

Nun mag man sich fragen, warum denn so viele UFOs abstürzten, wenn diese doch über eine viel höhere technische Entwicklung verfügt haben sollen? Eine Erklärung ergibt sich aus einem streng geheimen CIA-Dokument (*OSI/PG Strong: bxl*), in dem die Richtlinien für die Handhabung des UFO-Phänomens festgelegt wurden. So heißt es zum Beispiel in Absatz 2 unter Punkt c (Aufgaben des Geheimdienstes), daß *„ein weltweites System der Berichterstattung eingerichtet wurde und die wichtigsten Luftwaffenbasen den Befehl erhielten, unbekannte Flugobjekte abzufangen."*

4. Daß sich in den vergangenen Jahrzehnten dann sogar viele bekannte Persönlichkeiten wie Amerikas berühmte Astronauten, NASA-Mitarbeiter und ehemalige Geheimdienstmitarbeiter öffentlich zu dieser Thematik äußerten, hat sicherlich mehrere Gründe, die von den Protagonisten wohlüberlegt waren. Zum Beispiel wird die Öffentlichkeit immer mehr an die Realität von außerirdischen Mächten herangeführt. Die Geheimnisträger wis-

sen, daß dieses dunkle Geheimnis früher oder später das Licht der Öffentlichkeit erreichen wird. Außerdem drangen mit der Zeit bereits ungewollt immer mehr Informationen und auch freigegebene Dokumente an die Öffentlichkeit, so war man gezwungen zu handeln und die Menschen immer mehr darüber aufzuklären. Es wurde aber gut dosiert und *verpackt*, so war beispielsweise *Hollywood* ein probates Mittel. In verschiedenen Kinofilmen und Serien werden die Menschen Schritt für Schritt auf ein zukünftiges Szenario vorbereitet. Am Ende wird man nicht einmal sagen können: Die Menschen wurden nur belogen und nicht informiert. Dadurch, daß man mit der UFO- und Außerirdischen-Thematik an die Öffentlichkeit trat, hat man schließlich noch einen anderen klugen Schachzug unternommen. Damit stellt sich aber die Frage, was mit der Enthüllung der UFO-Thematik möglicherweise geheimgehalten werden soll? Und: Welchen Einfluß wird die Zusammenarbeit mit den Außerirdischen auf die gegenwärtige und zukünftige Weltpolitik haben?

Wie sagte doch einst Thomas Jefferson, ehemaliger Präsident der Vereinigten Staaten? *„Die Lüge braucht die Unterstützung des Staates!"*

5. Die meisten Fragen in bezug auf die okkulten Hintergründe der Protagonisten des Dritten Reiches bleiben jedoch offen. Wie durchdrungen und verbunden die Ideologie und die Ziele der Nationalsozialisten waren, ist wohl zu erahnen. Warum das Wissen um diese Hintergründe in der *offiziellen* Geschichtsschreibung bis heute unterdrückt wird, ist offensichtlich.

Die Einflüsse verschiedener Geheimgesellschaften, wie NTO, OTO, Thule- und Vril-Gesellschaft, waren die Grundlage für die Ideologie und Ziele Hitlers.

Doch: War es das archivierte Wissen geheimer und okkulter Gesellschaften, die später die wissenschaftliche Basis schufen, daß Deutschland diesen doch nicht unerheblichen technischen Fortschritt erreichen konnte und Flugscheiben baute?

Kamen die wissenschaftlichen Grundlagen aus alten Geheimarchiven der Templer beziehungsweise der Zisterzienser? Es ist aufgrund der beschriebenen Zusammenhänge davon auszugehen, und dies wird zudem auch von hochgradigen Logenvertretern (siehe Interview) und von engen Vertrauten Lothar Görings bestätigt!

Technologische Entwicklung braucht in jedem Fall Zeit – Forschungs- und Entwicklungszeit. Eine andere wichtige Voraussetzung wäre bereits vorhandenes Grundlagenwissen. Wenn dem so wäre, kämen nur die Verbindungen zu den Templern und Zisterziensern in Frage, in deren Geheimarchiven bis heute uralte Schriften existieren, welche die Tempelritter bei ihrer Bergung des Tempelschatzes bargen und später nach Frankreich brachten. Erinnern wir uns, daß dieser geheimnisvolle Schatz noch im vergangenen Jahrhundert in Frankreich geborgen worden sein soll, aber kurz darauf von der französischen Geheimpolizei beschlagnahmt wurde. Kurze Zeit später wurden Teile der uralten Schriften und auch verschiedene Modelle dieses Schatzes unter anderem an die Zisterzienser *zurückgegeben*, was heute auch von hochgradigen Logenmitgliedern, Templern und Zisterziensern bestätigt wird (siehe Interview). Später wurden dann aus diesem Wissensschatz Lothar Göring (nicht zu verwechseln mit Hermann Göring!) Unterlagen übergeben, die er mit Hunderten von Wissenschaftlern über mehr als zwei Jahrzehnte erforschte. Die Spur Görings führt aber unzweifelhaft in eines der bedeutenden Zisterzienserklöster in Österreich: *Heiligenkreuz*, in dem unter anderem auch Lanz von Liebenfels sechs Jahre verbrachte. Lothar Göring ging in Heiligenkreuz ein und aus und war mit dem damaligen Abt gut befreundet. Übrigens wird diese enge Verbindung auch von einem Freund und Weggefährten, einem bekannten Physiker und Erfinder – man kennt ihn nur unter seinem Pseudonym *Morpheus* – bestätigt.

Vergessen sollten wir dabei auch nicht, daß bereits während der Mission der Templer im zwölften Jahrhundert alte geheime

Schriften aus Jerusalem nach Frankreich gebracht und den Zisterziensern (Etienne Harding) zwecks Deutung, Auswertung und Aufbewahrung übergeben wurden. Sicherlich muß auch die allgemeine Annahme, daß Papst und König 1307 allein dafür verantwortlich waren, daß die brutale Niedermetzlung des Templer-Ordens angeordnet wurde, erwähnt werden. Ihr „Ja" dazu gaben sicherlich auch die Zisterzienser, da ihre „Abteilung Templer-Orden" ihre Mission erfüllt hatte – sie waren quasi überflüssig geworden, also fand man durch bis heute nicht bestätigte Anklagepunkte ein probates Mittel für ihre Auflösung.

Bis heute spielen die Zisterzienser in diesem ganzen Szenario eine sehr entscheidende Rolle, sie besitzen insgeheim großen Einfluß und verfügen über unsagbar viel Kapital. Ist es nicht interessant, daß auch hier Hollywood „großartige" Arbeit leistet und den Mythos der Templer gut vermarktet? Haben sie in diesen Filmen jemals eine Verbindung oder Hintergründe zu den Zisterziensern vernommen, aus denen heraus der Templer-Orden ja schließlich gegründet wurde?

Bestimmt nicht! Denn das vornehmliche Ziel dieser Produktionen lautet: Ablenkung und Desinformation!

Es ist sicherlich davon auszugehen, daß der Templer-Schatz und viele andere geheime Schriften und Artefakte, die während der erfolgreichen Mission der Templer in Jerusalem gefunden wurden, über die Jahrhunderte hinweg wohlbehütet wurden, durch die vielen Spaltungen verschiedener Geheimgesellschaften (Freimaurer, Rosenkreuzer, Golden Dawn usw.) in verschiedene Kanäle flossen und bis zum heutigen Tage geschützt werden.

Welche Rolle nun der Geheimorden *Die Herren vom Schwarzen Stein* (DHvSS) dabei spielte, der 1221 aus der marcionischen Templergemeinschaft hervorgegangen ist, und ob die spätere Thule-Gesellschaft möglicherweise durch ihn an geheimes Grundlagenwissen kam, ist spekulativ, aber sicherlich eine sehr logische Schlußfolgerung.

Sowohl in den *Göring-Unterlagen* als auch im Zusammenhang mit den okkulten Hintergründen der Thule- und Vril-Gesellschaft erfahren wir interessanterweise von einer außerirdischen Herkunft der Menschheit. Vergessen dürfen wir dabei natürlich nicht, daß die außerirdische Herkunft beziehungsweise eine außerirdische Manipulation an der Menschheit weltweit zum Wissensgut vieler alter Kulturen zählt und letztlich nicht neu ist.

6. Letztlich ist davon auszugehen, daß die späteren Projekte wie das *Philadelphia-Experiment* und *Montauk* auf dem geheimen Wissen basierten, das bereits lange Zeit zuvor in Deutschland vorhanden war. Das wird unter anderem dadurch belegt, daß viele deutsche Wissenschaftler (Wernher von Braun, Schauberger u.a.) nach dem Zweiten Weltkrieg in die Vereinigten Staaten gingen und dort ihr Wissen weitergaben.

Wie sehr nun zum Beispiel das Philadelphia-Experiment und Montauk mit Ägypten, dem *Pyramiden-Code* und den alten atlantischen Schriften der Templer zusammenhängen, gewinnt immer mehr Gewicht, wenn man sich einerseits mit der Entwicklung des Flugscheibenbaus und andererseits mit Montauk befaßt.

Wie aus den *Göring-Unterlagen* zu entnehmen ist, war das *eigentliche* Geheimnis der Bundeslade beziehungsweise der vielen uralten atlantischen Schriften, die man bei dem Templer-Schatz fand, der *Pyramiden-Code* – das heißt uralte atlantische Schriften und Modelle, welche die **gesetzmäßigen Bewegungsabläufe in der Pyramide** und die Geschichte über die Herkunft der Pyramiden-Kultur beschreiben, die weltumspannend ein Erbe der einstmals aus dem Sirius-System stammenden Atlanter ist.

Die hebräischen Autoren haben dann aus diesem Wissensschatz Steintafeln gemacht, auf denen plötzlich Gesetze für das auserwählte Volk standen, schließlich mußte es für die Gläubigen passend und verständlich gemacht werden. Und jede neue Religion, auch wenn sie noch so viel von älteren Völkern und ihren religiösen Systemen und Überlieferungen abgeschrieben und übernommen haben mag, braucht schließlich auch heilige Kultgegenstände für die eigenen Anhänger. Die Wahrheit spielt dabei bekanntlich eine untergeordnete Rolle.

Dieses Grundlagenwissen finden wir auch in der Montauk-Forschung wieder, was ich im nächsten Kapitel noch genauer untermauern werde. Damit erhalten auch die vielen okkulten Berichte über *Kristalle* und *Heilige Steine* ein viel größeres Gewicht. Nicht nur in den *Göring-Unterlagen* und vielen Berichten alter Kulturen erfahren wir die große Bedeutung über *Heilige Steine* und *Kristalle* in Verbindung mit Pyramiden. Auch an den Wrackteilen von verschiedenen Flugscheiben, die im vergangenen Jahrhundert abgestürzt sind, gibt es diesbezüglich interessante Hinweise und Fakten, so zum Beispiel bei dem bekannten *Roswell-Absturz* 1947 in New Mexiko. Als der Farmer William Brazel und sein kleiner Sohn Bernie das UFO-Wrack gefunden hatten, entdeckten sie auf den Wrackteilen sonderbare Dinge. Sie entdeckten federleichte, silbrige Metallteile aus einem Stück; Metallträger, die mit fremdartigen **Hieroglyphen**(!) versehen waren und eigenartig **funkelnde Kristalle!**

Auch bei zwei Bergungen in El Indio, Texas, fand man auf den ausgebrannten Wrackteilen ähnliches. Später hieß es, die Amerikaner hätten in Zusammenarbeit mit den Kanadiern in speziellen Aufhängungen der Wrackteile **Kristalle** mit phantastischen Speichereigenschaften gefunden. Dem „Operation Snowbird"-Bericht nach sollen die unbeschreiblich harten, federleichten Metallteile und Verstrebungen von einem scheibenförmigen Flugkörper stammen. Auch hier wurden an Metallfragmenten verschiedene schriftähnliche Symbole entdeckt, die nicht entschlüsselt werden konnten.[89]

Jeder Leser mag sich bei diesen schwer verdaulichen Informationen letztlich seine eigene Meinung bilden. Ich erhebe keine Absolutheitsansprüche auf meine aufgestellten Thesen. Doch vergessen wir nicht die vielen Indizien und Fakten über den hohen technologischen Forschungsstand deutscher Wissenschaftler in den dreißiger und vierziger Jahren und durch *wen* und *warum* in den vergangenen Jahrzehnten in der BRD eine gezielte Zensierung bezüglich dieser Fakten erfolgte!

Es war mir außerdem wichtig, in dem vergangenen Kapitel entscheidende Zusammenhänge zwischen den *Göring-Unterlagen*, dem zweifellos vorhandenen technologischen Vorsprung der Deutschen vor und während des Zweiten Weltkrieges und den späteren Zeit-Raum-Experimenten beim Philadelphia-Experiment sowie der Montauk-Forschung darzulegen. Den Schlüssel hierzu finden wir meiner Meinung nach nur im Zusammenhang mit dem Pyramiden-Code beziehungsweise den gesetzmäßigen Bewegungsabläufen in der Pyramide, die wir uns gleich betrachten werden.

Ganz besonders, und das sei an dieser Stelle noch einmal in aller Deutlichkeit betont, geht es mir bei der behandelten Thematik nicht darum, das Dritte Reich zu verherrlichen oder zu glorifizieren, sondern einzig und allein um die Suche nach der Wahrheit...

„Nur die kleinen Geheimnisse müssen beschützt werden. Die großen werden von der Ungläubigkeit der Öffentlichkeit geheimgehalten."
(Marshall McCluhan)

Im letzten Kapitel werden wir unseren Fokus wieder auf die Pyramiden richten und uns ansehen, welche Erkenntnisse wir aus den Unterlagen erfahren. Dabei möchte ich Ihnen noch eine recht unbekannte Theorie im Zusammenhang mit dem Sinn und Zweck der Pyramiden vorstellen. So unglaublich Ihnen diese zunächst auch erscheinen mag, sie ist höchst beachtenswert.

Kapitel 6
Die vielen Geheimnisse der Pyramiden

„Der Welten Angst, das ist die Zeit,
der Zeiten Angst, das sind die Pyramiden."
(arabisches Sprichwort)

Das Buch des Wissens

Was ist nicht schon so alles über die große Pyramide von Gizeh geschrieben worden, und wie oft wurde sie in den vergangenen Jahrzehnten bereits entschlüsselt? Ein jeder, der sich in den vergangenen Jahren etwas näher mit dem Pyramiden-Rätsel befaßt hat, weiß genau, daß die letzten, aber besonders die zentralen Fragen rund um den Pyramiden-Kult keineswegs endgültig beantwortet wurden. Dabei wollen wir unser besonderes Augenmerk auf die große Pyramide von Gizeh richten, da sie zweifellos eine Sonderstellung einnimmt, wie wir noch sehen werden.

* Zu welchem Zweck wurde die Pyramide ursprünglich errichtet?
* Wer war der Bauherr?
* Mit Hilfe welcher technischen Hilfsmittel wurde die Pyramide erbaut,
* und zu welcher Zeit geschah das?

Sie werden anhand dieser Fragen schon erkennen, daß es in jenen Punkten massive Zweifel an der orthodoxen Lehrmeinung gibt und diese nicht einmal bewiesen ist.

Die Pyramiden als solches sind ursprünglich sicherlich niemals als Grabmal für einen Pharao errichtet worden. Es ist hinlänglich bekannt, daß in keiner der ägyptischen Pyramiden jemals die Mumie eines Pharaos gefunden wurde! Es gibt keinen wissenschaftlich nachprüfbaren Beweis für Cheops als Erbauer, auch die Tatsache nicht, daß man auf dem Plateau Artefakte der „Cheops-Familie" gefunden hat. Und die gefälschte Kartusche in den Entlastungskammern, die gerne als „Beweis" angeführt wird, bestätigt schon gar nicht einen Bauherrn Cheops! Colonel Richard Howard Vyse, so wird heute angenommen, ließ die Kartusche in den Entlastungskammern von dem englischen Zeichner und Grafiker Edward Andrews heimlich anbringen. Vyses Interesse und Forscherdrang war vor allem aus dem Wunsch entstanden, eine große Entdeckung zu machen, um berühmt zu werden. Als die großen Entdeckungen ausblieben, hat er anscheinend ein wenig nachgeholfen...

Daß Ägyptologen heute Cheops und seine Königsfamilie in den Mittelpunkt der Cheopsanlage stellen, hat letztlich auch einen logischen Hintergrund, zumindest aus der Sichtweise heutiger Ägyptologen. Anzunehmen ist in diesem Zusammenhang, daß Cheops die Anlage wieder reaktivierte, aber sie auch erforschte und ihr eine neue Bestimmung und Bedeutung verlieh. Das bestätigen die vielen Hinweise auf die Zeit der Cheops-Herrschaft, die in den vergangenen Jahrzehnten auf dem Plateau gefunden wurden. Das ist aber, und das sei noch einmal in aller Deutlichkeit gesagt, noch lange kein *Beweis* dafür, daß er die große Pyramide auch errichten ließ.

Schon die mathematischen und astronomischen Daten lassen ganz andere Schlüsse zu und forderten bereits die Griechen dazu auf, sich vor den alten Ägyptern zu verneigen (lesen Sie hierzu auch meine Ausführungen in Anhang 1, S. 390).

Allein die Tatsache, daß die große Pyramide in der Zeit der alten Ägypter – die nach orthodoxem Lehrmodell immerhin drei Jahrtausende währte – über einen Zeitraum von tausend Jahren (bis ins neue Reich) völlig in Vergessenheit geraten war, läßt vermuten, daß schon in dieser Zeit altes Wissen verlorenging. Und es ist sehr wahrscheinlich, daß auch Cheops mehr als tausend Jahre zuvor die Faszination dieses einzigartigen Bauwerks wieder für sich entdeckt hatte.

Vermutlich war die große Pyramide – auch schon bevor Cheops überhaupt auf der Weltbühne erschien – bereits seit Jahrhunderten oder sogar seit Jahrtausenden in Vergessenheit geraten.

Der Auftrag seit Jerusalem

Erinnern wir uns daran, daß die Templer den Auftrag erhielten, den gefundenen Schatz nach Frankreich zu bringen und in der Nähe von Nizza, am *Mount Chauve*, eine Pyramide zu errichten, was sie schließlich auch realisierten.

Nach dem Bau der Pyramide begannen sie mit dem Studium und der Übersetzung des Inhaltes der Bundeslade beziehungsweise der Schriften, in denen die gesamte Geschichte der Menschheit und ihrer Herkunft niedergeschrieben steht. Sie erkannten, daß die Menschenrasse nach dem göttlichen Gesetz der Resonanz – als Wesenheit eingebunden in die Materie – ein Teil des „A-Omega-Projektes" ist.

Durch die Unterlagen erfuhren sie, welche geheimnisvollen Kräfte in der geometrischen Form der Pyramide durch bestimmte gesetzmäßige Bewegungsabläufe existieren. *Sie erkannten, daß alles Sein DURCH die geometrische Struktur der Pyramide existiert.*[90]

Sie errichteten die Pyramide nach den ihnen vorgegebenen Koordinaten und begannen, die Kräfte zu nutzen, um ihren Auftrag zu erfüllen, den Bernhard von Clairvaux auf geistiger Ebene erhalten hatte.

Die geometrische Form der Pyramide kann unter Berücksichtigung bestimmter Kriterien als eine Art Kommunikationszentrum genutzt werden. Das heißt, derjenige, der sich innerhalb der Pyramide befindet, kann auf geistiger Ebene, mittels der Gedankenkraft, als Sender und Empfänger geistiger Botschaften fungieren. Erst diese Wissensgrundlage war möglicherweise die Voraussetzung für den späteren materiellen Erfolg und den politischen Aufstieg des Ordens.

Neben dem intensiven Studium der Unterlagen eigneten sich die Templer auch das Wissen alter Völker an, wie zum Beispiel die Weisheiten des Ostens, die Mathematik der Araber, die Erkenntnisse der ägyptischen Philosophen, Ärzte und Astronomen.

Bis zum Jahre 1717 wirkten sie als geheime Bruderschaft im Untergrund und lenkten mit einem kleinen Kreis der Bruderschaft die Geschicke der Menschheit. Als Hilfsorganisation gründeten sie zu dieser

Zeit in England die *Großloge der Freimaurer*, die sich seit dieser Zeit über den gesamten Erdball immer mehr ausgebreitet und verzweigt hat. Wie das Christentum, so kann auch die gesamte Freimaurerei als ein Deckmantel gesehen werden, unter dem die Templer bis heute agieren.

Auf der Suche nach dem Ursprung allen Seins

Wie lange schon versuchen Wissenschaftler hinter das Geheimnis zu gelangen, was oder wer die Materie hat entstehen lassen? Welche Kräfte haben beispielsweise gewirkt, daß ein Urstoff, der existiert haben muß, zu den Strukturen und Formen gebunden wurde, die wir mit unseren fünf Sinnen als Materie wahrnehmen?

Viele Theorien und Denkmodelle sind entstanden und wurden durch neue wieder abgelöst. All die Theorien und Denkmodelle haben aber nie ausgereicht, um alle Phänomene in eine „einheitliche Theorie der gesamten Materie" einzubinden. Das gilt sowohl für die Physik als auch für den Bereich der Hochenergiephysik, der sogenannten Teilchenphysik.[91]

In den vergangenen Jahrzehnten suchten Wissenschaftler mit gigantischen Partikelschleudern nach dem kleinsten Teil der Materie, aus dem die vielfältigen Arten und Formen, aus denen die Materie besteht, aufgebaut sind. Das Ergebnis war ein höchst kompliziertes „Standard-Modell", das aber letztlich auch noch Fragen offen ließ. Auch wenn es gelang, einen Blick in die Frühphasen des Universums zu werfen, reichten alle experimentellen Forschungsergebnisse nicht aus, um die „Geburt" des Universums zu beschreiben.

Vorläufiges Ergebnis war beziehungsweise ist, daß sich alle Materie letztendlich aus sechs *Quarks* – den Bausteinen, aus denen sich die Protonen und Neutronen aufbauen – sowie aus sechs *Leptonen*, zu denen zum Beispiel die Elektronen und Neutrinos als Elementarteilchen zählen, besteht.

Weiterhin wird angenommen, daß vier fundamentale Kräfte für den Zusammenhalt der subatomaren Teilchen verantwortlich sind. Einmal die starke und schwache Wechselwirkung im Reich der Atome sowie der Elektromagnetismus im Mikro- und Makrokosmos und die Gravitation, die, wie man vermutet, als Bindungskraft die Planetensysteme und Galaxien zusammenhält.[92]

In dem sogenannten „Standard-Modell" finden sich jedoch Konstruktionsfehler wieder, wie Wissenschaftler unumwunden zugeben. Alle subatomaren Teilchen, die man experimentell ermitteln konnte, besitzen eine bestimmte, jedem Teilchen eigene Masse – ein Phänomen, das in dem „Standard-Modell" keinen Platz findet.

Edward Farhi vom technologischen Institut aus Massachusetts sagte dazu: *„Wir finden einfach keine Erklärung dafür, warum einige Teilchen schwerer und andere leichter sind."*

Andere Wissenschaftler stellten sich die Frage, warum die Materie aus sechs Quarks besteht, wenn schon zwei Quarks sowie ein Elektron und Neutrino ausreichen, um die Welt der Materie zu erzeugen...

Ein andere wichtige Frage, die Wissenschaftler und Forscher seit vielen Jahrzehnten versuchen zu beantworten, ist, welche Kraft die Atome und Moleküle der sogenannten „toten" Materie in den biologischen Systemen zur „lebendigen" Materie werden läßt.

Heute wissen wir, daß das Bewußtsein im materiellen Körper nicht aus Materie entsteht! Die Theorien über die Entstehung des Universums und die Evolution des Menschen sind heute in nahezu allen wesentlichen Punkten widerlegt, nur wird dieses Wissen den Menschen vorenthalten. So können beispielsweise Atome nie lebende Wesen bilden, sondern höchstens organische Materie! Ein Lebewesen ist jedoch nicht bloß ein Konstrukt von organischer Materie, ebenso wie das Universum nicht bloß das Zufallsprodukt einer chaotischen Urmaterie ist.[93]

Dieses Rätsel konnte bis heute nicht endgültig beantwortet werden. Das gilt auch für die vielfältigen Energiearten, die als Kraft die Phänomene bewirken, die wir zwar als *Wirkung* wahrnehmen, aber deren *Ursache*, also die Kraft, die sie bewirkt, uns nicht bekannt ist. Bis heute sind Wissenschaftler immer noch auf der Suche nach der *Struktur und Form* der Kraft, die mit dem Oberbegriff *Energie* bezeichnet wird.[94]

Lothar Göring erkannte, daß eine *einheitliche Theorie der gesamten Materie* nur gefunden werden kann, wenn man die *Struktur des Ur-Stoffes sowie die Struktur der Energie* entdeckt, durch die sich wechselwirkend die sogenannte *tote* Materie – also die Atome der Elemente – aufbaut. Ziel war es also, eine *einheitliche Theorie der Materie* in ein *ganzheitliches Denkmodell* einzubauen, ohne daß sich inhaltlich verschiedene Phänomene widersprechen.

Bei ihren Überlegungen standen Göring und seinem Team als Grundlage die Unterlagen und Modelle der Templer zur Verfügung.

Dr. Lamers schreibt in „*Das Phänomen Leben*" dazu: „*Unsere Überlegungen begannen mit der Frage, in welche geometrische Struktur sich eine bewegungslose unstrukturierte Masse (Ur-Plasma) einschwingen kann, wenn in diese Masse eine Kraft (Energie) einstrahlt... Diese Kraft muß das Ur-Plasma innerhalb der geometrischen Form (Kraftfeld) so in einen gesetzmäßigen Bewegungsablauf einschwingen, daß einmal eine nicht veränderbare dynamisch strukturierte Form entsteht und zum anderen dieses so entstandene dynamische Ur-Teilchen in der Lage ist, sich selbst zu bewirken, um sich in Bewegung zu halten beziehungsweise sich mit gleichen oder anderen Formen in der Weise zu verbinden, daß sich alle nur denkbaren Formen aufbauen können.*"

In den Unterlagen aus der Bundeslade wird die Entstehung des Universums von Anfang an geschildert. Das soll hier aber nicht detailliert wiedergegeben werden, da es den Rahmen dieses Buches sprengen würde.

Gemäß den Unterlagen ist der Raum unseres Universums endlich. Auch nachdem sie in ihre Untersuchungen die Theorie der sogenannten *Raum-Zeit-Krümmung* miteinbezogen hatten, sprachen zu viele logische Aspekte gegen die Unendlichkeit des Universums. *„Da keine logisch schlüssige Theorie existiert, die effektiv vom Nullpunkt der Zeit angefangen bis zur heutigen Form des Universums die Entstehung aller Phänomene, die bis heute entdeckt worden sind, beschreibt, übernahmen wir die Aussage aus den Unterlagen und gehen davon aus, daß unser Universum ein endliches, stationäres, expandierendes Universum ist, das neben einer Unzahl anderer Universen in der Unendlichkeit des Raumes existiert.“*[43b]

Dieser Auffassung sind heute mittlerweile viele Wissenschaftler. Als einer der bekanntesten ist hier wohl *Rupert Sheldrake* zu nennen, der bereits vor Jahrzehnten mit seiner Theorie der *morphogenetischen Felder* eine neue Epoche in der Welt der Wissenschaft einleitete. Vergessen dürfen wir natürlich auch nicht so große Köpfe wie Albert Einstein, Nikola Tesla oder auch die Arbeit an einer einheitlichen Quantentheorie des Heisenberg-Schülers Burkhard Heim.

Die Unendlichkeit des Raumes (All, Kosmos) besteht vom Mikro- bis in den Makro-Bereich hinein aus würfelförmigen Kraftfeldern, deren Endlichkeit mit unserem Verstand nicht denkbar ist. Wie in der folgenden Abbildung dargestellt wird, ergibt sich aus den acht kleinsten würfelförmigen Kraftfeldern das nächstgrößere Kraftfeld und so weiter.

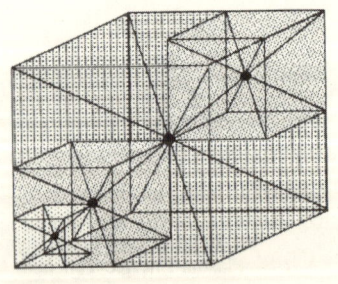

Abb.93:
In der Unendlichkeit des Raumes existierten am Anfang der Zeit, eingebunden in den würfelförmigen Kraftfeldern, punktförmige Verdichtungen von unstrukturierter prästellarer Masse, das auch als „Ur-Plasma" bezeichnet wird.

In der Abbildung 93 wird dargestellt, wie in der Unendlichkeit des Raumes am Anfang der Zeit, eingebunden in die würfelförmigen Kraftfelder, punktförmige Verdichtungen von unstrukturierter prästellarer Masse (Ur-Plasma) existierten.

„In den kleinsten würfelförmigen Kraftfeldern zwischen den punktförmigen Verdichtungen aus Ur-Plasma existierte jeweils ein Ur-Plasma-Energie-Teilchen, das die Form von zwei kubischen Pyra-

*miden besitzt, die an den Spitzen miteinander
verbunden sind."*

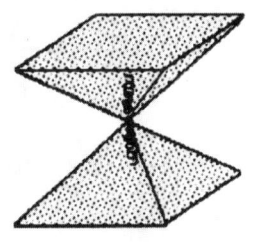

In *„Das Phänomen Leben"* erfahren wir
hierzu weiter: *„Alle unstrukturierten Universen, die heute in der Unendlichkeit des Raumes
existieren, bestanden immer zum Nullpunkt
ihrer Zeit aus einer bewegungslosen, unstrukturierten prästellaren Masse, die wir mit dem Begriff „Ur-Plasma" umschreiben.*

Abb.94:
Ein Ur-Plasma-Energie-
Teilchen.

*Die strukturierten Ur-Plasma-Energie-Teilchen, die das in der absolu-
ten Stille existierende bewegungslose Ur-Plasma in der Stunde Null in
Bewegung versetzten, befanden sich außerhalb des Universums in der Unendlichkeit des Raumes.*[95]

Die gesetzmäßigen Bewegungsabläufe im Kubus

Betrachten wir auf der folgenden Abbildung die gesetzmäßigen Bewegungsabläufe im Kubus eines Würfels an folgendem Beispiel: Genau
in der Mitte des geschlossenen, würfelförmigen Gehäuses wird eine
Apfelsine befestigt. Die Wände bestehen aus einem stabilen Material.

Bei diesem Versuch kann folgender Vorgang beobachtet werden:
*„Die Apfelsine, als biologisches System
nicht mehr angeschlossen an die Regelkreise
des Baumes, strahlt, da ihre Funktionen nicht
mehr vom Baum gesteuert werden, ununterbrochen die Ionisations-Energie in Form von
Energiequanten gleich Elektronen-Neutrinos
ab, die in den Molekularstrukturen enthalten
ist. Diese abgestrahlten Energiequanten treffen
auf die sechs Wände des Würfels und werden
durch die nachfolgenden Energiequanten in
die zwölf Kanten des Würfels gedrückt.*

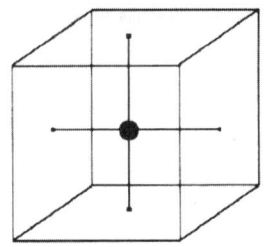

Abb.95:
Befestigung der Apfelsine in
einem würfelförmigen Gehäuse.

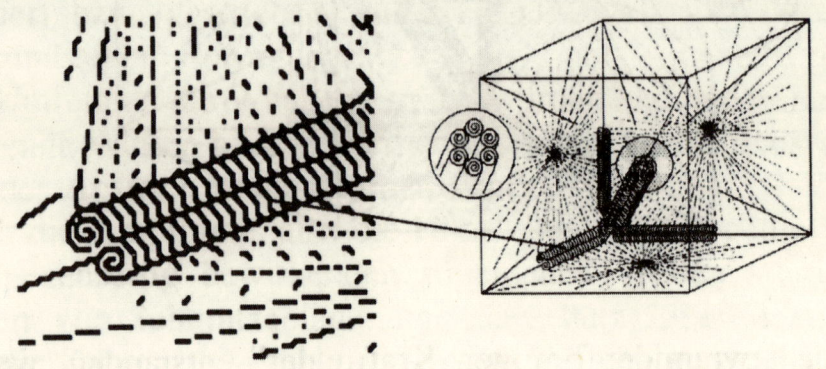

Abb.96 und 97:
Rotierende Wellen mit entgegengesetztem Spin in den Kanten.

Da die Energiequanten in den Kanten von jeweils zwei Seiten gleichmäßig einstrahlen, stoßen sie in diesen Kanten aufeinander, was dazu
führt, daß sich zwei rotierende Wellen bilden, die entgegengesetzten Spin
besitzen, also sich gegenseitig rotierend bewirken."[96]

Beschreibung:
„Die in den Kanten entstehenden rotierenden Wellen mit entgegengesetztem Spin werden bei diesem Vorgang in die Ecken eingestrahlt. In dem
Moment, wo sie aufeinandertreffen, da sie weiter keine Ausdehnungsmög-
lichkeit besitzen, knicken die sechs ankommenden rotierenden Wellen sich
jeweils zu zweit, mit entgegengesetztem Spin bewirkend, in den Ecken um
und werden aufgrund der gesetzmäßigen Rotationsbewegung, durch die sie
sich alle gegenseitig bewirken, diagonal in die Mitte des Würfels zurück-
strahlt. Das heißt, die Energiequanten, die die Apfelsine selbst abstrahlt,
werden, nunmehr energiegleich kraftmäßig wesentlich verstärkt, in die
Molekularstruktur der Apfelsine zurückgestrahlt und bewirken durch Ionisation deren schnelle Auflösung. Da die Energiequanten aus allen acht
Ecken diagonal in die Mitte einstrahlen, entstehen innerhalb des Würfels
sechs „neue geometrisch geformte Kraftfelder" in der Form von „kubischen
Pyramiden".

304

Sind die „pyramidenförmigen Kraftfelder" entstanden, werden wiederum
nach bestimmten Gesetzmäßigkeiten, die
in der geometrischen Form der „Pyramide" existieren, die Energiequanten
gleich Ionisations-Energie nunmehr von
der Apfelsine in die pyramidenförmigen
Kraftfelder abgestrahlt."[97]

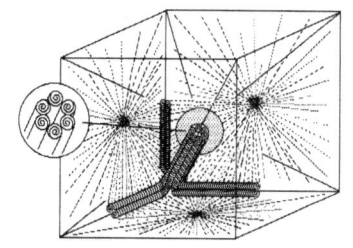

Abb.98:
Gesetzmäßiger Bewegungsablauf in der
geometrischen Form eines Würfels bzw.
Kraftfeldes.

Nach den experimentellen Erfahrungen, die Göring und sein Team
machen konnten, erfolgt die Auflösung der Molekularstruktur einer
Apfelsine im Mittelpunkt eines würfelförmigen Gehäuses bis zu viermal
schneller, als wenn die Apfelsine sich außerhalb des würfelförmigen
Gehäuses befunden hätte. Dieser Aufspaltungsvorgang wird im Volks-
mund als „Verfaulen" bezeichnet.

In der klassischen Physik wird dieser Vorgang wie folgt beschrieben:
„Bei diesem Vorgang werden die Elektronen der Atome und Moleküle
ionisiert, beziehungsweise es werden Singulettzustände bewirkt, durch die
sich die Moleküle bindungsmäßig verändern und auflösen. Durch immer
wieder erneutes Einstrahlen der eigenen Ionisations-Energie, die durch die
Zusammenballung punktförmig energiestärker wirkt, zerfällt letztendlich
die Molekularstruktur in gasförmige Atome, wodurch die Apfelsine for-
menmäßig zerfällt und sich auflöst.
Daß dies ein real ablaufender Vorgang ist, davon können Sie sich persönlich selbst überzeugen. Sehen Sie sich einmal in einem Raum Ihrer
Wohnung oder an Ihrem Arbeitsplatz die waagerechten und senkrechten
Kanten des Raumes an. Am besten erkennt man es, wenn der Raum weiß
gestrichen oder hell tapeziert ist und er etwa zwei bis drei Jahre nicht tapeziert beziehungsweise gestrichen wurde. Die Kanten sind durch den gesetzmäßigen Bewegungsablauf der Energiequanten und Quarks, die aus
dem Umfeld an die Wände gestrahlt wurden und in den Kanten zwei ro-

tierende Wellen bilden, noch genauso hell wie an dem Tag, an dem der Anstrich vorgenommen wurde.

Durch die Amplitude, also die Höhe beziehungsweise den Durchmesser der sich gegenseitig bewirkenden rotierenden Wellen werden die Kanten vor Schmutzablagerungen geschützt, was dazu führt, daß die Kanten so verbleiben wie am Tag des Anstrichs."[98]

Auf dem gleichen Wege entstand am Anfang der Zeit in unserem Universum diese „1. Ordnung".

Die ersten Teilchen, die demzufolge entstanden und als geschlossene Einheit einen Teil des Universums füllten, besaßen somit eine Struktur, wie sie in der folgenden Abbildung dargestellt wird.

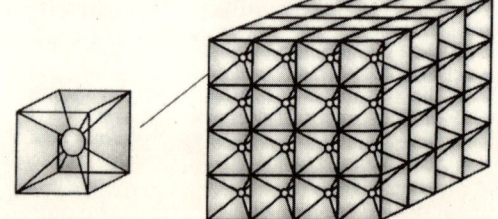

Abb.99:
Erste geometrisch strukturierte Ordnung.

In diese „1. geometrisch strukturierte Ordnung" strahlten wiederum zu einem nicht bekannten Zeitpunkt zum zweiten Male „Elektron-Neutrinos" ein, die haufenweise im Raum existierten. Diese Elektron-Neutrinos zerstörten die „1. Ordnung".

Die würfelförmigen Einheiten wurden so auseinandergerissen, daß jeweils aus einem Würfel sechs pyramidenförmige Einheiten im Raum wurden.

Abb.100:
Pyramidenförmige Einheiten.

Bedingt durch die rotationsmäßig spiralförmige Abstrahlung des Ur-Plasmas aus der Spitze der pyramidenförmigen Einheiten, gingen diese jeweils mit einem Reaktionspartner einer anderen pyramidenförmigen Einheit eine Verbindung ein, und es entstand das Teilchen, das in der modernen Quantenphysik als „Myon-Neutrino" bezeichnet wird. Diese Verbindung wurde dadurch bewirkt, daß die spiralförmigen Abstrahlungen aller pyramidenförmigen Einheiten den gleichen Spin, also die gleiche Rotationsrichtung aufweisen.

Abb.101:
Spiralförmige Abstrahlung der pyramiden-förmigen Einheiten.

Gesetzmäßiger Bewegungsablauf im Raum einer Pyramide

In einer Pyramide läuft – bedingt durch die geometrische Form – dieser Vorgang anders ab. Dazu benutzen wir das gleiche Beispiel, um uns den Ablauf vor Augen zu führen. Wir befestigen also wieder eine Apfelsine mittels Fäden genau in der Mitte einer kubischen Pyramide. Die Energiequanten strahlen dann auf die vier Seitenwände sowie den Boden und werden von dort jeweils in die vier Bodenkanten und in die vier diagonalen Seitenkanten eingestrahlt – genauso wie in den Kanten des Würfels, wie es in dem ersten Beispiel verdeutlicht wurde.

„Der Unterschied zwischen dem würfelförmigen Raum und dem Raum der Pyramide ist der, daß sich die waagerechten und senkrechten Kanten in

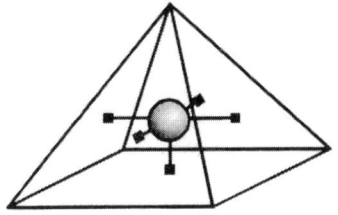

Abb.102:
Befestigung der Apfelsine in einer Pyramide.

307

der Pyramide nur viermal in einer Ecke treffen, an denen jeweils drei Kanten zusammenstoßen. Da in einer kubischen Pyramide jeweils zwei Hälften der Bodenkanten, aus denen die rotierenden Wellen in die Ecke einstrahlen, länger sind als die Kanten der Diagonalen, ist die Kraft der Wellen aus den Bodenkanten größer. Das führt dazu, daß die Energiequanten in den Diagonalen nach oben in die Spitze der Pyramide gedrückt werden.«[99]

Dieser Vorgang wird in der folgenden Abbildung verdeutlicht.

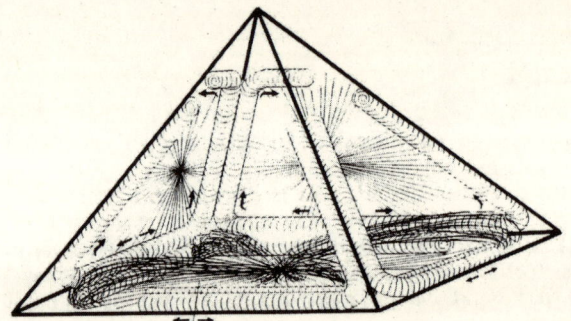

Abb.103:
Bewegungsablauf der rotierenden Wellen in der Pyramide.

In der Grafik wird erkennbar, wie jeweils eine Hälfte der rotierenden Bodenwellen aufgrund des nachfolgenden Drucks nach rechts und links in die Ecken gedrückt wird. Dabei entsteht aber noch ein anderer gesetzmäßiger Bewegungsablauf.

Wenn die zwei rotierenden Wellen aus den jeweiligen zwei Hälften der Bodenkanten in der Ecke zusammentreffen, wird die rotierende Welle der Bodenfläche abgespalten, da sich in den Ecken die beiden Wellen der Seitenwände, die in der Diagonale entgegengesetzten Spin aufweisen, sich in der Diagonale dadurch rotationsmäßig bewirkend, zusammenschließen.

Durch die stärkere Kraft der Bodenwellen werden die aus Quarks bestehenden Wellen der Diagonalen in die Spitze gedrückt. Bei diesem Vorgang wird also die Bodenwelle frei und strahlt ihre Quarks in den Raum der Pyramide zurück.[100]

„Das Abreißen der Bodenwelle ist einer der wichtigsten Vorgänge für die Existenz von Materie und Seele. Denn durch das Abreißen der Boden-welle entsteht, wie Sie im nachfolgenden noch erkennen werden, zum Bei-spiel an den Ecken der pyramidenförmig dynamisch strukturierten Teil-chen, gleich ob Neutrino oder Atom, ein „Sog", der als Bindungskraft so stark wirkt, daß er an den Ecken andere Teilchen anbinden kann.

Der Abriß der Bodenwelle bei diesem Vorgang besitzt somit eine Be-deutung, die das gesamte physikalische Denken von der klassischen Physik bis zur Hochenergiephysik, wenn es in das wissenschaftliche Denken mit-eingebunden wird, revolutionierend verändern kann.

Zum anderen liefert diese Erkenntnis – das Abreißen der Bodenwelle und der dabei entstehende Sog – den Beweis dafür, daß das „Positronium" Bestandteil eines jeden Atoms ist. Nach der Aussage der Hochenergiephysi-ker sind „Positronen" Elementarteichen gleich den „Elektronen" nur daß sie entgegengesetzten Spin aufweisen.

Die Energiequanten und Quarks, die über die Diagonalen als zwei in sich rotierende Wellen mit entgegengesetztem Spin in die Spitze der Pyra-mide einstrahlen, knicken in der Spitze nach den Seiten um und befinden sich durch dieses Umknicken in einer einheitlichen Rotationsrichtung, die gleich ist mit der Rotationsrichtung der Bodenwelle, die vom Boden aus in die Kanten einstrahlt.

Abb.104:
Rotierende Welle in der Spitze der Pyramide.

Das heißt, in der Spitze entsteht durch das Abknicken der jeweils zwei entgegengesetzt rotierenden Wellen von Energiequanten und Quarks aus den Diagonalen eine rotierende Welle. Diese rotierende Welle baut sich nunmehr spiralförmig so auf, daß die Energiequanten und Quarks, bedingt durch den nachfolgenden Druck aus den Diagonalen, als rotierende Welle aus der Spitze der Pyramide herausgedrückt werden.

Im Atom ist die Verdichtung in den Spitzen der Pyramiden, aus denen die Elementareinheiten bestehen, die Einheit, die von der klassischen Physik als „Protonen" bezeichnet und dem eine positive (+) Ladung zugewiesen wird.

„Positive (+) Ladung" ist unserer Erkenntnis nach der Zustand, wenn zwei Wellen mit gleichem Spin aufeinandertreffen, da sich solche Wellen gegenseitig abstoßen. Da die Quarks der abreißenden Bodenwelle („Positron") die gleiche Rotationsrichtung besitzen wie die Quarks der Welle in der Spitze der dynamisch pyramidenförmig strukturierten Form der Elementareinheiten der Atome, wird somit richtungsweise dem „Positron" eine positive (+) Ladung zugewiesen.

Die gesetzmäßigen Bewegungsabläufe sind verantwortlich für die Strukturierung der prästellaren Masse zu neutralen „Myon-Neutrinos", die am Anfang der Zeit in den würfelförmigen Kraftfeldern unseres Universums ohne Bewegung existierte.

Ein pyramidenförmiges Bauwerk, gleich ob im Besitz eines pyramidenförmigen Hohlraums oder massiv gebaut – wie zum Beispiel die Cheops-Pyamide, bei der sich in der kubischen Mitte (Oberkante des unteren Drittels) ein rechtwinkliger Hohlraum befindet –, ist immer, wenn es mit einer Seite nach Norden ausgerichtet wird, Teil eines würfelförmigen Kraftfeldes unseres Universums.

Das bedeutet aber auch, wenn zum Beispiel die spiralförmige rotierende Welle, bestehend aus Energiequanten und im weiteren Verlauf aus Quarks, in der Spitze einer Pyramide einen gewissen Schellwert (Amplitude = Größe, Weite, Umfang; A.d.V.) erreicht hat und aus der Spitze der Pyramide ausstrahlt, daß sie in eine imaginäre gleichgroße Pyramide, die sich innerhalb des würfelförmigen Kraftfeldes befindet, eingestrahlt wird.

Durch diese Erklärung findet das Rätsel, warum in einer Pyramide Mumifizierungen von sogenannter „lebendiger" Materie eintreten, seine Lösung."[101]

Vereinfacht ausgedrückt: Durch den gesetzmäßigen Bewegungsablauf in einem würfelförmigen Hohlraum werden die von der Apfelsine abgestrahlten Energiequanten wieder zurück in die Apfelsine gestrahlt, was zur Folge hat, daß die Molekularstruktur der Apfelsine durch ihre eigene Energie aufgespaltet und zerstört wird – sie fault schneller.

In der Pyramide hingegen werden die von der Apfelsine abgestrahlten Energiequanten nicht wieder in die Apfelsine zurückgestrahlt, sondern aus der Spitze der Pyramide ausgestrahlt. **Das hat zur Folge, daß sich bei der „sterbenden" Apfelsine die Molekularstruktur bis fast zur Kristallisation (Mumifizierung) verdichtet!**

Fazit: Es wirken die Kräfte in einer Pyramide anders als in einem beispielsweise kubischen Körper. Das wußten die Erbauer der Pyramiden in Kairo, das wußten die Templer, da sie das Wissen aus der Bundeslade hatte, das wissen heute die Hochgradfreimaurer und ebenso andere Geheimgesellschaften. Doch auch in der Wissenschaft wird diese Kenntnis heute herangezogen – wenn auch nicht für die Allgemeinheit sofort ersichtlich –, wie wir am Beispiel *Montauks* gleich näher betrachten werden.

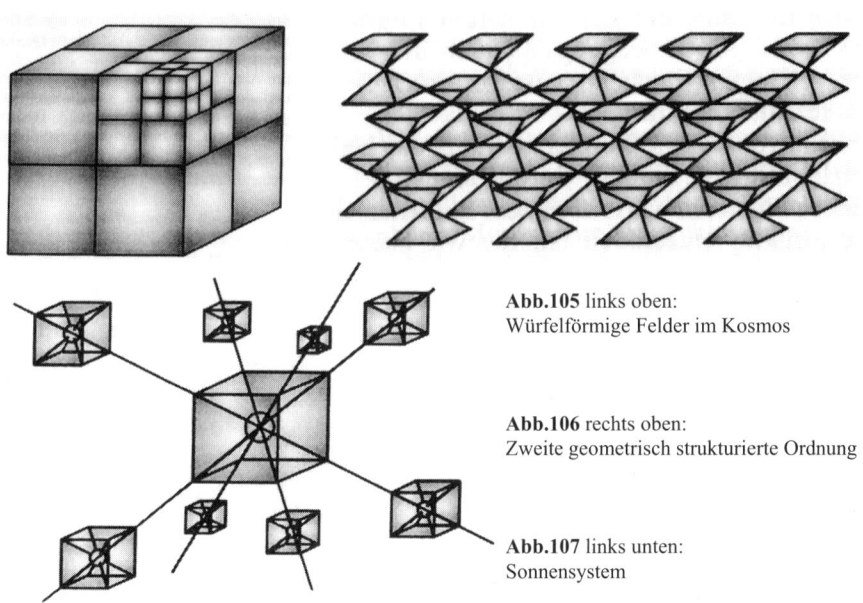

Abb.105 links oben:
Würfelförmige Felder im Kosmos

Abb.106 rechts oben:
Zweite geometrisch strukturierte Ordnung

Abb.107 links unten:
Sonnensystem

All diejenigen, die sich in der Welt der Protonen, Elektronen und Neutrinos nicht zu Hause fühlen, werden nun erlöst. Natürlich könnte diese Theorie über den Aufbau der Materie – und des gesamten Universums –, wie sie aus den Unterlagen ersichtlich wurde, hier noch weiter ausgeführt werden, doch das würde zu weit führen. Hier sollten im wesentlichen die physikalischen Zusammenhänge beschrieben werden, um die Verbindung mit der Pyramide und deren gesetzmäßigen Bewegungsabläufen zu verstehen.

Wie man sich denken kann, sind auch alle weiteren Ordnungsstrukturen (z.B. der Elemente: Wasserstoff, Helium, Lithium) unseres Universums und unseres Sonnensystems weiterführend auf diesen Grundlagen aufgebaut. Wer dieses noch weiter verfolgen möchte, dem empfehle ich das bereits mehrfach erwähnte Buch *„Das Phänomen Leben"* von Dr. Lamers.

Interview mit Dr. Lamers und Morpheus

Von Lothar Göring erfahren wir, daß er – gemeinsam mit hunderten von Wissenschaftlern – an der Erforschung der Schriften und der darin enthaltenen Grundlagen arbeitete. Zwei Wissenschaftler, die zum engeren Kreis zählten, waren der Mediziner *Dr. H. J. Lamers* und der Wissenschaftler *Morpheus* (der richtige Name wird auf Morpheus' Wunsch hin nicht genannt), der Autor des Bestsellers *„Matrix Code"*.

Mit beiden führte ich das nachfolgende Interview.

Herr Dr. Lamers, Sie gehören zu jenen Forschern, die Lothar Göring sehr gut kannten. Wann haben Sie sich kennengelernt, und wann begann Ihre gemeinsame Erforschung der Unterlagen?

Dr. Lamers: *1966 habe ich Dr. Joachim Varro, Chirurg und Krebsforscher in Düsseldorf, kennengelernt. Mit ihm forschte ich bis zu seinem Tode 1996. Er brachte mich in Verbindung mit Dr. nat. rer. Dr. med. Paul Gerhard Seeger, dem großen Krebsforscher, welcher den Nobelpreis hätte bekommen sollen.*

1974 begann ich mit einer selbständigen Forschung des Phänomens der Wirkung der Neuraltherapie nach Huneke. 1975 begegnete ich dann Lothar Göring, der eine eigene Krebsforschung in seiner Heilpraktikerpraxis in Haan bei Wuppertal angefangen hatte. Unsere gemeinsame Forschung wurde die Neuraltherapie mit Procain und speziell die Wirkung in der internen äroben Zellatmung an das Cytochrom a/a3.

Er war begeistert von meinen wissenschaftlichen Gedanken zum Redoxpotential des Cytochroms a/a3 und des Procains. Ich war ebenfalls begeistert wegen seinen Forschungen über die Ionisation, speziell die des Sauerstoffs (O) und des Wasserstoffs (H). Er sprach mit mir über seinen esoterischen Weg, die Unterlagen der Bundeslade, die Atlantisforschung, die Pyramiden-Experimente und seine Vorstellungen von einem neuen Atommodell.

Der Mensch als Einheit von Körper, Seele und Geist wurde das Hauptziel unserer wissenschaftlichen und religiösen Forschung. Es dauerte noch ungefähr bis 1980, bevor wir beide ein festes Team wurden.

Was war damals Ihre genaue Aufgabe?

Dr. Lamers: *Erst galt es, zusammen mit dem Kollegen Göring eine kombinierte biochemische und biophysikalische Atmungskette zusammenzustellen, um das heutige medizinische Denkmodell der physiologischen Regulation zu erweitern. Die Neuraltherapie stand hierbei als Modell für andere unorthodoxe Regulationstherapien, um die Grundlage der Regulationsmedizin zu bringen.*

Seit 1980 habe ich diese wissenschaftlichen Einsichten jährlich auf den Kongressen in Freudenstadt, Baden-Baden, Bad Nauheim und anderen in Form von Referaten und Vorträgen immer tiefer behandelt. Dies gelang von Anfang an speziell auch durch meine persönliche Verbindung und Freundschaft mit Dr. J. Varro aus Düsseldorf, Dr. Dr. P. G. Seeger aus Ost-Berlin, Dr. P. Dosch aus Schwendt in Tirol und Dr. G. Ohlenschläger aus Königstein-Frankfurt.

An zweiter Stelle stand für mich die Erforschung von Seele und Geist, die bei Göring damals meistens an erster Stelle stand.
Von Anfang an stellten wir uns die Aufgabe, die Verbindung von Geist, Seele und Körper mit Hilfe unseres Denkmodells der kubischen Pyramide durchschaubar und begreifbar zu machen.

Morpheus, wann stießen Sie dazu, und was war Ihre vornehmliche Aufgabe in bezug auf die Unterlagen?

Morpheus: *Indirekt kam ich bereits 1982 mit Lothar in Berührung. Wie sich sehr viel später herausstellte, übermittelte mir Lothar Göring über einen seiner Mitarbeiter ein kleines elektromagnetisches Therapiegerät, mit dem Auftrag, einen reproduzierbaren Effekt des Gerätes zu finden. Zu dieser Zeit leitete ich ein eigenes kleines Forschungs- und Entwicklungslabor und war auf jeden Auftrag sehr angewiesen. Tatsächlich leitete die Forschung an dem Auftragsgerät von Lothar Göring eine völlig neue medizinische Technologie ein. So entdeckte ich durch die „Schwachstelle" des vorliegenden Gerätes etwas, was zwei Jahre später zum Europapatent angemeldet und welches in weiterer Folge auch erteilt wurde. Als ich nun fünfzehn Jahre später ein Buch mit dem Titel „Das Phänomen Leben" zugeschickt bekam, verspürte ich nach dem Lesen der ersten Seiten bereits einen unwiderstehlichen Drang, mich mit dem Autor in Verbindung zu setzen. Hiermit fing für mich eine Zeit an, von der ich selbst heute, nach so vielen Jahren, immer noch nicht ganz genau weiß, was tatsächlich damals geschah. Irgendwie war es mir möglich, die Telefonnummer von Dr. H. J. Lamers ausfindig zu machen. Über ein sehr herzlich geführtes Telefonat mit Dr. Lamers erhielt ich ein paar Tage später von ihm die Anschrift von Lothar Göring mit der Post. Mein erster Telefonkontakt mit Lothar Göring war von einer solch merkwürdigen Spannung begleitet, daß es mir heute noch unmöglich erscheint, eine nähere Beschreibung vorzunehmen. Auf jeden Fall verabredeten wir uns in seinem Haus in Velden am Wörthersee. Unsere erste persönliche Begegnung verlief ähnlich* *emotional und merkwürdig wie unser Telefonat. Mit einem durchdringenden Blick teilte er mir mit, daß ich der „gesuchte Letzte" sei. Was ich darunter zu verstehen hatte, ist mir im Grunde niemals wirklich klar geworden. Lothar stellte mir nach einem näheren Kennenlernen ein Ultimatum. Innerhalb von drei Wochen sollte ich mich entscheiden, sein „wissenschaftliches Erbe" mitzutragen. Es ging ihm offenbar um eine neuzeitliche Aufbereitung seiner „alten Unterlagen". Hierzu waren meine universitären Verbindungen und, wie er sagte, mein „hegolitisches Altwissen" eine Grundlage. Allerdings, so betonte er immer wieder, sei ich aus genau diesem Grunde gegenwärtig inkarniert.*

Dr. Lamers, haben Sie auch experimentell mit der Pyramide gearbeitet, um die in den Unterlagen aufgestellten Thesen bestätigt zu wissen, und wenn ja, was waren Ihre Ergebnisse?

Dr. Lamers: *Ich habe selbst eigentlich keine Pyramiden-Experimente durchgeführt. Aber Lothars Pyramiden-Versuche und auch Bücher und Erkenntnisse von anderen Pyramidenforschern gaben mir Einsicht in das kosmische Spiel von Kraft- und Informationsübertragung. So wurde ich auch eingeweiht in die Funktion der Pyramiden in Ägypten und von anderen Kulturen.*

Morpheus, haben Sie durch Versuche die in den Unterlagen beschriebenen Phänomene innerhalb der Pyramide nachweisen können, oder haben Sie noch andere Ergebnisse in diesem Zusammenhang erforscht?

Morpheus: *Mir waren die allgemeinen und einige spezielle Versuchsreihen mit Pyramiden bekannt, hatte ich doch vor etlichen Jahren selbst Pyramiden-Versuche durchgeführt. Das, was Lothar mir in diesem Zusammenhang zusätzlich anvertraute, waren die psychischen, also geistigen Interaktionen zwischen Pyramiden und Menschen. In späteren Jahren fanden diese Informationen ihre Bewahrheitung durch meine neueren Versuchsreihen.*

Welche Auswirkungen hatte die Zusammenarbeit mit Lothar Göring und anderen Wissenschaftlern auf Ihre spätere wissenschaftliche Arbeit?

Morpheus: *Weniger durch technisches Know-how als durch spirituelles und geistig geführtes Wissen, welches Lothar mir vermittelte, gelang mir eine Erhebung in neuere wissenschaftliche Dimensionen. Das wahre Verständnis der tatsächlichen Interaktionen zwischen Geist und Materie ist der „Schlüssel zur Macht". Ich hüte diesen „Schlüssel" und setze ihn, wenn überhaupt, sehr verantwortungsvoll ein, um beispielsweise keine Polarisation zu erzeugen.*

Dr. Lamers, Sie zählen heute zu den Kapazitäten in der Krebsforschung. Welchen wissenschaftlichen Einfluß hatte die gemeinsame Forschungszeit mit Lothar Göring, Morpheus und anderen wissenschaftlichen Experten auf Ihre heutige Arbeit?

Dr. Lamers: *Ich zähle mich selbst nicht zu den Kapazitäten der Krebsforschung. Es ist wohl so, daß die Arbeit von Dr. Dr. G. Seeger früher und die biophysikalische Erweiterung von Göring und die wissenschaftliche Bestätigung dieser Erkenntnisse durch Morpheus und mich auch heutzutage meines Erachtens als sehr wichtig zu betrachten sind.*
Eigentlich erreichten wir in den frühen Jahren unserer Arbeit nur selten einen Wissenschaftler, der mehr Interesse dafür aufbrachte. In den letzen Jahren, seit dem Tod von Lothar Göring, habe ich als Vorsitzender und Vorstandsmitglied Sitzungen in einigen wichtigen wissenschaftlichen und medizinischen Forschungsinstituten, unter anderem in der Deutschen Arbeitsgemeinschaft für Herdforschung und Regulationstherapie, wo Prof. Pischinger und sein Wiener Team Anfang der sechziger Jahre ihre Erkenntnisse über die Funktion des extrazellulären Bindegewebes bekanntgaben, und in der Matrixgesellschaft, wo Prof. Heine und Prof. Rimpler noch immer aktiv beteiligt sind. Hierdurch hoffe und sehe ich, daß wir unsere Forschung und unser therapeutisches Handeln weitergeben können an andere wissenschaft-

liche Experten und an die Ärzte in ihren Praxen. Dr. Bodo Kohler aus Freiburg, der Pionier und Vorsitzende der B.I.T., hilft mir dabei während der letzten Jahre.

Können Sie uns kurz erklären, nach welcher Methode Sie arbeiten?

Dr. Lamers: *Bei mir steht eine eigene erweiterte neuraltherapeutische Herd- , Störfeld- und integrale Regulationstherapie im Mittelpunkt. Dabei kombiniere ich verschiedene andere Regulationstherapien. Selbst habe ich eine medizinische Praxis, die in den letzen zwei Jahrzehnten hauptsächlich für chronische- und therapieresistente Patienten offen stand. Ich möchte hier nochmals betonen, daß in der Medizin stets reguläre- und complementäre, alternative Medizin (CAM) zusammen eingesetzt werden sollten. Das gilt sicher in einer Praxis für chronische Patienten bis hin zu Krebspatienten. Dabei will ich auch betonen, daß Medizin ohne Erkenntnisse über Seele und Geist heutzutage nicht mehr in Theorie und Praxis gelehrt werden sollte.*

Ist Krebs, vorausgesetzt man diagnostiziert ihn rechtzeitig, grundsätzlich auch auf Naturheilbasis heilbar, also ohne Chemotherapie und andere pharmazeutische Mittel?

Dr. Lamers: *So kann man die Frage meines Erachtens nicht stellen. Krebs ist die komplexe Endphase der Disregulation in unserem Leib. Aber auch dann sind meistens immer noch Regulationsmöglichkeiten vorhanden, die man einsetzen kann. Die Erfolge können oft erstaunen. Meines Erachtens müssen reguläre medizinische Therapien mit Pharmaka, Strahl und Operation zusammen mit moderner CAM-Regulationstherapie eingesetzt werden. Das ist für jeden Patienten immer eine individuelle Sache und ein persönlicher Weg. Die neuen Erkenntnisse der Biophysik sollten an unseren Universitäten weiter erforscht und gelehrt werden. In den Niederlanden haben wir vor zwanzig Jahren hiermit einen Anfang gemacht, und ein offizielles Lehrbuch und eine Fachzeitschrift für integrale Medizin bestehen seit langem. Auf diese Weise kann man nicht nur die älteren Methoden*

317

der Erfahrungsmedizin aufs neue studieren und neu bewerten, sondern auch lernen, neuere Erfahrungsmethoden anzuwenden.

Sie haben in dem Buch „Das Phänomen Leben", das Sie gemeinsam mit Lothar Göring und P. G. Seeger verfaßt haben, ausführlich über die Entstehung des Lebens berichtet, gemäß der in den Unterlagen aus der Bundeslade enthaltenen Informationen. Welche Resonanz kam aus den wissenschaftlichen Lagern?

Dr. Lamers: *Das war unterschiedlich. Ich habe das Buch „Das Phänomen Leben" 1992 im Eigenverlag herausgegeben. Von vielen Kollegen, Wissenschaftlern und interessierten Menschen kam eine sehr gute Resonanz. Hierzu gehört auch der große Wissenschaftler Morpheus, der unter diesem Pseudonym das Buch „Matrix-Code" geschrieben hat. Seit ich ihn 1994 oder 1995 kennenlernte, habe ich seine Person und seine Wissenschaft immer hoch geachtet. Wir waren öfters zusammen bei Lothar in Velden, Österreich. Und noch einige Jahre nach dem Tode von Lothar habe ich Kontakt mit ihm gehalten. Ich hoffe, daß wir in Zukunft zusammen auf den medizinischen Kongressen über seine und unsere neuen biophysikalischen, körperlichen, seelischen und geistigen Grundlagen referieren werden. Bis jetzt ist es anders gelaufen. Nun beschrieb ich im allgemeinen die Resonanz für den wissenschaftlichen und medizinischen Teil des Buches.*
Aber in unserem Buch wurde viel mehr beschrieben! Unsere Auffassungen über Geist, Seele, Religion und Christentum nach dem Wort Gottes waren wichtige Themen im Buch. Nun ist es so, daß ich dem Buch immer ein extra Blatt beigelegt habe. Bei der zweiten Auflage am 16.06.1997 habe ich dieses Blatt mitdrucken lassen, womit ich im Zusammenhang mit meinem christlichen Glauben ein Zeugnis ablegte. Das war sehr wichtig für mich, um über die Entstehung des Lebens und auch über den leiblichen Tod und das, was danach geschieht, zu berichten. Als das Buch 1992 herauskam, wurde ich „bibelfester" durch das Studieren der Bibel und Bibelstudien, herausgegeben vom „Konkordant Verlag", Pforzheim/Birkenfeld. Aus dem Buch „Das Geheimnis der Auferstehung" von A. E. Knoch, das herausgegeben

wird vom „Konkordant Verlag", möchte ich im Anhang ein wichtiges Thema beifügen: „Was ist der Mensch? Der menschliche Körper. Was ist die Schöpfung?"

Morpheus, Sie haben bis heute in vielen wissenschaftlichen Bereichen geforscht, sich unter anderem auch mit der Montauk-Forschung auseinandergesetzt. Wie weit ist man im Bereich der Zeit-Raum-Forschung (Zeitreisen, Teleportation usw.) nach Ihrem Kenntnisstand?

Morpheus: *Da stellen Sie mir eine sehr unbequeme Frage. Eine Maxime von mir ist, mich aus allen polarisierenden Meinungen herauszuhalten, sofern dieses naturgemäß überhaupt möglich ist. So möchte ich auf diese Frage betont sachlich antworten. Das allgemeine Verständnis von dem, was die Naturwissenschaftler „Zeit" nennen, beschreibt lediglich einen kleinen Anteil von dem, was „Zeit" tatsächlich ist. Tatsächlich ist unsere Raum-Zeit in einen zwölfdimensionalen Raum eingebettet. Wer sich näher mit den Arbeiten von Burkhard Heim auseinandersetzt, wird erkennen, was ich meine. Die Zeit-Experimente von Professor Zeilinger beispielsweise dürfte es eigentlich gar nicht geben. „Hinter den Kulissen" sieht das Ganze etwas anders aus. Hier behandelt man diese Forschung mit einer völligen Normalität und Routine.*

Gibt es Ihrer Meinung nach in diesem komplexen Forschungsfeld Verbindungen oder Anhaltspunkte, die den Schluß zulassen, daß die Grundlagen der Projekte wie beispielsweise des Philadelphia-Experimentes und die Montauk-Forschung aus Deutschland kamen?

Morpheus: *Nach den Angaben von Herrn Göring durchaus. Vergessen wir nicht, aus welcher „Etage" dieser Mann stammte. Lothar Göring war sozusagen „zu Hause" in der „Thule-Welt", was bedeutet, daß er über weitreichende Informationen verfügte – Informationen, die sehr wohl und gut begründet hinter verschlossener Tür bleiben mußten.*

Können Sie das vielleicht an ein oder zwei Beispielen näher erörtern?

Morpheus: *Lothar Göring war aktiv an Versuchen dieser Art beteiligt. Er berichtete mir von seinen Experimenten in Alma Ata und in Neuschwabenland. Seinen Angaben zufolge sind dort sowohl Zeit- als auch Manifestationsexperimente durchgeführt worden. Wenn ich diesen Mann im nachhinein betrachte..., so kann ich davon ausgehen, daß er bei diesen Experimenten erfolgreich war. Warum nun ein Wissender aus Deutschland für diese Forschungen herangezogen wurde, könnte eine Antwort auf Ihre Frage sein.*

Gibt es Ihrer Meinung nach Verbindungen zur Thule-Gesellschaft, und halten Sie es weiterhin für wahrscheinlich, daß die Thule-Gesellschaft ihr Wissen aus geheimen Archiven der Templer oder Zisterzienser bezog?

Morpheus: *Den ersten Teil Ihrer Frage habe ich ja bereits beantwortet, jedenfalls so umfangreich ich es nur vertreten kann. Auf den zweiten Teil Ihrer Frage, „halten Sie es weiterhin für wahrscheinlich, daß die Thule-Gesellschaft ihr Wissen aus geheimen Archiven der Templer oder Zisterzienser bezog?", möchte ich mit JA antworten. Diesbezüglich waren Lothars Äußerungen sehr klar und eindeutig. Für mich offensichtlich war Herr Göring ein bedeutsamer Vertreter der letzten Templer dieser Linie. Als „einer von fünf" verwaltete er den wissenschaftlichen Teil eines alten Vermächtnisses. Mir ist bewußt, daß diese Behauptung auf sehr viel Skepsis und Mißtrauen stößt. Ich selbst habe lange gezögert, es als Tatsache zu akzeptieren.*

Was können sie uns über den Verbleib der Unterlagen und Modelle sagen, die Lothar Göring übergeben wurden?

Morpheus: *Sie sind an einem sicheren Ort aufbewahrt. Das ist sicher. Die tatsächliche Verantwortung der Verwaltung solcher Dinge ist von unvorstellbarer Bedeutung.*

Es gibt Hinweise darauf, daß es in Frankreich noch eine umfangreiche Bibliothek geben soll. Was können Sie uns darüber sagen?

Morpheus: *In der Tat, diese Bibliothek existiert. Zur Örtlichkeit jedoch möchte ich nichts Genaueres sagen. Auf der anderen Seite sind diese Unterlagen antiquiert und überholt. Etwa neunzig Prozent dieser Bücher würden keinem wahrhaft Suchenden wirklich etwas Neues geben. Was „den Rest" betrifft, möchte ich sagen, daß diese Informationen durchaus als „besonders vertraulich" eingestuft werden sollten, was sie natürlich auch sind. Mir ist natürlich klar, daß Ihre Leser gern etwas mehr hierüber erfahren möchten. Im Grunde genommen sind diese Informationen nicht mehr wirklich neu für uns. Der entscheidende Punkt ist jedoch, daß diese schriftlichen Informationen als ein Beweismittel für die Existenz einer „anderen Historie" gesehen werden können. Diese Historie weicht so sehr von der ab, die uns als authentisch vermittelt wurde, daß die tatsächliche Geschichte neu geschrieben werden müßte. Die „neuartigen Technologien", die sich aus diesen Unterlagen ableiten lassen würden, sind nicht mehr der wesentlichste Punkt. Das zumindest hat sich seit dem physischen Tod von Lothar Göring geändert..."*

In den Unterlagen wird behauptet, daß es nur fünf Templer gibt, die das geheime Wissen über die Jahrhunderte hinweg behüten und rechtzeitig vor ihrem Ableben an eine bestimmte Person weitergeben. Können Sie das bestätigen?

Morpheus: *Es ist genau das, was Lothar Göring mir immer wieder sagte.*

Sie haben Lothar Göring im Verlaufe der Jahre auch privat näher kennengelernt. Wie würden Sie ihn mit wenigen Worten beschreiben?

Morpheus: *Als einen äußerst außergewöhnlichen Menschen. Lothar war zweifellos ein Magier, er war ein Wissender. Sein ausgeprägter*

Sinn für seine Familie war herausragend liebevoll. Dem gegenüber wirkte eine herrscherische Strenge gegenüber allen, mit denen Lothar in direkten Kontakt trat. Diese „Strenge" wurde durch sein außerge- wöhnliches Wissen getragen, woraus eine dominierende Autorität ab- geleitet werden konnte, ohne Frage. Ich kenne niemanden, der seine Energie, die Lothar während eines Gesprächs aufbaute, hätte erwidern oder halten können. Gleichgültig, wie umfangreich sich jemand auf diese Begegnung vorbereitet hatte, Lothar war der Meister. Er ver- mochte sich während einer Diskussion in jemanden zu verwandeln, der scheinbar über ein unvorstellbares Wissen verfügte. Seine Stimme veränderte sich ebenso wie seine Sitzhaltung.

Aus Gründen, die mir bis zu seinem physischen Ableben unverständ- lich waren, behandelte mich Lothar mit großem Respekt. In der Nacht seines Todes waren wir etwa 2.000 Kilometer voneinander getrennt – zumindest physikalisch. In dieser Nacht hatte ich eine ganz besondere Begegnung mit ihm. Diese Begegnung war so außergewöhnlich, daß ich nach so vielen Jahren immer noch „Augenzeugen" brauche, um mir die Außerordentlichkeit dieser Nacht „beweisbar" und glaubhaft zu machen. Was diese Beweisführung betrifft, bezieht sich diese natür- lich nur auf Äußerlichkeiten. So wachte ich beispielsweise aus einem „heftigen Traum" genau zu der Todeszeit von Lothar auf und sagte zu meinen Freunden im Hause: „Mein Bruder ... mein Bruder ist gegan- gen." Die zeitliche Synchronizität und die Beschreibung stimmten auf das genaueste mit den tatsächlichen Ereignissen (Uhrzeit und Fakt) überein. In dem Moment, in dem ich die telefonische Bestätigung er- fuhr, schaltete mein physischer Körper in einen Fieberzustand um. Zwischen vierzig und einundvierzig Grad Körpertemperatur bewirk- ten bei mir halluzinatorisch stark ausgeprägte Träume. In diesen Träumen ging es um Begegnungen zwischen Lothar und mir, nur daß unsere Umgebung völlig anders aussah als alles, was ich bisher kannte. Offenbar spielten diese Sequenzen in einer vergangenen Zeit. Irgend- wie erkannte ich, wo sich dies alles ereignete. Ebenso klar und deutlich erkannte ich unseren Status. Wir waren Glaubensbrüder mit einem priesterlichen Status. Hier vereinbarten wir beide genau das, was wir in unserer gegenwärtigen Inkarnation zu tun hatten. Plötzlich war mir die wahre Bedeutung dieser Vereinbarung vollkommen bewußt. Mein hohes Fieber verschwand ebenso plötzlich, wie es gekommen war, nämlich genau während der Initiation seines Begräbnisses, also nach genau drei Tagen.

Herr Dr. Lamers, auch Sie kannten Lothar Göring privat. Wie würden Sie ihn beschreiben?

Dr. Lamers: *Privat habe ich Lothar Göring mehr als zwei Jahrzehnte sehr gut gekannt. 1980 kamen wir zusammen als biologische Forscher, als Forscher der tiefen Lebensfragen und als Menschen, die mit komplementärer, alternativer Medizin therapierten – er als Heilpraktiker und ich als Allgemeinmediziner. Von 1990 bis 1995 wohnte er bei mir in Roermond (NL). Ich war sozusagen in allen zwanzig Jahren „sein Leibarzt". Ab 1995 wohnte und arbeitete er noch einige Jahre in Velden (Österreich), wo er dann zuletzt starb. Seine Beerdigung wurde von einem befreundeten evangelischen Pastor geleitet, und auf dem Kreuz seines Grabes steht geschrieben: „Hier liegt Lothar Göring. Er starb, glaubend an die Auferstehung in Christus Jesus."
Nun meine Antwort zu meiner privaten Beziehung zu Lothar: Er war ein ganz besonderer Mensch! Schon anfangs, als wir uns kennenlernten, sprach er von seinen Kenntnissen, die ihm im meditativen Zustand von Wesenheiten aus dem Jenseits übertragen wurden. Er erzählte von wichtigen Unterlagen, die mit der Bundeslade zu tun hatten. Hiermit entwickelte er neue wissenschaftliche Einsichten und neue medizinische biophysikalische Technologien, die nicht nur den Körper heilend beeinflussen konnten, sondern auch die Seele und den Geist. Ich war mehrmals anwesend und Zeuge dieser extraterrestrischen Kontakte und Übermittlungen. Schweigen war das Gebot während dieser Kontakte! Und wenn ich dies nicht tat, war er immer böse. Anderseits kann ich sagen, daß er mir auch immer Gelegenheit bot, um während eines durch ihn geführten Gespräches eigene Gedanken einzubringen. Aber nochmals kann ich sagen, daß es während der*

Dauer eines Gespräches mit dem „Kumpel" aus dem Jenseits für mich völlig unmöglich war, Bemerkungen zu machen oder etwas hinzuzufügen. Wir waren und blieben Freunde in all diesen Jahren. Während eines Gesprächs oder einer Begegnung mit einem Geist aus dem Jenseits oder mehreren veränderte sich meistens seine Persönlichkeit. Für ihn war die Information, die er von den Wesenheiten bekam, immer die Wahrheit. Wenn ich manchmal daran zweifelte und diese Wesenheiten als mögliche „gefallene Engel" betrachtete, hatte er keine Einwände einzubringen. Zusammen mit Morpheus war ich in den letzten Jahren von Lothars Leben mehrmals zu Besuch in Velden (Österreich). Ich hoffte, von Morpheus einerseits endlich etwas mehr über die neuen medizinischen Technologien und Erkenntnisse zu erfahren und andererseits über die geistigen Kontakte, die Lothars Seele und Geist beeinflußten. Aber eigentlich bestätigte er meine Auffassungen als übereinstimmend mit seinen.

Herr Dr. Lamers, möchten Sie uns noch etwas persönliches über den biblischen Glauben im allgemeinen und über die Auferstehung Jesus Christus sagen.

Dr. Lamers: *Ja, das möchte ich sehr gerne. Nochmals: Ich war von Anfang an begeistert von unserem wissenschaftlichen Forschungsweg der medizinischen Methode der Neuraltherapie und von unserem neuen Denkmodell der Regulationsmedizin. Aber eine wissenschaftliche Erforschung des Themas Leben konnte unseres Erachtens nicht ohne eine Erforschung der Religion erfolgen. So wurde Lothar Göring mein Gesell und Kumpel letztendlich zum christlichen Glaubensweg. Und die Frage war und ist heute noch immer: „Was ist denn eigentlich der christliche Glaube?" Die Antwort hierauf wird in der Zukunft meine Lebensaufgabe sein.*

Vielen Dank für das Gespräch und weiterhin alles Gute für Ihre Arbeit!

Montauk und die große Pyramide von Gizeh

Wie im vorherigen Kapitel versprochen, kehren wir noch einmal nach Montauk zurück. Aus gutem Grund, denn es geht darum herauszufinden, welche Verbindungen zwischen der Montauk-Forschung (Projekt: Phönix II) und den Pyramiden bestehen. In den Mittelpunkt rücken hier die Pyramiden von Gizeh, wie gleich noch zu erkennen sein wird.

Wie bereits erwähnt, wurde das weiterführende Projekt, das aus dem *Philadelphia-Experiment* entstand, *Phönix II* genannt, und der Ort, den man für die weiteren Operationen auswählte, war Montauk, das am äußersten Ende von Long Island liegt. Deshalb wurde das neue Raum-Zeit-Programm auch als *Montauk-Projekt* bekannt. Soviel zur kurzen Auffrischung.

Zurück also nach Montauk!

1. Pyramiden auf Long Island:

Preston B. Nichols und Peter Moon, die Autoren des Buches „Das Montauk-Projekt", fanden bei ihren umfangreichen Recherchen heraus, daß auf Long Island einstmals einige kleine Pyramiden standen. Die ersten Hinweise fanden sie in dem Buch *„Historisches Long Island"* von Rufus Rockwell Wilson. Auch andere Zeitzeugen bestätigten ihnen, daß auf Long Island einstmals mehrere Pyramiden gestanden haben.

Bei ihren weiteren Nachforschungen stießen sie auf immer mehr Zusammenhänge, die sich immer mehr zu einem Puzzle zusammenfügten.

2. Die Pharaos von Montauk:

Interessant ist ebenfalls, daß bei den ursprünglichen Bewohnern der Region, den Montauk-Indianern, ein sehr alter Familienname von großer Bedeutung ist. Dieser Familienname ist *Pharoah*. Auch der Name *Montauk* und seine mögliche Herkunft sind interessant. Die drei Pyramiden von Gizeh werden heute oft, besonders nach dem Bestseller von Robert Bauval und Adrian Gilbert (*„Das Geheimnis des Orion"*), mit den drei Gürtelsternen des Orion gleichgesetzt. Der Name des Sternes, den die Mykerinos-Pyramide repräsentiert, lautet: Mintaka! Das klingt ähnlich wie Montauk, dessen Bedeutung auch sehr gut zur Pyramide paßt. Der Forscher Dr. J. H. Trumbull, führend auf dem Gebiet der Erkundung der Algonquin-Indianer, zu denen auch die Montauk-Indianer zählen, sieht die Wurzeln ihres Namens in dem Wort *manatuck*. Und das bedeutet soviel wie Hügel! Im Englischen spiegelt sich die Bedeutung ebenfalls wider in dem Wort für Berg – *mountain*.

Ist es nur ein Zufall, daß auch die Freimaurer großes Interesse an den Montauk-Indianern und ihrer Sprache hatten?

Der einstige US-Präsident Thomas Jefferson, ein Freimaurer, machte sich Sorgen, daß mit den Montauk-Indianern auch ihre ganz persönliche Sprache aussterben würde, von der andere sagen, sie sei die Sprache der Engel und gehe auf Henoch zurück – Enochitisch! –, womit wir abschließend bei Henoch/Thoth und den „göttlichen" Kulturbringern angelangt wären, die den entscheidenden Entwicklungsschub auf der Erde einleiteten.[102]

Konnten die Templer all diese Dinge, dieses hochmoderne Wissen des zwanzigsten und einundzwanzigsten Jahrhunderts, bereits schon vor achthundert Jahren durch ihren Schatzfund unter dem Tempel erfahren haben?

In den Unterlagen wird bekanntlich berichtet, daß Clairvaux den Auftrag erhielt, die Pyramide in Südfrankreich zu bauen, was er ja auch tat. Die eigentliche Erkenntnis der Unterlagen war, welche geheimnisvollen Kräfte in der geometrischen Form der Pyramide durch bestimmte gesetzmäßige Bewegungsabläufe existieren und daß, wenn bestimmte Kriterien berücksichtigt werden, eine Pyramide, unabhängig von ihrer Größe, als **Kommunikationszentrum** dienen kann. Derjenige, der sich innerhalb der Pyramide befindet, kann auf geistiger Ebene mittels der Gedankenkraft senden und empfangen. Genau das taten auch die Montauk-Forscher bei ihren Experimenten.

3. Kairo und der Mars...

Ein weiteres Puzzlespiel war die Etymologie des Namens Kairo. Hinweise hierzu fanden sie im Zusammenhang mit einem Buch von James Aldridge mit dem Titel „Kairo, Biographie einer Stadt". Einer der Mitautoren von Aldridge war kein Geringerer als D. A. Cameron, ein renommierter Ägyptologe des neunzehnten Jahrhunderts. Er berichtet, daß der richtige Name von Kairo *Al Kaira* sei, was *Mars* bedeute. Einem anderen Bericht zufolge hätte Kairo ursprünglich *Mansurya* genannt werden sollen. „*Ein großes Kontingent von Sklaven sei um den Ort, der zur Stadt werden sollte, mit Grabwerkzeug bereitgestanden und hätte auf ein Glockensignal gewartet. Astrologen waren dort, um den genauen Zeitpunkt zum Baubeginn festzulegen. Zu aller Überraschung schlug jedoch ein Rabe (das Symbol okkulten Wissens in der Indianertradition) die Glocke an. Große Furcht befiel die Astrologen, und sie entschieden, die Stadt Al Kaira zu nennen, nach dem Mars, der zu der Zeit eben am Horizont aufstieg. Sie fürchteten den Mars, weil nach der Legende von dort Menschen gekommen seien, die ihr Land erobert und die Pyramiden und die Sphinx erbaut hätten.*"[103]

Einen weiteren wichtigen Hinweis hierzu finden wir noch bei Nichols und Moon, die berichten:
„*Kairo, wo die Pyramiden stehen, ist 100 Grad von Montauk entfernt. Wenn man die Erde als Dodekaeder darstellt (ein Vielflächner mit zwölf fünfeckigen Seiten), dann gibt es hier eine direkte, rein geometrische Übereinstimmung. Es mag weiter interessieren, daß Montauk auf demselben Breitengrad liegt wie Olympos in Griechenland und die mythische Stadt Troja in der heutigen Türkei, in Kleinasien. Troja liegt nördlich von Kairo und soll auf seinem Höhepunkt gewesen sein, als Atlantis untergegangen war.*"[104]

Die Etymologie des Namens *Kairo* stellt also wohl einen klaren Bezug zum Mars dar. Warum?

Gut, einen Hinweis haben wir gerade erhalten, nämlich daß es von alters her eine Überlieferung gab, die besagte, daß die Erbauer der Pyramiden einstmals vom Mars kamen. Weitere Hinweise finden wir heute noch in Ägypten, genauer gesagt in Karnak. Dort wurde Monthu-Re ein Tempel errichtet. Er war der ägyptische Kriegsgott, und war somit direkt mit dem Mars, dem Kriegsgott der Römer, verbunden. Kann auch das „Zufall" sein?

Es ist nicht zu übersehen, daß der Name *Monthu* eine sehr enge sprachliche Beziehung zu dem Wort *Montauk* aufweist. Hinzu kommt, daß die Römer den Mars auch *Mentu* oder *Menthu* nannten. Von „Zufall" kann man da wohl nicht mehr sprechen.

Wie der Sirius, das Orion-System, die Plejaden und Aldebaran spielte auch der Mars eine bedeutende Rolle, und wir finden, wie eben bereits erwähnt, verschiedene Überlieferungen alter Völker, die berichten, daß „Kulturbringer" einstmals vom roten Planeten kamen und die Erdenmenschen auf ein höheres Entwicklungsniveau hoben.

Als ich vor einigen Jahren mit dem bekannten südafrikanischen Zulu *Credo Mutwa* in Johannesburg zusammentraf, bestätigte mir auch dieser ähnliches. Mehr noch finden wir sogar Hinweise durch Verbindungen zwischen dem Planeten der *Roten Welt*, dem *Sirius-* und dem *Orion-System*, wie wir gleich sehen werden, womit die Spur unweigerlich nach Kairo und zu den Pyramiden von Gizeh führt.

Die Afrikaner glauben, so berichtet Mutwa, die Sterne wären die Quelle des Wissens und daß alles Wissen der Erde nicht aus den Köpfen der Bewohner stamme, sondern von jenen erleuchteten Wesen, die in ferner Vergangenheit zu uns kamen. In der Sprache zahlloser afrikanischer Stämme bedeutet das Wort für *Stern „der Wissensgeber"*.

Die afrikanischen Völker berichten seit Jahrhunderten, daß es seltsame, sehr mächtige Wesen gibt; manche von ihnen in menschlicher Gestalt, menschlich oder menschenähnlich, und einige von ihnen sind keines von beidem.

Geht es um die Herkunft dieser Kulturbringer, werden im gesamten Afrika zumeist nur zwei Sternenkonstellationen genannt, das *Siriussystem* und das *Orionsystem*. Auch der *Mars* spielt eine nicht unwesentliche Rolle.

In seinem Buch „Song Of The Stars" berichtet Credo Mutwa über einen schrecklichen und lange anhaltenden Krieg in der „Roten Welt":
„Man sagt auch, daß die Frauen in dieser Welt über die Männer herrschten. Eines Tages rebellierten die Männer, und ein großer Krieg begann. Eine Schlacht zwischen Männern und Frauen, dabei wurden schreckliche Kräfte freigelassen, einschließlich der Dämonen, die Sterne „auffressen" konnten und die wir in unserer Mythologie „gungangu" nennen. Ein Held namens „Moromudzi" und ein paar andere Helden kämpften mit den Dämonen und verjagten sie aus der Roten Welt. „Moromudzi" hatte ein weiches Herz und konnte die Frauen nicht hassen – er suchte Frieden mit ihnen. Eines Tages verliebte er sich in die schöne Kimanmireva, die gemeinsam mit anderen Frauen schwanger wurde. Mit ein paar ausgewählten Männern entschlossen sie sich, aus der **Roten Welt** zu fliehen. Die Welt wurde während des Krieges fast vollständig vernichtet."[105]

Hier sollte man anmerken, daß auch Mutwa, wie viele andere Überlieferungen alter Völker, davon berichtet, daß die Rote Welt vollständig vernichtet wurde. Weiter berichtet Credo Mutwa: „Moromudzi, Kimanmireva und die anderen stiegen in den Bauch eines Drachen, der von einem Stern zum anderen fliegen konnte. Sie waren sehr tapfer, weil sie, weit weg von der Sonne, in die unbekannte Dunkelheit flogen. Nach langer Zeit kamen sie zu einem Stern, den wir „Peri Oifici Orimbisi" (Sirius) nennen und der unter dem Namen „Nalediyapiri" und „Nanadiyafici" in den Sprachen der Schona und in Zimbabwe bekannt ist. Er wurde auch „Inja" genannt, was „Hund" (der Sirius wird heute auch Hundsstern genannt) bedeutet. Wir nennen ihn den „Stern des Wolfes". Da fanden sie eine Wasserwelt, einen Planeten, der diesen Stern umkreiste.
Es war eine schöne Welt, und die Menschen konnten auf den Inseln leben. Diese Welt war aber schon von anderen intelligenten Kreaturen bewohnt, die im Wasser wohnten. Sie sahen wie Amphibien aus, und sie ließen die Menschen in ihrer Welt in Frieden leben. Der König dieser Wassermenschen war sehr weise und war sehr beliebt. Er hieß Nommo.
Die beiden Rassen lebten lange Zeit in Frieden. Dann aber passierte etwas, was man eine „unverzeihliche Sünde" nennt. Die Menschen begingen Gewalt. Sie brachten eine von den Amphibien um und aßen sie auf. Es

war genauso schrecklich, als würdet Ihr einen von Euren Nachbarn erst töten und dann essen.

Nach einer großen Versammlung entschlossen sich die Wassermenschen, einen Krieg mit den Menschen anzufangen. Man sagt, daß während dieses schrecklichen Krieges fast die ganze Menschheit vernichtet wurde und daß der große König Nommo Mitleid mit den Menschen hatte und seine zwei Söhne, Wowane und Mpanku, sie zu retten schickte. Die Zwillingsbrüder, die fast so stark wie Götter waren, flogen durch die Dunkelheit des Raumes und fanden ein großes Ei. Sie beluden es mit den restlichen, überlebenden Menschen. Die starken Zwillingsbrüder rollten das schwere Ei durch den Himmel in den offenen Raum. Sie rollten es zurück zu dem Stern, von dem die Menschen gekommen waren. Wir wissen nicht warum, aber sie flogen an der Welt des roten Sandes vorbei – wahrscheinlich weil die Menschen sie darum baten – und landeten in einer anderen Welt, die Wasser und Erde hatte.«[106]

Es steht wohl außer Frage, daß Mutwa hier vom Mars berichtet und wie man nach der Flucht den Sirius ansteuerte.

Eines möchte ich im Zusammenhang mit der heute allgemein bekannten Beschreibung *Roter Planet* oder *Rote Welt* noch anmerken, weil dies kaum bekannt ist: Der *Sirius* wurde in den alten Kulturen als *rötlicher Stern* beschrieben, *rötlicher* als der *Mars*! Heute strahlt er aber in leuchtendem Weiß. Die Frage, wie ein Fixstern in nur knapp eintausendfünfhundert Jahren seine Farbe ändert, ist bis heute nicht geklärt. Derartige Farbveränderungen von Rot zu Weiß, wie im Falle des Sirius, dauern nach unserem derzeitigen Erkenntnisstand einige hunderttausend Jahre. Dieses Phänomen ist in der Stellar-Astronomie bis heute ein Rätsel. Das könnte bedeuten, daß man in den Überlieferungen alter Völker den Sirius meinte, wenn man von der *Roten Welt* sprach!

Die Autoren Nichols und Moon fanden noch mehr Hinweise und Verbindungen zwischen dem Mars und Ägypten. So berichten sie, daß der Mars in der Psyche der Erdenmenschen eine tiefe Wunde hinterlassen hat. So wurde beispielsweise erst im sechzehnten oder siebzehnten

Jahrhundert nach Christus der Neujahrstag auf den ersten Januar verlegt. Damit war offenbar die Absicht verbunden, das Bewußtsein vom Mars und von der Anbetung des *Baal* wegzulenken. Viele werden sich an Baal als das goldene Kalb oder den Fruchtbarkeitsgott in dem Film *Die Zehn Gebote* erinnern. Baal wird von Historikern auch mit Heliopolis, der Stadt der Obelisken, gleichgesetzt. Vergessen wir auch nicht die Stadt **Baal**beck in Syrien. Heliopolis hatte großen Einfluß auf die antike Welt und war einstmals das größte Wissenszentrum der alten Welt, in der zur Blütezeit mehr als 10.000 Priester lebten. Auch sie wurde – wie Kairo – nach dem Mars benannt. Auch soll die Baal-Kultur marsianisch gewesen sein. In den Evangelien wird berichtet, wie Paulus die Anbetung des Baal auf den *Marshügeln* zerschlug. Auch die Geschichte Moses (alias Echnaton) im Alten Testament beschreibt, wie er sich von der marsianischen Tradition loslöste.

Nichols und Moon erhärten ihre Untersuchungsergebnisse mit einer interessanten These. So schreiben sie in ihrem Buch „*Pyramiden von Montauk*":

„Es gibt eine interessante genetische Erhärtung der Idee, das Leben sei vom Mars auf die Erde gekommen. Die Blutlinie, die sich aus dem alten Ort Baal entwickelte, ist anscheinend dieselbe wie die der gälischen Rassen, die sich in den Pyrenäen und in St. Angeles in Italien ansiedelten. Sechzig bis neunzig Prozent dieser Menschen haben Rhesus-negatives Blut. Obwohl die meisten den Ausdruck Rh-negativ schon gehört haben, wissen die meisten (auch einige Ärzte) nicht, daß das „Rh" für den Rhesusaffen steht. Das heißt, wenn ihr Blut Rh-positiv ist, ist es der genetischen Struktur des Blutes des Rhesusaffen ähnlich. Ohne den Rhesusaffen-Faktor gibt es keinen logischen Grund anzunehmen, das Leben dieser Menschen sei auf der Erde entstanden. Berichte sind bekannt geworden, nach denen Regierungen geheime Untersuchungen von Rh-negativem Blut anstellen ließen, um genau diese Faktoren zu studieren. Die Botschaft von alledem ist klar: Die gälische Rasse und/oder wer auch immer Rh-negatives Blut hat kann sehr wohl von den alten Marsianern stammen."[107]

Das ist eine zweifellos interessante These, womit wir bei den Blutlinien wären und automatisch an die Legenden der Merowinger-Dynastien erinnert werden, wo sich der Kreislauf schließt, der auch die Templer mit einschließt. Die Merowinger hatten sich im Süden Frankreichs niedergelassen, und ihre Mitglieder waren als Katharer bekannt. Bekanntlich glaubten sie, direkt von der Linie Jesus abzustammen.

Die höchsten Vertreter der Templer bestätigen, daß Jesus das Kreuz überlebte und mit Maria Magdalena nach Frankreich fliehen konnte, wo sie gemeinsam weiterlebten und auch starben. Verschiedene Templerkreise wissen, wo beide begraben sind und verehren alljährlich diese Stätten in Frankreich. Die Katharer und letztlich auch die Templer wurden durch die Inquisition der Kirche offensichtlich ausgelöscht. Aber es ist bekannt, daß dies nicht der Wahrheit entspricht und sie ihr Erbe bis heute weiterführen, was auch mit den Königshäusern Europas eng verbunden ist, denn auch sie sehen ihre Abstammung in der Linie des Hauses Davids, dem auch Jesus abstammte. Aus diesem Grund spricht man bei den Königshäusern auch vom *blauen Blut*.

Interessant ist, daß bereits damals die mächtigen und einflußreichen Gemeinschaften, wie die Templer, die Katharer und sicherlich auch die Zisterzienser, die bis heute eines der größten Rätsel darstellen, die Geschichte ihrer Abstammung und ihrer *wahren* Überzeugung – ob sie nun richtig oder falsch sein mag – offiziell verbargen. Die Zisterzienser und auch die Templer wurden schließlich nur aus diesem Grund von der Kirche anerkannt. So mußten sie stets äußerst behutsam vorgehen.

Als einer ihrer klugen Schachzüge könnte deshalb das sogenannte *Grals-Mysterium* oder *Grals-Christentum* verstanden werden, was der kirchlichen Ideologie natürlich entsprach. Die Chronologie der Gralsbewegung und von König Arthurs Rittern der Tafelrunde ist bekannt. Ihr Königreich wurde *Camelot* genannt, was *marsianische Stadt* oder *Stadt des Mars* bedeutet. Diese Entdeckung ist *John Singer* zu verdanken, der durch seine Forschungsarbeit herausfand, daß *Camelot* von *Camulodunum* kommt, einem keltisch-lateinischen Wort. *Cumhul* ist ein gallisch-keltischer Gott, welchen die Römer *Mars* nannten. *Dunum* bedeutet Stadt.[108]

4. Der Montauk-Stuhl

Wie bereits im fünften Kapitel beschrieben, war der Ort Montauk nicht nur wegen seiner Abgeschiedenheit ausgezeichnet geeignet für das Projekt, sondern auch, weil er über eine alte Militäranlage und ein besonderes Radar verfügte. Dieses Radar war zwar längst überholt, erwies sich aber für die Zwecke der geheimen Experimente als ideal. Mit dem sogenannten SAGE-Radar, dem ersten computergeschützten Echtzeit-Radarwarnsystem, war dem Montauk-Team die Arbeit mit Frequenzen im Bereich von 425 bis 450 Megahertz möglich. Genau diese Frequenzen hatten sich als geeignet erwiesen, um in das menschliche Bewußtsein einzudringen.

Nach einer Reihe von Versuchen mit verschiedenen Testpersonen erzielte man verblüffende Ergebnisse. Nach vielen Fehlschlägen war man schließlich am Ziel angekommen. Das Team hatte das System 1977 sogar soweit perfektioniert, daß es damit Gedankenbilder materialisieren konnte. Wenn Duncan Cameron sich auf einen Gegenstand konzentrierte, konnte er ihn auf der Basis erscheinen lassen. Wenn diese Behauptung Nichols der Wahrheit entspricht, war man in Montauk in technische Bereiche vorgedrungen, die man normalerweise mit *Magie* bezeichnen würde. Andere Experimente sollten die Frage beantworten, wie weit sich fremde Gedanken wirklich in das Gehirn eines Menschen einpflanzen ließen. 1978 hatte das Team die Bewußtseinskontrolle völlig im Griff. Dabei erwiesen sich die Form der Pyramiden, die man in Montauk genau studierte, sowie eine sogenannte *Orion-Delta-T-Antenne*(!) als sehr bedeutsam.

Bekanntlich soll es Informationen gegeben haben, wonach die Forschungen von Wesen unterstützt worden sind, die aus dem *Sirius-System* kamen.

Die Anlage wird als sehr einfach beschrieben. Um einen Stuhl herum waren mehrere Sensor-Spulen in *pyramidenförmiger Anordnung* angebracht, die das Signal der auf dem Stuhl sitzenden Person ertasteten. Über sechs Ausgangskanäle gelangten die Daten dann in einen Digitalwandler und von dort aus weiter in einen Cray-1-Computer. Bald konnten die Gedanken auf dem Monitor dreidimensional und plastisch wiedergegeben werden. Ziel war es, dieses Gerät in einen Gedankensender umzuwandeln, um eine bei den Raum-Zeit-Experimenten notwendige Ersatzrealität auf die beteiligten Personen zu übertragen. Auf diese Weise entstand der *Montauk-Stuhl*. Über die Sensoren am Stuhl und zusammen geschaltete Computer verlief eine Signalkette, die schließlich von einem Sender übertragen wurde.[109]

Unübersehbar suggerieren die genannten Aspekte (Phönix, pyramidenförmige Anordnung um den Montauk-Stuhl, Sirius) eine logische Verbindung nach Ägypten und ebensogut zu den Überlieferungen Lothar Görings. Auch Göring konnte durch seine Versuche bestätigen, daß man durch die gesetzmäßigen Bewegungsabläufe, die innerhalb einer Pyramide existieren (ein Vorgang, der von jedem praktisch nachvollzogen werden kann), Zugang zum *Kosmischen Geistfeld* – in der Mystik wird dieses Geistfeld auch als *Akasha-Chronik* bezeichnet – finden kann.

5. Das Gitternetz und die besondere Position Montauks

Warum wurde Montauk für die Raum-Zeit-Experimente ausgewählt?

Hätte man auch andere Orte für die experimentellen Forschungen wählen können?

Montauk, das am äußersten Ende von Long Island liegt, spielte in der Historie bereits eine ganz besondere Rolle und bot aus verschiedenen Gründen die optimalen Voraussetzungen. Dennoch ist dieser Ort auch in bezug auf das sogenannte *Gitternetz* von besonderer Bedeutung.

Montauk zählt zu jenen Orten, die Teil einer sogenannten *Gitterstruktur* sind und einen besonderen Knotenpunkt darstellen, was auch eine logische Erklärung dafür ist, daß hier einstmals Pyramiden standen. Dazu zählen theoretisch auch die vielen auf der Welt noch erhalten gebliebenen Pyramiden, wobei an dieser Stelle nicht behauptet werden kann, daß das auf alle Pyramiden-Plätze zutrifft. Das Gizeh-Plateau stellt mit seinen drei großen Pyramiden aber mit Sicherheit einen solchen Knotenpunkt – ein **TOR** im morphogenetischen Feld – dar, an dem Raum-Zeit übergreifend *empfangen* und *gesendet* werden kann. Genau an diesen Kreuzungspunkten, wie Montauk oder Gizeh, kann die

Energie angezapft oder in das Kreislaufsystem der Erde eingebracht werden – ähnlich einem Akupunkturpunkt auf einem Meridian.

Hinweise auf das umfassende *Gitternetz* finden wir bereits in der griechischen Mythologie, in welcher der griechische Titan *Atlas* die Erde auf seinen Schultern trägt. Atlas war der Sohn des *Uranus* (Gott des Raumes oder des Himmels) und Bruder des *Chronos* (Gott der Zeit). Nicht „zufällig" wird wohl aus diesem Grund auch ein Kartenwerk als *Atlas* bezeichnet. Die alte Überlieferung, daß Atlas die Erde auf seinen Schultern trägt, ist eine Metapher für die Idee, daß unser Planet in Raum und Zeit von einer Reihe von Gitterlinien getragen wird. Dieses Gitter ist ein Netzwerk von dreidimensionalen Formen, welche quasi als Skelettstruktur des Planeten dienen und vergleichbar, wie Knochen, welche die Materie aufrechterhalten, angesehen werden können.[110]

Ein weiterer Blick in die Mythologie zeigt deutlich, daß hier altes Wissen zu vermuten ist. Nach der griechischen Mythologie war *Atlas* der Vater der Plejaden, die auch als die *Sieben Schwestern* bekannt sind und welche in den Schöpfungslegenden verschiedener Naturvölker, wie zum Beispiel bei den Indianern, erhalten geblieben sind. Denken Sie an den indianischen Gott *Manitu*, mit dem die Schamanen oder Medizinmänner tranceähnlich – manchmal half auch Mutter Natur mit stimulierenden Substanzen etwas nach – in Kontakt traten. Sie waren *shape shifters* (Formveränderer) oder in gewisser Weise *Zeitreisende*, die in eine andere Dimension eindrangen.

Das würde ja auch bedeuten, das jener *Atlas* älter ist als die Sterne und daß sich das geometrische Gittersystem, das die Erde unterstützt, ins Sonnensystem hinaus übergreifend(!) in andere Galaxien ausweitet, also durch den gesamten Raum und die Zeit.

Vergessen wir bei dem Namen *Atlas* auch nicht die Wortverwandtschaft zu dem Namen *Atlantik*, *Atlantis* und so weiter. Eben über jene Atlanter erfahren wir zum Beispiel in Überlieferungen der Hopi-Indianer oder auch in den Cayce-Readings, daß die Atlanter dieses Energiegitter nutzten, um verschiedene Luftfahrzeuge zu betreiben und daß Ägypten eine spätere Kolonie der Atlanter wurde. Auch im Falle von Montauk und seinen Ureinwohnern (mit dem königlichen

Familiennamen Pharoah) sollte nicht übersehen werden, daß auch sie sich als Abkömmlinge der Atlanter sahen. Man nimmt weiterhin an, daß es ein Teil des nicht versunkenen Atlantis darstellt. Vielmehr soll dieser Zipfel, der noch aus dem Meer herausragt, durch die Gletscher der Eiszeit vom Nordpol heruntergedrückt worden und einstmals ein Teil des legendären Hyperboräa gewesen sein, das vielfach mit dem sagenumwobenen Inselreich gleichgesetzt wurde.

Dieses Gitter kann man sich als Muster, Matrize oder Matrix für die Schöpfung vorstellen, in das sich eine stellare oder göttliche Wesenheit (wie auch immer man die geordnete Ur-Information nennen mag) einschwingen konnte, um sich zu materialisieren; zunächst in Form der Planeten, Sonnen und so weiter. Erst zu einem viel späteren Zeitpunkt in diesem unglaublich langen Prozeß steht das biologische Leben auf dem Plan. Dieses Gitternetz oder morphogenetische Feld, wie es Sheldrake nennt, schwingt in sich ständig verändernde Richtungen.

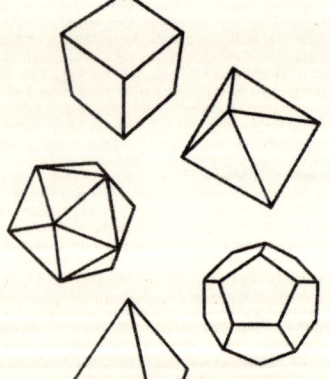

Die Struktur des morphogenetischen Feldes wurde bereits durch Platon beschrieben, und zwar anhand der fünf platonischen Festkörper. Dabei handelt es sich um das *Hexaeder* (Würfel), das *Oktaeder*, den *Dodekaeder*, das *Tetraeder* und den *Ikosaeder*. Diese Formen können alle vom Tetraeder abgeleitet werden.

Und genau das wird durch das *Buch des Wissens* – die große Pyramide von Gizeh – beschrieben, die fast ein Oktaeder darstellt. Wenn ich schreibe *fast*, so geschieht das natürlich absichtlich.

Denken Sie nicht, den Baumeistern wäre hier ein Schönheitsfehler unterlaufen. Ganz und gar nicht!

Abb.108:
Die fünf platonischen Körper: Im Uhrzeigersinn von ganz oben sind die Hexaeder (Würfel), Oktaeder, Dodekaeder, Tetraeder und Ikosaeder. Diese Formen sind alle aufeinander bezogen, da sie alle aus dem Tetraeder abgeleitet werden können.

336

Daß die große Pyramide nicht ganz ein Oktaeder darstellt, liegt in der Tatsache begründet, daß die Erde aufgrund der Zentrifugalkräfte keine reine Kugel bildet, sondern etwas in sich zusammengezogen eher wie ein Sphäroit aussieht. Das bedeutet, daß die Matrizenlinien, welche die *Blaupause* der Erde ausmachen, auch nicht perfekt symmetrisch sind. Aus diesem Grund ist offensichtlich auch die große Pyramide wie ein *eingedrücktes* Oktaeder gebaut beziehungsweise vollendet worden, alles geschah unter Berücksichtigung allumfassenden Wissens.

Erwähnen Sie *das* oder das Wort *Präzession* aber bitte nie gegenüber einem Ägyptologen, und sagen Sie bitte auch nicht, Sie hätten es in meinem Buch gelesen, denn es könnte sein, daß dieser dann die Stirn in Falten legt und fragt, was das denn sei...

Betrachten wir hier abschließend die Quadratur des Kreises, die einen zweidimensionalen Vorgang beschreibt. Würde man die Operation in die dritte Dimension ausdehnen, könnte man einen Kreis beziehungsweise eine Kugel durch die Ausfaltung der platonischen Körper zum Würfel entfalten. Betrachten Sie hierzu die folgende zweidimensionale Illustration!

Es ist die zweidimensionale Illustration eines dreidimensionalen Oktaeders in einer Kugel. Man sieht von oben aus, von der Spitze des

Abb.109 und 110:
Links: Die zweidimensionale Illustration eines dreidimensionalen Oktaeders in einer Kugel.
Rechts: Selbst gebaute Delta-T-Antenne auf dem Grundstück von Preston Nichols.

Oktaeders, auf das Gebilde. Wenn Sie sich den Kreis wegdenken und ebenfalls von oben auf die Spitze schauen, ist das so, als wenn sie aus der Luftperspektive auf die Spitze einer Pyramide blicken – es ist auch die Form der Pyramide (ein zusammengedrücktes Oktaeder)!

Das Oktaeder ist nicht nur einer der fünf platonischen Körper und wird seit jeher als eine heilige Form angesehen, es ist auch die Delta-T-Antenne(!), welche ausschlaggebend war für die Zeitreise-Experimente in Montauk. Wie bereits kurz erwähnt, kann das Oktaeder aus symmetrischen Tetraedern entwickelt werden, genau wie auch der Würfel, der Ikosaeder und der Dodekaeder. Mit den fünf platonischen Körpern kann jede Form in der Natur simuliert werden, und somit entsprechen diese Formen dem Schlüssel zum morphogenetischen Feld und somit zum Leben selbst.

6. Der Neigungswinkel der großen Pyramide von Gizeh...

Bleiben wir noch kurz bei der großen Pyramide und ihren vielen Besonderheiten. Die Baumeister, wer auch immer sie waren, scheinen hier nichts, aber auch gar nichts dem „Zufall" überlassen zu haben.

Kommen wir noch einmal kurz auf die Besonderheit zu sprechen, daß die Pyramide absichtlich wie ein eingedrücktes Oktaeder gebaut wurde. Aus diesem Grund betragen auch die Basiswinkel 51,51°. Wäre die Pyramide exakt als Oktaeder gebaut worden, betrügen die Basiswinkel exakt 60°. Wer auch immer die Pyramiden gebaut hat, kannte die genaue Form des Gitternetzes!

Doch bleiben wir bei dem wirklichen Pyramidenwinkel von 51,51°.

Die Pyramide war ursprünglich mit weißem Kalkstein verkleidet. Die Verkleidungsblöcke erreichten ein Gewicht von schätzungsweise etwa sechzehn Tonnen. Die Blöcke der Außenverkleidung waren so perfekt aneinandergefügt und dann ausgeschlemmt, daß – so berichten antike Berichte – die gesamte Außenverkleidung eine Fläche zu sein schien. Die polierten weißen Kalksteine müssen in der Sonne wie ein Juwel gefunkelt haben.

Der Kalkstein bestand zur Hauptsache aus Kalziumkarbonat (Kalzit). Betrachtet man Kalzit unter einem Mikroskop und legt ein Winkelmaß an, stellt man fest, daß die beiden Basiswinkel der Dreieckmoleküle auch einen Winkel von 51,51° aufweisen. Das heißt also, daß die Moleküle der Kalksteine, welche die große Pyramide verkleiden, denselben Winkel aufweisen, wie die Pyramide selbst, die wiederum denselben Winkel wie das Erdgitternetz aufweist. Auch die Knochen der Menschen bestehen aus Kalziumkarbonat!

Diese Erkenntnisse sind von größter Bedeutung, um wirklich zu verstehen, warum gerade die Pyramiden und ihre spezifischen geometrischen Strukturen einen Knotenpunkt, oder besser gesagt ein TOR zum Universum darstellen. Den nicht weniger entscheidenden Aspekt bildet jedoch der Mensch – das menschliche Bewußtsein – selbst. Das Einschwingen in dieses TOR ist dem Menschen aufgrund seiner molekularen Struktur also möglich.

Das menschliche Gehirn ist bewiesenermaßen über Resonanz mit diesen Erdfrequenzen verbunden, wodurch das menschliche Bewußtsein seine eigentliche Entsprechung findet. *„Mehr als das"*, schreibt Morpheus in seinem Buch *„Matrix Code"*, *„Die Schumann-Resonanz-Frequenz kann vom menschlichen Gehirn über dessen Gedanken moduliert werden und führt damit als „Feedback"-Resonanz zu einer entsprechenden Veränderung des Erdbewußtseins. Wenn Menschen – jeder für sich ganz individuell – ihr Bewußtsein erhöhen, in den Bereich der natürlichen Erdfrequenz, die wiederum der Frequenz der Liebe entspricht, können diese die gesamte Erde und deren Zukunft verändern!"*[111]

Auch künstlich erzeugte Schumann-Resonanz-Frequenzen (etwa acht Hertz) können zu einer sofortigen Synchronisation dieser Rhythmen führen. So ist seit langem bekannt, daß Prozesse wie Fernheilung, Telekinese oder Hypnose immer dann von einem Menschen ausgeübt werden können, wenn dieser eine Frequenz im *Alpha-Bereich* erreicht. Dieses Wissen wird seit Jahren weltweit erfolgreich in den Medien (Fernsehen/Werbung usw.) angewendet. Die Wahrnehmungsfähigkeit des Menschen findet daher auf zwei Ebenen statt.

Die erste Ebene ist die *normale* Bewußtseinsebene, auf der sich der Mensch als *separates* Wesen, *getrennt* vom universalen *All-Bewußtsein* sieht.

Die zweite Ebene ist das erweiterte Bewußtsein und wird dem *analogen* Denken zugeordnet. Hier sieht der Mensch sich als *eins* mit dem *All-Bewußtsein*. Genau dies findet im Schumann-Frequenz-Bereich statt.

Wir Menschen bestehen zu rund siebzig Prozent aus Wasser, und das ist im Zusammenhang mit den Pyramiden und den Raum-Zeit-Versuchen höchst interessant. Wie wir gesehen haben, weist auch Wasser als Materie eine spezifische geometrische Form auf. Es bildet ein Tetraeder. Vier Wasserstoffmoleküle, also vier Tetraeder, in ihrer zusammenführenden Anordnung bilden genau die Struktur der Pyramide.

Jedes Wassermolekül hat eine eigene, unverwechselbare Identität. Es ist die Energie, die Materie schafft und formt. Wasser hat auch ein Erinnerungsvermögen! Am besten nachvollziehbar wird das bei dem Versuch, eine Schneeflocke unter natürlichen Bedingungen zum Schmelzen zu bringen und sie dann unter gleichen natürlichen Bedingungen wieder einzufrieren. Die Schneeflocke „erinnert" sich und nimmt hinterher genau die gleiche Form an.

Sehr interessante Entdeckungen hat der japanische Wissenschaftler *Dr. Masaru Emoto* bei seinen vielen Experimenten mit Wasser machen können. Dr. Emoto hat in vielen Versuchen Wasser *besprochen* und es dann anschließend bei minus fünf Grad Celsius photographiert. Seine Ergebnisse waren verblüffend, denn er stellte fest, daß je nachdem, welche Schwingungsmuster die Worte (z.B. das Wort *Liebe* oder der Satz: *Du machst mich krank*) oder die von ihm gesprochenen Sätze aufwiesen, sich die Wasserkristalle änderten beziehungsweise unterschiedliche Strukturen annahmen.

Mit dem Rhythmus der Flüssigkeiten, die in unserem Körper fließen beziehungsweise schwingen, stehen wir als Teil des Ganzen in Resonanz mit unserem Planeten und letztlich mit dem ganzen Universum. So wie die Erde einen Nord- und Südpol hat, so weist auch jedes einzelne Wassermolekül, das in unserem Körper in Resonanz schwingt, einen Nord- und Südpol auf. Was für die Erde die Atmosphäre ist, entspricht quasi dem elektromagnetischen Feld jedes einzelnen Wassermoleküls. Wie gerade eben erwähnt, liegt der Widerstandswert unserer Erdatmosphäre etwa bei acht Hertz. Unser Organismus hat wiederum das gleiche Frequenzmuster wie das Wasserstoffmolekül. Die Frequenz unserer Gehirnströme weist einen Wert zwischen acht und zehn Hertz auf. So sind wir ständig durch die Schwingung unserer Wassermoleküle mit der Taktfrequenz der Erde und des Universums verbunden.

Genauso lebensnotwendig wie das Wasser ist für den Menschen das Salz, denn unser Körper besteht aus den gleichen Elementen wie Wasser und Salz; sogar das Konzentrationsverhältnis entspricht dem der Urmeere.

Hier muß aber deutlich unterschieden werden zwischen kristallinem Salz und dem handelsüblichen Kochsalz, das nichts weiter ist als eine chemische Giftmixtur: Natriumchlorid. Hier spielt die Pharmaindustrie eine entscheidende Rolle, da die Menschen ganz bewußt mit falschen Informationen gefüttert werden. Das Natriumchlorid, das Milliarden von Menschen täglich in sich aufnehmen (es ist vor allem allen Fertigprodukten zur Haltbarkeit zugefügt!), ist eines der größten Gifte, das weiterführend Grundlage und Auslöser unserer vielen Gesellschaftskrankheiten ist. Es *zieht* Wasser, wie man im allgemeinen zu sagen pflegt, und verhindert den natürlichen Entschlackungsprozeß. Kristallines Salz hingegen bewirkt genau das Gegenteil und verleiht dem Menschen zudem Energie und Vitalität. Schade, daß uns solche lebensnotwendigen Erkenntnisse durch die Pharmaindustrie bewußt vorenthalten werden, aber sonst würde das so gewinnträchtige *Unternehmen Krankheit* nicht gewinnträchtig genug funktionieren – auch das ist Resonanz...

Kristallsalz enthält sämtliche Mineralien und Spurenelemente, aus denen der menschliche Körper besteht. Genaugenommen besteht der menschliche Körper fast ausschließlich aus Wasser und Salz, denn im natürlichen Kristallsalz finden wir alle Elemente vor, aus denen der menschliche Körper aufgebaut ist. Aus dem Periodensystem kennen wir zweiundneunzig natürliche Elemente (stabile wie auch natürlich instabile Elemente). Unser Blut ist eine einprozentige Sole-Lösung und entspricht der Salzkonzentration der frühen Urmeere.

Peter Fereirra und Dr. Barbara Hendel schreiben dazu in ihrem Buch
„*Wasser und Salz*":

„*Unter Kristallsalz verstehen wir also grundsätzlich immer die Gesamtheit aller natürlichen Elemente... Vitamine und Eiweißbausteine finden wir weder im Wasser noch im Salz. Wenn wir aber Wasser und Salz im Körper analysieren, so stellen wir fest, daß die sogenannten Vitamine und Eiweißbausteine nichts anderes als teilweise kompliziert verkettete Molekülverbindungen von Elementen sind, wie sie sowohl einzeln im Salz als auch im Körper vorkommen. Aus Wasser und Salz sowie Licht als Energieform können so hochgradig geometrische Verbindungen entstehen... Das Gemisch aus Wasser und Salz, die sogenannte Sole, ist die Ursuppe des Lebens und der flexibel physische Repräsentant reinste Sonnen- beziehungsweise Lichtenergie. Nicht umsonst stammt das Wort vom lateinischen „Sol" (Sonne), denn Sole ist nichts anderes als die flüssige Materialisierung des Sonnenlichts. Sole bedeutet soviel wie „flüssiges Sonnenlicht" oder verflüssigte Lichtenergie.*"[112]

Wie auch das Wasser, hat Salz eine ganz spezifische kristalline Struktur. Im Gegensatz zu Wasser, welches ein Tetraeder darstellt, ist die Gitternetzstruktur von Salz kubisch, also würfelförmig aufgebaut, entsprechend dem System der platonischen Körper.

Diese wenigen Informationen sind nur ein Ausschnitt der wissenschaftlichen Erkenntnisse – besonders im Bereich der *Biophysik* –, die Forscher in den vergangenen Jahrzehnten gemacht haben. In diesem Zusammenhang kann ich Ihnen wärmstens das schon erwähnte und sehr lesenswerte Buch von Peter Fereirra und Frau Dr. Barbara Hendel ans Herz legen. In diesem Buch sind viele praktische Anwendungstips nachzulesen.

Der von den alten Ägyptern praktizierte *Sonnenkult* in Heliopolis war keineswegs eine naive religiöse Verehrung *heidnischer* Gottheiten. Ihr Wissen war tief mit dem Aufbau des Universums und dem des Menschen verbunden. Die Hohepriester von Heliopolis besaßen jene

Kenntnisse, die heutige Wissenschaftler erst allmählich wieder entdek-
ken, bereits vor mindestens 5.000 Jahren.

Schlußendlich sind diese Erkenntnisse von größter Bedeutung, um
wirklich zu verstehen, warum gerade die Pyramiden mit ihren spezifischen geometrischen Strukturen ein TOR zum Universum darstellen.
Den nicht weniger entscheidenden Aspekt bildet jedoch der Mensch
selbst, denn wir bilden durch den molekularen Aufbau unserer körpereigenen Atome das gleiche Resonanzfeld, um dieses TOR zu passieren.

Die Halle der Aufzeichnungen

Es ist wohl über kein Bauwerk so viel geschrieben und gerätselt
worden, wie über die große Pyramide von Gizeh. Auch wenn viele Forscher schon von einer *Entschlüsselung* gesprochen haben – die Pyramide
hat ihre letzten Geheimnisse noch längst nicht preisgegeben.

Sie ganz zu erfahren und zu entschlüsseln, erfordert eine Synthese
aus Naturwissenschaft und modernster Technik auf der einen Seite und
einem hohen okkulten Fachwissen auf der anderen Seite – das eine geht
ohne das andere nicht. Auch wenn ich es vor einigen Jahren zumindest
öffentlich noch nicht geäußert habe, so bin ich heute mehr denn je davon überzeugt, daß die Pyramiden ein Vermächtnis von einer uralten
Zivilisation sind – den *Atlantern*.

Letztlich gibt es auch in bezug auf Atlantis empirische Beweise, und
das direkt aus den „Händen" alter ägyptischer Priester. Vergessen wir
auch nicht andere Belege, auf die schon hingewiesen wurde. In alten
Hieroglyphentexten berichten **die alten Ägypter** von *Amenti*, dem Paradies im Westen. Noch heute existiert in St. Petersburg der ägyptische
Papyrus 1115, der vor etwa 4.000 Jahren abgefaßt wurde und von der
Atlantis-Legende berichtet. Die Geschichte beginnt mit einer Expedition ins *Land der Westlichen*, die vom Pharao ausgesandt wurde. Das
Schiff gerät auf hoher See in ein Unwetter. Der Kapitän berichtet, wie
sie dabei „zufällig" den *Kontinent der Seligen – Amenti* – entdeckten.

Schließlich hat die Spurensuche nach den unterirdischen Hallen und Kammern – Cayce nannte sie die „Halle der Aufzeichnungen", Herodot sprach von einem beeindruckenden unterirdischen *Labyrinth* – auch bei den konservativen Ägyptologen nicht aufgehört. Nur offiziell spricht man darüber natürlich nicht...

Auch wenn es in der Öffentlichkeit bestritten wird, so ist es ein offenes Geheimnis in Kairo, daß auch die konservativen Ägyptologen die Suche nach der *Halle der Aufzeichnungen* oder den unterirdischen Kammern und Hallen, wie es die Ägyptologen lieber formulieren, nicht aufgegeben haben.

In der Öffentlichkeit läßt man zwar seit Jahrzehnten verlautbaren, daß Cheops der Erbauer der großen Pyramide ist und daß es keine Suche nach derartigen Kammern gibt, doch die Realität sieht anders aus. Was bleibt den Ägyptologen auch anderes übrig als solche Spekulationen nach außen hin zu belächeln – sie wissen längst, daß ihre Theorien irgendwann wie eine Seifenblase zerplatzen werden.

Dann wäre da aber noch die Sache mit den politischen und religiösen Weltanschauungen. Man käme gegenüber der Schar von Milliarden Moslems weltweit sicherlich in arge Erklärungsnot, würde man irgendwann öffentlich erklären müssen, daß die große Pyramide vielleicht doch das Vermächtnis einer Jahrtausende älteren Zivilisation ist. Zugegeben, auch die christliche und die Vertreter der mosaischen Glaubensgemeinschaft würden sicherlich in ähnliche Erklärungsnot geraten, würde man korrigieren müssen, daß es vor Abraham noch viel ältere Stammväter anderer Zivilisationen gab. Was ihnen letztlich bleibt ist etwas Zeit, um nach passenden Erklärungen zu suchen.

Nicht ohne Grund geht man bei der weiteren Erforschung des Gizeh-Plateaus, insbesondere der Sphinx und der großen Pyramide, äußerst behutsam und geheimnisvoll vor. Beweise, welche die herkömmlichen – nicht bewiesenen – Theorien über die Erbauer entkräften würden, liegen längst vor, davon ist auszugehen.

Wieviel Angst mit im Spiel ist, verdeutlichte die Öffnung des Verschlußsteines im „Gantenbrink-Schacht" im September 2002, als der von Rudolf Gantenbrink entwickelte fahrbare Roboter *Upuaut* mit einer Videokamera ausgestattet in den Südschacht der Königinnenkammer fuhr. Die ganze Live-Übertragung glich eher einer besseren Hollywood-Verfilmung. Schließlich kam sehr schnell ans Tageslicht, daß die sogenannte Öffnung gar nicht *live* stattfand sondern bereits einige Wochen zuvor. Eine echte „Live-Übertragung" hätte zu unangenehmen Überraschungen führen und die Ägyptologen in große Erklärungsnöte bringen können. Auf das große und lukrative Medienspektakel wollte man schließlich auch nicht verzichten, und so entschloß man sich zu der *Hollywood-Variante*.

Die heutige Ägyptologie kann man in vier Schwerpunkte einteilen:

1. Die Feldforschung, die klassische Ausgrabung mit Schaufel und Besen.
2. Die Auswertung von Fundstücken und Inschriften.
3. Die Schriftexperten, die sich überwiegend mit den „toten" und lebendigen Sprachen der verschiedenen Epochen und Kulturen befassen.
4. „Verbotene oder geheime Ägyptologie", über die selbst internationale Fakultäten und archäologische Institute kaum informiert sind.

Es sollte dabei auch berücksichtigt werden, daß der heutigen, *modernen* Archäologie – im Hightech-Zeitalter – weitreichende Möglichkeiten zur Verfügung stehen, die zum Beispiel für die Feldforschung sehr dienlich sein können. Wie nützlich *Hightech* sein kann, bewies die Untersuchung im *Gantenbrink-Schacht*. Ohne diese technischen Hilfsmittel geht es heute kaum noch, das wissen auch die modernen Archäologen. Das Problem, das sich dadurch aber ergibt, betrifft im Grunde den Sicherheitsbereich, denn in dem Moment, wo man auf fremde Hilfe angewiesen ist, ist die Kontrolle über das, was an die Öffentlichkeit geraten darf, nicht mehr hundertprozentig gegeben.

Es gibt Jahrhunderte und sogar Jahrtausende alte Überlieferungen über verborgene Kammern und Labyrinthe in Verbindung mit der großen Pyramide, nach denen viele Forscher und Wissenschaftler in den vergangenen Jahrhunderten gesucht haben. Die wirkliche Initialzündung lieferte aber der „schlafende Prophet" Edgar Cayce im vergangenen Jahrhundert. Der Amerikaner hat in vielen seiner Trancesitzungen über die Epoche von Atlantis und die damit verbundene Ankunft der Menschheit auf der Erde berichtet. Laut Cayce endete die Zeit der Atlanter mit der Sintflut etwa 10.000 vor Christus. Einige der Atlanter konnten der Katastrophe entgehen, gelangten in das Niltal und wurden somit die Begründer der ägyptischen Zivilisation. Eine besonders häufig wiederkehrende Schilderung Cayces in seinen Trancezuständen betraf „Hinweise" auf Ägypten als Aufbewahrungsort geheimer, alter Schriften. Nach seinen Angaben soll etwa um 10.500 vor Christus ein großer unterirdischer Raum angelegt worden sein, der eine Bibliothek des Wissens der untergegangenen Zivilisation von Atlantis enthielt:

„Diese befindet sich in einer Position, daß, während die Sonne über dem Wasser aufgeht, die Linie des Schattens (oder des Lichts) zwischen die Vorderpranken der Sphinx fällt (...). Zwischen Sphinx und Fluß..." [113]

346

Auch ein Zeitpunkt für die Wiederentdeckung wurde von Cayce genannt: gegen Ende des zwanzigsten Jahrhunderts, wenn *„die Zeit erfüllt"* sei.

Was berichtet uns Herodot?

Herodot stammte aus Halikanassos, einer Stadt in der Südwestecke Kleinasiens. Das politische Geschehen seiner Zeit war sehr unruhig, was vielleicht ein Grund dafür war, daß er zu einem reisenden Historiker wurde. So bereiste er ganz Kleinasien, Italien, Sizilien, Südrußland, Zypern und Syrien. In Babylonien hielt er sich längere Zeit auf. Im Jahre 448 vor Christus erreichte er Ägypten, das Land der Pharaonen. Vor ihm bereiste bereits sein Landsmann und Naturphilosoph *Hekataios* (etwa 550-480 v.Chr.) das Land der Ägypter.

Herodot notierte während seines Aufenthaltes in Ägypten alles, was ihm von seinen verschiedenen Gesprächspartnern berichtet wurde. Er war nie ein reiner Historiker. So berichtete er auch oft über die Geographie und Topographie der besuchten Gegenden: *„Jede Geschichte muß in ihrem geographischen Raum betrachtet werden, und jeder geographische Raum hat seine Geschichte."*[114]

Zur Zeit Herodots gab es zwischen den Ägyptern und den Griechen intensive Handelsbeziehungen. Artaxerxes I (465-424 v.Chr.), der das Land am Nil regierte, schickte ägyptische Knaben zum Sprachunterricht nach Griechenland; umgekehrt kamen auch griechische Landsleute in das Land der Pharaonen, um dort zu leben und zu arbeiten.

Herodot sprach kein Ägyptisch, so war er stets in Begleitung eines Dolmetschers. Unter den vielen verschiedenen Gesprächspartnern waren wohl die wichtigsten die Priester aus Theben, Memphis und vor allem aus Heliopolis.

Noch abenteuerlicher wird es bei Herodot, wenn wir uns seine Berichte über ein zum Teil unterirdisches Labyrinth vor Augen führen:

„Ich habe es noch gesehen (das Labyrinth)*; es übersteigt alle Worte. Wenn man in Griechenland die ähnlichen Mauerbauten und andere Bauwerke zusammennähme, so stecken in ihnen noch nicht so viel Arbeit und so viel Geld wie in diesem einen Labyrinth. Dabei ist doch der Tempel*

von Ephesos und der auf Samos recht ansehnlich. Gewiß übertrafen schon
die Pyramiden jede Beschreibung, und jede von ihnen wog viele große
Werke der Griechen auf; das Labyrinth aber überbietet sogar die Pyrami-
den. Es hat zwölf überdachte Höfe, deren Tore einander gegenüberliegen,
sechs im Norden, sechs im Süden, alle dicht nebeneinander. Ringsum alle
läuft eine einzige Mauer. Zwei Arten von Kammern sind in diesem Ge-
bäude, unterirdische und darüber oberirdische, zusammen dreitausend, je
tausendfünfhundert von beiden Arten. Durch die oberirdischen Räume bin
ich betrachtend selbst gegangen und spreche aus eigener Erfahrung; von den
Kammern unter der Erde habe ich mir nur erzählen lassen. Denn die
ägyptischen Aufseher wollten sie auf keinen Fall zeigen, sie erklärten, dort
befänden sich die Särge der Könige, die dieses Labyrinth von Anfang an
gebaut hatten, und die Särge der heiligen Krokodile. So kann ich von den
unteren Kammern also nur sagen, was ich gehört habe; die oberen, die ich
mit eigenen Augen sehen konnte, sind ein geradezu übermenschliches
Werk... An die Ecke am Ende des Labyrinths stößt eine vierzig Klafter gro-
ße Pyramide an, in die riesige Figuren eingehauen sind. Ein unterirdischer
Gang führt in das Innere der Pyramide... Doch ein noch größeres Wun-
derwerk bietet der sogenannte Moeris-See, an dessen Ufern dieses Laby-
rinth errichtet ist... daß er ein Menschenwerk und künstlich gegraben ist,
sieht man deutlich. Denn etwa in der Mitte des Sees stehen zwei Pyrami-
den, die fünfzig Klafter hoch aus dem Wasser hervorragen und ebenso tief
hineinreichen. Auf beiden Pyramiden steht ein Kolossalbild aus Stein, eine
auf einem Thron sitzende Figur...«[115]

Diese Beschreibungen Herodots hinterlassen eine Flut von Fragen.
Ein Labyrinth noch überwältigender als die Pyramide selbst? Allen Spekulationen zum Trotz berichtet er immer wieder, daß er die oberirdischen Kammern selbst gesehen hat. Seine Berichte von den unterirdischen Kammern hinterlassen bis heute nichts als große Fragezeichen.
Gibt es sie tatsächlich?

Einige Archäologen sind heute der Meinung, das geheimnisvolle Labyrinth sei bereits im Jahre 1843 durch den deutschen Archäologen *Richard Lepsius* (1810-1884) entdeckt worden. Dabei soll es sich um die
Grabpyramide des Pharaos *Amenemhet III* (12. Dynastie, 1844-1797

v.Chr.) und umliegende Ruinen handeln, die Lepsius seinerzeit nahe der heutigen Oase *El Fayoum* lokalisierte.

Bei dem Vergleich mit Herodots Beschreibung des unterirdischen Labyrinthes ist heute davon auszugehen, daß es sich bei den alten Ruinen bei El Fayoum aber nicht um das besagte Labyrinth handelt. Von den überdachten Höfen, den über tausend Räumen, riesigen Figuren und der kolossalen Figur aus Stein ist in El Fayoum nichts entdeckt worden.

Was berichten uns die arabischen Historiker?

Eine von heutigen Gelehrten nicht gerne erwähnte Überlieferung ist das Werk „*Hitat*" von dem arabischen Historiker Ahmed Al Makrizi (1364-1442 n.Chr.).

Im „Pyramidenkapitel" seines Werkes faßte Al Makrizi alle seinerzeit bekannten und verfügbaren Dokumente zusammen und schrieb sie nieder.

Demnach wurde die Pyramide von dem weitsichtigen König Saurid errichtet. Gott persönlich habe ihn in der „Kenntnis der Sterne" unterwiesen und ihm kundgetan, es werde eine Katastrophe über die Erde kommen, doch ein Rest der Welt, in dem Wissenschaften nötig seien, werde übrigbleiben. Daraufhin habe Saurid alias Hermes alias Idris die Pyramide erbaut: *„Es gibt Leute, die sagen: Der erste Hermes* (der ägyptische Thoth), *welcher der „Dreifache" in seiner Eigenschaft als Prophet, König und Weiser genannt wurde* (er ist der, den die Hebräer Henoch, *den Sohn des Jared, des Sohnes des Mahalalel, des Sohnes des Kenan, des Sohnes des Enos, des Sohnes Seths, des Sohnes Adams – über ihm sei Heil – nennen, und das ist Idris), der las in den Sternen, daß die Sintflut kommen werde. Da ließ er die Pyramide bauen und alles, worum er sich sorgte, daß es verlorengehen und verschwinden könnte, bergen, um die Dinge zu schützen und wohl zu bewahren.*"[116]

Der arabische Geschichtsschreiber Abd Al-Hakam meint dazu:
„Meiner Ansicht nach können die Pyramiden nur vor der Sintflut erbaut worden sein; denn wären sie nachher erbaut, so würden die Menschen über sie Bescheid wissen."[117]

Angesichts der heute bekannten Fakten, also der Tatsache, daß wir keinerlei Überlieferungen aus der Zeit der Pharaonen zur Verfügung haben – Baupläne, Hieroglypheninschriften und so weiter –, klingen die Aussagen aus dem alten Werk „Hitat" recht schlüssig. Zwei Aspekte stoßen dabei besonders auf Gehör: der Name *Henoch* und die *Sintflut* – sowie die damit immer wieder auftretenden Kulturbringer, und das weltweit! Die weltweiten Überlieferungen einer großen Flut finden wir auch im alten Ägypten – wie auch nicht anders zu erwarten –, aber interessanterweise in Verbindung mit der Erbauung der großen Pyramide. Also vielleicht doch eine alte, hochentwickelte Zivilisation?

Dieser Henoch wird auch gleichgesetzt mit dem ägyptischen Weisheitsgott und Kulturbringer Thoth, den wir bei den Pharaonen oft als ibisköpfige Person dargestellt finden.

Der schon wiederholt erwähnte Gelehrte und Priester aus Heliopolis, *Manetho*, der das Geschichtswerk „*Aigyptiaka*" verfaßte, bezog seine Informationen, wie es heißt, direkt von Inschriften auf den Säulen verborgener unterirdischer Tempel Thebens. Diese uralten Texte habe der große Kulturbringer Thoth eigenhändig in jene Steine eingraviert. Der „griechische Thoth" war Hermes. Von dessen zweitem Sohn Agathodaimon wird berichtet, er habe die von seinem Vater als *Hermetische Schriften* bezeichneten Texte nach der Sintflut auf Papyrusrollen übertragen und dann wieder in *unterirdische Geheimtempel* gebracht.

Zu Beginn des zwölften Jahrhunderts nach Christus berichtet der arabische Gelehrte Abd Al Rahim al Kaisi im „*Hitat*":

„Al-Mamun hat die große Pyramide, die gegenüber von Al-Fustat liegt, geöffnet... Ich suchte ihr Inneres auf und erblickte ein großes gewölbtes Gemach, dessen Basis ein Viereck bildete, während es oben rund war. In der Mitte befand sich ein viereckiger Brunnenschacht von zehn Ellen Tiefe. Steigt man in ihn herab, so entdeckt man auf jeder seiner vier Seiten eine Pforte, die zu einem großen Raume führt, in dem Leichname liegen, **Söhne Adams**. *Sie sind mit einer großen Zahl von Leichentüchern bedeckt; auf jedem liegen mehr als hundert Tücher, die durch die lange Zeit morsch und schwarz geworden sind.*"[118]

Eine weitere Überlieferung aus dem „*Hitat*", Kapitel 26, berichtet von der Existenz unterirdischer Pforten: „*Diese Pyramiden haben unter der Erde Hohlräume, an die sich* (jeweils) *ein gewölbter Gang anschließt. Jeder Gang ist 150 Ellen lang.*" (Das sind zirka neunundsiebzig Meter, denn der Durchschnittswert der ägyptischen Elle beträgt 0,525 Meter.)

Womit uns wieder Herodot einfällt und sein Bericht über das beeindruckende unterirdische Labyrinth...

Herodot selbst, soviel ist bekannt, war nicht in der großen Pyramide; dennoch hatten ihm die Priester und andere Informanten während seines Aufenthaltes in Ägypten von unterirdischen Kammern berichtet.

Daß den arabischen Chronisten, die auch von den unterirdischen Kammern berichten, die Überlieferungen Herodots vorlagen, steht wohl außer Frage. Dennoch gibt es zwei Aspekte, die in dem Abschnitt aus dem „*Hitat*" besonders auffällig sind: Zum einen ist es der erwähnte „*Brunnenschacht*", der – wie wir heute wissen – tatsächlich existiert. Der aber weitaus interessantere Aspekt ist der Hinweis auf die Leichname, die „*Söhne Adams*". Warum sollte ein arabischer Gelehrter über die biblischen Urväter berichten?

Nehmen wir an, die Chronisten hätten absichtlich die Realität mit der Phantasiewelt verwechselt, so sollte man doch erwarten, daß sie, statt über christliche Stammväter zu berichten, über die arabischen Stammväter, die Vorfahren Mohammeds, „1001-Nacht-Geschichten" in die Welt setzen.

Abb.112:
Stefan Erdmann und Jan van Helsing beim Chefinspektor Mansour Boraik auf dem Gizeh-Plateau in Kairo, November 2004.

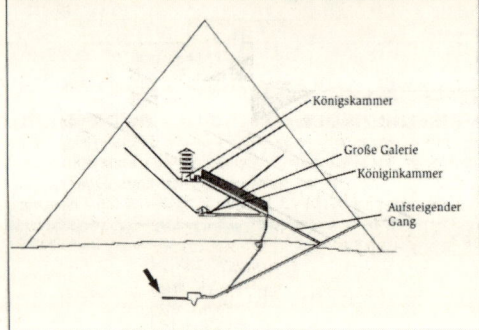

Königskammer

Große Galerie

Königinkammer

Aufsteigender
Gang

Abb.113 links oben:
Der Autor bei Gesteinsuntersuchungen
im Zugang zur Königin-Kammer.

Abb.114 rechts oben:
Jan van Helsing am Ende des unteren
Ganges (siehe Pfeil auf Abb.115).

Abb.115 links:
Die große Pyramide im Querschnitt.

Doch vergessen wir für einen Moment 1001 Nacht, und glauben wir
dem Augenzeugenbericht des Al Kaisi über die *„Söhne Adams"* und die
Leinentücher unter der großen Pyramide von Gizeh! Warum sollte er
sich diesen Bericht ausdenken?

Das Interesse der Freimaurer...

Über das besondere Interesse der Freimaurer an der großen Pyramide ist besonders in den vergangenen Jahrzehnten immer mehr publiziert worden. Auch die Ein-Dollar-Note der Vereinigten Staaten, auf
der die Pyramide abgebildet ist, steht in einem direkten Zusammenhang
mit dem Freimaurertum und dessen Ideologie. Vergessen werden sollte
dabei auch nicht der Seeadler, der ebenfalls auf der Geldnote dargestellt
wird und der mit dem altägyptischen Phönix und letztlich mit den Geheimnissen des alten Priesterzentrums Heliopolis in direktem Zusam-

menhang steht. Vergessen wir im Zusammenhang mit Heliopolis auch nicht die große Bedeutung der Obelisken. Heute stehen nicht nur in großen Städten dieser Welt Obelisken, sondern auch vor den großen *Machtzentren* in London (der „City"), in Washington, in New York und auf dem Petersplatz in Rom stehen die alten ägyptischen Obelisken.

Was in der Weltpolitik gilt, trifft teilweise auch auf Ägypten zu, denn in den vergangenen Jahren, Jahrzehnten und Jahrhunderten ist das Interesse einflußreicher Gruppen an Ägypten, und vor allem am Gizeh-Plateau, merklich gestiegen. Bereits in den vergangenen zwei Jahrhunderten waren es vor allem die Freimaurer, die ihre Forscher finanziell unterstützten. Der amerikanische Ägyptologe Professor Henry Breasted (1865-1935) studierte bei dem renommierten deutschen Philologen Professor Adolf Ermann. Seine weitere erfolgreiche wissenschaftliche Laufbahn wurde finanziell durch keinen Geringeren unterstützt als durch den Freimaurer J. D. Rockefeller, zu dem er eine freundschaftliche Beziehung pflegte. Rockefeller Jr. ermöglichte es schließlich auch, daß im Jahre 1924 der erste ägyptische Lehrstuhl in den Vereinigten Staaten gegründet wurde. Durch weitere finanzielle Unterstützung gelang es Breasted, das *Oriental Institute of Chicago* zur führenden Fakultät der Welt zu machen.

Auch andere namhafte britische Forscher wie beispielsweise W. M. Flinders Petrie, sein Vater William Petrie oder Oberst Howard Vyse und sein Forschungsteam gehörten selbiger Bruderschaft an.

Im Sommer 1906 traf sich Flinders Petrie mit James H. Breasted in London. Breasted wurde von einem jungen Mann namens John Ora Kinnaman begleitet, der ebenfalls die Bekanntschaft von Flinders Petrie machte. Petrie und Breasted entwickelten sich zu renommierten Ägyptologen und prägen bis heute das Bild der konservativen Lehrmeinung.

Auch bei dem Archäologen John O. Kinnaman (1877-1961) konnte man auf eine sehr erfolgreiche und seriöse Karriere zurückblicken. Kurz vor seinem Tod begründete Kinnaman eine Stiftung, die heute unter dem Namen *Kinnaman Foundation for Biblical and Archaeological Rese-*

arch von Albert J. McDonald geleitet wird. Besonders interessant ist im Zusammenhang mit Kinnaman, daß man bei der Inventur seines Erbes auf eine große Anzahl von Skizzen und Berichten stieß, und zwar über einige Forschungsreisen des Archäologen, die unter anderem nach Ägypten führten. Bei seinen acht Aufenthalten seit 1929 traf er sich sechsmal mit Flinders Petrie und zweimal mit J. H. Breasted. Diesen Zusammenkünften maß man zunächst nichts Besonderes bei, bis plötzlich eine von J. O. Kinnaman besprochene Tonbandaufzeichnung auftauchte. Diese Aufzeichnung wurde im August 1955 bei einer Zusammenkunft der Freimaurerloge von Nordkalifornien aufgezeichnet, bei der Kinnaman einen Vortrag gehalten hatte. Ihr Inhalt berichtet über Entdeckungen, die Kinnaman im Frühjahr 1928 gemeinsam mit Flinders Petrie in der großen Pyramide gemacht haben will: *„In der großen Pyramide existieren Beweise, die 45.000 Jahre alt sind.“*

Kinnaman behauptet, gemeinsam mit Petrie bereits 1925 innerhalb der großen Pyramide einen Raum geöffnet zu haben. An diesen Raum sollen zwei Kammern grenzen, die nach Süden hin verlaufen. Darin sollen sich Berge von Schriftrollen mit Hieroglyphen und einer anderen Schrift sowie unbekannte Apparaturen befunden haben, *„...die nicht von dieser Erde stammten“.* All diese Artefakte sollen genaue Auskunft über die wahren Baumeister der Pyramide geben.

Nun fragt man sich natürlich, warum über so eine sensationelle Entdeckung bisher nie etwas berichtet wurde? J. O. Kinnaman selbst berichtet, daß sowohl er als auch Petrie zu der Überzeugung gelangt seien, daß die Menschheit für derartige Informationen noch nicht reif sei: *„Wir schworen einen Eid darauf, die Sache zu unseren Lebzeiten nicht öffentlich bekanntzugeben.“*

Was auch immer man nun von der Geschichte dieser renommierten Wissenschaftler halten mag, der Zusammenhang zwischen Freimaurertum – ihrer Ideologie und Symbolik – und der großen Pyramide ist nicht von der Hand zu weisen und könnte als ein Indiz dafür verstanden werden, daß Breasted, Petrie und Kinnaman wirklich eine bedeutende Entdeckung gemacht haben, die sie der Öffentlichkeit vorenthielten.

Entdeckungen Anfang des vergangenen Jahrhunderts...

Anfang des vergangenen Jahrhunderts (1909) stieß man bei Grabungsarbeiten auf dem Gizeh-Plateau auf eine sagenhafte unterirdische Anlage von zweiundzwanzig Metern Breite und etwa vierhundertfünfzig Metern Länge, mit mehreren Abzweigungen, welche die oberirdisch angelegten Gebäude miteinander verbinden.

Der deutsche Pyramidenforscher Klaus-Ulrich Groth entdeckte in dem Buch *„La Prophétie symbolique de la grande Pyramide"* einen von Henry S. Lewis zitierten Grabungsbericht:

„Wir haben eine unterirdische Anlage entdeckt, die von den alten Ägyptern vor 5.000 Jahren genutzt wurde. Sie erstreckt sich unter der Straße und führt von der zweiten Pyramide bis zur Sphinx. Sie erlaubt den Durchgang unter der Straße des Cheops bis zum Friedhof des Chephren. In dieser unterirdischen Anlage haben wir eine Reihe von Schächten mit einer Tiefe von mehr als achtunddreißig Metern und geräumigen Kammern sowie Steingemächern freigelegt."

Dieser Grabungsbericht wurde von dem Ägyptologen *Selim Hassan* allerdings erst im Januar 1935 veröffentlicht. Hassan beschreibt darin die fünf Jahre zuvor durchgeführten Folgearbeiten der 1928 gemachten Entdeckung. Diese Untersuchungen wurden auch von Sir Flinders Petrie (1853-1942) begleitet. Sogar die Londoner Tageszeitung *Daily Telegraph* berichtete nach der Veröffentlichung des Grabungsberichtes über diese Arbeiten. In jenem Zeitungsbericht wird über die Entdeckung drei unterschiedlicher Plateau-Ebenen berichtet, die eine *unterirdische Stadt* enthalten. Eine *„unterirdische Stadt"*?

Der Ausgrabungsleiter von Professor Selim Hassan war seinerzeit *Mohamoud Darwish*. Er erwähnt in seinem Grabungsbericht zwar keine *unterirdische Stadt*, dennoch sind seine Ausführungen höchst aufschlußreich: *„Die kürzlich entdeckte unterirdische Anlage ist aus hartem*

Sandstein herausgeschlagen und hat eine Höhe von 2,40 Meter. Zwei oder drei Personen können darin nebeneinander hergehen. Im Zentrum der unterirdischen Anlage befindet sich ein enormer quadratischer Schacht mit 2,40 Meter Seitenlänge, der vertikal durch den Kalkstein hinabführt wie ein Minenschacht. Er endet in einer geräumigen Kammer, in deren Mitte sich ein anderer Schacht befindet, der seinerseits in eine große Halle mit sieben Nebenräumen führt, von denen einige große Sarkophage aus Basalt und Granit enthalten. "[118b]*

Bei dem vierhundertfünfzig Meter langen Schacht handelte es sich aller Wahrscheinlichkeit nach um das *Y-Gangsystem*, das der französische Ingenieur Jean Kerisél 1996 wiederentdeckte und das genau fünfundzwanzig Meter nördlich unterhalb der Sphinx abzweigt und sich etwa siebenhundert Meter in Richtung der großen Pyramide erstreckt. Er selbst berichtet folgendes darüber: *„Die große Straße zwischen der Chephren-Pyramide und der Sphinx besteht aus enormen Steinblöcken und umfaßt drei getrennte Teilstücke. Der Mittelteil verläuft zwischen zwei Mauern aus Kalkstein in Richtung des Friedhofs... Die Mauern tragen eine Überdachung aus Steinfragmenten, wie man sie hier und auf der Chaussee wiederfindet.“*

Durch diese Untersuchungsberichte, die man nun ganz und gar nicht unter der Kategorie *1001-Nacht-Geschichten* abheften kann, werden die Überlieferungen Herodots – und schließlich auch jene der arabischen Geschichtsschreiber – im großen und ganzen bestätigt!

Und dann behaupten so umstrittene Personen wie beispielsweise der Chef des Gizeh-Plateaus, *Zahi Hawass*, daß auf dem Plateau und gerade in Verbindung mit der großen Pyramide keine großen Entdeckungen mehr zu erwarten sind? Von seiner Person soll an dieser Stelle aber nicht mehr die Rede sein...

Eine überaus interessante Entdeckung also, wie man wohl unumwunden zugeben muß, auf die ich zum Schluß noch einmal zu sprechen kommen werde, wenn ich Ihnen über eine in der Fachwelt kaum bekannte Forschung berichten möchte. Die hier angesprochenen, unterirdischen Anlagen und Schachtsysteme, die ich teilweise schon persönlich abgestiegen bin, spielen nämlich in den späteren Ausführungen eine zentrale Rolle.

Die Suche hat also nie aufgehört...

Bis heute geht die fieberhafte Suche nach unterirdischen Kammern auf dem Gizeh-Plateau weiter; besser gesagt arbeitet man weiterführend an den bereits gemachten Entdeckungen, die wir gerade behandelt haben. Der Weltöffentlichkeit gegenüber verhalten sich die Ägyptologen diesbezüglich natürlich sehr reserviert.

Feststeht, daß durch die alten Überlieferungen Herodots, die der arabischen Chronisten, insbesondere aber durch die Cayce-Readings ein Startschuß für eine jahrzehntelange Suche erfolgte, die bis heute anhält. Bis heute wird mit neuester Technik auch nach weiteren unterirdischen Hallen und Kammern gesucht.

Erst kürzlich wurde ein weiterer Hohlraum zwischen Sphinx und Osiris-Schacht entdeckt. Aber das ist letztlich alles nichts Neues, sondern das sind nur ein paar kleine Appetithäppchen für die interessierte Öffentlichkeit. Mit diesen immer wiederkehrenden Veröffentlichungen bezweckt man schließlich nur, die Weltöffentlichkeit von den wahren und geheimen Forschungsprojekten abzulenken.

Es gab in diesem Zusammenhang noch eine weitere überaus bedeutende Entdeckung, die Forscher vor ein paar Jahren machen konnten. Ein sehr enger ägyptischer Freund, der zudem beste Kontakte zur ägyptischen Regierung und zum Geheimdienst hat, berichtete mir von drei weiteren unterirdischen Kammern in der Nähe der großen Pyramide. Er war bereits Anfang 2004 persönlich mit hohen Regierungsmitgliedern zu einer Besichtigung dieser Kammern eingeladen worden und bestätigte mir, daß diese unterirdischen Kammern wirklich existieren. Bis Ende 2004 fanden weiterführende Arbeiten statt, bevor man die Arbeiten vorübergehend einstellte. Diese Entdeckung gilt derzeit als eines der am besten gehüteten Geheimnisse rund um das Gizeh-Plateau. Mehr kann über diese Entdeckung derzeit nicht gesagt werden, nur so viel, daß diese Kammern vermutlich eine Verbindung zu dem vorher geschilderten unterirdischen Gesamtkomplex bilden, wie auch schon von Herodot in seinen „Historien" beschrieben.

War die Pyramidenanlage ein Wasserkraftwerk?

Ist es möglich, daß all die vielen Theorien, die in den vergangenen Jahrzehnten und Jahrhunderten über den Sinn und Zweck der großen Pyramide oder der weltweiten Pyramidenanlagenaufgestellt wurde nicht stimmen? Wurden die Pyramiden vielleicht zu einem ganz anderen Zweck errichtet als bisher angenommen?

Eine Theorie, die selbst in der gut informierten Fachwelt der Pyramidenforscher kaum bekannt ist, möchte ich Ihnen hier abschließend vorstellen.

Dabei handelt es sich um die Forschungsarbeit des Pyramidenforschers Hermann Waldhauser. Im Jahre 1976 erschien sein Buch *„Regenzauber der Pharaonen – Die Pyramiden als Instrumente der Wetterbeeinflussung"*, das heute leider vergriffen ist.

Grundidee und Kernfragen...

Daß die große Pyramide von Gizeh als riesiges *Wasserkraftwerk* geplant und gebaut wurde, ist im allgemeinen eine völlig unbekannte Theorie. Dennoch ist es mehr als nur eine Theorie, denn Hermann Waldhauser hat seinerzeit durch ein nachgebautes Pumpenmodell, im Maßstab 1:100, den wissenschaftlichen Nachweis erbracht, daß seine These nicht nur theoretisch plausibel klingt.

Das von ihm konstruierte Miniaturpumpwerk hat auf Anhieb funktioniert und wurde patentiert!

Die Grundidee Waldhausers basierte auf sehr logischen Schlußfolgerungen, insbesondere den geographischen Standort Ägyptens betreffend.

ÖSTERREICHISCHES
PATENTAMT

㉜ Klasse: 36 E, 004
㉛ Int.Cl²: F 24 F 003/14

⑲ OE PATENTSCHRIFT ⑪ Nr. 339 547

㉝ Patentinhaber: WALDHAUSER HERMANN IN STEYR (OBERÖSTERREICH)

㉝ Gegenstand: VERDUNSTUNGSEINRICHTUNG ZUR LUFTBEFEUCHTUNG

㉖ Zusatz zu Patent Nr.
㉒ Ausscheidung aus:
㉒㉑ Angemeldet am: 1976 02 06, 849/76
㉓ Ausstellungspriorität:

㉝㉜㉛ Unionspriorität:

㊷ Beginn der Patentdauer: 1977 02 15
Längste mögliche Dauer:
㊺ Ausgegeben am: 1977 10 25
㉞ Erfinder:

㊱ Abhängigkeit:

㊶ Druckschriften, die zur Abgrenzung vom Stand der Technik in Betracht gezogen wurden:
DT-PS222816, FR-PS1271193

OE 339 547

Abb.116:
Hermann Waldhauser Patentschrift 1

359

Die Erfindung betrifft eine Verdunstungseinrichtung zur Luftbefeuchtung mit schräg liegenden befeuchteten Verdunstungsflächen, welche eine kontinuierliche Feuchtigkeitsabgabe an die Umgebungsluft ermöglicht.

Verdunstungsanlagen, bei denen schräg liegende Verdunstungsflächen verwendet werden, sind bekannt. Die deutsche Patentschrift Nr.222816 zeigt als Verdunstungsfläche einen schwach konischen Kegelstumpf und die franz.Patentschrift Nr.1.271.193 einen Kegelmantel.

Diese bekannten Verdunstungseinrichtungen verwenden verhältnismäßig steile, gekrümmte Verdunstungsflächen; es hat sich aber gezeigt, daß ebene Verdunstungsflächen mit einem Neigungswinkel von etwa 52° einen wesentlich besseren Verdunstungseffekt ergeben, da bei dieser Schräglage ein besonders inniger Kontakt der Luft mit den Wasserteilchen erreicht wird. Die Erfindung zeichnet sich daher gegenüber den bekannten Einrichtungen dadurch aus, daß die Verdunstungsfläche die Form einer vierseitigen Pyramide mit einem Flankenwinkel von etwa 52° hat.

In der Zeichnung ist ein Ausführungsbeispiel der erfindungsgemäßen Einrichtung in Auf- und Grundriß dargestellt. Die von oben angesaugte trockene Luft ist mit ——1—— bezeichnet, die benetzte Fläche mit ——2—— und die unten abströmende feuchte Luft mit ——3——.

Die schräge Verdunstungsfläche weist eine wesentlich größere Verdunstungsleistung auf als eine gleich große waagrechte oder senkrechte Fläche. Dies deswegen, weil der Verdunstungsvorgang Energie verbraucht und diese der Umgebung in Form von Wärme entzogen wird. Die Umgebungsluft wird daher abgekühlt und beginnt nach unten zu sinken. Wenn Verdunstungsflächen mit geeigneter Schräge verwendet werden, so erzeugt der Vorgang eine lebhafte Luftbewegung, welche ohne Fremdenergie einen ununterbrochenen Abtransport der am Vorgang beteiligten Luft- und Wasserteilchen hervorruft. Die größte Verdunstungsleistung erzielen Flächen mit einer Schräge von etwa 52°, weil bei diesem Winkel sowohl die größte Luftgeschwindigkeit, als auch der innigste Kontakt der strömenden Luft mit der feuchten Fläche erreicht wird. Der Mantel einer vierseitigen Pyramide bietet daher eine Verdunstungsfläche mit optimaler Leistung an.

PATENTANSPRUCH:

Verdunstungseinrichtung zur Luftbefeuchtung mit schräg liegenden befeuchteten Verdunstungsflächen, dadurch gekennzeichnet, daß die Verdunstungsfläche die Form einer vierseitigen Pyramide mit einem Flankenwinkel von etwa 52° hat.

(Hiezu 1 Blatt Zeichnung)

Druck: Ing.E.Voytjech, Wien

Abb.117:
Hermann Waldhausers Patentschrift 2

ÖSTERREICHISCHES PATENTAMT   Patentschrift Nr. 339 547
Ausgegeben am   25.Oktober 1977   Klasse :   36 c, 4
1 Blatt   Int.Cl².:   F 24 F 3/14

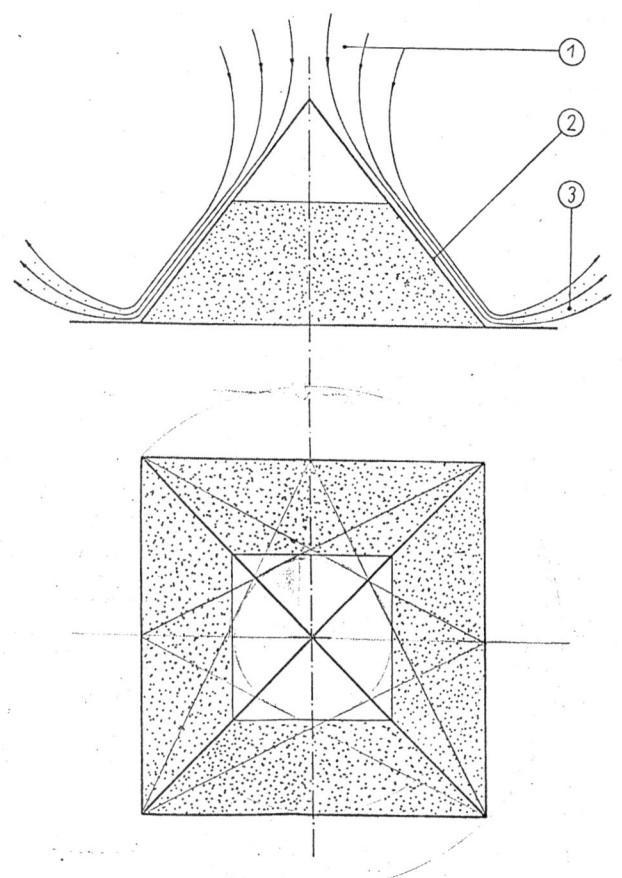

Das ist etwas für Geometrie-Fans - von Herrn Wavruska eingezeichnet

Abb.118:
Hermann Waldhausers Patentschrift 3

ÖSTERREICHISCHES PATENTAMT

Ausgegeben am   25.Oktober 1977

1 Blatt

Patentschrift Nr. 339 547

Klasse :   36 e, 4

Int.Cl².:   F 24 F 3/14

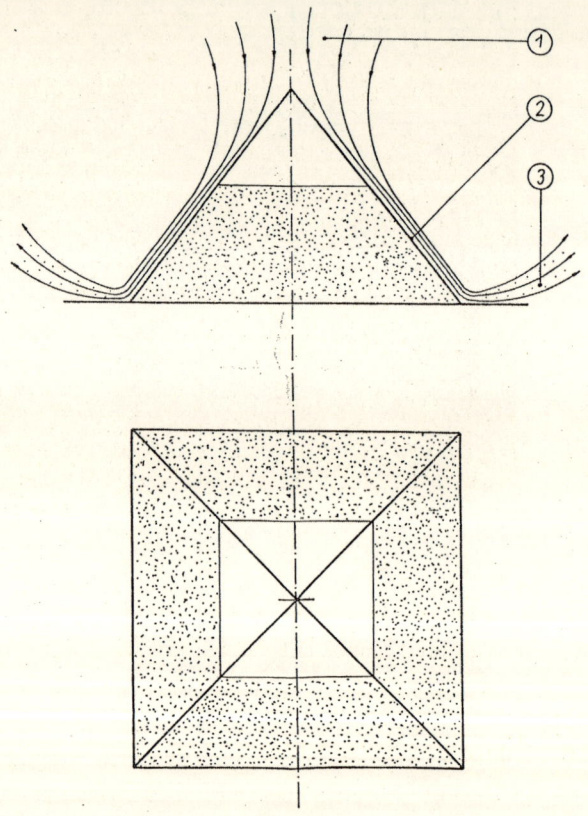

Abb.119:
Hermann Waldhausers Patentschrift 4

362

Vom geographischen Standpunkt her gesehen ist Ägypten eine sogenannte Flußoase. Das Wort *Oase* besagt, daß Ägypten von Wüsten
umgeben ist. Nur die nördliche Grenze des Landes bildet das Mittelmeer, das Deltagebiet. Von hier aus zieht sich der Nillauf südwärts. Das
bewohnbare Gebiet, links und rechts des Nillaufes ist durch jährliche
Nilüberschwemmungen entstanden. Nur ein schmaler Streifen ist
fruchtbares Land. Gegen Westen liegt die Lybische Wüste, im Osten
das Arabische Gebirge und die Arabische sowie die Nubische Wüste.

Im alten Ägypten spielte der Sirius (**Sothis**) eine besondere Rolle.
Das Sichtbarwerden des Sirius in der Morgendämmerung fiel mit dem
Beginn der Nilüberschwemmung zusammen. Diese Überschwemmungen waren Voraussetzung für die Fruchtbarkeit der Nilfelder im Land
der Pharaonen und damit die Grundlage für die ägyptische Kultur. In

Ägypten spielte der Sirius darüber hinaus noch eine besondere Rolle, denn er wurde gleichgesetzt mit der Göttin Isis.

Die bedeutendsten *Großpyramiden* stehen am westlichen Rande des fruchtbaren Landes. Gegen die Sahara zu wird das flache, fruchtbare Land durch das Gizeh-Plateau begrenzt, auf dem die drei großen Pyramiden errichtet sind.

Hermann Waldhauser schreibt hierzu:

„Wenn ich mit einem Satz das Wichtigste über Ägypten sagen müßte, würde ich nicht sagen, daß es am Nil liegt, sondern: Ägypten ist eingeschlossen von der Wüste, und das Hauptproblem des Landes ist und war seit eh und je die Wasserversorgung! Es ist daher eine sehr naheliegende Annahme, daß sich die Bewohner des Landes seit urgrauer Zeit bemüht haben, geeignete Mittel und Wege zur Sicherung der Wasserversorgung zu finden.“[119]

Überall auf der Erde, wo Völker in heißen und trockenen Gebieten leben, ist die Frage nach der Wasserversorgung von primärer Bedeutung, um die lebensnotwendigen Voraussetzungen für menschliches Leben zu gewährleisten. Wasserknappheit ist immer ein lokales Problem, weil global gesehen ja genug Wasser vorhanden ist, das einem stetigen Kreislauf folgt.

Es ist geschichtlich bewiesen, daß schon in früheren Zeiten in umfangreichem Maße *Wasserbau* betrieben wurde. Schenkt man den Überlieferungen glauben, waren die Pharaonen des alten Reiches in der Lage, auf Wunsch Regen hervorzurufen. Auch den Mayas hat man diese Fähigkeit nachgesagt.

Wasserbau war ein stetiges Produkt der menschlichen Entwicklung. *Regenmacherei* hingegen war ein großer Machtfaktor und nur den Führungsköpfen eines Reiches vorbehalten. Prinzipien also, die sich bis heute nicht verändert haben. Diese Geheimhaltung wurde offensichtlich so weit getrieben, daß heute nahezu niemand mehr von der Möglichkeit ausgeht, daß Regen durch menschliche Maßnahmen hervorgerufen werden kann. *„Die Kunst der Regenmacherei hat immer dort angefangen, wo der Wasserbau mit seinem Latein am Ende war.“*[120]

Das Verfahren, von dem Waldhauser spricht, besteht darin, möglichst viele Steine von der Sonne erhitzen zu lassen und dann mit Wasser zu übergießen. Dadurch kommt es zu einer schnellen Verdunstung, und das Wasser muß daher aufgrund der physikalischen Gesetzmäßigkeiten in Dunstform hochsteigen. *„Diese feuchte Luft kann verschiedene Reaktionen in den oberen Luftschichten auslösen"*.[121]

Die Antriebskraft für diese Anlagen war die Sonnenenergie. Um einen möglichst großen Nutzen zu erzielen, waren für diesen Prozeß möglichst große Anlagen mit großen Verdunstungsflächen notwendig, wie wir sie bei den Pyramiden finden. Je größer die Steinflächen waren und je rascher der Verdunstungsprozeß vor sich ging, desto eher bestand Aussicht auf Erfolg. Grundvoraussetzung war natürlich eine nahe *Wasserquelle*, die durch den Nil in ausreichender Form vorhanden war beziehungsweise ist.

In einem Dürregebiet oder in einer Wüste besteht Wassermangel, weil kein Austausch der Flüssigkeit in *vertikaler* Form stattfindet. *„Von oben her finden keine Niederschläge statt, und von unten her kann daher auch keine Wasserabgabe an die Luft durch Verdunstung erfolgen."*[122]

Nur durch das Hervorrufen eines Verdunstungsvorganges war eine lokale Anregung des Wasserkreislaufes möglich.

Einen interessanten Hinweis liefert Hermann Waldhauser auch in bezug auf die Etymologie des Wortes *Pyramide*. Im Ägyptischen, Griechischen und Lateinischen wird eine Pyramide als monumentaler Tempelbau verschiedener Kulturen bezeichnet.

Die griechische Wurzel des Wortes *Pyramide* ist *Pyramis*. Es gibt Hinweise dafür, daß es aus dem Ägyptischen stammt. *Per-em-us* ist eine geometrische Bezeichnung, die den Begriff des Aufsteigens beschreibt.

Herodots Berichte...

Wie ich bereits zu Beginn erwähnt habe, wird die These von einem Wasserkraftwerk, wie man es auch nennen könnte, für viele Leser neu und ungewöhnlich klingen. Interessanterweise gibt es aber bereits in den alten Berichten des griechischen Gelehrten Herodot eindeutige

Hinweise, die ausdrücklich davon berichten, daß mittels eines unterirdischen Kanals Wasser in die Cheopspyramide eingeleitet worden ist.

Herodot berichtet zunächst über logistische Dinge: wieviel Menschen für den Bau erforderlich waren, Herstellung einer Baustraße, Transporttechnik, Bauzeit und so weiter.

Zu den Vorarbeiten gehörte auch die Anlage der unterirdischen Kammern und Gänge sowie die Herstellung eines unterirdischen Kanals zum Nil, der sich direkt vor der Sphinx erstreckte. Herodot berichtet ausdrücklich, daß Wasser in die Pyramide eingeleitet worden ist und daß sie wie eine Insel von Wasser umflossen gewesen sei. Eine andere Version dieser Stelle besagt, daß die ganze Pyramide innen mit Wasser gefüllt gewesen sei. Die älteste Beschreibung des Pyramidenbaus enthält also einen eindeutigen Hinweis darauf, daß Wasser in die große Pyramide geleitet wurde.

Womit wir natürlich, neben den Berichten Herodots, unweigerlich auch an die arabischen Chronisten erinnert werden, die auch von unterirdischen Kammern und Labyrinthen berichten.

Nun sollte man davon ausgehen, daß ihnen die Überlieferungen Herodots vorlagen. Dennoch gibt es einen anderen Aspekt aus dem *„Hitat"*, der die These zusätzlich unterstreicht. Es ist der erwähnte *„Brunnenschacht"* in der unterirdischen (unvollendeten) Kammer, der – wie wir heute wissen – tatsächlich existiert. Von hier muß, nach Waldhauser, unterirdisch, in nördliche Richtung, ein unterirdischer Zulaufkanal existieren. Diesen Kanal hat man, meinen Informationsquellen zufolge, bereits vor einigen Jahren entdeckt. Bis Mitte 2004 fanden hier nachweislich Arbeiten statt, bevor man den Zugang wieder verschloß und mit Sand auffüllte. Auch hier wird Waldhausers These bestätigt.

Vergessen dürfen wir auch nicht die Entdeckung, die bereits zu Beginn des neunzehnten Jahrhunderts gemacht wurde. Wie bereits erwähnt, stieß man bei Grabungsarbeiten auf dem Gizeh-Plateau auf eine sagenhafte unterirdische Anlage, von zweiundzwanzig Metern Breite und etwa vierhundertfünfzig Metern Länge, mit mehreren Abzweigungen, welche die oberirdisch angelegten Gebäude miteinander verbinden. In dieser unterirdischen Anlage haben wir eine Reihe von Schächten mit einer Tiefe von mehr als achtunddreißig Metern und geräumige Kammern sowie Steingemächer freigelegt.

Aufgrund der Hinweise bei Herodot hatte Hermann Waldhauser die Pyramide persönlich untersucht. Er wollte herausfinden, ob der damalige Wasserdurchfluß heute noch nachweisbar wäre. Waldhauser stieß bei seinen Untersuchungen sowohl auf das Vorhandensein von Wasserstandslinien als auch auf das Vorhandensein eines mineralischen Belages, der die Wände und Kammern unterhalb der Wasserstandslinien überzieht. Demnach muß die große Pyramide über einen längeren Zeitraum mit Wasser gefüllt gewesen sein.

In diesem Zusammenhang fällt mir meine Begegnung mit *Credo Mutwa* in Johannesburg wieder ein. Natürlich sprachen wir seinerzeit auch über Ägypten und die Pyramiden. Credo Mutwa erzählte mir dann von seinem Aufenthalt in Kairo, der bereits Jahrzehnte zurücklag. Dazu muß ich anmerken, daß Credo Mutwa nicht nur in Afrika den Ruf eines großen spirituellen Medizinmannes und *Sehers* mit außergewöhnlichen Fähigkeiten genießt. Er wird von Menschen aus aller Welt besucht, auch so große Persönlichkeiten wie Nelson Mandela erweisen Mutwa als Heiler und Seher die Ehre. Mutwa besuchte während seines Aufenthaltes in Kairo auch die große Pyramide. Ich fragte ihn, ob er eine Idee habe, wer sie erbaut haben mag und zu welchem Zweck man sie erbaute.

Credo Mutwa sagte mir daraufhin: *„Wann sie gebaut wurde, kann ich nicht genau sagen. Als ich aber in der Pyramide war, habe ich nur Wasser „gesehen", Wasser, nichts als Wasser, überall konnte ich es sehen, ich konnte es „fühlen" und riechen..."*

Ich muß zugeben, daß ich dieser Aussage seinerzeit nicht viel abgewinnen konnte und ihr auch nicht weiter Beachtung geschenkt hatte. Was mir nach seiner Antwort spontan in den Sinn kam, war die *Sintflut*. Erst als ich Waldhausers Ausführungen studiert hatte, fielen mir Credo Mutwas Worte wieder ein, die nun wirklich einen Sinn ergaben.

Die Pyramiden und ihr Pumpsystem

Ein Problem, vor dem Hermann Waldhauser stand, war die Tatsache, daß wichtige Bauteile nicht mehr vorhanden sind. Es ist möglich, daß sie – ob nun absichtlich oder nicht – zu einem bestimmten Zeitpunkt entfernt wurden. Auch die Verschließung der großen Pyramide würde Waldhausers These unterstreichen, denn bis heute hat man vergeblich Versuche unternommen, einen „Haupteingang" zu finden. So einen Haupteingang gibt es in einer Verdunstungsanlage natürlich nicht. Der Österreicher geht bei seinen Überlegungen aber auch von der Möglichkeit aus, daß gewisse Teile absichtlich entfernt wurden, um eine mögliche Rekonstruierung des Systems und der Technik unmöglich zu machen. Das würde erklären, warum das Wissen um die Pyramiden von Gizeh schon während der Pharaonenzeit fast völlig in Vergessenheit geraten ist, bis etwa ins neue Reich (1500-1306 v.Chr.) – das sind etwa 1.000(!) Jahre, vorausgesetzt, daß die Pyramide nicht früher erbaut wurde. Das ist mehr als ein Indiz dafür, daß elitäres Wissen um die Pyramiden wohl verlorenging oder, aus welchen Gründen auch immer, für nachfolgende Dynastien nicht mehr zugänglich war. *„Betrachtet man die Pyramidenoberbauten als riesige leere Pumpengehäuse, aus denen alle beweglichen Teile, wie Kolben, Zugseile und Ventile entfernt wurden, dann haben wir den Schlüssel zu einem teilweisen Verständnis gefunden."*[123]

Hermann Waldhauser weist in seinen Ausführungen deutlich auf das Gesamtkonzept hin und darauf, daß der Oberbau (die Pyramide) nur ein Einzelteil in der Gesamtkonstruktion darstellt, das ohne die anderen Bauteile sinnlos wäre.

Die folgende Abbildung beschreibt die Hauptteile der Gesamtanlage:

1. der schiffbare Kanal vom Nil,
2. der Talweg,
3. der Aufweg,
4. das Hauptgebäude,
5. die Umfassungsmauer,
6. der Hof und
7. der pyramidenförmige Oberbau.

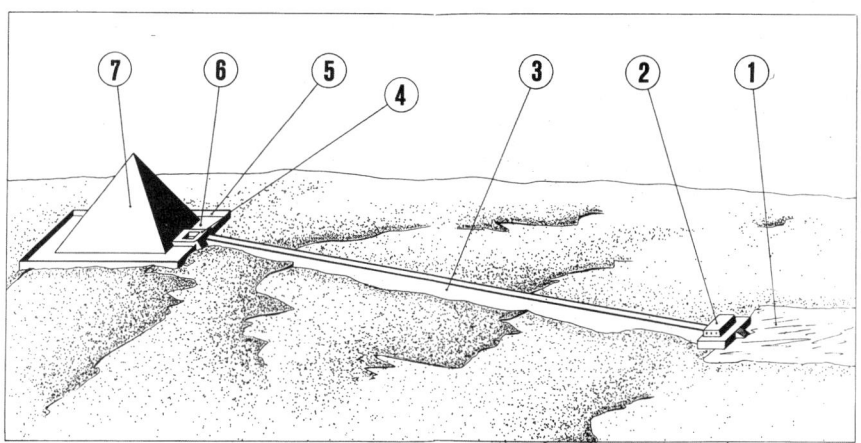

Abb.121:
Die sichtbaren Hauptteile einer Pyramidenanlage.

Die Pyramidenanlage war auf dem Wasserweg erreichbar, weil sie durch einen *Kanal* mit dem Fluß verbunden war. Das gesamte Baumaterial wurde auf Schiffen herangeschafft, somit war der Verbindungskanal eine der wichtigsten Voraussetzungen für den Baubeginn der Anlage.

Der *Talbau* bildete nach Waldhausers Konzept den Anschluß der Anlage gegen das Fruchtland und gegen den Nilkanal hin. Er hatte unter anderem die Aufgabe eines *Bootsanlegeplatzes* und einer *Verladerampe.*

Der *Aufweg* hat den *Talbau* mit dem Hauptgebäude verbunden und war eine schiefe Ebene. Die Steigung war sehr gering, was heute noch gut zu erkennen ist. In den alten Texten wird der Aufweg als der „Aufweg des Ziehens" bezeichnet. Eine Bezeichnung, die sehr zutreffend ist, da alles, was zur Hauptanlage befördert werden sollte, über diese langsam ansteigende Ebene gezogen wurde.

Wie genial durchdacht dieses System demnach gewesen sein muß, zeigt der Umstand, daß der Aufweg nicht nur in der gerade beschriebenen Weise als Transportmaschine genutzt wurde, sondern auch als „Schleifmaschine" für die Bearbeitung von Flächen, die genau geglättet werden mußten. Auf diese Weise kann auch nachvollzogen werden, warum die Verkleidungssteine in einer derartigen Präzision hergestellt werden konnten. Wie auf der folgenden Abbildung zu erkennen ist, war es auf diese Weise nicht nur möglich, die Auflageflächen zu glätten, sondern auch die Gegenflächen und die schrägen Außenflächen.

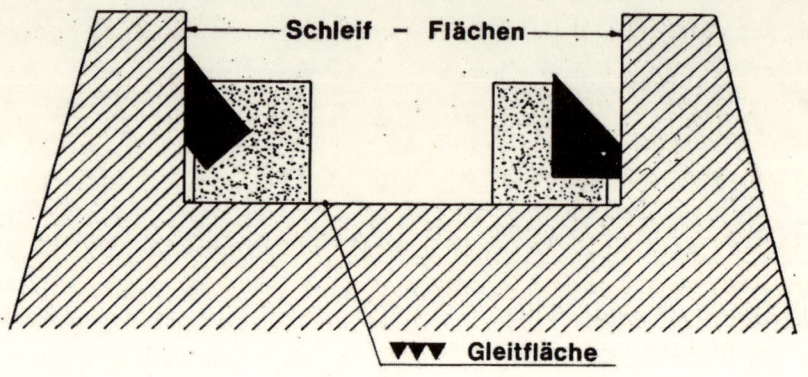

Abb.122:
Die Großflächenschleifmaschine.

Am oberen Ende des Aufweges befindet sich das *Hauptgebäude*, das die Verbindung zum Hauptteil der Anlage hergestellt hat. „*Hier befand sich beim Bau die obere Verladerampe, während das später hier errichtete Gebäude vielfältige Aufgaben zu erfüllen hatte, die mit dem Betrieb der Anlage zusammenhingen. Es war einerseits die Bergstation eines Aufzuges und hatte in dieser Hinsicht eine technische Funktion. Andererseits war es sozusagen die Steuerzentrale und das Betriebsgebäude der Großanlage, für deren vielfältige Bedürfnisse Vorsorge getroffen werden mußte, und es erforderte dieser Umstand Räumlichkeiten für Personal und verschiedenes Betriebsmaterial. Abgesehen von diesen, rein praktischen Zwecken dienenden Räumen, waren hier auch solche für Kult und Repräsentation vorgesehen.*"[124]

Kommen wir zur Umfassungsmauer:

Diese war ein wesentlicher Teilaspekt des Oberbaus und spielte bereits vor dem eigentlichen Baubeginn, bei der Vermessung und Berechnung, eine wesentliche Rolle. Die Umfassungsmauer bildete einen viereckigen Grundriß, und so konnten die Eckpunkte des Oberbaus auch dann bestimmt werden, wenn in der Mitte des Bauplatzes – wie das bekanntlich bei der großen Pyramide der Fall ist – eine Erhebung war. Nach Fertigstellung der Umfassungsmauer wurde die Baustelle unter Wasser gesetzt und in einen kleinen See verwandelt. Der Grund dafür war, daß man nun auf der Oberfläche des Sees sämtliches Material mit einem viel geringeren Kraftaufwand dorthin befördern konnte, wo es benötigt wurde. *„Die Umfassungsmauer war im unteren Teil der Außenmantel eines flachen Wasserbassins und hat auch auf das Geschehen im Luftraum rund um die Pyramidenanlage bedeutenden Einfluß gehabt."*[125]

Der *Hof* befand sich zwischen der Umfassungsmauer und der Standfläche des Oberbaus. Er konnte nur durch einen engen Durchgang vom Hauptgebäude her betreten werden. *„Dieser Hof kann allerdings eher als Wasserbassin bezeichnet werden, weil er von Baubeginn an mit Wasser gefüllt war. Zunächst wurde er als eine Art Wasserstraße benutzt und später als Verdunstungsbecken und zur Aufnahme von eventuellem Überschuß von Überschuß- oder Regenwasser. Über den Aufweg war eine Ableitung desselben in den Nilkanal auf eine einfache und zuverlässige Weise möglich. Hierbei hat es sich keinesfalls um eine übertriebene Vorsorge gehandelt, denn ebensogut wie ein Versuch, Regen herbeizuführen, erfolglos bleiben konnte, ebensogut konnte er auch einen Platzregen oder einen Wolkenbruch auslösen."*

Nun zum Oberbau:
Er ist nicht nur der markanteste Teil der Gesamtanlage, sondern er bildet auch den Teil, der die längste Bauzeit in Anspruch nahm. Die Hauptteile sind: die großflächige Außenverkleidung und das Kernmauerwerk inklusive des massiven Felskerns und der sich im Inneren befindlichen Hohlräume. Der Transport des Baumaterials erfolgte, wie oben erklärt, zu Wasser – eine Methode, die besonders für die Arbeiter eine unermeßliche Erleichterung darstellte. Gearbeitet wurde dieser Idee zufolge immer auf dem Trockenen und transportiert wurde immer auf dem Wasser.

Die Pumpen und ihre Teile...

Hermann Waldhauser übertreibt wohl keineswegs, wenn er die Erbauer als Meister der klassischen Mechanik beschreibt. Folgen wir seinen Thesen weiter und gehen von ihrem Wahrheitsgehalt aus, hat er unzweifelhaft recht.

So sah er in den schrägen Gängen, die teilweise weit unter die Standflächen der Oberbauten führten, rechteckige Hohlräume, in die Kolben geführt wurden. Dazu ist anzumerken, daß die Boden-, Seiten- und Deckenflächen mit äußerster Genauigkeit geglättet wurden. Die langen, schrägen Gänge waren dementsprechend rechteckige Zylinder.

Hieraus sollte man keinen physikalischen Widerspruch ableiten, denn ein Zylinder kann einen beliebigen Querschnitt haben. Wird eine Maschine aus Steinen gebaut, kommt nur der rechteckige Querschnitt in Frage. Die Dimensionen der gebauten Maschinen waren gewaltig, und die Zylinder konnten in Verbindung mit den dazugehörigen Kolben und einem Zugseil als hydraulische Zugmaschinen verwendet werden.

„Wenn die schrägen Gänge als Kraftzylinder verwendet werden konnten, dann konnten sie ohne weiteres auch als Pumpenzylinder benutzt werden. Dazu mußte der Kolben ein Ventil haben; und am unteren Ende des Zylinders war ein weiteres Ventil notwendig, um den Rückfluß des Wassers zu verhindern."[125b]

Es war natürlich auch ein Wasserzuleitungskanal erforderlich, der ja laut Herodot vorhanden war. Diesen besagten Kanal haben Forscher bereits vor einigen Jahren entdeckt, wie ich weiter oben bereits erörtert habe.

„Der Antrieb dieser im Prinzip sehr einfachen Pumpen erfolgte durch Zug am Seil. Die Schräglage des Zylinders erwies sich in dieser Hinsicht als äußerst vorteilhaft, weil nicht nur der Kolben, sondern auch das Gewicht der hochgeförderten Wassersäule auf einer schiefen Ebene ruhte und somit leichter beherrscht werden konnte.

Weiteres Nachdenken über den Gegenstand ergibt aber folgende Tatsache: Wenn die Wassersäule dreißig Tonnen Zug abgeben konnte, dann sind auch dreißig Tonnen Zug notwendig um diese hochzuziehen.

Eine überschlägige Rechnung ergibt jedoch sofort, daß hierzu eine kleine Armee als Zugmannschaft notwendig gewesen wäre. Das hat zur Entwicklung eines weiteren Bauelementes geführt, durch welches die genannte Schwierigkeit beseitigt werden konnte. Es war das Druckausgleichsgefäß...

Überall dort, wo in prähistorischen Zeiten schräge Gänge in die Erde getrieben wurden, ist die Annahme naheliegend, daß Pumpen- oder Kraftmaschinenbau zumindestens versucht wurde. Zur Beobachtung der Gestirne hätten diese mit größter Mühe und Sorgfalt hergestellten Schächte hingegen wenig Sinn gehabt!"[126]

Die Gegenkraft dieser Wassersäule wurde mit Hilfe der Druckausgleichskammern erreicht. Die Maßnahme bestand darin, den Druck mit Hilfe eines Luftpolsters federnd abzufangen, und dazu dienten diese *Druckausgleichsgefäße.*

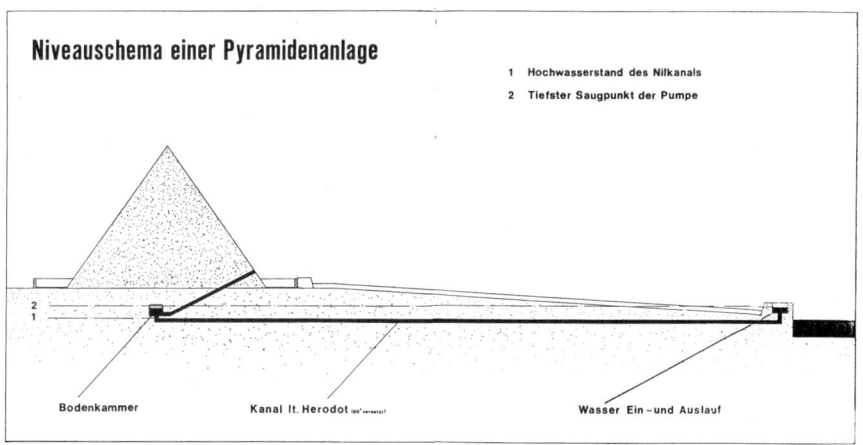

Abb.123:
Niveauschema einer Pyramidenanlage:
1 Der Hochwasserstand des Nilkanals
2 Tiefster Punkt der Pumpe.

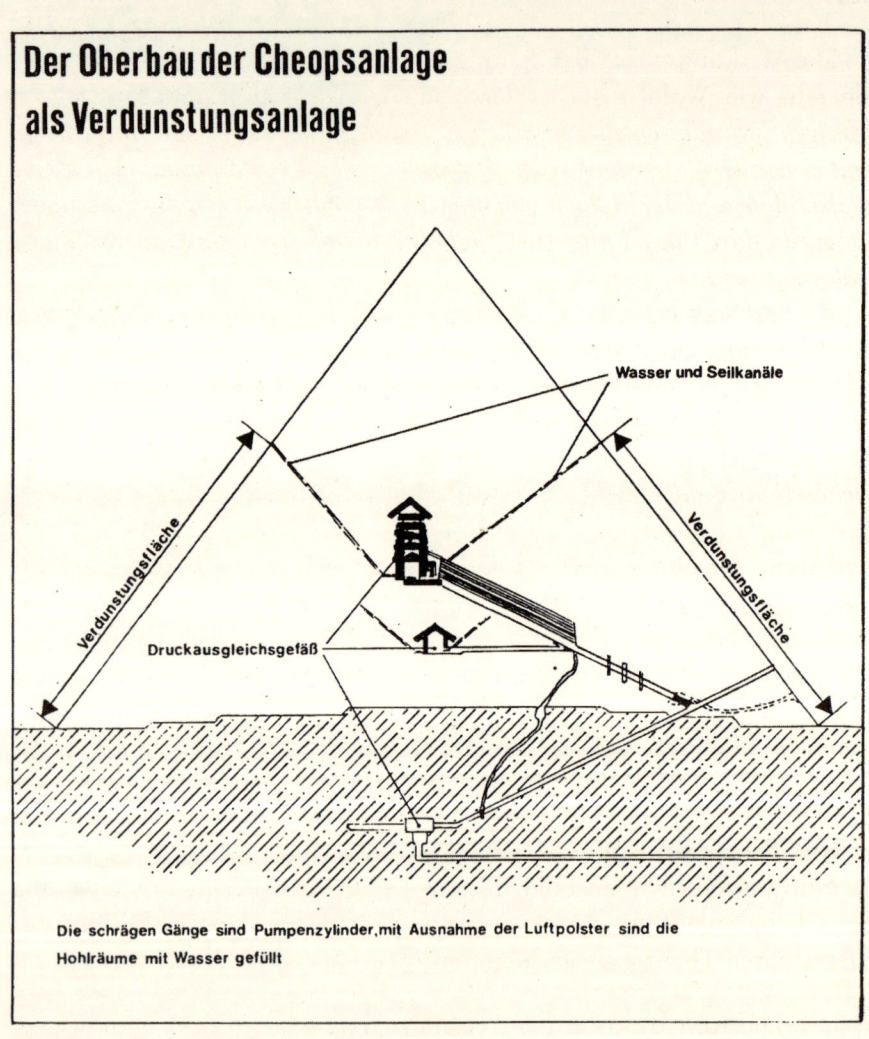

Abb.124:
Der Oberbau der Cheopsanlage als Verdunstungsanlage.

374

„*Die Pyramidenanlage*", so erklärt Hermann Waldhauser, „*war ihrem Wesen nach hauptsächlich eine Sonnenenergieanlage. Der mechanische Teil der Pumpe mußte jedoch durch menschliche Arbeitskraft angetrieben werden.*"

Die Wirkungsweise der Pumpen war in ihrer gesamten Bauart sehr einfach, wie Waldhauser erklärt: „*Beim Hochziehen des Kolbens im schrägen Zylinder entstand natürlich unterhalb desselben ein Unterdruck, und es wurde Wasser angesaugt. Bewegten sich die im Zylinder befindliche Wassersäule und der Kolben nach unten, so erfolgte ein Druckanstieg, aber es wurde durch das Luftpolster verhindert, daß ein sogenannter Wasserschlag entstand.*

Weil die schwingende Wassersäule eine Eigenfrequenz besaß, so ähnelte die Betätigung einer derartigen Pumpe mittels Seilzug dem Läuten einer schweren Glocke. Wollte man die Förderhöhe oder die Fördermenge steigern, so konnte dies nur durch die Verwendung mehrerer Zylinder und der dazugehörigen Kolben erfolgen. Die Pumpenanlage wurde dann entweder mehrzylindrig oder mehrstufig, weil man über einen gewissen Zylinderquerschnitt nicht hinausgehen konnte. Man darf nicht vergessen, daß beispielsweise ein Druck von vier atü auf einer Fläche von einem Quadratmeter eine Belastung von vierzigtausend Kilogramm hervorbringt. Es war daher kein Zufall, daß die Hohlräume in den Oberbauten der Pyramidenanlagen im Verhältnis zum Gesamtvolumen des Bauwerkes immer winzig klein waren. Diese waren ja nicht nur der einseitigen und ruhenden Belastung des Bauwerkes ausgesetzt, sondern auch dem wechselnden Druck des Wassers."[127]

Die Riesenpumpe der Cheopsanlage

Nun wenden wir unseren Blick auf den eigentlichen Pumpvorgang der Cheopsanlage. Von zwei Annahmen muß bei der von Waldhauser aufgestellten Theorie ausgegangen werden:

1. Die Konstruktion der Pyramidenanlage von Gizeh unterlag einer zielorientierten Gesamtplanung. Die Baumeister, wer immer sie auch waren, haben hier nichts dem „Zufall" überlassen, und

die theoretische Planung der Anlage wurde bis ins Detail auch praktisch umgesetzt.

2. Wie bereits beschrieben, dienten die Hohlräume nach Waldhausers Theorie einzig und allein dem Zweck der Förderung von Wasser auf die Flanken des Oberbaus der Anlage. Praktisch bedeutet dies, daß die Anlage nichts anderes als eine Pumpanlage gewesen sein kann.

Bei der Anlage handelt es sich um eine komplizierte technische Großanlage, deshalb ist es hier auch nur möglich, einen groben Überblick zu vermitteln, um die Grundidee verständlich zu machen.

Die Funktionsweise

Bekanntlich wurde die große Pyramide nicht nur äußerlich stark beschädigt, auch die vielen gewaltsamen Versuche, in das Innere der Pyramide zu gelangen, um die „sagenhaften" Schätze zu bergen, führten zu großen Beschädigungen auch im Inneren.

Bedauerlicherweise wurden durch diese gewaltsamen Aktivitäten teilweise wichtige Hinweise zerstört, um eine Rekonstruktion der einstigen Nutzung zweifelsfrei belegen zu können. So wurden wahrscheinlich auch bestehende Schächte einfach zerstört, mutmaßt Hermann Waldhauser.

Über die Funktion der Steigleitung erklärt Hermann Waldhauser folgendes: *„Die Steigleitung (A) verbindet gegebenenfalls die untere und die obere Stufe der Pumpe. Dieser roh in die Felsen gehauene Gang war der einzige gangbare Weg nach oben, weil die andere Verbindung, der Saugstutzen der Oberstufe, zu klein war, um einem Menschen Durchlaß zu gewähren. Im Falle von Reparaturen oder Inspektionen konnte der obere Teil nur durch diesen Gang betreten werden. Abgesehen davon war dieser Gang jedoch dazu bestimmt, um die beiden oberen Druckausgleichsgefäße mit Luft füllen zu können. Besser gesagt, um Luft nachzufüllen, ohne die Oberstufe entleeren zu müssen. In Anbetracht des riesigen Fassungsvermögens des schrägen Wasserbassins (16) kam diese Entleerung nur in Ausnahmefällen in Frage.*

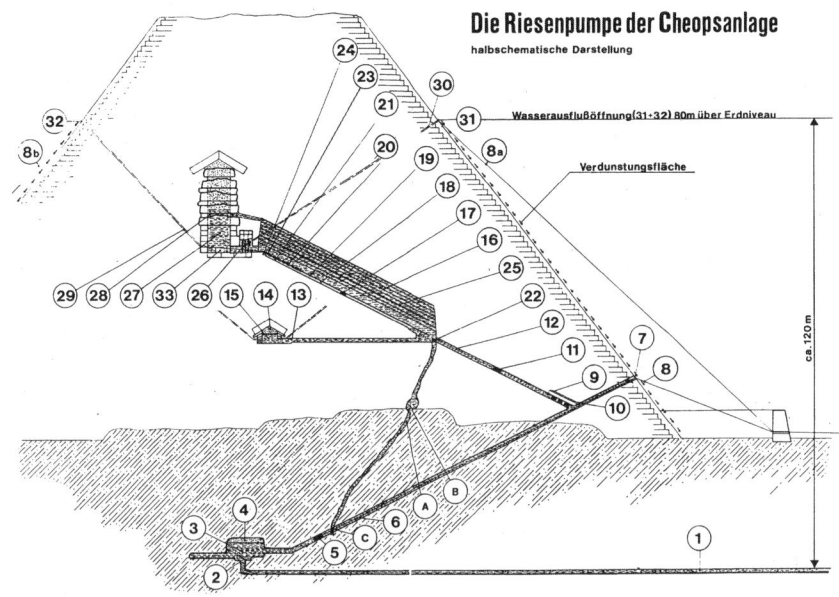

Die Riesenpumpe der Cheopsanlage
halbschematische Darstellung

Wasserausflußöffnung(31+32) 80m über Erdniveau

Verdunstungsfläche

ca. 120 m

Abb.125:

1	Wasserzuführungskanal vom Talbau, 90 Grad versetzt gezeichnet, der laut Bericht Herodots existiert – bis heute nicht nachgewiesen
2	Bodenventil
3	Bodenkammer
4	Luftpolster
5	Kolben der Unterstufe
6	Zylinder der Unterstufe
7	Eingang in den Oberbau
8	Zugseil der Unterstufe
8a	Zugseil der Oberstufe
8b	Zugseil der Hilfstufe
A	Steigleitung
B	Ventil
C	Großes Ventil
9	Saugstutzen
10	Ventil
11	Kolben der Oberstufe
12	Zylinder der Oberstufe
13	Waagerechter Gang
14	Druckausgleichsgefäß
15	Luftpolster
16	Schräges Wasserbasin
17	Kolben der Hilfstufe
18	Zylinder der Hilfstufe
19	Bohlendecke
20	Löcher in den Rampen
21	Seitliche Rampen
22	Abschluß des Zylinders
23	Wasseraustritt mit Ventil
24	Steinblock
25	Bohlenwand
26	Zwischenkammer
27	Oberes Wasserbasin
28	Entlastungskammern
29	Südlicher Seilführungs- und Wasserkanal
30	Nördlicher Seilführungs- und Wasserkanal
31	Verschlußkappen
32	Verschlußkappen
33	Steinwanne

Dieses Nachfüllen von Luft ging folgendermaßen vor sich: Bei Entlee-
rung des Zylinders der Unterstufe wurde auch die Steigleitung unterhalb
des Ventils (B) mit entleert. Bei Punkt (C) befand sich zwar noch ein sehr
großes Ventil, welches aber nicht den Zweck hatte, den Flüssigkeitsdurch-
gang zu verhindern, sondern zu verzögern. Dadurch wurde eine unkon-
trollierte Wasserbewegung in der Steigleitung vermieden.

Bei der Wiederauffüllung der Unterstufe mit Wasser konnte die in der
Steigleitung befindliche Luft zunächst nicht entweichen und wurde zu-
sammengepreßt. Bei weiterer Drucksteigerung mußte sich das Ventil (B)
öffnen, und die Luft gelangte in die oberen Räume. Nach Auffüllung des
Luftpolsters (15) stieg die Luft nach oben, wo sie schließlich in die fünf
Entlastungskammern (28) gelangen konnte.

Während des Baugeschehens hat diese Steigleitung dazu gedient, das für
die Errichtung des Oberbaus benötigte Wasser darin hochzupumpen."[128]

Zu den Hauptteilen der Unterstufe zählten: der unterirdische Was-
serzuführungskanal, die Bodenkammer mit Ventil und Luftpolster sowie die Zylinder samt Kolben und Zugseil. Die Funktionsweise beschreibt Waldhauser wie folgt: *„Durch den von Herodot beschriebenen*
Kanal (1) wurde die Anlage zunächst so weit mit Wasser gefüllt, bis die
Pumpe selbstansaugend wurde. Der besseren Übersichtlichkeit halber wur-
de dieser Kanal um neunzig Grad versetzt eingezeichnet.

Das Wasser passierte zunächst das Bodenventil (2), welches einen
Rückfluß verhinderte, und füllte dann die Bodenkammer (3). Weil die
Luft aus dieser Kammer teilweise nicht entweichen konnte, so entstand an
der Decke derselben ein Luftpolster (4), das unbedingt vorhanden sein
mußte. Der Kolben der Unterstufe (5) war mit einem Ventil versehen,
welches sich bei der Abwärtsbewegung geöffnet und bei der Aufwärtsbewe-
gung geschlossen hat. Dadurch erfolgte die Wasserförderung im schrägen
Zylinder der Unterstufe (6) nach oben. Da der Kolben nur wirksam war,
wenn er sich unter Wasser befunden hat, so wurde er zunächst im unteren
Teil dieses Zylinders mit kurzem Hub geführt. Es konnte bei weiterem
Hochsteigen des Wassers die Kolbenbewegung vergrößert und in die Nähe
des Eingangs (7) verlegt werden. Die Lage des Eingangs, siebzehn Meter

über dem Erdniveau, war nicht nur die obere Begrenzung dieser Stufe, sondern auch eine Sicherheitsmaßnahme, durch die jede zu hohe Drucksteigerung verhindert werden sollte.

Die Betätigung des Kolbens erfolgte durch ein Zugseil (8), durch welches der Maschine die Kraft der Zugmannschaften zugeführt wurde. Die Kraftabgabe erfolgte wie beim Läuten einer schweren Glocke durch rhythmischen Zug. Je weniger die Luft in der Bodenkammer wurde, desto kürzer wurden die Hübe, bis schließlich das Luftpolster wieder aufgefüllt werden mußte.

Dazu war es notwendig, die Stufe vollständig vom Wasser zu entleeren, damit wieder Luft in die Bodenkammer gelangen konnte. Diese Entleerung wiederum war nur dann möglich, wenn sich diese Kammer nicht unterhalb des Nilniveaus des Nilkanals befand. Entleerung und Befüllung bis zum Selbstansaugepunkt erfolgte vom Talbau her durch geeignete Einrichtungen.

Die Zugmannschaft hat sich sicherlich außerhalb der Umfriedungsmauer befunden und dürfte für diese Stufe etwa hundert Mann stark gewesen sein. Die Unterstufe konnte unabhängig von den anderen Teilen der Anlage betätigt werden.

Die technischen Daten waren:

- Förderhöhe: etwa 55 Meter
- Förderleistung: etwa 1.000 Liter pro Minute
- Zylinderzahl: 1
- Zylinderquerschnitt: 119 Zentimeter Höhe x 104 Meter Breite
- Zylinderlänge: etwa 100 Meter"[129]

Kommen wir zur Funktionsbeschreibung der Oberstufe:

„Der Saugstutzen (9) hat die Unterstufe mit der Oberstufe verbunden. Durch das Ventil (10) konnte das Wasser diesen Weg, diesen Stutzen nur in einer Richtung, nämlich von unten nach oben durchfließen. Beim Aufwärtsgang des Kolbens der Oberstufe (11) im Zylinder (12) derselben wurde Wasser angesaugt. Die Abmessungen von Kolben und Zylinder und die Schräglage desselben waren gleich wie bei der Unterstufe, nur war dieser Zylinder kürzer, etwa vierzig Meter lang.

Sobald die Hohlräume bis zu einem gewissen Punkt mit Wasser gefüllt waren, wurde ein direktes Hochziehen infolge des auf der Kolbenfläche lastenden Flüssigkeitsdrucks unmöglich. Aus verschiedenen Gründen war es aber auch nicht möglich, diese Stufe genauso zu bauen wie die Unterstufe, das heißt, mit einem Luftpolster am tiefsten Punkt. Einer dieser Gründe war die wesentlich größere Länge der hier erforderlichen Antriebsseile, aber es gab auch andere Gründe für die getroffene Konstruktionsmaßnahme.

Eine derselben Maßnahmen hat darin bestanden, daß am oberen Ende des Zylinders ein waagerechter Gang (13) angelegt wurde, an dessen Ende sich ein Druckausgleichsgefäß (14) mit dem zugehörigen Luftpolster (15) befunden hat. Eine weitere Maßnahme bestand darin, ein großes, schräges Wasserbassin (16) anzulegen und eine Hilfsstufe zur Entlastung des Kolbens im zuerst genannten Hauptzylinder (12) zu verwenden.

Die Breite des Kolbens der Hilfsstufe war ebenfalls einhundertundvier Zentimeter, jedoch war seine Höhe nur einundsechzig Zentimeter. Dadurch war der Zylinderquerschnitt des Hilfszylinders nur etwa halb so groß, wie jener des Hauptzylinders. Der Boden und die Seitenwände desselben wurden durch die Nut am Boden des schrägen Wasserbassins gebildet, während der Abschluß nach oben durch eine Bohlendecke erfolgte. Diese Bohlendecke (19) war fest verkeilt, und es war die Bestimmung jener achtundvierzig Löcher (20) in den seitlichen Rampen (21), den Keilen einen festen Halt zu geben. Auch der Hauptzylinder war an seinem oberen Ende (22) ebenfalls gegen das schräge Wasserbassin abgeschlossen, wobei festgehalten werden muß, daß dieser Abschluß keinesfalls genau dicht war, weil das Zugseil durchgeführt wurde. Im großen und ganzen konnte das Wasser aber keinen anderen Weg gehen, als vom tiefsten Punkt an, also vom Bodenventil an, aufwärts durch den Zylinder und den Hilfszylinder, bis zu dessen oberen Punkt (23). Nur hier war eine Verbindung mit dem schrägen Wasserbassin, und nur hier konnte das Wasser den Zylinder verlassen und ins Bassin strömen.

Der Zweck der Hilfsstufe war es, den Druck auf den Kolben des Hauptzylinders zu verringern. Dieser konnte daher nur dann hochgezogen werden, wenn die Hilfsstufe in Betrieb war. Wurde durch Seilzug der Kolben derselben auf- und abwärts bewegt, so wurde beim Aufwärtshub Wasser ins schräge Bassin gefördert. *Die Öffnung neben dem Steinblock (24) war mit einer Klappe oder einem Ventil (23) versehen, welches so gestellt war, daß das Wasser zwar vom Hilfszylinder in das schräge Wasserbassin gelangen konnte, aber nicht umgekehrt. Es konnte auf diese Weise wieder mittels rhythmischen Zugs gepumpt werden. Je mehr Wasser aus dem Hilfszylinder (18), dem waagerechten Gang (13) und dem Druckausgleichsgefäß herausgepumpt wurde, desto weniger Kraft war notwendig, um den Kolben (11) der Oberstufe hochzuziehen.*

Durch das Scheuern der Zugseile entstand im Steinblock (24) jene charakteristische Vertiefung in der Mitte desselben. Das schräge Wasserbassin (16) war ungefähr in halber Höhe durch eine weitere Bohlenwand unterteilt. Diese war in seitlichen Nuten geführt, welche beide Längswände dieses Bassins durchziehen. Aussparungen gestatteten eine Zirkulation des Wassers. Dieses schräge Wasserbassin hatte einerseits die Aufgabe, die Wucht des aus der Hilfsstufe hochschießenden Wassers zu neutralisieren, und war andererseits ein Klärbecken.

Die Zwischenkammer (26) und die darin befindlichen Schieber mitsamt dem zugehörigen Gegengewicht haben als Seilführung gedient und auch dazu, um die Wasserbewegung im oberen Bassin (27) zu verhindern. Jene Steinwanne, die sich hier befunden hat, war ein Wassertrog für die Reinigungsarbeiten, und es spricht etliches dafür, daß dieser auch als Auflage für die in diesem Bereich notwendigen Seilumlenkungen gedient hat.

Der Sinn der fünf Entlastungskammern (28) der hier als Einheit betrachteten Kammern war folgender: Zunächst hatte das sich im oberen Teil befindliche Luftpolster die Aufgabe, alle vom Pumpenvorgang herrührenden Druckstöße aufzufangen. Dies war besonders deswegen notwendig, weil die beiden Seilführungsschächte (29 und 30) ja eine wesentliche Querschnittsverminderung nach oben hin verursachten.

Diese Querschnittsveränderung war beabsichtigt und hatte folgende Wirkung: Stieg das Wasser im schrägen Bassin und später im oberen Bassin hoch, so konnte die Luft nur solange aus den verbleibenden Hohlräumen entweichen, bis sich die inneren Mündungen der beiden Seilführungsschächte unter Wasser befanden. Weiteres Hochpumpen des Wassers bewirkte eine Drucksteigerung der Luft, und diese wurde solange immer mehr zusammengepreßt, bis das Wasser schließlich zur Höhe der äußeren Mündungspunkte hochgestiegen war. Ein Ausfließen in wesentlichen Mengen erfolgte aber trotzdem zunächst nicht, weil dies durch geeignete Maßnahmen verhindert wurde. (31, 32)

Erst wenn der Überdruck das gewünschte Ausmaß erreicht hatte, wurde dem Wasser der Weg freigegeben. Weil man mit Hilfe der bereits eingehend beschriebenen Steigleitung in der Lage war, das Luftpolster nach Bedarf aufzufüllen, so konnte der gewünschte Druck reguliert werden.

Man war daher in der Lage, etwa 150.000 Liter Wasser binnen weniger Minuten in etwa achtzig Meter Höhe herausquellen zu lassen!

Die beiden Seilführungsschächte (29, 30) waren so gefertigt, daß sie im Bedarfsfalle als Zylinder verwendet werden konnten.

Für die Betätigung der Oberstufe waren zwei getrennte Zugmaschinen notwendig.

Die technischen Daten waren:

- *Förderhöhe: etwa 55 Meter*
- *Förderleistung: etwa 150 Kubikmeter in 3,5 Stunden*
- *Zylinderzahl: 2*
- *Zylinderquerschnitt: Hauptzylinder 119 Zentimeter Höhe x 104 Zentimeter Breite, Hilfszylinder 61 Zentimeter Höhe x 104 Zentimeter Breite"*[130]

Hermann Waldhauser bemerkt abschließend, daß er mit seinen Forschungsergebnissen keinen Anspruch auf Vollständigkeit erhebt und daß viele andere Variationen möglich seien.

Schließen wir seine geniale Theorie mit ein paar zusätzlichen Ergebnissen ab: Von Wissenschaftlern wurde an den Oberflächen der Pyramiden eine interessante Tatsache registriert, die man zunächst nicht erklären konnte. Die Oberflächen der noch vorhandenen Verkleidungssteine weisen einen Belag auf, der chemische Elemente enthält, die von Natur aus im Gestein nicht vorkommen. Dieser stark siliziumhaltige Belag wechselt in seiner Farbtönung von Tonbraun bis Schwarzgrau. Verdunstetes Wasser hinterläßt eine fast unvergeßliche Spur, weil der

Minerialiengehalt abgelagert wird. Wenn die Flanke einer Pyramide als Verdunstungsfläche benutzt wurde, dann muß also genau dort, wo er tatsächlich auch ist, ein Belag sein. Er muß da sein, und er ist auch da, während er auf vergleichbaren Seitenflächen nicht nachprüfbar ist![131]

Abschließend erklärt Hermann Waldhauser die Umstände, die dazu geführt haben, daß die Anlage unbrauchbar wurde. Dabei geht es um die Beschädigungen, welche die große Pyramide im Bereich der Entlastungskammern und des unteren Zylinders aufweist. Die Wände der oberen Hauptkammer haben sich um mehr als zwei Zentimeter nach außen verschoben, und die ungeheuer großen und schweren Deckenplatten sind teilweise aus ihrer Auflagerung gerissen worden. Seiner Meinung nach konnte eine derartige Beschädigung nur aufgrund eines ungeheuren Drucks von innen her geschehen. Das gleiche trifft auch auf die Risse im Felsmassiv im unteren Zylinder zu. *„Diese Zerstörungen müssen das Unbrauchbarwerden der Anlage für den vorgesehenen Zweck zur Folge gehabt haben, und es ist zu vermuten, daß zuerst die Entlastungskammern überbeansprucht wurden... Die Beschädigung der oberen Entlastungskammern war der Anfang vom Ende, sowohl der Cheopsanlage wie des Pyramidenbaus überhaupt. Eine Reparatur war unmöglich, ohne den halben Oberbau abzutragen. Ab diesem Zeitpunkt war die obere Pumpstufe unbrauchbar. Als im Bereich des unteren Teiles dann Risse im Felsmassiv den unteren Zylinder ebenfalls funktionsuntauglich machten, war die gesamte Anlage nichts anderes mehr, als eine schöne Dekoration. Ein Traum der Menschheit begann, seinen Glanz zu verlieren und zu verblassen.“*[132]

Könnte der österreichische Pyramidenforscher Hermann Waldhauser mit seiner revolutionierenden Theorie über den Sinn und Zweck der Pyramidenanlagen am Ende recht behalten?

War dies der Grund dafür, warum das Wissen um die Pyramiden von Gizeh schon während der Pharaonenzeit fast völlig in Vergessenheit geraten ist?

Nachwort

Im letzten Kapitel wurde sicherlich deutlich, wie aufschlußreich und zugleich hoch wissenschaftlich die Erkenntnisse, die in den Unterlagen als *A-Omega-Projekt* beschrieben werden, letztendlich sind. Sie wurden im Verlaufe von mehreren Jahrzehnten von unzähligen Wissenschaftlern bestätigt und weiterführend angewandt. Mehr noch bestätigen die alten Unterlagen, die eine wesentliche Grundlage für dieses Buch waren, daß dieses Wissen von den Atlantern stammen soll, die einst aus dem *Sirius-System* auf die Erde kamen, ihr Wissen um die Pyramiden auf die Erde mitbrachten und so die Grundlage für die weltweit nachweisbare Pyramiden-Kultur schufen. Aus diesem Grund scheint es auch nachvollziehbar, warum es bis heute keine wissenschaftlich schlüssige Erklärung für das Phänomen der weltweiten Pyramiden-Kultur gibt.

Eine Kolonisierung durch hochentwickelte Zivilisationen – ob sie nun aus dem Sirius-System, vom Mars, vom Aldebaran oder beispielsweise von den Plejaden kamen – ist bis heute weltweit in den Mythen alter Völker verankert.

Gut, ich kann mir vorstellen, daß hier der ein oder andere Leser so seine Bedenken haben wird. Ich erhebe keinen Absolutheitsanspruch in bezug auf verschiedene Inhalte dieses Buches, denn vieles ist letztlich nicht endgültig zu belegen beziehungsweise unwiderlegbar zu beweisen. Jedem steht es natürlich frei, sich seine ganz persönliche Meinung über die verschiedenen Inhalte zu bilden und diese kritisch zu überprüfen. Es werden Fragen zurückbleiben, die aber wiederum ein wichtiger Antrieb für die Suche nach neuen Antworten und weiterführenden Erkenntnissen sein können.

Bei all den interessanten Aspekten und Zusammenhängen zwischen der Pyramidenkultur, dem A-Omega-Projekt und beispielsweise Montauk, sollten wir eines nicht vergessen: die Forschungsergebnisse des österreichischen Pyramidenforschers Hermann Waldhauser. Von allen Theorien, die in den vergangenen Jahrhunderten über den Sinn und Zweck der Pyramiden geschrieben wurden, hat mich seine Theorie am meisten zum nach- und umdenken bewegt.

Mein Anliegen war es auch nicht, gewisse Gruppierungen oder Institutionen zu diskreditieren oder andere zu glorifizieren. Einzig und allein die Wahrheitssuche war der Antrieb meiner Feder... Meine persönliche Weltanschauung ist weder politisch oder religiös nach heutiger Dogmatik, noch findet sie ihre Grundlage in irgendeiner anderen Organisation oder *geheimen* Gesellschaft.

Die heutigen wissenschaftlichen Erkenntnisse in den Bereichen der Physik, der Chemie oder beispielsweise auch in der Bio-Physik lassen gerade in bezug auf die große Pyramide ganz neue Schlüsse zu. Ihre Baumeister, wer auch immer sie waren, müssen überaus hochgebildete und fortschrittliche Wesen gewesen sein. Wir sollten uns von dem *Vor-Urteil* lösen, daß die *gegenwärtige* Epoche, *diejenige* ist, welche den höchsten wissenschaftlichen Stand erreicht hat und daß es in vergangenen Epochen keine Zivilisationen gab, die ähnlich oder in bestimmten Bereichen sogar höher entwickelt waren als wir das heute sind. Die Pyramiden von Gizeh belegen unzweifelhaft, daß viele Wissenschaftler hier auf dem Holzweg sind. Sie treten nach Jahrtausenden immer noch den sichtbaren Beweis dafür an, daß ihre Baumeister uns in vielen Dingen überlegen waren. Aber wie sagte schon Albert Einstein: *„Es ist leichter einen Atomkern zu spalten, als ein menschliches Vorurteil."*

Es ist also nicht leicht, aber wo ein Wille ist, da findet sich bekanntlich auch ein Weg... Es liegt an uns, unsere Zukunft und die Zukunft unseres Planeten so zu gestalten, wie *wir* es möchten. Dazu brauchen wir viel Energie, Willen, Mut und Erkenntnis...

Das Geheimnis um die Pyramiden und ihre gesetzmäßigen Bewegungsabläufe scheint letztlich das große Geheimnis zu sein, dessen sich auch die großen Machthaber auf dieser Erde bedienen, um *ihre* Ziele umzusetzen. Das große Geheimnis ist aber gar nicht *so* groß und unfaßbar. Es liegt letztlich in uns selbst, denn wir sind selbst ein Teil dessen, was schon durch die molekulare Struktur unserer körpereigenen Atome deutlich wird. Auf unserer eigenen Festplatte sind alle Informationen gespeichert, die wir quasi nur abrufen beziehungsweise öffnen müssen – es ist nicht mehr als ein *Mausklick...*

Jedwede Existenz ist Schwingung, alles im Universum schwingt und besitzt seine eigene Wellenlänge. Das ist eine der wichtigsten Entdeckungen der Naturwissenschaft der letzten Jahrzehnte: Materie ist in Wirklichkeit nichts als Schwingung; in Wirklichkeit gibt es nirgendwo Berührung, alles ist in ewiger Bewegung. Alles, was sie gerade sehen, zum Beispiel ein Tisch oder nehmen sie den Stuhl, auf dem Sie vielleicht gerade sitzen; alles ist schwingende Energie, die sich verlangsamt hat und materialisiert in Erscheinung tritt. So ist die Realität, die wir als Realität oder Wirklichkeit erkennen, im Grunde genommen nichts weiter als eine Täuschung! Es ist nur der einmilliardenste Teil der Wirklichkeit. Das heißt, es ist eine Milliarde mal mehr meßbare Energie daran beteiligt, um nur eine einzige Einheit an Masse, sprich Materie, überhaupt zu materialisieren. Das heißt: *Sichtbare Dinge haben keine Form und unsichtbare Dinge haben eine Form!*

Die Materie ist einerseits die Bremse unserer hohen Bewußtseinsfähigkeit, andererseits ist sie aber auch die Basis, um in das All-Bewußtsein einzutauchen und höhere Erkenntnisse zu erlangen. Jeder von uns hat den Schlüssel, um das TOR zum göttlichen Bewußtsein zu öffnen. Jeder von uns ist der Erschaffer seiner *eigenen* Realität – seiner *eigenen* Zukunft! So tragen wir auch stets die Verantwortung für die Weiterentwicklung unseres gesamten Planeten!

> *Achte auf Deine Gedanken,*
> *denn sie werden Worte.*
> *Achte auf Deine Worte,*
> *denn sie werden Handlungen.*
> *Achte auf Deine Handlungen,*
> *denn sie werden Gewohnheiten.*
> *Achte auf Deine Gewohnheiten,*
> *denn sie werden Dein Charakter.*
> *Achte auf Deinen Charakter,*
> *denn er wird Dein Schicksal.*
>
> (Talmud)

Wichtig ist aber bei all den gegenwärtigen Problemen rund um unseren Planeten Erde, daß wir nicht den Boden unter den Füßen und das Wesentliche aus den Augen verlieren. In unserem täglichen Leben und Miteinander haben wir den größten Einfluß, unsere Zukunft zu lenken. Wir selbst sind der Pilot, der das *Raumschiff Erde* in die Zukunft steuert. In welche Zukunft – in eine unheilvolle oder in eine glückliche und friedliche –, das liegt allein an uns selbst, denn *wir* steuern das Raumschiff Erde.

Dabei spielt sicherlich noch ein ganz anderer Aspekt eine Rolle – eine entscheidende Rolle, wie ich meine. Es sind die Erfahrungen und Lehren, die wir aus der Geschichte ziehen können.

Es geht nicht darum, an alten Ideologien krampfhaft festzuhalten, sondern ihre Inhalte und Lehren immer wieder aufs neue zu überprüfen, nur so ist Entwicklung möglich. Sinnbildlich lassen wir dann auch etwas los, das entsprechend unserer Beschaffenheit gar nicht existiert. Durch das Festhalten hindern wir letztendlich selbst die Weiterentwicklung, also auch hier erkennen wir einmal mehr die große Verantwortung, die jeder von uns trägt.

Wohin uns falsche und halbwahre Ideologien politischer und religiöser Natur in den letzten Jahrtausenden immer wieder geführt haben, ist tragisch genug. Aber auch das ist – resonanzbedingt – von der Menschheit als Ganzes erschaffen worden.

Wichtig ist, aus diesen Fehlern zu lernen und diese Energie umzuwandeln, denn *nichts ist von Natur aus schlecht, sondern es hängt davon ab, wie ich es betrachte und behandele.*

Auch Atlantis, Mu, Lemuria, die alten Ägypter, das alte Griechenland oder Rom liegen längst hinter uns. In ein paar Jahrhunderten wird man vielleicht auch über unsere Epoche als eine geheimnisvolle, zurückliegende Epoche der Geschichte schreiben, wer weiß...

So, nun komme ich langsam zum Ende und möchte es nicht versäumen, Ihnen von Herzen dafür zu danken, daß Sie mich auf diese kleine Reise durch die Geschichte begleitet haben. Es war mir eine große

Freude und Ehre, bei Ihnen zu sein, und mal sehen, wann wir uns wieder begegnen... Für mich bricht nun eine neue Zeit an, auf die ich mich besonders freue...

Gesundheit, Liebe und Frieden wünsche ich Ihnen und viel Kraft und Mut für alles, was Sie sich wünschen. Vertrauen Sie stets Ihrer Intuition und der Stimme Ihres Herzens – sie wird Ihnen immer den richtigen Weg zeigen...

Wie sagte doch einst der kleine Prinz? *„Man sieht nur mit dem Herzen gut, das Wesentliche ist für das Auge unsichtbar!"*

Die Erde und die Zukunft der Menschheit *und* unserer Kinder liegen in unseren Händen.

Erst die Liebe gibt allen Dingen in unserem Leben einen noch größeren Sinn...

Von ganzem Herzen und
mit allen guten Wünschen, Ihr

Stefan Erdmann

Anhang 1

Die Pyramide – das Buch des Wissens

Neben der Tatsache, daß in keiner der Pyramiden je die Mumie eines Pharaos gefunden wurde und daß es keine endgültigen Beweise für Pharao Cheops als Erbauer gibt, verdeutlichen die nun folgenden Daten, daß die Erbauung der großen Pyramide einen anderen Grund hatte.

Faktum ist, daß der hohe Wert an Präzision und die astronomischen Daten der großen Pyramide eine zentrale Rolle spielen.

Lassen Sie uns die ganzen fragwürdigen Theorien von Begräbnisstätten, Grabkammern, Mumien und wertvollen Schätzen einmal beiseite legen. Führen wir uns auszugsweise einige nachprüfbare Daten vor Augen, die erstaunlich und faszinierend zugleich sind:

1. Die große Pyramide ist genau nach den vier Himmelsrichtungen aus gerichtet, wobei ihre Abweichung etwa 0,06% beträgt. Die Genauigkeit ihrer Ausrichtung entspricht der Präzision einer heutigen Atomuhr.
2. Die Grundfläche beträgt etwa 53.000 Quadratmeter.
3. Für den Bau wurden zirka 6 Millionen Tonnen Kalkstein und Granitquader verarbeitet.
4. Die Pyramide war ursprünglich 146,50 Meter hoch.
5. Der Umfang der Pyramide geteilt durch die doppelte Pyramidenhöhe ergibt den Wert *Pi* (3,1416) und steht im gleichen Verhältnis, wie der Umfang eines Kreises zu seinem Radius, nämlich: 2π:1.
6. Die Pyramidenhöhe von 146,50 Metern entspricht der Entfernung der Erde zur Sonne in Millionen Kilometern.
7. Die Höhe der Pyramide steht zur halben Diagonale der Grundfläche im Verhältnis 9:10.
8. Aus der Pyramide läßt sich ein Maßstabverhältnis von 1:43.200 ersehen.
9. Die Höhe der Pyramide multipliziert mit 43.200, ergibt den Wert 6.328, der mit einer geringen Abweichung dem polaren Erdradius (zirka 6.355 km) entspricht.

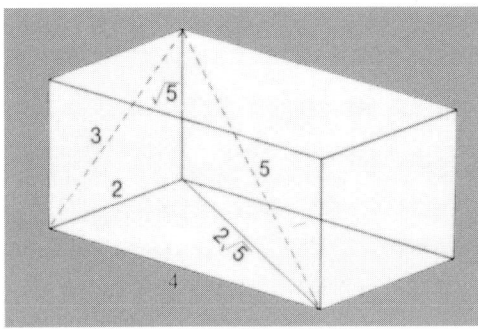

Abb.126:
Die Abbildung entspricht exakt den Proportionen der Königskammer.

10. Multipliziert man den Umfang der Pyramide mit 43.200, erhält man den Wert 39.808 km, das entspricht mit einer Abweichung von etwa 0,7% dem Erdumfang am Äquator (40.788 km).

11. Die Seitenlänge der viereckigen Grundfläche ergibt einen Wert von 365,342 ägyptische Ellen; diese Zahl entspricht der Gesamtzahl der Tage unseres Sonnenjahres.

12. Das ungefähre Gewicht der Pyramide beträgt etwa 6 Millionen Tonnen. Multiplizieren wir den Wert mit tausend Billionen, erhalten wir das annähernde Schätzgewicht der Erde (5,96 Quadrillionen Kilogramm).

13. Die drei Pyramiden von Gizeh sind untereinander im Pythagoreischen Dreieck ausgerichtet; ihre Seiten stehen im Verhältnis 3:4:5.

14. Die Pyramide dient als riesige Sonnenuhr. Die durch sie von Mitte Oktober bis Anfang März geworfenen Schatten zeigen die Jahreszeiten und die Länge des Jahres an. Die Länge der Steinplatten, welche die Pyramiden umgeben, entspricht der Schattenlänge von einem Tag. Durch Beobachtung dieses Schattens auf den Steinplatten konnte die Länge des Jahres auf den 0,2419. Teil eines Tages genau angegeben werden.

15. Der Nord-Süd-Meridian der großen Pyramide verläuft am längsten über die Landmassen der bewohnbaren Kontinente und teilt diese in zwei annähernd gleiche Hälften auf. Folgt man dem Meridian an den Polen vorbei und zur anderen Seite der Erde hin, der „Wasserseite", wird ersichtlich, daß er auch den Pazifik in zwei etwa gleich große Teile zerlegt (Abb.127).

391

16. Der Nord-Süd-Meridian bildet den natürlichen Nullpunkt für die Längenmessung des gesamten Erdballs. Heute läuft dieser Punkt durch Greenwich in England.

17. Die verlängerten Diagonalen von den südwestlichen und südöstlichen Ecken der Pyramidenbasis schließen genau das Nildelta ein (Abb.129).

18. Der Neigungswinkel der großen Pyramide ist so angelegt, daß die Mittagssonne von Ende Februar bis Mitte Oktober keinerlei Schatten wirft.

19. Der Abstand der Pyramide zum Mittelpunkt der Erde ist genauso groß, wie der zum Nordpol und entspricht dem Abstand vom Nordpol zum Erdmittelpunkt.

20. Zur bildlichen Verdeutlichung: Die Spitze der Pyramide steht für den Nordpol, der Umfang der Pyramide entspricht der Länge des Äquators und beide liegen maßstabsgerecht voneinander entfernt (Abb.128).

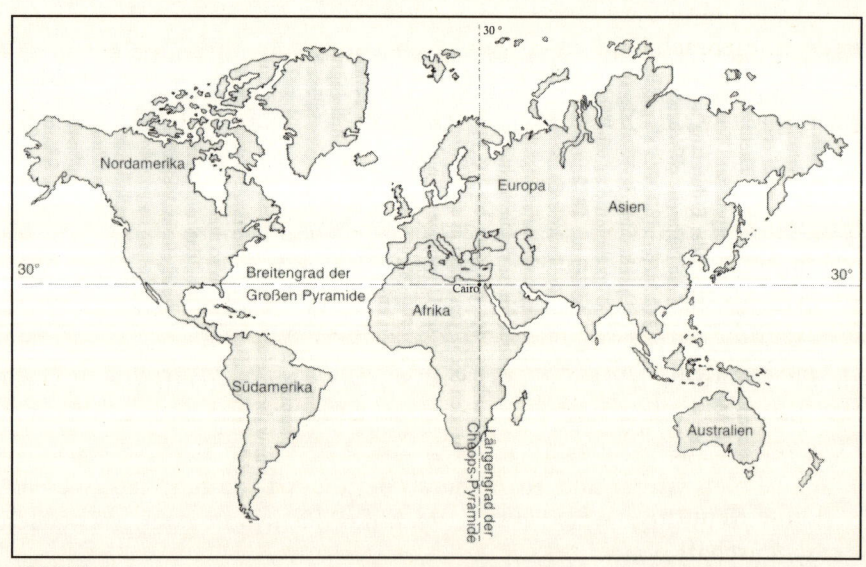

Abb.127

Ich will den kleinen Ausschnitt über die Daten und Werte der großen Pyramide an dieser Stelle abbrechen. Ich hoffe, es geht Ihnen ein wenig so wie mir, wenn ich mich mit diesen Daten befasse.

Trotz meiner über dreizehnjährigen Arbeit auf dem Gizeh-Plateau bin ich immer wieder fasziniert und zutiefst bewegt von dem hohen Wissen der alten Baumeister.

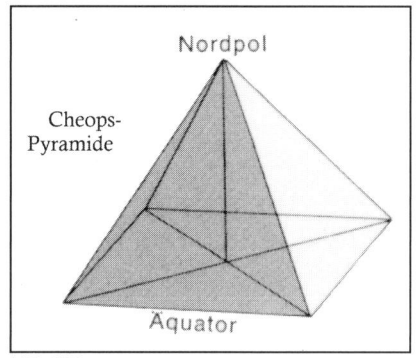

Abb.128

Im frühen neunzehnten Jahrhundert stellten französische Wissenschaftler zum erstenmal fest, daß die Pyramide ein idealer Punkt zur Landvermessung ist. Das alles geschah unter der Führung *Napoleon Bonapartes*, nach Beendigung des Ägyptenfeldzuges. Napoleon selbst interessierte sich sehr für die rätselhaften Pyramiden und hatte aus diesem Grund fast zweihundert Wissenschaftler verschiedener Universitäten mitgebracht, die im allgemeinen als Kenner des ägyptischen Altertums galten. Darunter befanden sich unter anderem Mathematiker, Kartographen und Vermessungsingenieure.

Nach Beendigung des Feldzuges wurden die Wissenschaftler beauftragt, detaillierte Karten von Ägypten anzufertigen. Wie bereits erwähnt, wählten sie die große Pyramide als Ausgangspunkt für ihre Messungen. Als die Techniker diesen Punkt näher untersuchten, stellten sie fest, daß die östliche Pyramidenseite genau nach Osten wies und exakt auf die Polarachse ausgerichtet war. Wie war dies ohne moderne Meßinstrumente wie einen Kompaß und ohne Kenntnis von der Existenz der Polarachse möglich?

Diese Kenntnis hatte man bis dahin als mehr oder minder „moderne" Errungenschaft betrachtet.

393

Bei der weiteren Untersuchung haben die französischen Wissenschaftler entdeckt, daß die verlängerten Diagonalen von den südwestlichen und südöstlichen Ecken durch die nord-westlichen und nordöstlichen Ecken der Pyramidengrundflächen genau das Nildelta einschlossen.

Weiter wurde festgestellt, daß der Meridian, der durch den Gipfelpunkt der Pyramide verläuft, das Nildelta fast genau in zwei gleiche Abschnitte teilt (Abb.129).

Interessant ist hierbei noch ein anderer Aspekt, wie durch die Abbildung 129 verdeutlicht wird. Für die alten Ägypter war Unterägypten der Norden und Oberägypten der Süden des Landes.

Die auf dem Kopf stehende Abbildung veranschaulicht auch den Sinn und die geometrische und kartographische Logik, die sich dahinter verbarg. Eine der vielen Bestimmungen der Pyramide war die eines geodätischen Fixpunktes, der zur genauen Bestimmung geographischer Punkte sowie Ausdehnung und Gestalt der Erde diente.[133]

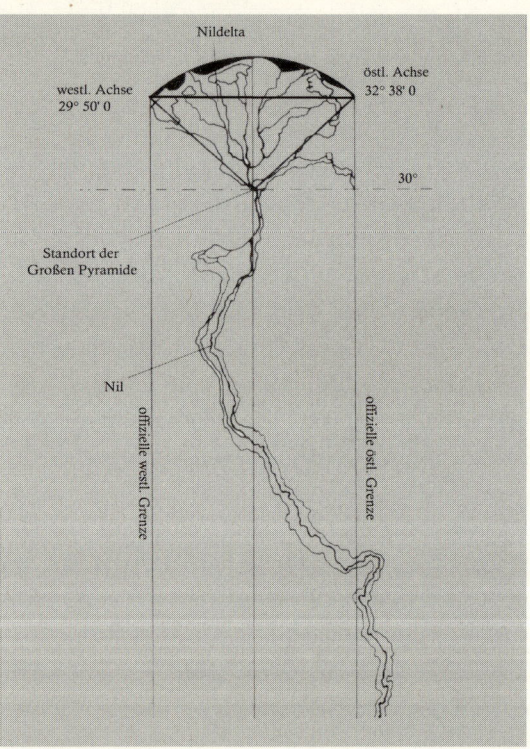

Abb.129

Anhang 2

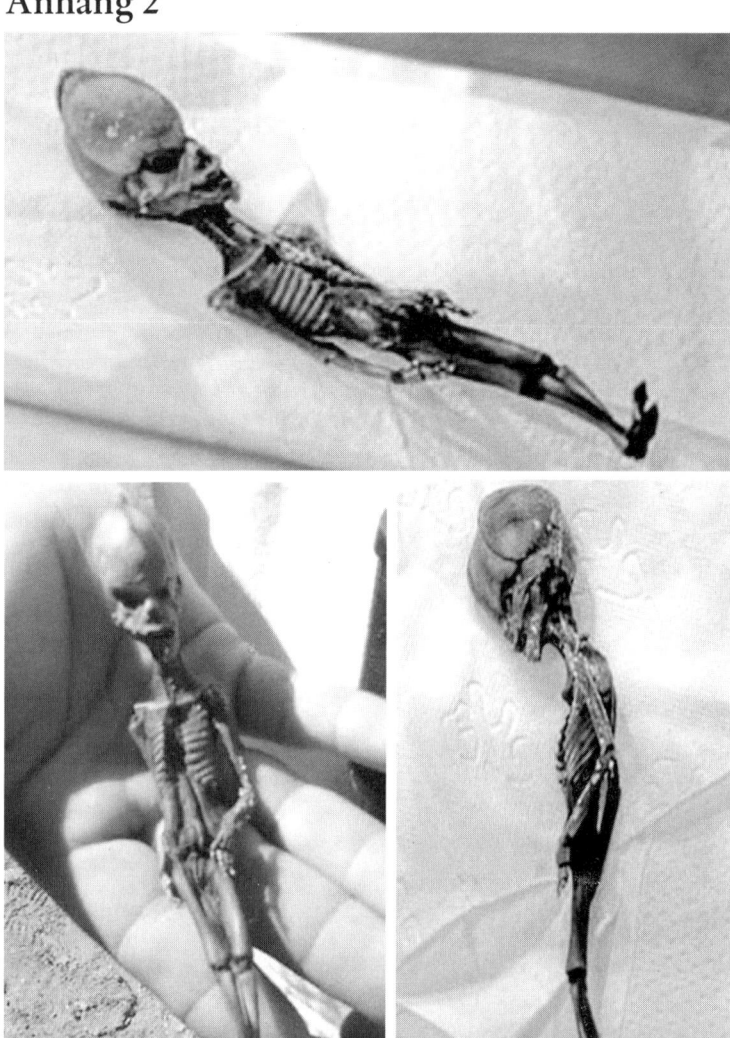

Abb.130 bis 132:
Dieses kleine Wesen wurde in Chile entdeckt und im Mai 2005 von einem Professor der Anatomie in Berlin untersucht. Sein Fazit: es ist definitiv kein menschlicher Fötus. Es fehlt die Fontanella und anstatt zwölf Rippen weist es nur zehn auf. In der Gegend, in der es gefunden wurde, erzählt man sich, daß vor dem Eintreffen der Spanier diese kleinen Wesen gelebt haben.
Im südlichen Ecuador wurde von einem Einheimischen eine Gruppe dieser Wesen „lebend" angetroffen, die gerade bei der Arbeit waren. Als sie den Mann erblickten, ergriffen sie die Flucht und ließen kleine Werkzeuge zurück.

Anmerkungen und Quellennachweis

(1) 24, S. 145ff
(1b) 24, S. 129
(2) 24, S. 23
(3) 101, S. 74ff
(4) 144, S. 408
(5) 24, S. 53
(6) 24, S. 293ff
(7) 6, S.28
(8) 6, S. 28
(9) 6, S. 21
(10) 24, S. 274
(11) 6, S. 38
(12) 1, S. 37
(13) 3, S. 19
(14) 3, S. 19
(15) 3, S. 77
(16) 3, S.77
(17) 3, S.78
(18) 3, S. 78ff
(19) 3, S. 79
(20) 3, S. 79
(21) 3, S. 80
(22) 15, S. 14
(23) 15, S. 14ff
(24) 15, S. 15
(25) 93, S. 328
(26) 1, S. 111
(27) 93, S. 336
(28) 93, S. 375
(29) 25, S. 104
(30) 25, S. 104
(31) 25, S. 183
(32) 25, S. 184
(33) 85, S. 69ff
(34) Vgl. Oxford Dictionary of the Christian Church, S. 85
(35) 67, S. 257

(36) 41, S. 28
(37) 41, S. 29
(37b) 41, S. 88
(38) 92, S. 152
(39) 24, 276ff
(40) 25, 226ff
(41) 78, S. 2
(41b) der Chronist Fulcher von Chartres
(42) 78, S. 2
(43) National Geographic, *Die Kreuzzüge*, Aug 2004, S. 49
(43b) 77
(44) 77, S. 22
(45) 78, S 8ff
(46) 78, S. 27ff
(47) 76, S. 44ff
(48) 78, S. 10ff
(49) 78, S. 12ff
(50) 25, S.113
(51) 78, S. 13ff
(52) 78, S. 14
(53) 24, S. 354
(54) 24, S. 345ff
(55) 78, S. 15ff
(56) 121, S. 195
(57) 121, S. 195
(58) 123, S. 65ff
(59) siehe E.R. Carmin (119), oder *Guru Hitler*, S. 33- 37/SV International/Schweizer Verlagshaus AG, Zürich
(60) 123, S. 242
(61) Dieter Rüggeberg, *Geheimpolitik*, Eigenverlag, Wuppertal, 1990; S. 128-131
(62) siehe E.R.Carmin (119), S.138/Heinz Höhne: *Der Orden unter dem Totenkopf – Die Geschichte der SS*, München 1978
(63) siehe Karl Poetel, *Typologie de l'Ordre Noir*, S. 142ff
(64) siehe E.R. Carmin, E. R., *Das schwarze Reich*, S. 138
(65) 113, Gerschitz, Oliver; *Verschlußsache Philadelphia Experiment*, S. 141
(66) 94, Dona, Klaus/ Habeck, Reinhard: *Im Labyrinth des Unerklärlichen*, S. 339
(67) siehe Gerry Forster/www.hohle-erde.de/"Ist unsere Erde wirklich Hohl?", Teil 1
(68) siehe (67)
(69) siehe (67)
(70) 10, S. 109
(71) 102, S. 48ff
(72) 9, S. 125ff
(73) 9, S. 126
(74) 9, S. 127
(75) 9, S. 127ff
(76) 124, S. 25
(77) 124, S. 26
(78) 124, S. 29
(79) 124, S. 31ff
(80) 124, S. 40ff
(81) 125, S. 477ff

(82) siehe Flammonde, Paris; *UFOs – Es gibt sie wirklich*, München 1978, S. 195
(82b) 66, S. 393
(83) 9, S. 135ff
(84) 107, S. 32
(85) 9, 135ff
(86) siehe *Das Neue Zeitalter*, Nr.20, 9. 5. 1980, Hutter Verlag München)
(87) 105, S. 92
(88) 25, S. 313ff
(89) 43, S. 85
(90) 77, S. 23
(91) 77, S.28
(92) 77, S. 29
(93) 26, S. 347
(94) 77, S. 30
(95) 77, S. 32ff
(96) 77, S. 45
(97) 77, S. 45ff
(98) 77, S. 47
(99) 77, S. 48
(100) 77, S. 100
(101) 77, S. 51ff
(102) 24, S. 348
(103) 123, S. 66
(104) 123, S. 67
(105) 24, S. 382
(106) 24, S. 383
(107) 123, S. 125
(108) 123, S. 153
(109) 24, S. 346
(110) 123, S. 110
(111) 128, S. 231
(112) 100, S. 125
(113) 24, S. 274
(114) 24, S. 262
(115) 24, S. 264ff
(116) 24, S. 267
(117) 24, S. 267
(118) 24, S. 270
(118b) 73, S. 227ff
(119) 131, S. 8ff
(120) 131, S. 10
(121) 131, S. 12
(122) 131, S. 13
(123) 131, S. 18
(124) 131, S. 33
(125) 131, S. 34
(125b) 131, S. 46
(126) 131, S. 47
(127) 131, S. 51
(128) 131, S. 73ff
(129) 131, S. 74ff
(130) 131, S. 78ff
(131) 131, S. 118
(132) 131, S. 121ff
(133) 24, S. 227ff, siehe auch (44) *Die Augen der Sphinx*, S. 151ff oder Tarhan, E.H., *Nur 4000 Jahre Kultur?*, Ahlen 1986

Literaturverzeichnis

(1) Muck, Otto: *Alles über Atlantis*, Düsseldorf, 1976
(2) Spanuth, Jürgen: *Atlantis*, Tübingen, 1965
(3) Berlitz, Charles: *Der 8. Kontinent*, HH/Wien 1984
(4) *Das Atlantis Rätsel*, HH/Wien, 1976
(5) *Weltuntergang 1999*, HH/Wien, 1981
(6) Cayce, Edgar Evans: *Das Atlantis-Geheimnis*, München 1991
(7) Robinson, Lytle W.: *Edgar Cayce´s Bericht von Ursprung und Bestimmung des Menschen*, Freiburg i. Br. 1990
(8) van Helsing, Jan: *Buch 3 – Der Dritte Weltkrieg*, Lathen 1996
(9) *Unternehmen Aldebaran*, Lathen 1997
(10) *Geheimgesellschaften und ihre Macht im 20. Jahrhundert*, Lathen 1994, in der BRD und der Schweiz verboten
(11) *Hände weg von diesem Buch*, Fichtenau 2004
(12) Flem-Ath, R.u.R.: *Atlantis – Der versunkene Kontinent unter dem ewigen Eis*, Hamburg 1999
(13) Bauval R./Gilbert, A.: *Das Geheimnis des Orion*, München 1994
(14) Zangger, Ebehard: *Atlantis*, München 1992
(15) Ritter, Thomas: *Spuren ins Dunkel*, Schleusingen 2001
(16) Luce, J.V.: *Atlantis – Legende und Wirklichkeit*, Bergisch-Gladbach 1969
(17) Brentjes, Burchard: *Atlantis, Geschichte einer Utopie*, Köln 1993
(18) Scott-Elliott: *Atlantis (Teil 1) und Das Untergegangene Lemuria (Teil 2)*, Freiburg 1977
(19) Brion, M.: *Die früheren Kulturen der Welt*, Paris 1959
(20) Sitchin, Zecharia: *Das erste Zeitalter*, München 1994
(21) *Stufen zum Kosmos*, München 1996
(22) *Der zwölfte Planet*, München 1995
(23) *Götter, Mythen, Kulturen, Pyramiden*, München 1990
(24) Erdmann, Stefan: *Den Göttern auf der Spur*, Fichtenau 2001
(25) *Banken, Brot und Bomben, Bd. 1*, Fichtenau 2003
(26) *Banken, Brot und Bomben, Bd. 2*, Fichtenau 2003
(27) Bauval, R./Hancock, G.: *Der Schlüssel zur Sphinx*, München 1996
(28) Baigent/Leigh: *Der Tempel und die Loge*, Bergisch Gladbach 1990
Verschlußsache Jesus – Die Qumranrollen und die Wahrheit über das frühe Christentum, München 1991
(29) *Als die Kirche Gott verriet*, Bergisch Gladbach 2000
(30) Lincoln/Baigent/Leigh: *Der Heilige Gral und seine Erben*, Bergisch Gladbach 1984
(31) Knight Christopher/Lomas Robert: *Unter den Tempeln Jerusalems*, Bern/München 1997

(32) Hauf, Monika: *Der Mythos der Templer*, Zürich; Düsseldorf 1998
(33) *Wege zum Gral zum Gral*, München 2003
(34) Pritchard, James B.: *Die Archäologie und das Alte Testament*, Wiesbaden, 1980
(35) Ritter, Thomas: *Spuren ins Dunkel*, Schleusingen 2001
(36) *Sehnsucht*, Groß Gerau, 2003
Die Katharer, Groß Gerau 2003
(37) Ritter Annett u. Thomas: *Rennes-Le-Chateau – Das Geheimnis der Pyramiden*, Suhl 1999
(38) Gardner, Laurence: *Das Vermächtnis der Heiligen Grahl*, München 1999
(39) Buttlar, Johannes von: *Drachenwege*, München 1990
(40) *Adams Planet*, München 1991
(41) *Der flüsternde Stein*, München 2000
(42) *Sie kommen von fremden Sternen*, Augsburg 1992
(43) *Projekt Aurora*, Köln 1999
(44) Däniken, Erich von: *Die Augen der Sphinx*, München 1989
(45) *Der Götter-Schok*, München 1992
(46) *Wir alle sind Kinder der Götter*, München 1973
(47) *Der jüngste Tag hat längst begonnen*, Augsburg 1998
(48) *Erinnerungen an die Zukunft*, Düsseldorf 1968
(49) *Die Götter waren Astronauten*, München 2001
(49) Hausdorf, Hartwig: *Die weiße Pyramide*, München 1994
(50) *Das Jahrhundert der Phänomene*, München 1999
(51) Mutwa, Credo Vusamazulu: *Indaba My Children*, Johannesburg 1964
(52) *My People*, Johannesburg 1965
(53) *Let Not My Country Die*, Pretoria 1986
(54) *Song Of The Stars*, New York 1996
(55) Blavatsky, H.P.: *Die Geheimlehre*, Kosmogenesis, Den Haag o.J.
(56) *Die Geheimlehre*, Anthropogenesis, Den Haag o.J.
(57) *Die Geheimlehre*, Esoterik, Den Haag o.J.
(58) *Isis Entschleiert*, Wissenschaft, Den Haag o.J.
(59) *Isis Entschleiert*, Theologie, Den Haag o.J.
(60) Zillmer, Hans-Joachim: *Darwins Irrtum*, München 1998
(61) *Irrtümer der Erdgeschichte*, München 2001
(62) Goldsmith, Donald: *Die Jagd nach Leben auf dem Mars*, München '96
(63) Temple, Robert K.G.: *Das Sirius-Rätsel*, Frankfurt a. Main 1976
(64) Risi, Armin: *Gott und die Götter*, Neuhausen 1995
(65) *Unsichtbare Welten*, Neuhausen 1998
(66) *Machtwechsel auf der Erde*, Neuhausen 1999
(67) Haich, Elisabeth: *Die Einweihung*, Ergolding 1985
(68) Kenneth C. Davis: *Was dachte sich Gott, als er den Menschen erschuf?*, Bergisch Gladbach 2000

(69) Tollmann, Edith u. Alex.: *Und die Sintflut gab es doch*, München 1995

(70) Langbein, Walter-Jörg: *Geheimnisse der Bibel*, Berlin 1997

(71) Thompson Gremo: *Verbotene Archäologie*, Augsburg 1997

(72) Ercivan, Erdogan: *Verbotene Ägyptologie*, Rottenburg 2001

(73)   *Fälscher und Gelehrte*, Rottenburg 2002

(74) Bürgin, Luc: *Geheimakte Archäologie*, München 1998

(75) Krassa, Peter: *Gott kam von den Sternen*, Rottenburg 2002

(76) Hoffmann-Schmidt, Helga: *Das Vermächtnis der Atlanter*, Rosegg 2000

(77) Lamers, H.J./Göring, L.W./Seger, P.G.: *Das Phänomen „Leben“*,
               Roermond/Niederlande 1992

(78) Göring, Lothar: *Apokalypse der Seele*, Velden a. Wörthersee 1997

(79) Fischinger, Lars A.: *Götter der Sterne*, Weilersbach 1997

(80) Bramley, William: *Die Götter von Eden*, Wien 1990

(81) Blumrich, J.F.: *Kásskara und die Sieben Welten*, München 1985

(82) Horn, Prof. Arthur D.: *Götter gaben uns die Gene*, Güllesheim 1997

(83) Hoffmann, Gabriele: *Versunkene Welten*, Bergisch Gladbach 1985

(84) Grierson R./Munro-Hay: *Der Pakt mit Gott*, Bergisch Gladbach 2001

(85) Hancock, Graham: *Die Wächter des Heiligen Siegels*, Bergisch Gladbach 1992

(86) Braasch, Dieter: *Pharaonen und Sumerer – Megalithiker aus dem aus dem Nor
               den*, Thübingen 1997

(87) Charroux, Robert: *Vergessene Welten*, Düsseldorf 1974

(88) Keller, Werner: *und die Bibel hat doch recht*, Düsseldorf 1963

(89) Müller, Ernst: *Der Sohar – Das Heilige Buch der Kabbala*, München 1991

(90) Blofeld, John: *I Ging*, München 1991

(91) Fiebag, Johannes u. Peter: *Die Entdeckung des Grals*, Wien 1982

(92)   *Die Ewigkeits-Maschine*, München 1998

(93) Habeck, Reinhard: *Die letzten Geheimnisse*, Wien 2003

(94) Dona, Klaus/Habeck, Reinhard: *Im Labyrinth des Unerklärlichen*, Rottenb. '04

(95) Childress/Shaver: *Versunkene Kontinente*, PEiting 2001

(96) Ravenscorft, Trevor: *Die heilige Lanze*, London 1972

(97) Schön, Heinz: *Mythos Neuschwabenland*, Selent 2004

(98) Lattacher, Siegbert: *Viktor Schauberger*, Steyr 1999

(99) Alexandersson, Olof: *Lebendes Wasser*, Steyr 1999

(100) Hendel, Barbara/Ferreira, Peter: *Wasser und Salz*, Herrsching 2001

(101) Emoto, Masaru: *Die Antwort des Wassers* Bd. 1, Tokio 2001

(102) Bahn, Peter/Gehring, Heiner: *Der Vril-Mythos*, Düsseldorf 1997

(103) Gehring, Heiner/ Echardt, Leonhard: *Flugscheiben über Peenemünde?*,
               Schleusingen 2001

(104) Gehring, Heiner/Rothkugel, Klaus P.: *Der Flugscheiben-Mythos*, Schleus. 2001

(105) Gehring, Heiner/ Zunneck, Karl-Heinz: *Flugscheiben über Neuschwabenland*,
               Rottenburg 2005

(106) Zunneck, Karl-Heinz: *Die totale Manipulation*, Zella-Mehlis 2002
(107)   *Geheimtechnologien, Wunderwaffen und die irdi-schen Facetten des UFO-Phänomens*, Rottenburg
(108)   *Geheimtechnologien*, Schleusingen 2001
(109) Bulwer-Lytton, Edward: *Vril oder eine Menschheit der Zukunft*, Dornach/Schweiz 1981
(110) Epp, J. Andreas: *Die Realität der Flugscheiben*, Peiting 2002
(111) Godwin, Joscelyn: *Arktos, die hohle Erde*, Peiting 1997
(112) Landig, Wilhelm: *Woflszeit um Thule*, Wien 1980
(113) Gerschitz, Oliver: *Verschlusssache Philadelphia Experiment*, Rottenburg 2004
(114) Rétyi, Andreas von: *Die Stargate-Verschwörung*, Rottenburg 2000
(115)   *Geheimbasis 51*, Rottenburg 1998
(116) Rose, Detlev: *Die Thule-Gesellschaft*, Tübingen 1994
(117) Höhne, Heinz: *Der Orden unter dem Totenkopf*, München 2002
(118) Goodrick-Clarke, Nicholas: *Die okkulten Wurzeln des Nationalsozialismus*, Wiesbaden 2004
(119) Carmin, E.R.: *Das schwarze Reich*, München 1997
(120) van Dieten, Joky: *Messengers of Ancient Wisdom*, Niederlande 2002
(121) Preston, B. Nichols/Moon, Peter: *Rückkehr nach Montauk*, Fichtenau 1995
(122)   *Das MontaukProjekt – Experimente mit der Zeit*, Fichtenau 1994
(123)   *Die Pyramiden von Montauk*, Peiting 1996
(124) Cooper, Milton William: *MJ 12*, Peiting 1997
(125)   *Die Apokalyptischen Reiter*, Peiting 1996
(126) Watkins, Leslie: *Alternative 3*, Peiting 1998
(127) Darlington, David: *Die Dreamland-Akte*, München 1999
(128) Morpheus: *Matrix Code*, Wien 2003
(129) Mc Taggart, Lynne: *Das Nullpunkt-Feld*, München 2002
(130) Sheldrake, Rupert: *Das Gedächtnis der Natur*, München 2003
(131) Waldhauser, Hermann: *Regenzauber der Pharaonen*, Steyr 1976

Lexika und Duden

(132) Meyers Lexikon, Mannheim 1973
(133) Internationales Freimaurer Lexikon, E. Lennhof, O. Posner, Zürich-Leipzig-Wien, 1932
(134) Internationales Freimaurer Lexikon, E. Lennhof, O. Posner, D. A. Binder, überarbeitete und erweiterte Neuauflage der Ausgabe von 1932, München
(135) Neues Lexikon des Judentums, Schoeps, überarbeitete Auflage, Gütersloh 2000

(136) Bertelsmann Volkslexikon, Gütersloh 1956

(137) Das Oxford-Lexikon der Weltreligionen, Düsseldorf 1999

(138) Lexikon der Ägyptischen Kultur, Wiesbaden 1960

(139) Kleines Lexikon der Bibelworte, von Heinrich Kraus, München 1998

(140) Langbein, Walter-Jörg: *Lexikon der biblischen Irrtümer*, München 2003

(141) **Knaur:** *Das Deutsche Wörterbuch*, München 1997

(142) **Duden:** *Etymologie der deutschen Sprache*, Mannheim 1997, Bd. 7

(143) **Duden:** *Das Fremdwörterbuch*, Mannheim 1997, Band 5

(144) Dopatka, Ulrich: *Die große Erich von Däniken Enzyklopädie*, München 1997

(145) Jaß, Manfred, *Lexikon der Dynastien und Fürstenhäuser*, Frankfurt a. M. 2002

Bibeln

- Die Bibel, Übersetzung nach Martin Luther, Frankfurt am Main 1693
- Die Bibel, Übersetzung nach Martin Luther, Halle a. S. 1898
- Die Bibel, Übersetzung nach Martin Luther, Stuttgart 1978
- Die Bibel, Die Gute Nachricht des Neuen und Alten Testamentes, Stuttgart 1982
- *Neue Jerusalemer Bibel*, Einheitsübersetzung, Freiburg i. B. 1985
- Die Bibel, Haus- und Familienbibel, Druck und Verlag vom Bibliographischen Institut 1831

Bildquellen

(1) Wandrelief, British Museum London

(2) Habeck, Reinhard, *Die letzten Geheimnisse*, Tosa-Verlag, S. 308

(3) siehe (2), S. 312

(4) siehe (2), S. 320

(5) siehe (2), S. 325

(6) bis (9) Scott-Elliot, W., *Atlantis*, Bauer-Verlag, Freiburg 1977, Kartenbeilage

(10) Erdmann, Stefan, *Den Göttern auf der Spur*, Ama Deus-Verlag, S. 129

(11) siehe (10), S. 129

(12) siehe (2), S. 340

(13) Dona, Klaus/Habeck, Reinhard, *Im Labyrinth des Unerklärlichen*, Kopp-Verlag, S. 226

(14) siehe (13), S. 227

(15) siehe (2), S. 373

(16) siehe (2), S. 373

(17) siehe (2), S. 15

(18) siehe (2), S. 21

(19) siehe (2), S. 56

(20) siehe (2), S. 76

(21) siehe (2), S. 143

(22) siehe (2), S. 181

(23) siehe (2), S. 157

(24) siehe (2), S. 157

(25) siehe (10), S. 191

(26) siehe (10), S. 191

(27) siehe (2), S. 102

(28) siehe (2), S. 102

(29) siehe (2), S. 328

(30) siehe (2), S. 360

(31) siehe (2), S. 360

(32) Fiebag, Johannes und Peter, *Die Ewigkeits-Maschine*, Langen Müller, S. 176

(33) Bauval, Robert/Gilbert, Adrian, *Das Geheimnis des Orion*, List, S. 28

(34) Stefan Erdmann Privatarchiv

(35) Stefan Erdmann Privatarchiv

(35b) www.wfg-gk.de

(35c) Ravenscroft, Trevor, *Die heilige Lanze*, Universitas-Verlag, S. 38

(36) Stefan Erdmann Privatarchiv

(37) Stefan Erdmann Privatarchiv

(38) Carter, Howard, *Das Grab des Tut-Ench-Amun*, Brockhaus 1951, Bildteil

(39) siehe (38), Bildteil

(40) siehe (39), Bildteil

(41) siehe (38), Bildteil

(42) siehe (38), Bildteil

(43) siehe (38), Bildteil

(44) siehe (38), Bildteil

(45) siehe (38), Bildteil

(46) siehe (38), Bildteil

(47) Stefan Erdmann Privatarchiv

(48) Fiebag, Johannes und Peter, *Die Entdeckung des Grals*, Goldmann, S. 125

(49) Stefan Erdmann Privatarchiv

(50) siehe (49)

(51) bis (57) Stefan Erdmann Privatarchiv

(58) Stefan Erdmann Privatarchiv

(59) Göring, L. W., *Apokalypse Seele*, Vesta-Verlag, . S.21

(60) *Magazin Aufklärungsarbeit*, Schorndorf, S. 31

(61) siehe (60), S. 31

(62) siehe (60), S. 32

(63) Nichols, Preston/Moon, Peter, *Pyramiden von Montauk*, Edition Pandora, S. 59

(64) Nichols, Preston/Moon, Peter, *Rückkehr nach Montauk*, E.T. Publishing Unlimited, S. 73

(65) siehe (60), S. 33

(66) Stefan Erdmann Privatarchiv

(67) Rose, Detley, *Die Thule-Gesellschaft*, Grabert-Verlag, S. 84

(68) http://oto-usa.org/history.thml#kellner

(69) siehe (67), S. 84

(70) Stefan Erdmann Privatarchiv

(71) Stefan Erdmann Privatarchiv

(72) Stefan Erdmann Privatarchiv

(73) Davis, Dan, *Nationale Sicherheit*, Ama Deus-Verlag

(74) siehe (73)

(75) Stefan Erdmann Privatarchiv

(76) bis (82), E.T. – Joky van Dieten, *Messengers of Ancient Wisdom*,

(83) Stefan Erdmann Privatarchiv

(84) Stefan Erdmann Privatarchiv

(85) siehe (67), S. 38

(86) bis (89) van Helsing, Jan, *Unternehmen Aldebaran*, Ama Deus, Bildteil

(90) www.whale.to/b/paperclip.html

(91) www.wikipedia.de

(92) von Buttlar, Johannes, *Projekt Aurora*, VGS-Verlag, S. 51

(93) Göring/Lamers/Seeger, *Das Phänomen Leben*, Vesta-Verlag, S. 43

(94) siehe (93), S. 44

(95) siehe (93), S. 44

(96) siehe (93), S. 45

(97) siehe (93), S. 45

(98) siehe (93), S. 46

(99) siehe (59), S. 52

(100) siehe (59), S. 52

(101) siehe (59), S. 53

(102) siehe (59), S. 54

(103) siehe (59), S. 55

(104) siehe (59), S. 57

(105) siehe (59), S. 60

(106) siehe (59), S. 61

(107) siehe (59), S. 62

(108) siehe (63), S. 105

(109) siehe (63), S. 224

(110) siehe (64), S. 202

(111) bis (115) Stefan Erdmann Privatarchiv

(116) bis (125) Waldhauser, Hermann, *Regenzauber der Pharaonen*, Junior-Druck Behamberg 1976, sowie Patentschrift Herrn Waldhausers und Artikel in „Neues Steyr-Magazin", April 1978

(126) bis (129) Tompkins, Peter, *Cheops*, München 1973

(130) bis (132) www.iiee.cl

Personenregister

Stichwortverzeichnis

Stefan Erdmann

Band 1

Die historischen Hintergründe...

„Es ist egal, ob George W. Bush oder Al Gore Präsident wird - Alan Greenspan ist der Chef der Notenbank..." las man vor der letzten US-Präsidentschaftswahl in der Süddeutschen Zeitung. Wer ist denn dieser Greenspan, daß er offenbar mehr Einfluß hat als der angeblich mächtigste Mann der Welt – der US-Präsident? Oskar Lafontaine war sich offenbar dieser unsichtbaren Macht bewußt, als er sich zu folgendem Satz hinreißen ließ: *„Die Weltpolitik wird von einem Hochfinanz-Imperium regiert."*

Sicherlich sind die meisten Personen, die heute die Welt steuern, aus dem Wirtschafts- und Finanzbereich. Doch der wahre Grund, warum sie so mächtig sind und die Geschicke der Welt über unsichtbare Fäden lenken, liegt mitunter in ihrer Mitgliedschaft in Geheimlogen. Diese Logen hüten nämlich einige höchst brisante Geheimnisse, die teils Jahrtausende zurückreichen und deren Wissen den Globalisten diese ungeheure Machtausübung erst ermöglicht. Interessiert es Sie, worüber diese Logenmänner Kenntnis haben und was sie vor Ihnen verborgen halten?

Die Antworten auf diese und viele andere brisante Fragen präsentiert hier Stefan Erdmann in seinem Zweiteiler *Banken, Brot und Bomben*. Nach jahrelanger Recherche, vielen Reisen durch fünf Kontinente und einigen höchst aufschlußreichen Interviews mit Insidern enthüllt er in *Banken, Brot und Bomben* bisher unveröffentlichte Informationen, die das Wirken dieser Dunkelmänner in der Weltgeschichte nachweisen und ihr globales Spiel um die Neue Weltordnung – einer Weltregierung in Form eines modernen Sklavenstaats – dem Leser schlüssig erklären.

In Band 1 untersucht Stefan Erdmann nicht nur die erstaunlichen Parallelen zwischen Moses und dem ägyptischen Pharao Echnaton sondern auch von Tutenchamun und Jesus und zeigt die Wahrscheinlichkeit auf, daß beide Pharaonen zu Hebräern umgefälscht wurden, was nicht nur die Abrahamreligionen auf den Kopf stellen, sondern auch erstmals sinnvoll die Widersprüche im A.T. erklären könnte. In Band 1 führt er den Leser quer durch die Geschichte bis in die Gegenwart und zeigt damit auch die Verbindung der alten Kulturen und der Geheimnisse um die Personen Jesus und Moses mit den modernen Geheimgesellschaften der Freimaurer und Illuminaten auf.

ISBN 3-9807106-1-0 • 19,70 Euro

ALDEBARAN-Versand
50670 Köln • Weißenburgstr. 10 a
Telefon 02 21 - 737 000 • Telefax 02 21 - 737 001

Stefan Erdmann

Band 2

Das Geheimwissen in der Gegenwart

Haben Sie sich nicht schon oft gefragt, ob unsere Politiker noch ganz bei Trost sind, betrachtet man die Steuer- und Rentenpolitik, vor allem aber auch die Zuwanderungs- und Asylthematik, die EU-Osterweiterung und die Einführung des Euro, den keiner wollte, der aber dennoch kam?

Jeder Mittelständler hätte seine Firma längst schließen müssen, würde er so wirtschaften. Was glauben Sie? Sind unsere Führungsspitzen allesamt geistig verwirrt, oder steckt hier System dahinter?

Stefan Erdmann öffnet Ihnen die Augen! Im ersten Teil von **Banken, Brot und Bomben** hat er die Leser über Geschichtsverdrehungen im Altertum aufgeklärt und über die Verstrickungen alter Bruderschaften mit dem Finanzadel. In diesem Folgeband nimmt er Sie mit auf eine nicht weniger spannende Reise durch ein Netzwerk von Freimaurerlogen (Bilderbergern, Komitee der 300, CFR...), Medien- und Pharmamogulen, Energielobbyisten bis hin zur Hochfinanz und zeigt deren Machtstrukturen bis in die Jetztzeit auf. Dabei beleuchtet er unter anderem auch die Hintergrundpolitik der Russischen Revolution und des Ersten Weltkrieges und erläutert dabei auch schlüssig, wieso aus den Ergebnissen, die man auf der Versailler „Friedenskonferenz" mit dem Versailler Vertrag beschloß, die Grundlage für einen neuen Weltkrieg geschaffen wurde.

Stefan Erdmann zeigt dabei auch schonungslos die Rolle der Massenmedien auf und verdeutlicht anhand von Beispielen, wie diese den heutigen Konsummensch bewußt manipulieren. Er erläutert die Mechanismen der psychologischen Kriegsführung und die gezielte Verblödung unserer Kinder durch das gegenwärtige Erziehungssystem und eine bewußte Verrohung durch das Fernsehprogramm. Bei all diesen Betrachtungen läßt er auch die Hintergründe des Anschlags auf das World Trade Center nicht außer Acht, erklärt die wahren Absichten der amerikanischen Regierung für den Krieg im Irak und damit den Beginn des Dritten Weltkriegs sowie die juristische Situation Deutschlands beziehungsweise des Deutschen Reiches nach dem Ende des Zweiten Weltkriegs.

Er zeigt jedoch nicht nur die Mechanismen der momentanen Weltherrscher auf, sondern bietet auch Vorschläge an, um es dem einzelnen zu ermöglichen, aus diesem manipulativen Spiel auszusteigen.

ISBN 3-9807106-0-2 • 19,70 Euro

ALDEBARAN-Versand
50670 Köln • Weißenburgstr. 10 a
Telefon 02 21 - 737 000 •Telefax 02 21 - 737 001

DEN GÖTTERN AUF DER SPUR

Stefan Erdmann

Gentechnik vor 400.000 Jahren

Waren wir bisher der Meinung, daß die Frage nach der Entstehung des Menschen längst geklärt sei? Wenn ja, werden wir durch dieses Werk eines Besseren belehrt. Stefan Erdmann hat auf seinen Expeditionen durch sechs Kontinente, schwerpunktmäßig jedoch durch den afrikanischen, Entdeckungen gemacht, die sehr überzeugend darlegen, daß die ersten Kulturbringer der Menschheit einst *von den Sternen* kamen und genetisch in die Entwicklung auf der Erde eingegriffen hatten.

Auf seiner Suche nach Anhaltspunkten, die diese These unterstützen würden, hatte er Gebiete Afrikas besucht, die nie zuvor ein Weißer betreten hatte; traf dabei auf Menschen, von denen bisher kein Mensch wußte, daß sie überhaupt existierten; besuchte verborgene Täler, von denen bisher nur Mythen berichteten und stieß dabei immer wieder auf Hinweise, die einen Eingriff von *außen* bestätigten.

Auch wenn wir solch einer Annahme bisher noch skeptisch gegenüber eingestellt gewesen sein sollten, wird sich das nach der Lektüre dieses Buches geändert haben. Wie ein roter Faden ziehen sich Berichte über diese „Besucher" durch die Geschichte der Menschheit, und wir werden dabei unweigerlich mit der Frage konfrontiert, ob der Mensch wirklich die Krone der Schöpfung ist, wie es das Alte Testament lehrt, oder nur ein evolutionärer Fremdling, der sein Auftauchen der Laune einer Gruppe von „Göttern" zu verdanken hat?

Begeben wir uns mit dem Autor auf eine faszinierende und teilweise fantastisch anmutende Spurensuche durch die verschiedenen Kulturen dieses Planeten und erfahren dabei von Ereignissen, die der klassischen Archäologie nicht nur unangenehm werden, sondern diese teilweise gänzlich über den Haufen werfen. Seien wir auf die Überraschungen gespannt, die wir mit Stefan Erdmann auf seiner Zeitreise durch die Menschheitsgeschichte erleben werden und folgen wir ihm auf den Spuren der Götter!

ISBN 3-9807106-6-1 • 20,30 Euro

ALDEBARAN-Versand
50670 Köln • Weißenburgstr. 10 a
Telefon 02 21 - 737 000 •Telefax 02 21 - 737 001

WER HAT ANGST VOR'M SCHWARZEN MANN?

JAN VAN HELSING

Jan Udo Holey/Jan van Helsing

Immer wieder hört man Berichte – meist von Hospiz-Mitarbeitern, aber auch von Ärzten, Krankenschwestern und Pfarrern –, daß einem Sterbenden kurz vor seinem Ableben ein „schwarzer Mann" erschienen ist; eine Gestalt, die in unserem Kulturkreis als „Freund Hein", „Boandlkramer" oder „Sensenmann" bezeichnet wird.

Eine solche Begegnung hatte beispielsweise auch Herr Franz G. aus Berchtesgaden, bei dem in der Nacht vor einer Klettertour ein „schwarzer Mann" am Bett stand und diesem erklärte, daß „die Zeit reif sei". Am nächsten Tag stürzten er und sein Kamerad ab, wobei der andere sein Leben verlor und er nur schwerverletzt überlebte.

Was denken Sie, wenn Sie solch eine Geschichte hören? Handelt es sich hierbei nur um eine Einbildung, Halluzination, Rauscherfahrung oder eine schlichte Ausschüttung von Bildern aus dem Unterbewußtsein?

Ähnlich nüchtern wäre Jan van Helsing auch mit solchen Berichten umgegangen, hätte er nicht selbst eine Begegnung mit diesem „schwarzen Mann" gehabt – zwei Wochen vor einem schweren Autounfall.

Fasziniert von der Erscheinung dieses Wesens, beeindruckt von dessen Präsenz und vor allem unheimlich neugierig geworden, versuchte Jan van Helsing über zwei Jahre hinweg mit diesem Wesen in direkte Verbindung zu treten, was schließlich im Dezember 2004 gelang.

In einem spannenden und weltweit einzigartigen Interview wurden unter anderem folgende Fragen erörtert:

Wer ist dieses Wesen?	Welche Rolle spielt der Schutzengel?
Holt es die Seelen ab?	Was denkt es über die Religionen?
Wo bringt es diese hin?	Hat es jemals Gott gesehen?
Gibt es einen Teufel?	Gibt es eine Hölle?
Wer beherrscht die Welt?	Gibt es kosmische Gesetze?
Wer ist der Antichrist?	Wie geht es im Himmel zu?
Was ist der Sinn des Lebens?	Wie sieht unsere Zukunft aus?

ISBN 3-9807106-5-3 • 19,70 Euro

ALDEBARAN-Versand
50670 Köln • Weißenburgstr. 10 a
Telefon 02 21 - 737 000 •Telefax 02 21 - 737 001

Jan van Helsing

Jan Udo Holey/Jan van Helsing

Sie werden sich sicherlich fragen, wieso Sie dieses Buch nicht in die Hand nehmen sollen. Handelt es sich hierbei nur um eine clevere Werbestrategie?

Wohl kaum. Wie Sie wissen, wurden zwei Bücher von Jan van Helsing aufgrund ihres brisanten Inhalts verboten. Und die etablierten Medien lassen auch kaum einen Tag verstreichen, ohne die Bevölkerung vor den Ideen des *„gefährlichsten Sachbuchautoren Deutschlands"* zu warnen.

Nun rüttelt Jan van Helsing erneut an einem Weltbild - an Ihrem! Daher ist der Rat: *„Hände weg von diesem Buch!"* durchaus ernst gemeint. Denn nach diesem Buch wird es nicht leicht für Sie sein, so weiterzuleben wie bisher. Heute könnten Sie möglicherweise noch denken: *„Das hatte mir ja keiner gesagt, woher hätte ich denn das auch wissen sollen?"* Heute können Sie vielleicht auch noch meinen, daß Sie als Einzelperson sowieso nichts zu melden haben und nichts verändern können. Nach diesem Buch ist es mit dieser Sichtweise jedoch vorbei!

Sollten Sie ein Mensch sein, den Geheimnisse nicht interessieren, der nie den Wunsch nach innerem und äußerem Reichtum verspürt hat, der sich um Erfolg und Gesundheit keine Gedanken macht, dann ist es besser, wenn Sie den gut gemeinten Rat befolgen und Ihre Finger von diesem Buch lassen.

Sollten Sie jedoch immer schon gefühlt haben, daß mit dieser Welt etwas nicht stimmt, sollten Sie die letzten Geheimnisse unserer "aufgeklärten" Welt interessieren und sollten Sie jemand sein, der es vom Leben noch einmal wissen will, dann ist das Ihr Buch!

Sagen Sie aber nicht, man hätte Sie nicht gewarnt! Denn Jan van Helsing wird Ihnen von Dingen und Ereignissen berichten, die Ihnen die Möglichkeit einräumen werden, Macht über Ihr eigenes Leben zu bekommen und die Kraft, andere daran Teil haben zu lassen. Und wer über Macht verfügt, der trägt auch eine große Verantwortung.

Daher sind Sie vor die Wahl gestellt: Möchten Sie auch weiterhin gelebt werden oder ist der Zeitpunkt jetzt gekommen, Ihr Schicksal selbst in die Hand zu nehmen?

Die Entscheidung liegt bei Ihnen!

ISBN 3-9807106-8-8 • 21,00 Euro

ALDEBARAN-Versand
50670 Köln • Weißenburgstr. 10 a
Telefon 02 21 - 737 000 • Telefax 02 21 - 737 001

DIE KINDER DES NEUEN JAHRTAUSENDS

Jan Udo Holey/Jan van Helsing

Mediale Kinder verändern die Welt!

Der dreizehnjährige Lorenz sieht seinen verstorbenen Großvater, spricht mit ihm und gibt dessen Hinweise aus dem Jenseits an andere weiter. Kevin kommt ins Bett der Eltern gekrochen und erzählt, daß *„der große Engel wieder am Bett stand"*. Peter ist neun und kann nicht nur die Aura um Lebewesen sehen, sondern auch die Gedanken anderer Menschen lesen. Vladimir liest aus verschlossenen Büchern, und sein Bruder Sergej verbiegt Löffel durch Gedankenkraft.

Ausnahmen, meinen Sie, ein Kind unter tausend, das solche Begabungen hat? Nein, keinesfalls! Wie der Autor in diesem, durch viele Fallbeispiele belebten Buch aufzeigt, schlummern in allen Kindern solche und viele andere Talente, die jedoch überwiegend durch falsche Religions- und Erziehungssysteme, aber auch durch Unachtsamkeit oder fehlende Kenntnis der Eltern übersehen oder gar verdrängt werden. Und das spannendste an dieser Tatsache ist, daß nicht nur die Anzahl der medialen Kinder enorm steigt, sondern sich auch ihre Fähigkeiten verstärken. Was hat es damit auf sich?

Lauschen wir den spannenden und faszinierenden Berichten medialer Kinder aus aller Welt, darunter

- die hellsichtig-medialen Kinder, die in Kontakt mit der geistigen Welt – mit dem ,Jenseits' – stehen;
- die Kinder, die sich an ihr letztes Leben erinnern können;
- die Indigo-Kinder, die durch ihr hyperaktives Verhalten, ihre extreme Art, sich nicht anzupassen, und ihren hohen IQ auffallen;
- die supermedialen chinesischen Kinder, die nicht nur in der Lage sind, mit den Ohren oder den Händen zu lesen, sondern auch Gegenstände aus dem „Nichts" zu materialisieren, und
- die Kinder, die eine neue – bisher als *„mutiert"* bezeichnete – DNS aufweisen und daher nicht nur gegen infiziertes Blut resistent, sondern selbst gegen Krebszellen immun sind.

ISBN 3-9807106-4-5 • 23,30 Euro

ALDEBARAN-Versand
50670 Köln • Weißenburgstr. 10 a
Telefon 02 21 - 737 000 • Telefax 02 21 - 737 001

UNTERNEHMEN ALDEBARAN

Jan Udo Holey/Jan van Helsing

Das allgäuer Ehepaar Karin und Reiner Feistle behauptet, schon seit seiner Kindheit von Außerirdischen besucht worden zu sein. Beide waren bis vor ein paar Jahren fest der Überzeugung, daß ihr „Fall" einer von vielen sei, wie sie nun langsam immer mehr an die Öffentlichkeit dringen, bei denen nachts Menschen von kleinen grauen Wesen mit großen Köpfen „entführt" werden und sich irgendwelchen „Untersuchungen" ausgesetzt finden.

Doch das änderte sich schlagartig, als Reiner Feistle zum erstenmal den Kommandanten des Raumschiffes, auf das ihn die kleinen „Grauen" gebracht hatten, zu Gesicht bekam – er war zwei Meter zwanzig groß, hatte blaue Augen, lange dunkle Haare und sprach deutsch (im Gegensatz zu den „Grauen", die sich telepathisch mit ihm verständigten).

Das ganze Szenarium der „Grauen" entpuppte sich als ein großes Tarnmanöver für die großen Besucher aus dem Sonnensystem Aldebaran, die der Menschheit auf der Erde in der kommenden schwierigen Zeit des Umbruchs hilfreich zur Seite stehen, jedoch noch nicht persönlich in Erscheinung treten wollen, da die Mehrzahl der Menschen momentan noch dazu neigt, sie zu „Engeln" oder „Göttern" zu erklären und dazu tendiert, diesen ihre Verantwortung zu übertragen.

Doch Karin und Reiner Feistle sind nicht die ersten Deutschen, mit denen die Aldebaraner Kontakt aufgenommen haben.

Unglaublich meinen Sie?
Nun, vielleicht sind Sie nach der Lektüre dieses Buches anderer Meinung.

ISBN 3-9805733-2-X • 23,30 Euro

ALDEBARAN-Versand
50670 Köln • Weißenburgstr. 10 a
Telefon 02 21 - 737 000 •Telefax 02 21 - 737 001

BUCH 3 – Der Dritte Weltkrieg - NEUAUFLAGE

Jan Udo Holey/Jan van Helsing

Ist das Schicksal der Menschheit vorherbestimmt...?

Im Jahre 1871 erstellten die Führer einer Geheimloge einen Plan, wie sie über drei Weltkriege die Welt - sprich die Zentralbanken, die Börsen, das Öl, die Energie- sowie die Wasserversorgung, die Medien und die Medizin - in ihre Gewalt bringen können. Auf dem Weg zur „Neuen Weltordnung" – einer Weltregierung kontrolliert von diesen Schattenmännern – sollte der Erste Weltkrieg inszeniert werden, um das zaristische Rußland in ihre Hände zu bringen. Der Zweite Weltkrieg sollte über die Manipulation der zwischen den deutschen Nationalisten und den politischen Zionisten herrschenden Meinungsverschiedenheiten fabriziert werden und der Dritte Weltkrieg sollte sich, diesem Plan zufolge, aus den Meinungsverschiedenheiten ergeben, die man zwischen den Zionisten und den Arabern hervorrufen würde. Es wurde die weltweite Ausdehnung des Konfliktes geplant.

Spätestens jetzt sollten Sie hellhörig geworden sein, denn die Verwirklichung des letzten Abschnitts können wir gerade live in den Medien miterleben – die Inszenierung eines Weltkriegs! Der Anschlag auf das WTC in New York war nur eine weitere Etappe auf dem Weg zur Weltregierung, wobei die Angst vor (selbst inszenierten) Terroranschlägen dazu genutzt wird, die Freiheit des Einzelnen scheibchenweise einzuschränken – Aufhebung des Bankgeheimnisses, Überwachung der Bürger, Einführung des bargeldlosen Zahlungsverkehrs bis hin zur Implantierung von Mikrochips unter die Haut.

Interessiert es Sie, ob es tatsächlich dazu kommt, und wenn ja, wie dieser Krieg ausgehen wird? Die in diesem Buch aufgeführten Prophezeiungen von über einhundert verschiedenen Sehern aus der ganzen Welt haben alle genau diesen Dritten Weltkrieg vorausgesehen und die weitere Entwicklung der irdischen Menschheit im Detail beschrieben.

Jan van Helsing als Profi auf diesem Gebiet läßt Sie jedoch nicht mit diesen Informationen im Regen stehen, sondern nimmt Sie bei der Hand und zeigt Ihnen auch die positiven Aspekte der prophezeiten Ereignisse, beschreibt ausführlich, wie der Einzelne mit dieser Situation umgehen kann, wie er durch eine bewußte Umkehr im Denken als auch im Handeln nicht nur dem Sog der Negativität des Alltags entrinnt, sondern mit den hier präsentierten Werkzeugen sein Leben auch bewußt neu gestalten kann.

ISBN 3-9805733-5-4 • 25,50 Euro

ALDEBARAN-Versand
50670 Köln • Weißenburgstr. 10 a
Telefon 02 21 - 737 000 •Telefax 02 21 - 737 001

NATIONALE SICHERHEIT – Die Verschwörung

Dan Davis

Theorien über eine Verschwörung gab es genug! In diesem Buch finden Sie die Fakten dazu: Adressen, Bilder, Beweise, Interviews!

Viele Menschen sind für diese Aufdeckungen verfolgt und gerichtlich belangt worden, unzählige wurden umgebracht. Und die Uhr tickt!

Hier finden Sie geradezu unglaubliche, unbekannte neue Details und Zusammenhänge zu den Themen Weltraumforschung, Geheimtechnik, UFOs, Logentum, Drittes Reich, Waffensysteme und Verstandeskontrolle unter dem Deckmantel der Nationalen Sicherheit!

Der Autor wurde aufgrund unglaublicher Fakten von hochrangigen Politikern der Bundesregierung zu „Vier-Augen-Gesprächen" eingeladen, interviewte Opfer der Projekte MK-Ultra und Monarch, sprach mit verschiedenen Insidern und hatte bereits in seiner frühesten Kindheit Bekanntschaft mit Hochtechnologie, die dem Normalbürger gänzlich unbekannt ist.

Erfahren Sie hier die Wahrheit über das UFO-Phänomen, die Lügen, die Gründe, die Ziele und vor allem die unglaubliche Realität einer Zivilisation, welche unerkannt unter uns lebt.

Das Buch enthält über 480 Fotos von geheimen Entwicklungen in Luft- und Raumfahrt!

ISBN 3-938656-25-5 • 25,50 Euro

ALDEBARAN-Versand
50670 Köln • Weißenburgstr. 10 a
Telefon 02 21 - 737 000 • Telefax 02 21 - 737 001

Bis zum Jahr 2012 – Der Aufstieg der Menschheit

Johannes Holey

Planet und Menschheit stehen heute am Beginn eines neuen Zeitalters, dem Wassermann-Zeitalter. Damit wird zugleich der Beginn einer neuen, höheren Schöpfung eingeleitet. Einer Schöpfung auf der Basis einer feineren Schwingungsfrequenz und der dabei entstehende Prozeß der Transformation ist bereits voll im Gange. Diese Schwingungserhöhungen werden in den Jahren bis 2012 stetig ansteigen und die Geschwindigkeit des Ablaufs der Umwandlung wird weiter rapide zunehmen.

Dieses Buch klärt auf:

- Warum trafen viele Prophezeiungen bisher nicht ein?
- Was könnte aber davon bis 2012 doch noch auf uns zukommen?
- Was können wir und die Menschheit dabei noch verbessernd beeinflussen? uvm...

ISBN 3-9805733-7-0 • 20,30 Euro

ICH SPRECHE MIT TOTEN

Martina Krämer

Haben Sie schon einmal von Menschen gehört, die einen *sechsten Sinn* haben, welche die Zukunft vorhersagen und Dinge wahrnehmen können, die anderen verborgen bleiben?

Martina Krämer ist eine dieser Personen. Nach außen hin unterscheidet sie nichts von anderen Menschen, doch ist ihr die Gabe zu eigen, „mehr" zu sehen als gewöhnliche Menschen. Vor allem eine Fähigkeit ist bei ihr stark ausgeprägt: die Seelen Verstorbener zu sehen und mit diesen zu kommunizieren.

In diesem Buch erzählt uns Martina Krämer ihre Lebensgeschichte – die alles andere als gewöhnlich war – und erklärt uns, wie sie von ihrem Schutzengel zum Medium ausgebildet worden ist, was sie von Verstorbenen erfahren hat und mit dunklen Kräften erlebte.

„Ich bekomme haufenweise Manuskripte zugesandt, doch Frau Krämers Geschichte ist mit das spannendste, was mir in den letzten Jahren vorgelegt wurde. Bevor ich mich jedoch endgültig entschied, das Buch zu veröffentlichen, wollte ich eine persönliche Sitzung bei Frau Krämer durchführen und sie auf ihre Fähigkeiten hin prüfen. Und ich kann nur sagen: Ihre Trefferquote ist erstaunlich und ich erfuhr Dinge, die sonst noch kein Medium bei mir wahrgenommen hatte." Jan van Helsing (im März 2005)

ISBN 3-938656-07-7 • 17,40 Euro

JESUS 2000 – Das Friedensreich naht

Johannes Holey

Der herausragende Film
„Die Passion Christi" zeigt uns
Jesus als Menschen eines kurzen,
aber unvorstellbaren Leides.
Das lenkt aber vom eigentlichen Sinn
seines Erdenlebens ab

Jesus war j a h r e l a n g „Heiland" und Lehrer eines völlig neuen Zeitgeistes: *alle Menschen sind gleich... – Himmel und Hölle sind in uns... – Gott ist in uns... – ihr seid Götter... – was ich kann, könnt auch ihr und noch mehr...*
Jesus schenkte die schon damals optimalen, aber elitär gehüteten Weisheiten und Lebensregeln der Essener der ganzen Menschheit.
Jesu ursprüngliche Lehre war und ist daher genial und wir können sie heute besser denn je – ohne die verschiedenen Kirchensysteme – in Liebe annehmen. Und zu neuem Leben erwecken – denn er versprach nicht umsonst: *...ich werde bei euch sein alle Tage...*

Jetzt zu Beginn des Wassermann-Äons geht mit dem Orbit unseres Sonnensystems auch die Menschheit einem dimensionalen Bewußtseins-Sprung entgegen und benötigt dringend ein überzeugendes, modern interpretiertes Bild der gesamten Schöpfung und unseres freiwilligen Erdenlebens.
Dieses Buch, als intensive Analyse des Vergangenen, zeigt zusammengefaßt von der Gnostik/Esoterik des Altertums über die vielen Neuen Offenbarungen und solcher kosmischer Zivilisationen auf, was wir zu unserer Bewußtseinsentfaltung grundlegend verändern sollten.
Dieses Buch erscheint rechtzeitig zur Zeitenwende, die schon voll im Gange ist. Und es ermöglicht uns, den Meister Jesus hochaktuell zu verstehen: seine gelebten Prinzipien der Liebe, der Wahrheit und der Friedfertigkeit.

ISBN 3-9805733-0-3 • 17,40 Euro

ALDEBARAN-Versand
50670 Köln • Weißenburgstr. 10 a
Telefon 02 21 - 737 000 •Telefax 02 21 - 737 001